Français 1re

Voies générale et technologique

Nouveau
1re

FOCUS BAC avec SCHOOLMOUV

BAC 2023

Français

Voies générale et technologique

Béatrice Ferrari
Professeure agrégée de lettres modernes
Académie de Lyon (69)

Garance Kutukdjian
Professeure certifiée de lettres modernes
Académie de Créteil (94)

Charly Prabel
Professeur certifié de lettres modernes
Académie de Versailles (78)

Marc Stéphan
Professeur agrégé de lettres modernes
Académie d'Amiens (80)

Avec la participation de

Cécile Ghienne (fiches Coaching Bac)
Docteure en sciences du langage et professeure en didactique

Belin: ÉDUCATION
SCHOOLMOUV

170 bis, boulevard du Montparnasse, 75680 Paris Cedex 14.

ISBN 979-10-358-2317-7

SCHOOLMOUV

01 86 76 13 95
(appel gratuit)

Coucou, nous c'est SchoolMouv !

On a travaillé avec Belin Éducation pour te proposer le livre parfait pour tes révisions du bac. Grâce à ce Focus Bac, tu as mis toutes les chances de ton côté pour assurer le jour J. 😎

Tu y retrouveras des grands classiques pour réviser mais aussi plein de ressources exclusives, faites avec attention par toute l'équipe SchoolMouv !

Mais au fait, SchoolMouv, c'est quoi ?

- Un site hyper complet avec tout ton programme.
- Plein de contenus pédagogiques : des cours, des vidéos, des fiches de révisions, des exercices, des quiz, des méthodes bac...
- Un site et une app, accessibles 24h/24 tous les jours.
- Des contenus 100 % conformes au programme de l'Éducation nationale.
- Un tchat en ligne avec des professeurs pour ne jamais rester bloqué !

Les petits + qui font toute la différence :

- De la bonne humeur ! Fini les cours tristes, les cahiers ennuyeux et les livres qu'on n'a pas envie d'ouvrir.
- Du sur-mesure ! Toutes les ressources ont été créées pour toi, à toi de voir ce que tu as envie d'utiliser et dans quel ordre !

Scanne-moi avec ton téléphone pour en savoir plus

Sommaire

Le théâtre du XVIIe au XXIe siècle

Sommaire

Les outils et méthodes pour réussir

ÉPREUVE ÉCRITE

ÉPREUVE ORALE

Coaching BAC

LES RAPPELS D'ÉTUDE DE LA LANGUE

Ton **KIT DE SURVIE** pour le **BAC** avec SCHOOLMOUV

Vidéos

- **Abbé Prévost, *Manon Lescaut*, 1731**
- **Honoré de Balzac, *La Peau de chagrin*, 1831**
- **Colette, *Sido*, 1930 et *Les Vrilles de la vigne*, 1908**
- **François Rabelais, *Gargantua*, vers 1534**
- **Jean de La Bruyère, *Les Caractères*, 1688**
- **Olympe de Gouges, *Déclaration des droits de la femme et de la citoyenne*, 1791**
- **Molière, *Le Malade imaginaire*, 1673**
- **Marivaux, *Les Fausses Confidences*, 1737**
- **Jean-Luc Lagarce, *Juste la fin du monde*, 1990**
- **Victor Hugo, *Les Contemplations*, 1856**
- **Charles Baudelaire, *Les Fleurs du mal*, 1857-1868**
- **Guillaume Apollinaire, *Alcools*, 1913**

Tout ce que tu dois savoir sur les épreuves de français au Baccalauréat

QUAND LES ÉPREUVES SE DÉROULENT-ELLES ?

Les épreuves écrite et orale se déroulent **au mois de juin**, vers la mi-juin pour l'écrit, et une dizaine de jours après pour l'oral.

COMBIEN DE TEMPS LES ÉPREUVES DURENT-ELLES ?

- **L'épreuve écrite dure 4 heures.**
Tu peux passer environ :
  - **5 à 10 minutes à choisir ton sujet,**
  - **1 h à 1h30 sur ton brouillon,**
  - **2 h à 2h30 à rédiger,**
  - **10 minutes à te relire.**
- **L'épreuve orale dure 50 minutes.** Elle prévoit **30 minutes de préparation** et **20 minutes de passage**, comprenant :
  - **2 minutes de lecture expressive,**
  - **8 minutes d'explication linéaire,**
  - **2 minutes de réponse à la question de grammaire,**
  - **8 minutes d'entretien.**

QUEL EST LE POIDS DES ÉPREUVES DE FRANÇAIS DANS LE NOUVEAU BACCALAURÉAT ?

Dans le nouveau Baccalauréat, l'ensemble des épreuves terminales compte pour 60 % de la note finale. Le coefficient de l'épreuve anticipée de français est de **5 pour l'écrit** et **5 pour l'oral (sur 100)** pour les voies générale et technologique.

SUR QUELLE PARTIE DU PROGRAMME VAIS-JE ÊTRE ÉVALUÉ(E) ?

Le programme de Première comporte **quatre objets d'étude, qui sont tous susceptibles de tomber au Bac** : le roman et le récit du Moyen Âge au XXIe siècle **(voir p. 12-41)**, la littérature d'idées du XVIe siècle au XVIIIe siècle **(voir p. 68-93)**, le théâtre du XVIIe siècle au XXIe siècle **(voir p. 134-163)** et la poésie du XIXe siècle au XXIe siècle **(voir p. 194-219)**. Chaque objet d'étude associe **une œuvre intégrale à un parcours**.
Le programme national définit différentes œuvres par objet d'étude, dont le choix est ensuite laissé à l'enseignant(e). **Quatre œuvres et parcours seront donc étudiés au cours de l'année.** Ils peuvent varier entre les voies générale et technologique.

QUELS TYPES D'EXERCICES DOIS-JE MAÎTRISER ?

• L'épreuve écrite se compose d'un sujet à traiter, au choix parmi deux propositions :
– pour la voie générale, **un commentaire d'un texte littéraire** en lien avec l'un des objets d'étude au programme et **un sujet de dissertation** portant sur l'une des œuvres au programme et son parcours ;
– pour la voie technologique, en plus du **commentaire** (qui ne peut pas porter sur la littérature d'idées), la contraction d'un texte d'idées moderne ou contemporain (xxe–xxie siècle) **suivie d'un essai** en rapport avec l'œuvre et le parcours étudiés en littérature d'idées.

• L'épreuve orale se compose d'**une explication linéaire** fondée sur le descriptif élaboré au cours de l'année en classe, suivie d'une question de grammaire et d'un entretien avec l'examinateur(trice).

Pour te préparer et choisir ainsi au mieux ton sujet le jour de l'épreuve, tu peux consulter la Méthode BAC, p. 248-291.

CHOIX DU SUJET

N'aie pas d'*a priori* sur les différents types de sujets. Si un sujet de dissertation ou d'essai concerne une question que tu maîtrises bien, n'hésite pas à le choisir, même si le commentaire paraît plus rassurant parce qu'il part d'un texte support. Ne te précipite donc pas dans ton choix.

QUELLES SONT LES ATTENTES DU JURY ?

Le jury attend de toi que tu répondes au sujet de manière **claire** et **articulée**, en respectant la **forme des épreuves** (voir Sujets guidés). Appuie toujours ton argumentation, que ce soit à l'écrit ou à l'oral, sur **des exemples précis** (relevés, citations, références), développés et analysés. Il faut veiller à rendre ta copie **lisible** et à **soigner ton orthographe** (voir Relire sa copie, p. 284). Enfin, le jury attend un certain niveau de **détail** et d'**approfondissement** dans ton devoir (minimum une copie double).

Pour te préparer aux épreuves tout au long de l'année, consulte les fiches Coaching BAC, p. 292-303.

1 Le roman et le récit du Moyen Âge au XXIe siècle

Sommaire

William Orpen, *Grace lisant sur la baie de Howth*, 1902, huile sur toile, 45,8 × 50,8 cm, collection particulière.

Pour bien comprendre

LES GENRES NARRATIFS

→ **Le roman.** À la différence des autres genres (théâtre, poésie, littérature d'idées), le roman ne s'est jamais vu imposer de règles. Il est par définition un **genre mouvant, capable d'emprunter des formes à d'autres genres**. Cette souplesse tient à ses **origines populaires** : le terme « roman » a été employé au Moyen Âge pour désigner une **fiction narrative longue écrite en langue romane**, c'est-à-dire en ancien français. Durant des siècles, il est l'objet d'un certain mépris de la part de l'élite littéraire car il est associé aux plaisirs divertissants du rêve et de l'évasion. **Il s'impose à partir du XIXe siècle comme le genre dominant**, à même d'offrir une image fidèle de la complexité du monde en retraçant par exemple la vie de personnages sur plusieurs années.

→ **La nouvelle.** Comme le roman, elle est une **œuvre de fiction**, mais elle se définit par sa **brièveté**. De ce fait, son **intrigue est resserrée dans le temps et l'espace** et les descriptions et analyses des personnages ne sont pas étendues. De telles contraintes font sa force. Ainsi, dès les premières lignes, le récit est **sous tension** et progresse vers un **dénouement qui peut prendre la forme d'une chute**. La nouvelle expose souvent une **situation insolite dans un cadre vraisemblable**. Ainsi, elle peut exploiter les ressources du **fantastique** ou s'inscrire dans une **démarche réaliste**.

→ **Le conte.** Le mot « conte » renvoie à un **discours oral tenu par un conteur**. Comme le roman, son origine est populaire. Ancré dans l'imaginaire, le conte propose un **univers éloigné dans le temps et l'espace**. La **formule d'ouverture** « Il était une fois » est un *topos* du genre. Les personnages sont généralement dotés de pouvoirs hors du commun. Lorsqu'une **leçon morale** peut être dégagée du récit, le conte a la valeur d'un apologue. Il relève alors aussi bien du genre narratif que de la littérature d'idées.

→ **L'autobiographie.** Du grec autos, « soi-même » ; bios, « vie » ; graphein, « écrire », l'autobiographie est le **récit qu'une personne fait de sa propre vie**. Ce **travail d'introspection** permet de ressusciter le passé, de fixer les événements marquants, de faire un examen de conscience, de justifier ses actions, de révéler ses souffrances… **L'écrivain, le narrateur et le personnage principal ne sont qu'une seule et même personne.** En se prenant pour objet du récit et de l'analyse, **l'auteur se dédouble**. Le « je » qui s'exprime renvoie tantôt au « je » qui raconte (le « je narrant ») tantôt au « je » qui a vécu les événements (le « je narré »). C'est ce recul pris par l'auteur, cette **mise à distance par le biais de l'écriture**, qui constitue l'un des intérêts majeurs de l'autobiographie.

→ Les notions essentielles à connaître sont définies pages 304 à 313.

LE ROMAN ET LE RÉCIT *au fil des siècles*

1 Du Moyen Âge au XVIe siècle : les origines de la littérature narrative et romanesque

Au Moyen Âge, les récits sont **transmis oralement** par les troubadours, les trouvères et les ménestrels, qui les modifient à leur guise. La notion d'auteur n'apparaît véritablement qu'après l'invention de l'imprimerie, vers 1450.

Au moment où le français devient une langue littéraire, s'exprime la nécessité de **glorifier des figures héroïques** incarnant le courage, la dévotion et les valeurs d'une nation. C'est ainsi que la **tradition épique antique** perdure et trouve de nouvelles formes dans les **chansons de** geste. En effet, à l'image des épopées grecques (l'*Iliade* et l'*Odyssée* d'Homère au VIIIe siècle av. J.-C.) et latines (l'*Énéide* de Virgile entre 19 et 29 av. J.-C.), les chansons de geste renvoient à des épisodes d'un **passé légendaire et fondateur** qui constitue la **matière de France**.

MOT CLÉ

Geste : au Moyen Âge, la geste désigne une action accomplie, et plus particulièrement un exploit glorieux. Elle désigne aussi par métaphore l'ensemble des textes qui évoquent les prouesses d'un même héros.

« Et Olivier chevauche parmi la mêlée
de sa lance brisée, il n'a plus qu'un tronçon.
Il va frapper un païen, Malsaron,
lui brise son bouclier couvert d'or et de fleurs,
lui fait de la tête sauter les deux yeux
et la cervelle lui tombe jusqu'aux pieds.
Il l'abat mort avec sept cents des leurs. »

La Chanson de Roland [vers 1100], trad. de l'ancien français par F. Dufournet, Flammarion, « GF », 1993.

LE PETIT +

La tonalité épique repose sur des **procédés d'amplification** (exclamations, accumulations, hyperboles et métaphores) visant à souligner les exploits et l'accomplissement d'un destin collectif.

Les **romans de chevalerie** exploitent la **matière de Bretagne** (le roi Arthur, les chevaliers Lancelot et Perceval, les fées Morgane et Viviane, Merlin, etc.). Ils développent une **esthétique merveilleuse** et une **morale profane** (c'est-à-dire distincte de celle professée par l'Église, dite « sacrée »). L'amour et l'aventure sont au cœur de l'intrigue, si bien que la quête du personnage est personnelle, à la différence des épopées, où les héros sont engagés dans une quête collective.

***Lancelot passant le pont de l'Épée*, miniature extraite du cycle du *Lancelot-Graal*, tome III, vers 1475.**

« Au prix de cette terrible douleur qu'il doit subir, et d'une grande peine, il commence la traversée ; il se blesse aux mains, aux genoux, aux pieds, mais il trouve soulagement et guérison en Amour qui le conduit et le mène, lui faisant trouver douce cette souffrance. S'aidant de ses mains, de ses pieds et de ses genoux, il fait tant et si bien qu'il arrive sur l'autre rive. Alors lui revient le souvenir des deux lions qu'il pensait avoir vus quand il était encore de l'autre côté ; il cherche du regard, mais il n'y avait pas même un lézard, ni aucune créature susceptible de lui faire du mal. Il met sa main devant son visage pour regarder son anneau et il a la preuve, comme il n'y apparaît aucun des deux lions qu'il pensait avoir vus, qu'il a été victime d'un enchantement, car il n'y a là âme qui vive. »

Chrétien de Troyes, *Lancelot ou le Chevalier à la charrette* [vers 1180], trad. de l'ancien français par D. Poirion, Gallimard, 1996.

À côté des récits chevaleresques se développent des **formes comiques brèves** dans lesquelles on découvre un **regard satirique** porté sur les mœurs d'une époque. Ainsi, les récits comiques latins (*Le Satiricon* de Pétrone au Ier siècle, *L'Âne d'or* d'Apulée au IIe siècle) nourrissent les **fabliaux** du Moyen Âge, qui empruntent bien souvent au genre théâtral des situations types et un niveau de langue familier. Leurs auteurs parodient aussi le sérieux des discours religieux et des exploits épiques, affirmant ainsi leur liberté de ton et d'esprit.

François Rabelais (1483-1553), moine bénédictin et médecin, séjourne à Rome, maîtrise les langues anciennes et se passionne pour la botanique et l'archéologie. Ses récits, jugés subversifs, sont condamnés par la faculté catholique de la Sorbonne. Il est toutefois protégé par Guillaume du Bellay, évêque de Paris et cardinal, et par le roi François Ier.

Au XVIe siècle, **François Rabelais** développe dans le **cycle romanesque de Pantagruel** des idéaux humanistes (l'éducation, la guerre juste, la liberté religieuse) qu'il tient toutefois à distance à travers un humour teinté de **burlesque.** Il se moque ainsi des vérités indiscutables, des certitudes des hommes, et fait l'éloge du « gai savoir » **(voir aussi p. 86)**.

MOT CLÉ

Burlesque : tonalité qui consiste à traiter un sujet sérieux et grave de manière légère et comique. Son emploi a souvent une portée critique dans la mesure où le décalage déconstruit une grandeur illusoire.

« Sitôt qu'il fut né, il ne cria pas comme les autres enfants : « Mie ! Mie ! », mais il s'écriait à haute voix : « À boire ! à boire ! à boire ! » comme s'il avait invité tout le monde à boire, si bien qu'on l'entendit par tout le pays de Busse et de Biberais. J'ai bien peur que vous ne croyiez pas avec certitude à cette étrange nativité. Si vous n'y croyez pas, je n'en ai cure, mais un homme de bien, un homme de bon sens, croit toujours ce qu'on lui dit et ce qu'il trouve dans les livres. »

François Rabelais, *Gargantua* [1534], adapté en français moderne par M. Marrache-Gouraud, Flammarion, « GF bilingue », 2016.

2 Du XVIIe au XVIIIe siècle : de l'idéal moral à la culture de la sensibilité

Le roman n'est pas considéré comme un genre noble, mais comme un divertissement plaisant. Les **romans-fleuves et précieux** (Honoré d'Urfé, *L'Astrée*, 1607-1627 ; Madeleine de Scudéry, *Artamène ou le Grand Cyrus*, 1649-1653) tiennent en haleine lectrices et lecteurs friands d'aventures et de passions.

Au cours du XVIIe siècle, sous l'influence du classicisme, les récits sont investis d'une **fonction morale**. Les analyses des sentiments et des mœurs sont alors approfondies. Les salons mondains contribuent au développement de la **fonction exemplaire associée aux fictions**. Les personnages ne reflètent pas les caractères humains mais sont des **figures idéalisées**. Le goût de l'analyse, psychologique et historique, se développe et se mêle aux joies de la fiction. Dans ce contexte, *La Princesse de Clèves* de **Madame de Lafayette** se démarque par sa brièveté et par son rejet des excès romanesques **(voir aussi p. 30)**.

« Il parut alors une beauté à la cour, qui attira les yeux de tout le monde, et l'on doit croire que c'était une beauté parfaite, puisqu'elle donna de l'admiration dans un lieu où l'on était si accoutumé à voir de belles personnes. Elle était de la même maison que le vidame de Chartres, et une des plus grandes héritières de France. Son père était mort jeune, et l'avait laissée sous la conduite de madame de Chartres, sa femme, dont le bien, la vertu et le mérite étaient extraordinaires. »

Madame de Lafayette,
La Princesse de Clèves, 1678.

Madame de Lafayette (1634-1693) est une femme de lettres qui côtoie la Cour de Louis XIV et tient un salon fréquenté par l'aristocratie cultivée. Proche de la marquise de Sévigné et du duc de La Rochefoucauld, elle publie ses œuvres sous le couvert de l'anonymat en raison de la mauvaise réputation du genre romanesque à l'époque.

Au XVIIIe siècle, les romans répondent à une **recherche d'authenticité** qui s'impose peu à peu. Les romanciers imitent les formes des mémoires et des **correspondances**. Les **romans épistolaires** (composés de lettres) connaissent un grand succès. Les écrivains cherchent ainsi à « faire vrai » et prennent leurs distances avec les récits historiques et les romans précieux du siècle passé. L'émotion devient un matériau romanesque privilégié, si bien que les **récits à la première personne** connaissent un engouement sans précédent car ils dévoilent, avec plus ou moins de pudeur, l'intimité de celui qui écrit derrière le « je ».
À côté des fictions qui donnent l'illusion du vrai, Jean-Jacques Rousseau écrit ses *Confessions* (1782-1789) et donne à lire la **première autobiographie moderne**.

« Mais enfin, puisque vous voulez que j'écrive mon histoire, et que c'est une chose que vous demandez à mon amitié, soyez satisfaite, j'aime encore mieux vous ennuyer que de vous refuser.
Au reste, je parlais tout à l'heure de style, je ne sais pas seulement ce que c'est. Comment fait-on pour en avoir un ? Celui que je vois dans les livres, est-ce le bon ? Pourquoi donc est-ce qu'il me déplaît tant le plus souvent ?
Celui de mes lettres vous paraît-il passable ? J'écrirai ceci de même.
N'oubliez pas que vous m'avez promis de ne jamais dire qui je suis : je ne veux être connue que de vous. »

Marivaux, *La Vie de Marianne*, 1731-1742.

Les écrivains placent ainsi au cœur de leurs ouvrages des **tensions entre la passion et la raison**. Ils mettent en avant la **sensibilité de personnages**. Faut-il se fier à ses émotions ? Doit-on combattre ses sentiments ? L'amour peut-il mener au bonheur ? C'est à ces questions que les romanciers invitent leurs lecteurs, alors que les règles sociales et familiales constituent souvent des obstacles à l'amour. Si le classicisme tend à considérer les passions comme contraires à la morale, au XVIIIe siècle, sous l'influence du libertinage **(voir p. 77)** et d'une plus grande liberté de mœurs, l'amour, quand il est sincère, est considéré comme une valeur même s'il est source de souffrance.

Jean Honoré Fragonard, *Les Hasards heureux de l'escarpolette*, 1767-1769, huile sur toile, 81 × 64 cm, Wallace Collection, Londres.

« Que vous dirai-je enfin ? J'aime, oui, j'aime éperdument. Hélas ! ce mot que j'écris pour la première fois, ce mot si souvent demandé sans être obtenu, je payerais de ma vie la douceur de pouvoir une fois seulement le faire entendre à celui qui l'inspire ; et pourtant il faut le refuser sans cesse ! Il va douter encore de mes sentiments ; il croira avoir à s'en plaindre. Je suis bien malheureuse ! Que ne lui est-il aussi facile de lire dans mon cœur que d'y régner ? Oui, je souffrirais moins, s'il savait tout ce que je souffre ; mais vous-même, à qui je le dis, vous n'en aurez encore qu'une faible idée. »

Pierre Choderlos de Laclos, *Les Liaisons dangereuses*, extrait de la lettre CII (La Présidente de Tourvel à Madame de Rosemonde), 1782.

3 Au XIXe siècle : les récits, miroirs du réel ?

Les **romantiques** accordent une place centrale à l'expression du « moi » de **personnages tourmentés** et confrontés à un monde qui les déçoit. La **nature** devient alors un refuge pour les êtres solitaires abandonnés par l'amour. Le **goût pour l'étrange et la soif de liberté** caractérisent aussi les romans, qui traduisent les rêves et les angoisses de toute une génération en quête d'identité devant l'**incertitude politique et morale**. Sous l'**influence du roman gothique anglais**, les récits sont alors souvent teintés de fantastique. Les intrigues sont riches en surprises et en rebondissements ; l'Angleterre, l'Allemagne et l'Italie fournissent des cadres privilégiés, empreints de raffinement et de mystère.

“ Un secret instinct me tourmentait ; je sentais que je n'étais moi-même qu'un voyageur, mais une voix du ciel semblait me dire : « Homme, la saison de ta migration n'est pas encore venue ; attends que le vent de la mort se lève, alors tu déploieras ton vol vers ces régions inconnues que ton cœur demande. »
« Levez-vous vite, orages désirés, qui devez emporter René dans les espaces d'une autre vie ! » Ainsi disant, je marchais à grands pas, le visage enflammé, le vent sifflant dans ma chevelure, ne sentant ni pluie ni frimas, enchanté, tourmenté, et comme possédé par le démon de mon cœur. ”

François-René de Chateaubriand, *René*, 1802.

Après la Révolution française, les jeunes gens issus de la noblesse de province ou des classes populaires rêvent d'**ascension sociale**. Mais les bouleversements politiques rendent chaotiques les chemins de la réussite des jeunes ambitieux. Les **romans de formation**, récits de l'apprentissage du personnage principal, proposent une analyse critique des rouages d'une société où triomphent les valeurs bourgeoises.

CONTEXTE HISTORIQUE

Six régimes politiques différents se succèdent au cours du XIXe siècle : Ier Empire, Restauration, monarchie de Juillet, IIe République, Second Empire, IIIe République…

“ Rastignac, resté seul, fit quelques pas vers le haut du cimetière et vit Paris tortueusement couché le long des deux rives de la Seine où commençaient à briller les lumières. Ses yeux s'attachèrent presque avidement entre la colonne de la place Vendôme et le dôme des Invalides, là où vivait ce beau monde dans lequel il avait voulu pénétrer. Il lança sur cette ruche bourdonnante un regard qui semblait par avance en pomper le miel, et dit ces mots grandioses : « À nous deux maintenant ! » ”

Honoré de Balzac, *Le Père Goriot*, 1835.

De **nouveaux types de héros** émergent, valeureux, forts et intrépides. Qu'ils soient nobles ou issus du peuple, ils portent au point le plus élevé les **valeurs de liberté et de justice**. Leurs aventures témoignent du **pouvoir captivant du romanesque**. Alexandre Dumas illustre cette fougue dans *Les Trois Mousquetaires* (1844) et *Le Comte de Monte-Cristo* (1844-1846).

MOT CLÉ

Romanesque : un roman peut être qualifié de « romanesque » quand il accorde une place majeure aux passions des héros, aux péripéties et aux rebondissement. Ils tiennent ainsi les lecteurs en haleine grâce à des scènes dramatiques (enlèvements, meurtres, vols) ou heureuses (retrouvailles, évasions, victoires, etc.).

De telles œuvres populaires invitent aussi les lecteurs à rêver à la grandeur et à la générosité de l'être humain et à **compatir devant ses souffrances**. Victor Hugo donne un souffle plein d'énergie à ses personnages les plus célèbres : Quasimodo dans *Notre-Dame de Paris* (1831), Jean Valjean, Cosette et Gavroche dans *Les Misérables* (1862), Gwynplaine dans *L'Homme qui rit* (1869). Dans la préface des *Misérables*, il présente son roman comme une **arme de combat** : « tant qu'il y aura sur la terre ignorance et misère, des livres de la nature de celui-ci pourront de ne pas être inutiles. »

Dans la seconde moitié du siècle, le réalisme et le naturalisme confèrent aux romans et aux nouvelles une **fonction documentaire** et mettent en lumière des milieux sociaux jusque-là tenus bien souvent à l'écart des fictions car jugés indignes : les ouvriers, les paysans, les prostituées. Les romanciers observent leurs contemporains avec minutie et adoptent un regard sans concession. Dans *Madame Bovary*, Gustave Flaubert peint la campagne normande ; dans ses nouvelles, Guy de Maupassant s'intéresse à la médiocrité de la petite bourgeoisie.

« Alors on vit s'avancer sur l'estrade une petite vieille femme de maintien craintif, et qui paraissait se ratatiner dans ses pauvres vêtements. Elle avait aux pieds de grosses galoches de bois, et, le long des hanches, un grand tablier bleu. Son visage maigre, entouré d'un béguin sans bordure, était plus plissé de rides qu'une pomme de reinette flétrie, et des manches de sa camisole rouge dépassaient deux longues mains, à articulations noueuses. »

Gustave Flaubert, *Madame Bovary*, 1857.

Marie Caire, *Famille aux champs*, 1890, huile sur toile, 80 × 116,2 cm, musée de la Vallée, Barcelonnette.

LE PETIT +

Dans *Le Rouge et le Noir* (1830), Stendhal utilise **l'image du miroir** pour suggérer l'ambition réaliste du roman, qui doit donner une image fidèle de la réalité : « Un roman est un miroir qui se promène sur une grande route. Tantôt il reflète à vos yeux l'azur des cieux, tantôt la fange des bourbiers de la route. »

Émile Zola, le chef de file du **mouvement naturaliste**, souhaite observer scientifiquement les réalités sociales pour en analyser les mécanismes. Il crée le cycle des *Rougon-Macquart*, une vaste fresque romanesque où se lisent, selon l'expression de Zola, des « tranches de vie ».

CONTEXTE HISTORIQUE

L'essor de la presse contribue au développement des genres narratifs. Romans-feuilletons et nouvelles paraissent dans les journaux et touchent des lecteurs toujours plus nombreux.

« Je veux montrer comment une famille, un petit groupe d'êtres, se comporte dans une société, en s'épanouissant pour donner naissance à dix, à vingt individus, qui paraissent, au premier coup d'œil, profondément dissemblables, mais que l'analyse montre intimement liés les uns aux autres. L'hérédité a ses lois, comme la pesanteur. »

Émile Zola, Préface de *La Fortune des Rougon*, 1871.

4 Du XXe au XXIe siècle : la fin des certitudes

Les deux guerres mondiales ont ébranlé les certitudes. Louis-Ferdinand Céline, André Malraux et Louis Aragon, entre autres, se font l'écho de la **crise des valeurs** (l'héroïsme, la foi en l'homme, en la science, en le progrès) dont les écrivains de la fin du XIXe siècle avaient déjà pressenti la faillite.

Proche de la **pensée existentialiste** développée par Jean-Paul Sartre, Albert Camus exprime le **sentiment de l'absurde** qui gagne la pensée européenne : en l'absence de Dieu et de certitudes métaphysiques, le monde n'a pas de sens en soi, et la vie, tout comme la mort, sont les fruits de la contingence et du hasard. Le romancier développe tout particulièrement ce sentiment dans *L'Étranger* (1942). Toutefois, il dépasse cette vision angoissante du monde en défendant aussi un idéal : l'engagement, la solidarité et la fraternité. Son roman *La Peste* (1947) en témoigne.

« Il se reprenait à regretter la guerre. Enfin, pas la guerre. Le temps de la guerre. Il ne s'en était jamais remis. Il n'avait jamais retrouvé le rythme de la vie. Il continuait l'au-jour-le-jour d'alors. Malgré lui. Depuis près de trois ans, il remettait au lendemain l'heure des décisions. Il se représentait son avenir, après cette heure-là, se déroulant à une allure tout autre, plus vive, harcelante. Il aimait à se le représenter ainsi. Mais pas plus. Trente ans. La vie pas commencée. Qu'attendait-il ? Il ne savait faire autrement que flâner. Il flânait. »

Louis Aragon, *Aurélien*, Gallimard, 1944.

LE PETIT +

L'antihéros romanesque trouve son origine dans les romans picaresques et comiques du XVIe et du XVIIe siècle, qui présentent des personnages de rang social modeste, lâches et souvent vulgaires. Les romanciers du XXe siècle renouvellent la figure de l'antihéros en en faisant un personnage égaré dans un monde qui lui échappe.

Si les réalistes et les naturalistes créaient de toutes pièces des personnages dont ils analysaient les comportements et les états d'âme, les romanciers du XXe siècle font de la **vie intérieure** l'objet d'un travail mené à travers des **expériences narratives variées**. En effet, la **naissance de la psychologie moderne** au début du siècle met à mal les certitudes et bouleverse la démarche des romanciers. Qu'est-ce que l'homme ? Peut-on prétendre le comprendre ? Un romancier peut-il donner le sentiment de tout savoir de son personnage ?

REPÈRES LITTÉRAIRES

À la recherche du temps perdu (1913-1927) de Marcel Proust raconte comment un « je », mystérieux au départ, devient écrivain. Le lecteur est associé au déploiement de cette vocation créative. Cette « œuvre cathédrale », rédigée durant treize ans, est à la fois un roman de formation, un roman de mœurs, un roman d'analyse ainsi qu'un roman philosophique et poétique.

De telles questions amènent les auteurs du **Nouveau Roman**, à partir de 1950 jusqu'aux années 1970, à **remettre en cause l'illusion réaliste**. C'est, selon Nathalie Sarraute, « l'ère du soupçon ». Michel Butor, Alain Robbe-grillet et Marguerite Duras **rejettent l'omniscience du narrateur, la construction de la psychologie des personnages et la notion d'intrigue**.

« L'approche de Lol n'existe pas. On ne peut pas se rapprocher ou s'éloigner d'elle. Il faut attendre qu'elle vienne vous chercher, qu'elle veuille. Elle veut, je le comprends clairement, être rencontrée par moi et vue par moi dans un certain espace qu'elle aménage en ce moment. Lequel ? Est-il peuplé des fantômes de T. Beach, de la seule survivante Tatiana, piégé de faux-semblants, de vingt femmes aux noms de Lol ? Est-il autrement ? Tout à l'heure aura lieu ma présentation à Lol, par Lol. Comment m'amènera-t-elle près d'elle ? »

Marguerite Duras, *Le Ravissement de Lol V. Stein*, Gallimard, 1964.

Cette prise de distance avec les codes du roman traditionnel vise à **révéler la complexité et les zones d'ombre de l'être humain, ainsi que les faux-semblants associés aux valeurs bourgeoises** : dans *Les Choses* (1965), Georges Perec critique la société de consommation attachée aux biens matériels.

« De grands élans les emportaient. Parfois, pendant des heures entières, pendant des journées, une envie frénétique d'être riches, tout de suite, immensément, à jamais, s'emparait d'eux, ne les lâchait plus. C'était un désir fou, maladif, oppressant, qui semblait gouverner le moindre de leurs gestes. La fortune devenait leur opium. Ils s'en grisaient. Ils se livraient sans retenue aux délires de l'imaginaire. Partout où ils allaient, ils n'étaient plus attentifs qu'à l'argent. Ils avaient des cauchemars de millions de joyaux. »

Georges Perec, *Les Choses*, Julliard, 1965.

Cette quête, qui place les mystères de l'homme au centre de l'œuvre littéraire, se perçoit aussi à travers la **vitalité du genre autobiographique**. Les auteurs, en retraçant leur vie**, interrogent leur époque, leur rapport à l'écriture mais aussi, plus largement, la place de l'écrivain dans la vie publique**. Récits d'enfance, journaux, récits de voyage, enquêtes... les formes du genre autobiographique sont plurielles et mouvantes.

REPÈRES LITTÉRAIRES

Dora Bruder (1997) de Patrick Modiano retrace la vie d'une jeune fille juive portée disparue en 1941. Ce **récit à vocation documentaire et mémorielle** prend une **dimension autobiographique** lorsque l'auteur évoque les points communs qu'il se trouve avec la jeune fille.

« L'être que j'appelle moi vint au monde un certain lundi 8 juin 1903, vers les 8 heures du matin, à Bruxelles, et naissait d'un Français appartenant à une vieille famille du Nord, et d'une Belge dont les ascendants avaient été durant quelques siècles établis à Liège, puis s'étaient fixés dans le Hainaut. [...]

Ayant ainsi consigné ces quelques faits qui ne signifient rien par eux-mêmes, et qui, cependant, et pour chacun de nous, mènent plus loin que notre propre histoire et même que l'histoire tout court, je m'arrête, prise de vertige devant l'inextricable enchevêtrement d'incidents et de circonstances qui plus ou moins nous déterminent tous. »

Marguerite Yourcenar, *Souvenirs pieux*
(*Le Labyrinthe du monde*, tome I), Gallimard, 1974.

Frida Kahlo, *Les Deux Fridas*, 1939, huile sur toile, 173 × 173 cm, musée d'art moderne de Mexico.

Dans le contexte d'une **mondialisation toujours plus présente**, les auteurs interrogent aussi les différences culturelles. Le **récit de voyage**, rédigé à la première personne et structuré par l'écoulement des jours, rassemble des descriptions et des impressions subjectives. Si ce genre s'est véritablement constitué au XIXe siècle, notamment grâce à François-René de Chateaubriand et à Gérard de Nerval, il connaît aux XXe et XXIe siècles un développement majeur à mesure que la pensée occidentale reconsidère son rapport à l'autre.

REPÈRES LITTÉRAIRES

Gens des nuages (1997) de Jean-Marie Gustave Le Clézio narre le voyage de l'auteur et de Jemia, son épouse, dans le désert du Sahara, vers la Saguia el Hamra, berceau de la famille de Jemia.

Le romanesque et le charme de la fiction ne disparaissent pas pour autant. Au XXe siècle, Boris Vian, Raymond Queneau et Julien Gracq **célèbrent le pouvoir enchanteur de la fiction** à travers des récits teintés de merveilleux.

« J'appartiens à l'une des plus vieilles familles d'Orsenna. Je garde de mon enfance le souvenir d'années tranquilles, de calme et de plénitude, entre le vieux palais de la rue San Domenico et la maison des champs au bord de la Zenta, où nous ramenait chaque été et où j'accompagnais déjà mon père, chevauchant à travers ses terres ou vérifiant les comptes de ses intendants. »

Julien Gracq, *Le Rivage des Syrtes*, 1951.

Quant au **roman policier**, il gagne ses lettres de noblesse, notamment grâce à Didier Daeninckx et Fred Vargas dont les œuvres questionnent les fondements moraux de la société.

Au XXIe siècle, le roman explore bien souvent avec sensibilité les tourments des êtres dans un monde multiple et contradictoire. Sylvie Germain (*Magnus*, 2005), Laurent Gaudé (*Eldorado*, 2006) et Maylis de Kerangal (*Réparer les vivants*, 2013) sont parmi les romanciers les plus lus et appréciés des lycéens.

COUP DE POUCE

Un roman autobiographique est un récit dont le personnage principal, bien que fictif, présente des similitudes avec l'auteur(trice). Ce dernier se tient ainsi à distance de son histoire personnelle. Si ce sous-genre n'est pas né au XXe siècle, il se développe depuis plusieurs décennies. Aini, Marguerite Duras, dans *Un barrage contre le Pacifique* (1950), raconte l'histoire de Suzanne, une jeune française installée en Indochine avec sa mère qui lutte pour cultiver ses terres régulièrement inondées par l'océan. La romancière y donne une image sans concessions de la colonisation.

LES OUTILS D'ANALYSE du roman et du récit

1 Comment raconter une histoire ?

Le statut du narrateur

Il ne faut pas confondre **l'auteur**, qui est une personne réelle, et **le narrateur**, qui est la voix qui raconte l'histoire. Seul le genre autobiographique autorise à considérer que le narrateur est aussi l'écrivain.

Dans un roman ou une nouvelle, **un narrateur peut céder la place à un autre**. Le premier récit est alors appelé **« récit cadre »** et le récit secondaire **« récit enchâssé »**. Ce dispositif crée un **effet d'authenticité**. Par exemple, dans *Manon Lescaut* (1731) septième tome des *Mémoires et aventures d'un homme de qualité qui s'est retiré du monde* de l'abbé Prévost, le narrateur principal, M. de Renoncour, relate sa rencontre avec le chevalier Des Grieux avant de laisser celui-ci raconter son histoire.

Les statuts du narrateur les plus fréquemment rencontrés selon le genre narratif

	Il s'adresse parfois au lecteur et formule des jugements subjectifs	Il est un personnage et s'exprime à la 1re personne	Il est l'auteur
Autobiographies Récits de voyage	Oui	Oui	Oui
Romans-mémoires Romans épistolaires	Oui	Oui	Non
Romans d'analyse Contes	Oui	Oui/Non	Non
Romans d'aventure	Oui	Oui/Non	Non
Romans réalistes Nouveaux romans	Non	Non	Non

COUP DE POUCE

Voyage au centre de la Terre (1864) de Jules Verne est écrit à la 1re personne du singulier (Axel Lidenbrock est le héros <u>et</u> le narrateur) tandis que *Vendredi ou la Vie sauvage* (1967) de Michel Tournier est un récit à la 3e personne du singulier des aventures de Robinson Crusoé.

Le déroulement des faits

Une même histoire peut être racontée **de différentes manières**. Un récit est ainsi le résultat d'une multitude de choix qu'il faut savoir **identifier** pour les **interpréter**. Bien souvent, la narration suit l'**ordre chronologique** des faits. Toutefois, certaines **ruptures** sont possibles :

- **l'analepse** est un **retour dans le passé** : le narrateur **interrompt le cours du temps** et raconte un événement **antérieur** aux faits racontés ;
- **la prolepse** est le **procédé inverse** : le narrateur esquisse **par anticipation** un événement qui est **postérieur** au temps du récit ;
- **l'ellipse** consiste à **passer sous silence un certain laps de temps**. Ce procédé contribue souvent à la **dramatisation du récit**, qui se concentre ainsi sur les faits majeurs.

La **vitesse de la narration** est également à observer. Le narrateur peut consacrer plus ou moins de temps à faire le récit d'un événement. **Quand le temps de la narration se rapproche de la durée des événements, on parle de scène.** Ce que le narrateur rapporte semble alors se dérouler sous nos yeux. À l'inverse, le récit consacre parfois peu de lignes à un fait qui s'est pourtant déroulé sur un temps long : c'est **un sommaire**. Le narrateur peut ainsi **dilater ou contracter le temps**. Ces effets de distorsion sont observables à l'échelle du récit ou d'un extrait.

Les points de vue (ou focalisations)

Un narrateur raconte ce qui a pu être **perçu, vu, entendu, ressenti**. Il peut **faire varier son point d'observation**.

Point de vue externe	Le narrateur se tient **à distance**, à la manière d'un **témoin**, et il relate les faits **observables de l'extérieur**, sans pouvoir dévoiler les pensées du/des personnage(s).
Point de vue interne	Le narrateur rapporte les faits **à travers le regard et les émotions immédiates d'un/des personnage(s)** dont il dévoile bien souvent les pensées.
Point de vue omniscient	Le narrateur ne se limite pas aux perceptions d'un ou de plusieurs personnage(s) ; il possède une **connaissance absolue des événements**. Il est capable d'expliquer les pensées, les actions et les comportements des personnages en ayant recours au besoin à des informations extérieures à la scène racontée. Il se tient donc en surplomb.

2 Comment donner vie à un personnage ?

Un personnage de roman n'existe qu'à travers les indications données par le narrateur qui **raconte, décrit ou donne la parole**. La construction est **progressive** : le personnage prend forme ligne après ligne, page après page. **Afin de lui donner de l'épaisseur**, le narrateur a recours à des **stratégies variées**.

La description

Un narrateur peut insérer des **éléments descriptifs** au fil de la narration. Il faut donc être attentif aux expansions du nom (adjectifs, propositions subordonnées relatives, compléments du nom) qui servent à **caractériser le personnage**.

Quand la description est particulièrement développée, elle constitue une **pause** dans l'action. Le narrateur offre alors **le portrait du personnage**.

COUP DE POUCE

L'ordre adopté dans un portrait est particulièrement signifiant : de haut en bas ou de bas en haut, du lointain au plus proche, des aspects physiques au caractère, du concret au symbolique... La progression doit être identifiée puis interprétée, tout comme les effets qui en découlent : illusion réaliste, aspect surnaturel, portée allégorique, etc. Le lexique, les effets d'accumulation et les métaphores doivent également être observés.

Les discours rapportés

On entend par **« discours »** les **propos effectivement prononcés par les personages** mais aussi leurs paroles intérieures, leurs **pensées**. À la différence du genre théâtral, le lecteur accède aux discours **par le biais d'un intermédiaire : le narrateur**. C'est pourquoi ils sont dits **« rapportés »**.

Quatre types de discours doivent être distingués :

→ **le discours direct :** le narrateur cède la parole à un personnage dont il introduit les propos, sans les modifier, par un **verbe de parole** (dire, affirmer, ajouter, murmurer, crier, etc.). Des guillemets encadrent généralement ces propos. Quand plusieurs personnages se répondent, le changement de locuteur est signalé par un retour à la ligne et un tiret ;

> « – Jésus ! fit Marguerite, qu'est-ce que vous avez, Fantine ?
> – Je n'ai rien, répondit Fantine. Au contraire. Mon enfant ne mourra pas de cette affreuse maladie, faute de secours. Je suis contente. »

Victor Hugo, *Les Misérables*, partie I, livre V, 1862.

→ **le discours indirect :** le narrateur ne reproduit pas les paroles du personnage. Il les **retranscrit** sous la forme d'une **proposition subordonnée introduite par un verbe de parole**. Les caractéristiques de l'oralité sont moins marquées et on observe un **changement de personne et de temps** ;

Exemple
Marguerite, pleine d'inquiétude, demanda à Fantine ce qu'elle avait. Celle-ci lui répondit qu'elle n'avait rien, qu'elle était même contente de savoir que son enfant n'allait pas mourir de maladie, faute de secours.

→ **le discours indirect libre :** les personnes et les temps sont ceux du discours indirect mais les propos ne sont pas introduits par un verbe de parole. La voix du narrateur semble se faire l'écho des propos tenus par les personnages, si bien que l'on peut observer des **marques de l'oralité**. Le discours indirect libre permet de faire entendre les émotions des personnages ;

Exemple
Marguerite s'inquiéta pour Fantine. Qu'avait-elle ? Fantine n'avait rien. Son enfant ne mourrait pas de cette affreuse maladie, sans secours. Elle était contente.

→ **le discours narrativisé :** il constitue la forme la plus avancée de l'intégration des paroles dans le récit. Le narrateur se contente de **résumer les propos des personnages** afin de ne conserver que les informations principales.

Exemple
Fantine expliqua à Marguerite, qui s'inquiétait pour elle, qu'elle était contente d'avoir sauvé son enfant de la maladie.

COUP DE POUCE

Les discours rapportés remplissent des fonctions variées : ils permettent de donner des informations, faire progresser l'action, dévoiler les émotions et les caractères des personnages, proposer une argumentation, créer des effets d'empathie ou, au contraire, mettre une distance ironique.

BILAN

Le roman et le récit du

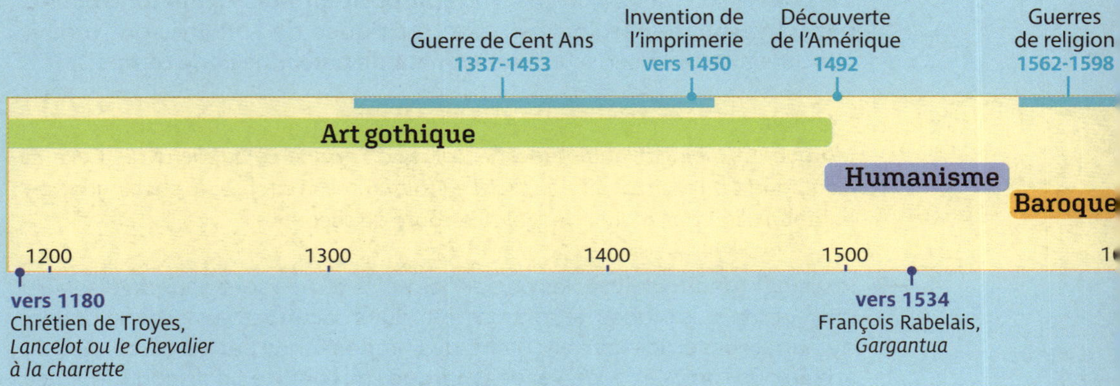

Des genres variés

- **Roman**
  - Des thèmes divers (aventure, amour, guerre, science-fiction...)
  - Plus ou moins proches de la réalité (réaliste, fantastique, utopique...)
  - Des formes différentes (épistolaire, narration à la 1re ou 3e personne, récits enchâssés...)
- **Écritures de soi**
  - L'autobiographie
  - Les mémoires
  - Le récit de voyage
- **Récits courts**
  - La nouvelle
  - Le conte

Le personnage

- **Construction**
  - Description (physique, tempérament)
  - Narration (actions)
  - Discours rapportés (paroles, pensées)
- **Valeurs**
  - Héros (courage et vertu)
  - Antihéros (lâcheté et immoralité)
  - Individu ordinaire (incarnation d'un type humain ou social)
- **Fonctions**
  - Sujet ou objet de l'action
  - Adjuvant ou opposant du personnage principal
  - Garant de l'authenticité (récit à la 1re personne)

Moyen Âge au XXIe siècle

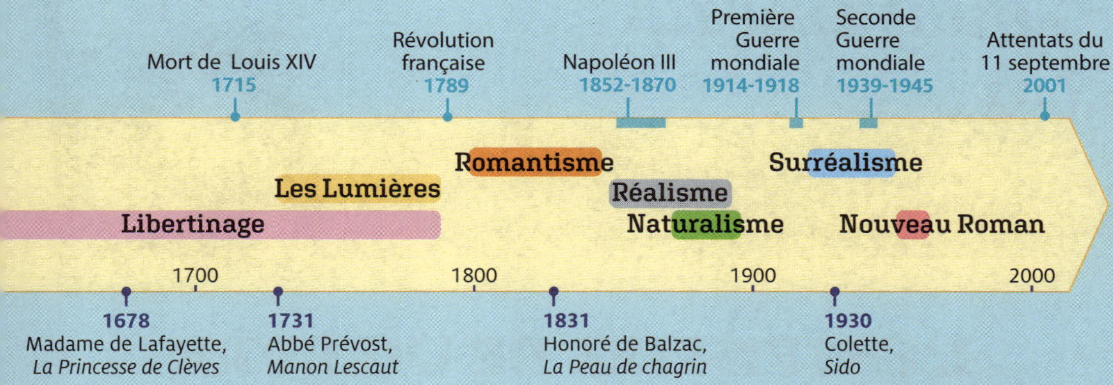

Le cadre spatio-temporel

- **Réaliste**
  - Détails nombreux
  - Absence d'idéalisation
  - Lieux identifiables (noms propres, références partagées par le lecteur)
- **Fantastique**
  - Imprécisions
  - Perceptions déformées
  - Lieux et moments caractéristiques (château, nuit…)
- **Utopique**
  - Hors du temps
  - Éloigné dans l'espace
  - Idéalisation (nature généreuse, ville agréable)

Le lecteur

- **Lien avec les personnages**
  - Admiration
  - Empathie
  - Rejet
- **Intérêts de la lecture**
  - Divertis-sement
  - Réflexion sur l'homme
  - Réflexion sur la société et/ou l'Histoire

Voie générale
Voie technologique

Manon Lescaut

(1678)

L'abbé Prévost

Parcours « Personnages en marge, plaisirs du romanesque »

L'ESSENTIEL DE L'ŒUVRE en 3 points

1 Un roman-mémoires

Lorsque paraît, en 1731, le **septième tome des *Mémoires et Aventures d'un homme de qualité qui s'est retiré du monde*** de l'abbé Prévost, les lecteurs suivent déjà depuis trois ans la vie chaotique du **marquis de Renoncour**. L'ultime et dernier tome du roman leur réserve une surprise : **le narrateur cède la place à un jeune homme** que le hasard lui a permis de rencontrer par deux fois, le chevalier Des Grieux. **L'enchâssement des récits** permet d'accentuer **l'émotion et le réalisme**. En effet, à travers la narration à la première personne, c'est une intimité subjective qui se dévoile, avec, en toile de fond, **le libertinage et le goût du luxe** caractéristiques de la régence de Philippe d'Orléans (1715-1723).

2 Des aventures palpitantes et émouvantes

Des Grieux rapporte sa rencontre avec **Manon**, son amour irraisonné pour la jeune femme et **les extrémités auxquelles cette passion le conduira**. Le sage Des Grieux ne peut se résoudre à abandonner celle qu'il adore malgré **la désapprobation de son entourage**, qui condamne les mœurs dissolues de la jeune femme. Le romancier entraîne les lecteurs **dans des aventures** qui mènent les amants des beaux quartiers aux prisons les plus sombres, des plaisirs parisiens à la simplicité d'une vie de colons en Louisiane. En quête d'une reconnaissance sociale qui leur assurerait la stabilité, Des Grieux et Manon font **l'expérience tragique de la vie dans les marges**, tant sociales que géographiques.

3 Une œuvre morale ou immorale ?

Alors même que **la portée morale de l'ouvrage est soulignée par la voix de Renoncour**, certains contemporains du romancier **condamnent avec force** le récit de ce personnage qu'ils jugent débauché. L'ambiguïté est ainsi au cœur de ce roman dont **l'héroïne n'existe qu'à travers le témoignage de l'homme qui l'aime**. Mais qui est donc Manon Lescaut ? Est-elle une **incarnation de la légèreté** ou d'un **idéal féminin** ? Une **libertine** qui manipule les hommes afin de vivre dans le luxe ? Une jeune femme qui **affirme sa liberté** et tente de se soustraire aux normes d'une société hypocrite et corrompue par l'argent ? Peut-être est-elle tout cela à la fois.

UN QUIZ POUR TESTER
sa connaissance de l'œuvre

QCM ?

1. Dans quelle ville le marquis de Renoncour rencontre-t-il Des Grieux pour la première fois ?

- a Amiens.
- b Calais.
- c Pacy-sur-Eure.

2. Qui est Tiberge pour Des Grieux ?

- a Son frère.
- b Son ami et camarade d'études.
- c Son cousin.

3. Quelle périphrase emploie Des Grieux pour désigner Manon ?

- a « La maîtresse de mon cœur. »
- b « La reine de son âme. »
- c « La princesse dont je suis esclave. »

4. Où Manon et Des Grieux s'installent-ils après leur fuite, et pour quelle raison ?

- a À Paris, pour goûter aux plaisirs de la ville.
- b À la campagne, pour mener une vie loin de la société.
- c Au Havre, pour embarquer au plus vite pour l'Amérique.

5. Quelle est la cause de la première rupture entre les deux amants ?

- a Manon s'enfuit avec M. de B....
- b Le père de Des Grieux a retrouvé son fils.
- c Le frère de Manon chasse Des Grieux.

6. Comment Des Grieux et Manon se retrouvent-ils ?

- a Par hasard, dans la rue, alors que Des Grieux commence des études de droit à Paris.
- b Par l'intermédiaire du frère de Manon, dans une maison de jeu.
- c À Saint-Sulpice, après que Manon a demandé un entretien avec Des Grieux sans dévoiler son identité.

7. Qui Des Grieux tue-t-il ?

- a Un amant de Manon.
- b Un domestique de la prison.
- c Le frère de Manon.

8. Comment Manon se moque-t-elle du Prince italien ?

- a Elle l'invite et le compare à Des Grieux.
- b Elle envoie une prostituée à un rendez-vous.
- c Elle s'enfuit avec les bijoux.

9. Pourquoi Manon et Des Grieux ne trouvent-ils pas le bonheur au Nouvel Orléans ?

- a Leur amour s'éteint et ils ne cessent de se disputer.
- b Les conditions de vie sont trop difficiles pour eux.
- c Le gouverneur veut que Manon épouse son neveu Synnelet.

10. Quel enterrement Des Grieux offre-t-il à Manon ?

- a Une messe est célébrée dans une forêt sauvage.
- b Il creuse à mains nues une fosse dans le sable.
- c Son corps est emporté par les flots.

→ Corrigés page 59

La Peau de chagrin (1831)

Honoré de Balzac

Parcours « Les romans de l'énergie : création et destruction »

L'ESSENTIEL DE L'ŒUVRE en 3 points

1 Un conte fantastique

Le fantastique se caractérise par **l'hésitation entre une explication surnaturelle et une justification rationnelle** ; le (la) lecteur(trice) est alors confronté(e) à une **indécision**. C'est bien le cas dans ce roman car **il est impossible de dire si la peau a des pouvoirs magiques ou si c'est Raphaël qui se les imagine**. Honoré de Balzac prend soin de créer, dès les premières lignes du récit, un **univers étrange** à travers l'atmosphère nocturne et le portrait de l'antiquaire. De même, **la réapparition de la peau**, alors que Raphaël l'a jetée au fond d'un puits, contribue à la **tonalité fantastique**.

2 Un roman réaliste

Le parcours de Raphaël de Valentin permet à Balzac d'examiner **des milieux sociaux variés** et de peindre une époque **corrompue par l'argent**, qui laisse dans la misère les artistes et les hommes de lettres. L'aristocratie à Paris ou à Aix-les-Bains semble **dépassée par les événements politiques de 1830**. La présence de journalistes au banquet donné par Taillefer montre **leur proximité avec l'univers politique**. Les scientifiques auxquels Raphaël s'adresse pour percer les mystères de la peau **font l'objet d'une satire**. Balzac porte une attention aïgue au monde qui l'entoure, et *La Peau de chagrin* peut être considérée comme **l'œuvre d'un visionnaire** dont la démarche sera encore étoffée par les romans qui suivront.

3 Une allégorie philosophique

Le rétrécissement de la peau à mesure que Raphaël formule des vœux **symbolise la diminution inévitable des forces vitales**. Pour Balzac, les êtres humains disposent en effet d'une certaine quantité d'énergie qu'ils peuvent dépenser ou au contraire **économiser pour allonger leur existence**. Faut-il alors faire le choix d'une vie sans désir, mais longue, ou d'une vie intense, mais brève ? Raphaël est confronté à ces deux conceptions opposées, illustrées dans le roman par des personnages : pour **Aquilina**, « nous vivons plus en un jour qu'une bonne bourgeoise en dix ans », alors que, pour **l'antiquaire**, « Vouloir nous brûle et pouvoir nous détruit ; mais savoir laisse notre faible organisation dans un perpétuel état de calme ».

UN QUIZ POUR TESTER
sa connaissance de l'œuvre

QCM ?

1. Avant de mettre fin à ses jours, où Raphaël se rend-il ?

a Dans l'atelier d'un peintre.
b Dans une maison close.
c Dans une maison de jeu.

2. À quel personnage biblique l'antiquaire est-il comparé ?

a Abraham.
b Moïse.
c Adam.

3. De quel animal provient la peau de chagrin ?

a Un onagre.
b Un zèbre.
c Un animal imaginaire.

4. Quels sont les deux premiers vœux de Raphaël ?

a Avoir un banquet et voir l'antiquaire tomber amoureux.
b Faire fortune et devenir célèbre.
c Rester jeune et être aimé de Fœdora.

5. À qui Raphaël raconte-t-il sa vie dans « L'Agonie » ?

a Taillefer.
b Émile.
c Rastignac.

6. Comment se nomme l'ouvrage auquel Raphaël travaille ?

a *Traité des passions.*
b *Discours sur l'énergie et le désir.*
c *Théorie de la volonté.*

7. Devenu riche, comment vit Raphaël ?

a Il se retire du monde et ne désire plus rien afin de prolonger sa vie.
b Il mène une vie de débauche et n'est pas effrayé à l'idée de mourir jeune.
c Il utilise son argent pour changer le monde.

8. Où Raphaël revoit-il Pauline ?

a À un bal donné par Taillefer.
b Au théâtre des Italiens.
c Lors d'une promenade au bois.

9. Qui Raphaël consulte-t-il pour percer le secret de la peau ?

a Des prêtres.
b Des artistes.
c Des scientifiques.

10. Que fait Pauline pour prolonger la vie de Raphaël ?

a Elle tente de se suicider pour qu'il ne désire plus rien.
b Elle lui suggère de demander à la peau la jeunesse éternelle.
c Elle brûle la peau.

→ Corrigés page 59

 Voie technologique

Mémoires de deux jeunes mariées (1841)

Honoré de Balzac

Parcours « Raison et sentiments »

L'ESSENTIEL DE L'ŒUVRE

en 3 points

1 Un échange épistolaire intime

Deux jeunes femmes aristocrates, la parisienne **Louise de Chaulieu** et la provençale **Renée de Maucombe**, quittent le couvent des **Carmélites de Blois** à quelques semaines d'intervalle. Pendant une dizaine d'années, **elles entretiennent une correspondance pour combler la distance qui les sépare**. Mais leur éloignement tient de plus en plus à leurs choix, si bien que leurs lettres deviennent aussi l'occasion **de confronter des points de vue divergents**. À travers l'écriture, elles se dévoilent et s'examinent l'une l'autre, comme dans un miroir. Dans son unique roman épistolaire, Honoré de Balzac fait entendre **une écriture de la sensibilité romantique**.

2 Deux destinées féminines opposées

Les années passées au couvent ont forgé une **amitié solide** entre Louise et Renée. Mais, une fois cette éducation loin du monde achevée, **les deux amies prennent des chemins différents**. Avec Louise, le lecteur découvre **la vie parisienne exaltante** : bals, théâtre, concerts, intrigues politiques... Elle tombe amoureuse de **Felipe**, qui représente le type même de **l'amant romanesque**. Après sa mort, elle entretient une liaison tout aussi passionnée avec un poète. Quant à Renée, elle mène une vie rangée et connaît les joies de la maternité **auprès d'un homme qu'elle a épousé sans amour**, mais dont elle a contribué à la réussite sociale.

3 Raison et sentiments

Pour Louise, **la passion amoureuse doit présider au mariage** et la femme doit toujours pouvoir affirmer sa liberté : « Je trouve que nous valons mieux que tous les hommes, même les plus justement illustres » (lettre X). Renée regarde avec méfiance une telle conception romanesque et **soutient à l'inverse que la raison permet de trouver le bonheur** : c'est auprès de ses enfants qu'elle s'est épanouie. En dédicaçant son roman à **George Sand**, Balzac annonce d'emblée les enjeux de cette correspondance. En effet, la romancière avait déjà **dénoncé dans ses œuvres les mariages de raison** dans lesquels la femme est soumise à son époux.

QCM

UN QUIZ POUR TESTER
sa connaissance de l'œuvre

1. Comment se nomme le jeune homme que Renée doit épouser ?

- a Armand de l'Estaque.
- b Louis de l'Estorade.
- c Raphaël de l'Estoile.

2. Pourquoi Felipe Henarez vit-il à Paris ?

- a Cet aristocrate espagnol est condamné à mort dans son pays.
- b Cet artiste est venu chercher l'inspiration en France.
- c Ce militaire a quitté l'armée espagnole.

3. Quelle est la réaction de Louise à l'annonce du mariage de Renée ?

- a Elle félicite son amie.
- b Elle s'étonne de cette union si rapide.
- c Jalouse, elle ne veut plus lui écrire.

4. Quel nom Felipe Henarez adopte-t-il ?

- a Duc de Soria.
- b Prince de Tolède.
- c Baron de Macumer.

5. Quel débat divise les deux amies ?

- a Un mariage doit-il être fondé sur la passion ou sur la raison ?
- b L'amour peut-il durer toute la vie ?
- c Peut-on n'aimer qu'un seul homme ?

6. Pourquoi Louise écourte-t-elle son séjour chez Renée ?

- a Elle s'ennuie loin de Paris.
- b Elle est jalouse de Renée, qui est devenue mère.
- c Elle ne se trouve plus de points communs avec Renée.

7. Où Louise et Felipe voyagent-ils ?

- a En Espagne et au Portugal.
- b En Grèce.
- c En Italie.

8. Qu'est devenu le mari de Renée ?

- a Député.
- b Ambassadeur.
- c Riche commerçant.

9. Pourquoi Renée rejoint-elle précipitamment Louise à Paris ?

- a Elle a tenté de mettre fin à ses jours.
- b Felipe est mort.
- c Elle a eu un enfant.

10. Qui Louise soupçonne-t-elle de mener une double vie ?

- a Renée.
- b Louis.
- c Marie Gaston.

→ Corrigés page 59

ŒUVRES AU PROGRAMME

Voie générale
Voie technologique

Sido (1930) suivi de Les Vrilles de la vigne (1908)

Colette

Parcours « La célébration du monde »

L'ESSENTIEL DE L'ŒUVRE en 3 points

1 Des récits autobiographiques disparates

Sido évoque, en trois chapitres, **l'entourage familial** de Colette (la mère, le père et la fratrie), mais tout finit toujours par converger vers **la mère**, **Sido**, dont la place centrale était bien mise en avant dans le titre de la première édition de l'ouvrage, *Sido ou Les points cardinaux* (1929), qui contenait alors uniquement le premier chapitre de la présente édition. Le recueil ***Les Vrilles de la vigne*** est quant à lui composé de **vingt courts récits** publiés **séparément** avant d'être réunis. Ils présentent une **grande diversité** aussi bien **formelle** (nouvelles, contes, proses poétiques, dialogues…), **tonale** (lyrisme, comique) que **thématique** (nature, musique, amour…) et **témoignent des bouleversements qui se sont produits dans la vie de Colette** : sa séparation avec Willy, sa nouvelle relation avec Missy et ses débuts dans le music-hall.

2 Des évocations lyriques de la nature

Si **la vie quotidienne** – parisienne et provinciale – du **début du XXe siècle** est évoquée, c'est vers une nature intemporelle que Colette semble se tourner, et en particulier vers **le jardin de son enfance**, véritable paradis perdu, dont les éléments prennent vie grâce à des **personnifications lyriques**. Les couleurs, les sons et les odeurs jouent ainsi un rôle majeur dans cet **éveil sensoriel à la poésie des animaux et des fleurs**. La mère, associée à **Antée**, le dieu grec qui tire sa force de son contact avec la terre, est une **initiatrice aux mystères du monde et de la vie**, que Colette célèbre.

3 Écriture du souvenir et quête de soi

La **démarche introspective** est l'occasion pour Colette d'évoquer une naissance, **celle de sa voix d'écrivain**. Confrontée aux hésitations, aux tâtonnements, **elle est comme le rossignol du conte qui ouvre le recueil** : un matin, l'oiseau est pris au piège des « vrilles de la vigne » qui ont poussé durant la nuit. Il chante alors plus fort et parvient à s'échapper en se promettant de ne plus dormir. **L'écriture est, pour Colette, une libération** (« j'ai rompu, d'un sursaut effrayé, tous ces fils tors qui déjà tenaient à ma chair ») **qui lui permet de se révéler comme à travers des jeux de miroirs**.

UN QUIZ POUR TESTER sa connaissance de l'œuvre

QCM ?

1. Quelle période de la vie de Colette est évoquée dans *Sido* ?

- **a** De 3 à 15 ans.
- **b** De 7 à 18 ans.
- **c** De 8 à 12 ans.

2. Qui appelait la mère de Colette « Sido » ?

- **a** Ses enfants.
- **b** Le capitaine.
- **c** Tout le monde.

3. Quel lieu de l'enfance est associé à la beauté et à la paix ?

- **a** L'école.
- **b** Le village natal.
- **c** Le jardin de la maison familiale.

4. Comment la mère est-elle nommée ?

- **a** La nymphe.
- **b** La pythonisse.
- **c** La sylphide.

5. Qui lui transmet le goût pour la littérature ?

- **a** Son père.
- **b** Sa mère.
- **c** Son frère aîné.

6. Comment Colette comprend-elle l'amour que son père éprouvait pour ses enfants ?

- **a** En lisant des lettres découvertes après sa mort.
- **b** En écoutant le témoignage de sa mère.
- **c** En voyant des dessins.

7. Comment se nomment les deux frères de Colette ?

- **a** Théophile et Auguste.
- **b** Achille et Léopold.
- **c** Valentin et Adrien.

8. Dans « Le miroir », avec qui Colette discute-t-elle ?

- **a** Une jeune danseuse.
- **b** Le chien Toby.
- **c** Son sosie Claudine.

9. Dans *Les Vrilles de la vigne*, quels loisirs sont évoqués ?

- **a** Les jeux d'hiver à la montagne.
- **b** Les jeux au bord de la mer.
- **c** Les danses dans les fêtes champêtres.

10. À quel art Colette fait-elle souvent référence ?

- **a** Le chant.
- **b** La peinture.
- **c** La sculpture.

→ Corrigés page 59

S'ENTRAÎNER

1 Caractériser un extrait de récit.

Le narrateur de cette nouvelle se remémore une fête de village à laquelle il a participé dans sa jeunesse.

« J'étais le seul garçon dans cette ronde, où j'avais amené ma compagne toute jeune encore, Sylvie, une petite fille du hameau voisin, si vive et si fraîche, avec ses yeux noirs, son profil régulier et sa peau légèrement hâlée !... Je n'aimais qu'elle, je ne voyais qu'elle, – jusque-là ! À peine avais-je remarqué, dans la ronde où nous dansions, une blonde, grande et belle, qu'on appelait Adrienne. Tout d'un coup, suivant les règles de la danse, Adrienne se trouva placée seule avec moi au milieu du cercle. Nos tailles étaient pareilles. On nous dit de nous embrasser, et la danse et le chœur tournaient plus vivement que jamais. En lui donnant ce baiser, je ne pus m'empêcher de lui presser la main. Les longs anneaux roulés de ses cheveux d'or effleuraient mes joues. De ce moment, un trouble inconnu s'empara de moi. »

Gérard de Nerval, « Sylvie », *Les Filles du feu* , 1854.

a. Identifie le mouvement et le genre auxquels on peut rattacher l'œuvre dont est tiré ce texte.

b. Ce texte comporte-t-il des passages narratifs, des descriptions, des dialogues, des analyses du narrateur ?

→ Corrigés page 59

2 Étudier le cadre spatio-temporel.

« Un soir, vers la fin du mois, après une journée de lourde chaleur, la lune se leva dans une de ces nuits claires et tièdes, qui troublent, attendrissent, font s'exalter, semblent éveiller toutes les poésies secrètes de l'âme. Les souffles doux des champs entraient dans le salon tranquille. La baronne et son mari jouaient mollement une partie de cartes dans la clarté ronde que l'abat-jour de la lampe dessinait sur la table ; tante Lison, assise entre eux, tricotait ; et les jeunes gens accoudés à la fenêtre ouverte regardaient le jardin plein de clarté.

Le tilleul et le platane semaient leur ombre sur le grand gazon qui s'étendait ensuite, pâle et luisant, jusqu'au bosquet tout noir.

Attirée invinciblement par le charme tendre de cette nuit, par cet éclairement vaporeux des arbres et des massifs, Jeanne se tourna vers ses parents : « Petit père, nous allons faire un tour là, sur l'herbe, devant le château. » Le baron dit, sans quitter son jeu : « Allez, mes enfants », et se remit à sa partie.

Ils sortirent et commencèrent à marcher lentement sur la grande pelouse blanche jusqu'au petit bois du fond.

L'heure avançait sans qu'ils songeassent à rentrer. La baronne, fatiguée, voulut monter à sa chambre : « Il faut rappeler les amoureux », dit-elle. »

Guy de Maupassant, *Une Vie*, 1883.

a. Analyse la manière dont le cadre est décrit : en quoi est-il symbolique ?

b. Les circonstances te paraissent-elles importantes ? Le moment de l'action joue-t-il un rôle ?

→ Corrigés page 59

3 Analyser les personnages.

Sur l'île de France (actuelle île Maurice), Paul et Virginie s'aiment. Mais afin d'achever son éducation, la jeune fille doit quitter l'île. Elle part pour la France sans dire au revoir à Paul.

« Au moins, répondit Paul, si je lui avais fait mes adieux, je serais tranquille à présent. Je lui aurais dit : Virginie, si pendant le temps que nous avons vécu ensemble, il m'est échappé quelque parole qui vous ait offensée, avant de me quitter pour jamais, dites-moi que vous me la pardonnez. Je lui aurais dit : Puisque je ne suis plus destiné à vous revoir, adieu, ma chère Virginie ! adieu ! Vivez loin de moi contente et heureuse ! » Et comme il vit que sa mère et madame de la Tour pleuraient : « Cherchez maintenant, leur dit-il, quelque autre que moi qui essuie vos larmes ! » puis il s'éloigna d'elles en gémissant, et se mit à errer çà et là dans l'habitation. Il en parcourait tous les endroits qui avaient été les plus chers à Virginie. Il disait à ses chèvres et à leurs petits chevreaux, qui le suivaient en bêlant : « Que me demandez-vous ? vous ne reverrez plus avec moi celle qui vous donnait à manger dans sa main. »

Bernardin de Saint-Pierre, *Paul et Virginie*, 1788.

a. Repère les informations données sur les personnages dans cet extrait (aspect physique, identité, liens familiaux, environnement social…).

b. Identifie les actions des personnages : que nous apprennent-elles de leurs tempéraments et de leurs désirs ?

c. Étudie la manière dont le narrateur révèle leur intériorité (paroles, pensées, émotions).

→ Corrigés page 59

4 Analyser les effets produits sur les lecteurs.

Le 5 juin 1832, une émeute éclate dans Paris. Gavroche, âgé de douze ans, décide d'aller récupérer des cartouches sur les soldats morts. Les gardes le prennent pour cible.

« Une balle pourtant, mieux ajustée ou plus traître que les autres, finit par atteindre l'enfant feu follet. On vit Gavroche chanceler, puis il s'affaissa. Toute la barricade poussa un cri ; mais il y avait de l'Antée[1] dans ce pygmée ; pour le gamin toucher le pavé, c'est comme pour le géant toucher la terre ; Gavroche n'était tombé que pour se redresser ; il resta assis sur son séant, un long filet de sang rayait son visage, il éleva ses deux bras en l'air, regarda du côté d'où était venu le coup, et se mit à chanter.

Je suis tombé par terre,
C'est la faute à Voltaire,
Le nez dans le ruisseau,
C'est la faute à...

Il n'acheva point. Une seconde balle du même tireur l'arrêta court. Cette fois il s'abattit la face contre le pavé, et ne remua plus. Cette petite grande âme venait de s'envoler. »

Victor Hugo, *Les Misérables*, partie V, livre I, 1862.

1. Antée : dans la mythologie grecque, géant qui tire sa force du contact avec la terre.

a. Que peut-on ressentir pour Gavroche dans ce passage ?

b. Repère et analyse deux tonalités dominantes.

c. Étudie les effets de dramatisation qui contribuent à l'émotion.

→ Corrigés page 60

SE PRÉPARER POUR LE BAC

LE COMMENTAIRE

Voie générale Voie technologique

Guy de MAUPASSANT, *Bel-Ami*

Dans Bel-Ami, Guy de Maupassant narre l'ascension sociale de Georges Duroy, un homme prêt à tout pour réussir... Ce passage constitue le début du roman.

Quand la caissière lui eut rendu la monnaie de sa pièce de cent sous, Georges Duroy sortit du restaurant.

Comme il portait beau, par nature et par pose d'ancien sous-officier, il cambra sa taille, frisa sa moustache d'un geste militaire et familier, et jeta sur les dîneurs attardés un regard rapide et circulaire, un de ces regards de joli garçon, qui s'étendent comme des coups d'épervier[1].

Les femmes avaient levé la tête vers lui, trois petites ouvrières, une maîtresse de musique entre deux âges, mal peignée, négligée, coiffée d'un chapeau toujours poussiéreux et vêtue toujours d'une robe de travers, et deux bourgeoises avec leurs maris, habituées de cette gargote à prix fixe.

Lorsqu'il fut sur le trottoir, il demeura un instant immobile, se demandant ce qu'il allait faire. On était au 28 juin, et il lui restait juste en poche trois francs quarante pour finir le mois. Cela représentait deux dîners sans déjeuners, ou deux déjeuners sans dîners, au choix. Il réfléchit que les repas du matin étant de vingt-deux sous, au lieu de trente que coûtaient ceux du soir, il lui resterait, en se contentant des déjeuners, un franc vingt centimes de boni[2], ce qui représentait encore deux collations au pain et au saucisson, plus deux bocks[3] sur le boulevard. C'était là sa grande dépense et son grand plaisir des nuits ; et il se mit à descendre la rue Notre-Dame-de-Lorette.

Il marchait ainsi qu'au temps où il portait l'uniforme des hussards[4], la poitrine bombée, les jambes un peu entrouvertes comme s'il venait de descendre de cheval ; et il avançait brutalement dans la rue pleine de monde, heurtant les épaules, poussant les gens pour ne point se déranger de sa route. Il inclinait légèrement sur l'oreille son chapeau à haute forme assez défraîchi, et battait le pavé de son talon. Il avait l'air de toujours défier quelqu'un, les passants, les maisons, la ville entière, par chic de beau soldat tombé dans le civil.

Guy de Maupassant, *Bel-Ami*, 1885.

1. Épervier : filet de pêche. Le terme peut aussi évoquer l'oiseau de proie.
2. Boni : surplus.
3. Bocks : verres de bière.
4. Hussards : ici, soldats d'un corps de cavalerie.

Étape 1 Les premiers repérages sur le texte

Questions à se poser	Réponses	Éléments du texte
Le genre et le mouvement	Un roman réaliste.	Paratexte : « début du roman », 1885 (date de publication).
Le sujet de l'extrait	Le portrait en action d'un personnage.	Lexique du corps et verbes de mouvement.
Le type de texte	Un incipit ***in medias res***.	Première phrase : « Quand la caissière lui eut rendu la monnaie de sa pièce de cent sous, Georges Duroy sortit du restaurant. »
Le cadre spatio-temporel	Une rue de Paris, un soir d'été.	Une date est mentionnée : « 28 juin » (l. 12). Si l'année n'est pas précisée, c'est parce que la scène est contemporaine du moment de l'écriture. Un toponyme permet d'identifier Paris : « rue Notre-Dame-de-Lorette » (l. 19).
Les personnages	Un homme que le narrateur dévoile progressivement.	Il est caractérisé par son prénom et son nom (« Georges Duroy », l. 1-2), son ancienne fonction (« ancien sous-officier », l. 3), son apparence physique jeune et séduisante (« regards de joli garçon », l. 5), son caractère arrogant (« la poitrine bombée », l. 20-21), ses goûts (sortir et se divertir).
	Des personnages d'arrière-plan qui sont des types sociaux.	Ils n'ont pas de noms et ne sont évoqués que par leur statut social ou leur profession : « deux bourgeoises avec leurs maris » (l. 9-10), « trois petites ouvrières, une maîtresse de musique » (l. 7-8).

MOT CLÉ

***In medias res* :** locution latine signifiant littéralement « au milieu des choses ». Cette expression qualifie un incipit (ou une scène d'exposition) qui présente une action ou un dialogue qui a déjà commencé. Cette stratégie permet de donner une dynamique au début de l'œuvre.

Étape 2 L'analyse des procédés d'écriture

Repère et analyse la place du narrateur :

Le narrateur est **extérieur à l'histoire** (présence de la 3e personne et absence de la 1re). Il adopte un **point de vue souvent omniscient** : il dévoile les habitudes de Georges Duroy (« C'était là sa grande dépense et son grand plaisir des nuits », l. 17-18) et son passé (« au temps où il portait l'uniforme des hussards », l. 20).

Parfois, on note un **glissement vers un point de vue interne au personnage**, comme le révèlent les **verbes de pensée** (« se demandant », l. 11 ; « Il réfléchit », l. 14).

Analyse les comparaisons et les actions qui caractérisent le personnage :

Les descriptions du personnage principal sont **dévalorisantes**. Georges Duroy est présenté comme un homme **séducteur et arrogant**. Il appartient à la catégorie des « joli[s] garçon[s] » (l. 5) et la vivacité de son regard est comparée à celle d'un « épervier » (l. 6), un filet de pêche ou un oiseau de proie. Il paraît sûr de lui. Son comportement témoigne de **son sentiment de supériorité** : « brutalement » (l. 22), « poussant les gens pour ne point se déranger de sa route » (l. 23). On devine **son ambition et sa frustration** grâce à l'importance accordée par le narrateur à l'argent qu'il compte et recompte.

Identifie les champs lexicaux qui créent un effet de réel :

Le lexique de l'univers urbain est omniprésent et fait apparaître **un cadre réaliste très précis** : « restaurant » (l. 2), « le trottoir » (l. 11), « le boulevard » (l. 17), « la rue pleine de monde » (l. 22), « les maisons, la ville entière » (l. 25-26). De plus, **les personnages d'arrière-plan** contribuent également à **l'authenticité de cette scène** : les lexiques de la coiffure (« mal peignée, négligée », l. 8) et de l'habillement (« chapeau toujours poussiéreux », l. 8-9 ; « une robe de travers », l. 9) montrent l'attention accordée aux détails.,

Étape 3 La construction du projet de lecture et du plan

→ Les premiers repérages et l'analyse des procédés d'écriture permettent de formuler le projet de lecture suivant :

> **En quoi cet incipit annonce-t-il un roman réaliste ?**

→ Le plan détaillé s'appuie sur le projet de lecture : **les différents axes** reprennent les mots-clés employés pour formuler ce dernier ; **les sous-parties** sont composées des éléments d'analyse, des idées, des remarques notées lors de son élaboration...

Proposition de plan détaillé

I. Une scène de la vie populaire parisienne

a. Un quartier très animé
b. Les plaisirs des soirées : manger et boire
c. Des personnages d'arrière-plan qui appartiennent à la classe moyenne

II. Le portrait en action d'un personnage singulier

a. Un séducteur prétentieux
b. Un homme préoccupé par l'argent
c. Un ambitieux qui se sent supérieur

III. Un début de roman qui capte l'attention du (de la) lecteur(trice)

a. Un incipit *in medias res* où récit et description alternent
b. Un jeu de points de vue (interne et omniscient) et des changements d'échelle (vue d'ensemble et gros plans)
c. Le regard critique du narrateur

MÉTHODE

Les deux ou trois axes **structurent le développement**. Ils correspondent à **différents enjeux de l'extrait étudié** et permettent d'apporter des éléments de réponse à la **problématique** (ou projet de lecture). Pour développer chacun des axes de lecture, tu dois mettre en avant **deux ou trois idées directrices** (sous-parties).
Le titre d'un axe de lecture ou d'une idée directrice se présente le plus souvent sous la forme suivante : groupe nominal + adjectif ou subordonnée relative. On associe ainsi un élément ou un aspect du texte et une « propriété » qui relève de l'interprétation personnelle et qu'il faudra démontrer.

Étape 4 La rédaction de l'introduction et de la conclusion

L'introduction

L'introduction (qui s'ouvre ici par une amorce) doit dans un premier temps présenter le texte (auteur, titre, date, forme et sujet) :

Si Guy de Maupassant est devenu célèbre pour ses nouvelles, dont *Boule de suif* (1880), il a également écrit des romans dans lesquels son regard sur ses contemporains est tout aussi mordant. *Bel-Ami*, publié en 1885, retrace l'ascension sociale de Georges Duroy, un arriviste qui parvient à s'élever grâce à son charme et à ses audaces. Cet extrait est le début du roman. On y découvre le personnage principal qui sort d'un restaurant et déambule dans Paris.

L'annonce du projet de lecture doit être claire et précise :

En quoi cet incipit annonce-t-il un roman réaliste ?

Le plan indique la démarche que tu suivras dans le développement :

Tout d'abord nous montrerons que les premières lignes du roman présentent une scène de la vie parisienne. Puis nous verrons que le portrait en action de Georges Duroy le fait apparaître comme un personnage singulier. Enfin, nous analyserons ce qui rend cet incipit particulièrement captivant pour le (la) lecteur(trice).

COUP DE POUCE

L'amorce permet de capter l'attention de ton correcteur. Elle prend souvent la forme d'une remarque, d'une observation. Elle doit être d'ordre littéraire et en lien avec le texte. La présentation de l'extrait propose un résumé du sujet principal du texte et une identification de sa forme. Si un paratexte introducteur est fourni, attention à ne pas le recopier tel quel.

La conclusion

La conclusion permet de montrer que tu as bien répondu à la question posée dans l'introduction. Un bilan précis et ordonné du développement est donc nécessaire :

Comme nous avons pu le voir, cet incipit annonce bien un roman réaliste. Maupassant pose un cadre spatio-temporel précis et donne ainsi à ce décor parisien un effet d'authenticité à travers l'animation du quartier et les personnages d'arrière-plan. De plus, les éléments descriptifs qui renvoient à Georges Duroy permettent au (à la) lecteur(trice) de se le figurer comme un séducteur arrogant dont le désir de conquête amoureuse et sociale est certain. Grâce à ce début *in medias res* marqué par une variété de points de vue, Maupassant pique la curiosité du (de la) lecteur(trice) qui se prend au jeu de l'illusion réaliste.

L'ouverture peut être un élargissement vers l'œuvre, l'auteur, le mouvement... Ici, elle met en perspective le texte étudié avec un autre extrait :

Tout comme *Bel-Ami*, *Pierre et Jean* (1888) présente aussi un début *in medias res*. Maupassant introduit des éléments descriptifs par touches successives afin de maintenir un rythme dynamique au récit de la partie de pêche. Ce souci d'efficacité tient peut-être à la pratique de la nouvelle, un genre bref qui exige un économie de moyens.

Étape 5 La rédaction du développement

L'ASTUCE À CONNAÎTRE

Élabore au brouillon un plan très détaillé **contenant tous les éléments d'analyse** avant de commencer à rédiger. Tu pourras ainsi te concentrer sur **l'expression**, qui doit être grammaticalement correcte, claire, et fluide.

Exemple de développement

II. Le portrait en action d'un personnage singulier

a **Un séducteur prétentieux**

Le développement ne fait pas apparaître de titre. Un paragraphe s'ouvre donc par une phrase qui formule l'idée directrice de la sous-partie :

Georges Duroy apparaît comme un séducteur prétentieux.

La suite du paragraphe est une démonstration qui doit apporter des preuves :

En effet, les premières lignes du roman permettent au lecteur d'identifier cette caractéristique majeure. L'évocation de la silhouette du personnage révèle son élégance. L'expression « il portait beau » (l. 3) est redoublée par l'évocation de son regard de « joli garçon » (l. 5). Son mouvement (« il cambra sa taille », l. 3-4), tout en suggérant qu'il est svelte, renvoie aussi à la volonté de tenir droit pour se donner de la prestance. Par ailleurs, on remarque qu'en décrivant sa manière de marcher (« la poitrine bombée », l. 20-21), le narrateur en profite pour rappeler son passé militaire (« au temps où il portait l'uniforme », l. 20 ; « beau soldat », l. 26). Georges Duroy apparaît donc comme un personnage au physique élancé et athlétique. Quant à ses gestes (« frisa sa moustache », l. 4) et à son comportement (« jeta sur les dîneurs attardés un regard rapide et circulaire », l. 4-5), ils témoignent aussi de sa confiance en son pouvoir de séduction. La comparaison à un « épervier » (l. 6) met en relief son désir de conquête.

La sous-partie s'achève par une phrase dont la portée est générale :

Le narrateur ne s'attarde donc pas sur une description du visage mais exploite une vue d'ensemble du personnage pour révéler son physique avantageux.

LA DISSERTATION

Voie générale

SUJET

Un critique contemporain a affirmé :
« *Dans La Peau de chagrin, Balzac nous montre comment les forces créatrices et destructrices s'opposent dans le monde.* »
Qu'en pensez-vous ?

Vous répondrez à cette question en vous fondant sur votre connaissance de l'œuvre, des textes étudiés dans le cadre du parcours « Les romans de l'énergie : création et destruction », ainsi que sur votre culture personnelle.

Étape 1 L'analyse du sujet, la formulation de la problématique et le choix du type de plan

Commence par analyser les mots-clés du sujet :

« forces » : le terme désigne des notions abstraites. Il faut les identifier et voir comment ces forces se traduisent chez Raphaël, et comment certains personnages en sont les incarnations.
« créatrices » : l'adjectif renvoie à la vie, à l'art, à l'amour, au bien.
« destructrices » : l'adjectif renvoie à l'épuisement, à la mélancolie, à la maladie, à la mort, au mal.
« s'opposent » : le verbe suggère que les forces sont distinctes et entrent en conflit.
« monde » : il s'agit de se placer aussi bien au niveau de l'individu que de la société.

Reformule ensuite la thèse proposée :

Selon le critique, les individus subissent ou génèrent des forces créatrices ou destructrices qui ne peuvent se confondre et entrent en conflit. Elles imposent des choix entre le bien et le mal.

Reformule ensuite la thèse sous forme de question – ce sera ta problématique – puis identifie le type de plan à adopter :

Le lien entre les forces créatrices et destructrices est-il uniquement celui de l'opposition ? Certaines forces ne seraient-elles pas réversibles ?
Les questions étant **fermées**, il faut adopter un **plan dialectique**.

Étape 2 La recherche des arguments et des exemples, et la construction du plan

MÉTHODE

Note, au fur et à mesure qu'ils te viennent à l'esprit, **les arguments et les exemples** qui te semblent illustrer la citation. Regroupe les arguments qui vont dans le même sens, de manière à **dégager deux ou trois idées directrices, qui seront les deux ou trois grandes parties de ta dissertation**. Puis, toujours au brouillon, **élabore ton plan détaillé** : sous le titre de chaque grande partie, note de manière synthétique les arguments que tu vas développer **en les hiérarchisant** (du plus simple au plus complexe, du plus général au plus particulier), sans oublier de **leur associer un ou plusieurs exemples** (titre de poème, citation…) afin de vérifier que tu ne pars pas sur une fausse piste.

Proposition de plan détaillé

I. Créer ou détruire : le roman met en scène des forces opposées

- **a** Brûler sa vie ou l'économiser
- **b** Pauline incarne l'amour consolateur, et Fœdora l'amour fatal
- **c** Se soumettre à ses passions (« vouloir ») ou à la sagesse (« savoir »)

II. Balzac montre que ces forces ne vont pas l'une sans l'autre

- **a** La sagesse est une forme de mort, et le désir donne de la valeur à la vie
- **b** Pauline et Fœdora : des incarnations de forces aussi bien vitales que mortifères
- **c** Le roman se nourrit de la destruction qu'il met en scène

COUP DE POUCE

Attends d'avoir élaboré l'ensemble du plan détaillé pour commencer à rédiger le développement. Sinon, il sera trop tard pour rééquilibrer éventuellement la structure.

Étape 3 La rédaction de l'introduction et de la conclusion

L'introduction

L'introduction débute par une amorce permettant d'amener le sujet :

Pour Honoré de Balzac, l'homme dispose d'un capital d'énergie qu'il doit utiliser à bon escient. Dans *La Peau de chagrin*, Raphaël n'a pu se soustraire au pacte qu'il avait tacitement conclu avec la peau de chagrin et a dilapidé sa force vitale. Ne pouvant s'empêcher de désirer, il arrive au terme de sa vie prématurément. Le vieil antiquaire l'avait pourtant mis en garde contre le vouloir et le pouvoir, deux forces qui brûlent et détruisent, et l'avait invité à privilégier le savoir, qui préserve la vie. Un critique contemporain voit dans ce roman un conflit de forces, et a ainsi affirmé : « Dans *La Peau de chagrin*, Balzac nous montre comment les forces créatrices et destructrices s'opposent dans le monde. »

La problématique est ensuite posée et les grandes parties du développement sont annoncées :

Cette distinction ferme entre le bien (l'amour, la vie, l'art) et le mal (la mort, la mélancolie, l'épuisement) nous invite à nous demander si c'est bien sur le mode de l'opposition que ces forces existent, ou si l'on peut y voir une certaine réversibilité. Nous examinerons tout d'abord les formes que prend ce conflit entre création et destruction dans le roman avant de voir que ces forces sont complémentaires.

La conclusion

La conclusion est un bilan de l'argumentation répondant à la problématique posée en introduction :

Comme nous avons pu le voir, *La Peau de chagrin* est un roman qui met en scène des forces créatrices et destructrices auxquelles les personnages sont confrontés. Si une première lecture du roman semble faire apparaître une partition très nette entre ces deux forces, une analyse plus approfondie révèle que la destruction est aussi une forme de création, et que les désirs sont également des principes de vie. À la question du choix d'une vie intense mais brève ou d'une existence longue mais ennuyeuse, Balzac n'apporte pas de réponse définitive.

Elle se termine par une ouverture élargissant le propos (à un mouvement littéraire ou à une autre forme d'expression artistique par exemple) :

On a parfois tendance à réduire Honoré de Balzac à un écrivain précurseur du réalisme mais ce roman montre bien l'ambition philosophique de *La Comédie humaine*, son œuvre magistrale, à laquelle il n'a cessé de travailler avec une énergie créatrice qui l'a mené à l'épuisement de ses forces.

COUP DE POUCE

Pense à exploiter les mots-clés du parcours associé pour proposer une ouverture.
Tu peux aussi évoquer un texte étudié s'il te semble en lien avec le sujet posé.

Étape 4 La rédaction du développement

Exemple de développement

II. Balzac montre que ces forces ne vont pas l'une sans l'autre

a La sagesse est une forme de mort, et le désir donne de la valeur à la vie

Raphaël de Valentin tente de ne plus désirer, et se retire dans son hôtel particulier. Il fait alors l'expérience d'une vie terne et sans valeur. Réfugié au Mont-Dore, il fait un choix semblable : « La vie devait y être tranquille, spontanée, frugiforme comme celle d'une plante ». Cependant, mener cette existence, ce n'est pas vivre, c'est comme se retrouver à nouveau dans la mansarde du début de l'histoire où Raphaël utilise en vain son énergie pour écrire son *Traité de la volonté*. À l'inverse, c'est en refusant de se détourner de l'amour que Raphaël trouve un sens à sa vie. L'antiquaire, qu'il rencontre au théâtre, tient un discours qui vient perturber la première leçon qu'il avait donnée : « J'avais pris l'existence au rebours. Il y a toute une vie dans une heure d'amour. » On voit ainsi que le sens allégorique du roman n'est pas univoque.

b Pauline et Fœdora : des incarnations de forces aussi bien vitales que mortifères

Les deux jeunes femmes, que tout semble opposer, jouent des rôles complexes auprès de Raphaël, si bien qu'on ne peut associer clairement l'une à la création et l'autre à la destruction. En effet, c'est en désirant Pauline que Raphaël va trouver la mort. Il incarne ainsi une vision toute romantique de l'amour, qui tire sa force du fait que ce dernier est impossible : la perspective de la séparation est la condition créatrice de l'amour absolu. À l'inverse, Fœdora semble se régénérer sans cesse ; elle est l'allégorie de la société : « elle est partout ». C'est par ces mots qu'Honoré de Balzac achève son roman, soulignant la capacité de la société à perdurer en privilégiant la jouissance sans idéal.

c Le roman se nourrit de la destruction qu'il met en scène

Comme l'amour, qui est une force qui croît à mesure que le malheur se profile, l'écriture est créatrice quand elle a conscience de sa fin. L'épuisement des forces de Raphaël nourrit la dimension tragique de la fiction, et le lecteur, en désirant connaître la destinée du personnage, progresse inéluctablement vers la dernière page. Le monde tel que Raphaël en fait l'expérience est un univers en apparence sans limite, et donc sans valeur ; c'est l'idée d'achèvement qui est créatrice. Honoré de Balzac, en terminant son roman, a inventé un univers qu'il fera revivre dans ses romans suivants, à travers le retour des personnages. Création et destruction dessinent donc un mouvement cyclique.

SUJET GUIDÉ ÉPREUVE ORALE

L'EXPLICATION LINÉAIRE

Voie générale | Voie technologique

L'abbé Prévost, *Manon Lescaut*

J'avais marqué le temps de mon départ d'Amiens. Hélas ! que ne le marquais-je un jour plus tôt ! j'aurais porté chez mon père toute mon innocence. La veille même de celui que je devais quitter cette ville, étant à me promener avec mon ami, qui s'appelait Tiberge, nous vîmes arriver le coche[1] d'Arras, et nous le suivîmes jusqu'à l'hôtellerie où ces voitures descendent. Nous n'avions pas d'autre motif que la curiosité. Il en sortit quelques femmes, qui se retirèrent aussitôt. Mais il en resta une, fort jeune, qui s'arrêta seule dans la cour, pendant qu'un homme d'un âge avancé, qui paraissait lui servir de conducteur, s'empressait pour faire tirer son équipage[2] des paniers. Elle me parut si charmante que moi, qui n'avais jamais pensé à la différence des sexes, ni regardé une fille avec un peu d'attention, moi, dis-je, dont tout le monde admirait la sagesse et la retenue, je me trouvai enflammé tout d'un coup jusqu'au transport[3]. J'avais le défaut d'être excessivement timide et facile à déconcerter ; mais loin d'être arrêté alors par cette faiblesse, je m'avançai vers la maîtresse de mon cœur. Quoiqu'elle fût encore moins âgée que moi, elle reçut mes politesses sans paraître embarrassée. Je lui demandai ce qui l'amenait à Amiens, et si elle y avait quelques personnes de connaissance. Elle me répondit ingénument[4], qu'elle y était envoyée par ses parents, pour être religieuse. L'amour me rendait déjà si éclairé, depuis un moment qu'il était dans mon cœur, que je regardai ce dessein comme un coup mortel pour mes désirs. Je lui parlai d'une manière qui lui fit comprendre mes sentiments, car elle était bien plus expérimentée que moi : c'était malgré elle qu'on l'envoyait au couvent, pour arrêter sans doute son penchant au plaisir, qui s'était déjà déclaré, et qui a causé dans la suite tous ses malheurs et les miens.

L'abbé Prévost, *Manon Lescaut*, partie I, 1731.

1. Coche : voiture tirée par des chevaux assurant des liaisons régulières entre des villes.

2. Équipage : bagage.

3. Transport : état émotionnel intense.

4. Ingénument : avec une franchise innocente.

Étape 1 Le repérage de la structure du texte et la construction du projet de lecture

MÉTHODE

Observe le début et la fin de l'extrait pour identifier ce qui fait **l'unité du texte.** Dégage ensuite **la structure** en identifiant **les différents mouvements.** Appuie-toi sur les thèmes, les étapes, les ruptures que tu peux repérer.

Proposition de découpage

1re partie : lignes 1 à 6 (jusqu'à « curiosité ») → Les circonstances de la rencontre

2e partie : lignes 6 à 14 → La fascination de Des Grieux

3e partie : lignes 14 à 23 → Les premières paroles échangées

→ **Formule un projet de lecture** qui te semble rendre compte de l'intérêt, de la spécificité, de l'originalité de l'extrait. Ici, on peut par exemple étudier comment Des Grieux fait de sa rencontre avec Manon un événement qui a bouleversé sa destinée.

Étape 2 Le développement de l'analyse linéaire

MÉTHODE

Pour éviter de juxtaposer des remarques au fil des lignes, tu peux mettre en avant des interprétations **à l'intérieur de l'analyse de chaque mouvement.** Ainsi, tu pourras relier plus facilement les analyses entre elles. Dans l'exemple ci-dessous, l'explication linéaire est entièrement rédigée pour te donner une idée des attentes de l'examinateur(trice). Cependant, le jour de l'épreuve, tu n'auras pas le temps de tout écrire au brouillon et tu devras privilégier la prise de note. Tu peux consulter la méthode, page 261.

Première partie

Les commentaires du narrateur sur ses actions passées L'interjection « Hélas ! » (l. 1) témoigne du regret du narrateur. La phrase négative et exclamative qui suit explicite la raison du remords : le choix du jour du départ d'Amiens. Le narrateur procède ainsi à une dramatisation pour susciter l'intérêt de ses auditeurs et souligner l'importance de cet épisode. L'emploi du conditionnel passé (« j'aurais porté », l. 2), traduisant l'irréel du passé, montre le caractère irréversible des conséquences associées à la perte de l'« innocence ». Un tel jugement rétrospectif met en évidence les changements profonds qui ont affecté le personnage depuis cette date.

La dimension réaliste Le récit débute véritablement avec l'emploi du passé simple (« nous vîmes », « nous le suivîmes », l. 4). Des Grieux pose alors un cadre spatio-temporel précis (« Amiens », « La veille », « cette ville », « Arras », l. 1-4) qui donne un ancrage géographique et chronologique. L'évocation de détails (« le coche » et « l'hôtellerie », l. 4-5), et le présent de vérité générale (« où ces voitures descendent », l. 5) renvoient à la vie quotidienne d'une ville de province et contribuent à l'effet de réel.

L'élément perturbateur L'arrivée du coche, relatée au passé simple, interrompt la promenade de Des Grieux et Tiberge. Ils modifient leur trajet, comme l'indique le verbe de mouvement « nous le suivîmes », l. 4. Cette mise en relief d'un événement en apparence anecdotique (« pas d'autre motif que la curiosité », l. 4-5) annonce qu'il s'agit d'un élément perturbateur.

Deuxième partie

Un enchaînement rapide d'actions Les verbes au passé simple (« Il en sortit », « se retirèrent », l. 6) signalent l'apparition des femmes et leur disparition presque immédiate. L'adverbe « aussitôt » (l. 6) renforce cet effet. Par ailleurs, deux actions se déroulent en même temps, comme le montre la locution « pendant que » (l. 7). Le conducteur « s'empressait » (l. 8) tandis que Manon « s'arrêta » (l. 7). Ce contraste met en valeur l'immobilité de la jeune fille qui se distingue ainsi au milieu de l'agitation. C'est alors Des Grieux qui agit avec un mouvement dont la spontanéité est rendue par les verbes « loin d'être arrêté » et « je m'avançai » (l. 13-14).

Manon, une jeune femme exceptionnelle Si Manon se trouve avec les autres femmes, elle ne se confond pas avec elles. Les antithèses « quelques » (l. 6) / « une » (l. 7) et « se retirèrent » (l. 6) / « s'arrêta » (l. 7) soulignent sa singularité. Des Grieux ne s'attarde pas sur sa silhouette ni sur les traits de son visage. L'impression qu'elle suscite semble effacer les détails physiques, si bien que le narrateur préfère des adjectifs peu précis renforcés par des adverbes (« fort jeune », l. 7 ; « si charmante », l. 9) et une périphrase hyperbolique (« maîtresse de mon cœur », l. 14).

La force des émotions ressenties Des Grieux insiste sur son innocence, comme le prouvent les négations (« qui n'avais jamais pensé à la différence des sexes, ni regardé une fille avec un peu d'attention », l. 9-11) et les tournures hyperboliques (« tout le monde admirait la sagesse et la retenue », « excessivement timide », l. 11-13). La rencontre produit donc un véritable bouleversement dans la mesure où elle lui révèle la violence de la passion. Il subit une attraction irrésistible. Les termes « enflammé », « transport » et « maîtresse de mon cœur » (l. 12-14), empruntés au lexique de la tragédie, suggèrent que Des Grieux est dépossédé de lui-même.

Troisième partie

La rapidité du dialogue Après s'être rapproché de Manon, Des Grieux entame spontanément un dialogue avec elle. Les paroles échangées sont rapportées selon trois manières. Le narrateur a tout d'abord recours au discours indirect (« Je lui demandai ce qui », « Elle me répondit [...] qu'elle », l. 16-17). Par la suite, il emploie le discours narrativisé (« Je lui parlai d'une manière qui lui fit comprendre mes sentiments », l. 20-21), qui permet de ne garder que la teneur du propos. La réponse de Manon est alors rapportée au discours indirect libre (« c'était malgré elle qu'on l'envoyait », l. 21-22) dans une proposition juxtaposée qui donne l'impression d'un flot de paroles continu.

Le comportement paradoxal de Manon Par le biais des paroles rapportées, Des Grieux dévoile la raison qui amène Manon au couvent, à savoir « son penchant au plaisir, qui s'était déjà déclaré » (l. 22-23). On voit d'ailleurs qu'elle n'est pas gênée en discutant avec un jeune homme (« sans paraître embarrassée », l. 15). Pour autant, si Des Grieux explique l'aisance de Manon par son expérience, il prend soin de souligner une certaine innocence (« ingénument », l. 15). Toutefois, le lecteur peut mettre en doute la perception de Des Grieux, ou y voir tout du moins un effet d'idéalisation rétrospectif.

Les premiers obstacles Manon est sous la domination de sa famille (« elle y était envoyée par ses parents », l. 17-18). La construction passive renforce sa soumission et son impuissance. Plus loin, cet effet est redoublé puisqu'elle est en position de COD (« on l'envoyait », l. 22). Cet obstacle qui conduit à la séparation des jeunes gens est envisagé par Des Grieux « comme un coup mortel pour [s]es désirs » (l. 19-20). Cette dramatisation pathétique traduit la violence de l'amour qui s'empare de lui, et laisse deviner qu'il agira pour s'opposer à ce projet.

La dimension tragique Seul contre tous, Des Grieux est contraint d'agir, si bien que sa liberté semble restreinte par sa passion pour Manon. La fatalité est en marche. Il va ainsi vers son but, inéluctablement, sans pouvoir tempérer ses « désirs » (l. 20). Par une **prolepse**, le narrateur confirme la dimension tragique de cette rencontre (« qui a causé dans la suite tous ses malheurs et les miens », l. 23), suscitant ainsi l'empathie et la curiosité de ses auditeurs (et des lecteurs) qui attendent des péripéties nombreuses, comme le suggèrent les pluriels employés.

MOT CLÉ

Prolepse : annonce, dans le récit, d'un événement à venir ; dévoilement d'un élément qui appartient au futur dans la temporalité du récit.

Étape 3 La préparation de l'introduction et de la conclusion

L'introduction

MÉTHODE

L'introduction de l'explication linéaire présente des points communs avec l'introduction d'un commentaire composé (présentation du texte — avec éventuellement une amorce — et du projet de lecture). La véritable différence tient à la **nature du plan**, qui s'appuie sur **les mouvements du texte**, et à **l'étape de lecture expressive.**

La présentation de l'extrait :

Après avoir rencontré une seconde fois Des Grieux à Calais, le marquis de Renoncour, accompagné de son élève, demande au jeune homme de lui raconter ses aventures, qui commencent à Amiens : il a alors dix-sept ans et vient de terminer ses études de philosophie. Tandis qu'il s'apprête à rentrer chez son père, il aperçoit celle qui devient immédiatement « la maîtresse de [s]on cœur ».

La présentation des mouvements du texte :

Ce texte est structuré en trois mouvements : du début de l'extrait à la ligne 6, Des Grieux revient sur les circonstances de sa rencontre avec Manon ; des lignes 6 à 14 transparaît sa fascination pour elle ; enfin, aux lignes 14 à 23, il rapporte leurs premiers échanges.

La lecture expressive du texte :

Ta lecture doit faire faire entendre la voix émue du narrateur qui revit cette rencontre en la racontant.
Mets bien en relief les tournures hyperboliques qui révèlent la force de la passion, et fais ressortir les remarques qui témoignent d'une prise de distance du narrateur lorsqu'il analyse rétrospectivement cette rencontre.

La présentation du projet de lecture :

Il serait intéressant d'étudier comment Des Grieux fait de sa rencontre avec Manon un événement qui a bouleversé sa destinée.

La conclusion

La conclusion propose dans un premier temps un bilan de l'explication linéaire, centré sur le projet de lecture :

Des Grieux fait de cette rencontre un événement fondateur qui a profondément changé le cours de sa destinée. Manon surgit et se détache d'un arrière-plan qui est une scène de la vie quotidienne (l'arrivée du coche). Devant sa beauté et son charme, Des Grieux éprouve des émotions intenses. L'absence de description physique et son comportement déroutant donnent à Manon une dimension mystérieuse. De plus, le narrateur, par ses interventions, met en évidence la dimension fatale de ce coup de foudre.

Elle offre ensuite un élargissement de la réflexion :

Pour le chevalier Des Grieux il n'est plus temps de rentrer chez son père. C'est un nouveau départ, échappant à l'ordinaire et à la norme sociale, qui va avoir lieu, lançant ainsi les péripéties romanesques.

COUP DE POUCE

Entraîne-toi en te chronométrant. Il est important de respecter le temps imparti (10 minutes). Tu peux également t'enregistrer pour évaluer ton débit de paroles. L'examinateur doit avoir le temps de prendre des notes et de se reporter au texte quand tu fais des citations.

QUESTION DE GRAMMAIRE

Expliquez la structure syntaxique de la phrase « Quoiqu'elle fût encore moins âgée que moi, elle reçut mes politesses sans paraître embarrassée » (l. 14-15) et justifiez le mode et le temps du verbe « fût ».

→ Cette phrase complexe comporte **deux propositions reliées par subordination**.

→ La proposition subordonnée **conjonctive circonstancielle** précède **la principale** et s'ouvre par la conjonction à valeur concessive **« Quoique »**, qui appelle **le subjonctif**.

→ Le verbe de la proposition principale étant conjugué **au passé simple** (« elle reçut »), **la concordance des temps** implique la forme « fût » (verbe « être » au **subjonctif imparfait**).

→ Rappels d'étude de la langue, page 268 à 277

ÉPREUVE ÉCRITE

SUJETS CORRIGÉS

LE COMMENTAIRE

Voie générale Voie technologique

Commenter le texte suivant

George SAND, *Indiana*

Indiana vit sur l'île Bourbon (île de la Réunion) mais elle veut revenir en France pour retrouver Raymon, un ancien amant qui l'avait pourtant repoussée. Elle organise sa fuite en bateau et profite du sommeil de son époux pour partir.

Il rêvait en ce moment, et dit d'une voix faible et triste : *Prends garde à cet homme, il te perdra...* Indiana frémit de la tête aux pieds et s'enfuit dans sa chambre. Elle se tordit les mains dans une douloureuse incertitude ; puis tout d'un coup elle s'empara de cette pensée, qu'elle n'agissait point en vue d'elle-même, mais de Raymon ; qu'elle n'allait point à lui pour chercher du bonheur, mais pour lui en porter, et que, dût-elle être maudite dans l'éternité, elle en serait assez dédommagée si elle embellissait la vie de son amant. Elle s'élança hors de l'habitation et gagna l'anse aux Lataniers d'un pas rapide, n'osant se retourner pour regarder ce qu'elle laissait derrière elle.

Elle s'occupa aussitôt de déterrer sa valise d'écorce, et elle s'assit dessus, silencieuse, tremblante, écoutant le vent qui sifflait, la vague qui râlait en mourant à ses pieds, et la satanite[1] qui gémissait d'une voix aigre dans les grandes algues marines pendues aux parois des rochers ; mais tous ces bruits étaient dominés par les battements de son cœur, qui résonnaient dans ses oreilles comme le son d'une cloche funèbre.

Elle attendit longtemps ; elle fit sonner sa montre, et vit que l'heure était passée. La mer était si mauvaise, et en tout temps la navigation est si difficile sur les côtes de l'île, qu'elle commençait à désespérer de la bonne volonté des rameurs chargés de l'emmener, lorsqu'elle aperçut sur les flots brillants l'ombre noire d'une pirogue, qui essayait d'approcher. Mais la houle était si forte, la mer se creusait tellement, que la frêle embarcation disparaissait à chaque instant, et s'ensevelissait comme dans les sombres plis d'un linceul[2] étoilé d'argent.

George Sand, *Indiana*, 1832.

1. Satanite : oiseau de mer.

2. Linceul : drap mortuaire.

→ Corrigé page 60

LA DISSERTATION

Voie générale

SUJET

Dans l'avant-propos (« Avis de l'auteur ») du septième tome des *Mémoires et Aventures d'un homme de qualité qui s'est retiré du monde*, le marquis de Renoncour affirme que le récit qui va suivre est un « traité de morale ».
Votre lecture de *Manon Lescaut* vous permet-elle de partager ce jugement ?

Vous répondrez à cette question en vous fondant sur votre connaissance de l'œuvre, du groupement associé, et sur vos lectures et connaissances personnelles.

→ Corrigé page 62

L'EXPLICATION LINÉAIRE

Voie générale | Voie technologique

Analyser ce texte de manière linéaire puis répondre à la question de grammaire

Colette, *Les Vrilles de la vigne*

À la fin de l'hiver, au coin du feu, Colette regarde son jardin et revoit les violettes de son enfance. Elle s'adresse à un ami.

Et les violettes elles-mêmes, écloses par magie dans l'herbe, cette nuit, les reconnais-tu ? Tu te penches, et comme moi tu t'étonnes ; ne sont-elles pas, ce printemps-ci, plus bleues ? Non, non, tu te trompes, l'an dernier je les ai vues moins obscures, d'un mauve azuré, ne te souviens-tu pas ?... Tu protestes, tu hoches la tête avec ton rire grave, le vert de l'herbe neuve décolore l'eau mordorée[1] de ton regard... Plus mauves... non, plus bleues... Cesse cette taquinerie ! Porte plutôt à tes narines le parfum invariable de ces violettes changeantes et regarde, en respirant le philtre qui abolit les années, regarde comme moi ressusciter et grandir devant toi les printemps de ton enfance...

Plus mauves... non, plus bleues... Je revois des prés, des bois profonds que la première poussée des bourgeons embrume d'un vert insaisissable, – des ruisseaux froids, des sources perdues, bues par le sable aussitôt que nées, des primevères de Pâques, des jeannettes jaunes au cœur safrané[2], et des violettes, des violettes, des violettes... Je revois une enfant silencieuse que le printemps enchantait déjà d'un bonheur sauvage, d'une triste et mystérieuse joie... Une enfant prisonnière, le jour, dans une école, et qui échangeait des jouets, des images, contre les premiers bouquets de violettes des bois, noués d'un fil de coton rouge, rapportés par les petites bergères des fermes environnantes...

Colette, « Le Dernier Feu », *Les Vrilles de la vigne* [1908],
Librairie Arthème Fayard, 2008, 2004.

1. Mordorée : aux reflets dorés.

2. Safrané : de la couleur jaune orangé du safran.

QUESTION DE GRAMMAIRE

Analysez l'expression de la négation du début de l'extrait jusqu'à « l'eau mordorée de ton regard... » (l. 5-6).

→ Corrigé page 64

CORRIGÉS

UN QUIZ POUR SE TESTER

Manon Lescaut (p. 33)

1. c, 2. b, 3. a, 4. a, 5. b, 6. c, 7. b, 8. a, 9. c, 10. b.

La Peau de chagrin (p. 35)

1. c, 2. b, 3. a, 4. a, 5. b, 6. c, 7. a, 8. b, 9. c, 10. a.

Mémoires de deux jeunes mariées (p. 37)

1. b, 2. a, 3. b, 4. c, 5. a, 6. b, 7. c, 8. a, 9. b, 10. c.

Sido et *Les Vrilles de la vigne* (p. 39)

1. c, 2. b, 3. c, 4. b, 5. a, 6. a, 7. b, 8. c, 9. b, 10. a.

S'ENTRAÎNER

1 Caractériser un extrait de récit (p. 40)

a. Gérard de Nerval est un auteur romantique qui accorde une place majeure à la sensibilité. Cette nouvelle est écrite à la 1re personne par un narrateur intradiégétique (c'est-à-dire faisant partie du récit) qui raconte une rencontre avec une jeune femme dont la grâce l'envoûte.

b. Ce texte comporte des passages narratifs puisque le narrateur rapporte des actions qui se succèdent, comme le montrent les marqueurs temporels (« Tout d'un coup », l. 5 ; « De ce moment », l. 10) et l'alternance des temps (imparfait, plus-que-parfait, passé simple). Il comporte également des insertions d'éléments descriptifs qui concernent Sylvie (« une petite fille du hameau voisin [...] légèrement hâlée » (l. 2-3) et Adrienne (« une blonde, grande et belle », l. 5 ; « Les longs anneaux [...] mes joues », l. 9-10) afin de donner une dimension onirique à l'apparition de cette danseuse. Le tiret présent dans le texte (l. 4) n'est pas l'indice d'un dialogue. On peut considérer que les phrases exclamatives constituent une forme de monologue intérieur. Le narrateur, en retraçant cet épisode, commente ses actions (« je ne pus m'empêcher », l. 8-9) et explicite également les émotions qu'il a ressenties (« un trouble inconnu s'empara de moi », l. 10).

2 Étudier le cadre spatio-temporel (p. 40)

a. La nuit renvoie à une fraîcheur bienfaisante qui contraste avec la « journée de lourde chaleur » (l. 1). Le calme caractérise les activités des personnages (« une partie de cartes », l. 4-5 ; « tricotait », l. 6 ; « les jeunes gens [...] regardaient le jardin », l. 6-7). Maupassant recrée, par le biais de cette soirée, une scène familiale de la vie quotidienne.

b. Le cadre est un lieu intime (« le salon », l. 4 ; « sa chambre », l. 17 ; « l'abat-jour de la lampe », l. 5) qui s'ouvre sur la nature propice à l'expression des sentiments tendres (« éveiller toutes les poésies secrètes de l'âme », l. 3). Maupassant, influencé par l'esthétique des peintres impressionnistes, travaille particulièrement les effets de la lumière. La lune produit une lumière diffuse (« clarté », l. 7, « pâle et luisant », l. 9) presque féerique (« grande pelouse blanche », l. 14) et les contours sont flous (« ombre », l. 8 ; « éclairement vaporeux », l. 10-11). Cette atmosphère nocturne estivale fait du jardin le témoin de l'amour naissant des amoureux.

3 Analyser les personnages (p. 41)

a. Paul et Virginie mènent une vie au contact de la nature dans un cadre presque utopique. Leur environnement social et familial semble limité à la mère de Paul et à Mme de la Tour (la mère de Virginie). Les personnages ne font pas l'objet d'une description dans ce passage mais le lecteur peut supposer que Virginie est une jeune fille tendre et douce (« celle qui vous donnait à manger dans sa main », l. 11).

b. Paul est envahi par l'émotion. Ses actions révèlent sa douleur (« il s'éloigna d'elles en gémissant, et se mit à errer çà et là », l. 7-8) et son désir de revoir Virginie. Il prend à témoin les chèvres et les petits chevreaux. Cette souffrance est renforcée par celle des deux femmes qui se manifeste par des larmes (« pleuraient », l. 6).

c. Le narrateur alterne trois discours rapportés au style direct et des passages narratifs qui accentuent l'effet dramatique des propos tenus par Paul. Les premiers mots prononcés par le jeune homme sont tout d'abord adressés de manière virtuelle à Virginie (« Je lui aurais dit », l. 4) qu'il apostrophe (« ma chère Virginie ! », l. 5). Ses paroles constituent donc un cri d'amour déchirant (« Vivez loin de moi contente et heureuse ! », l. 5). Les propos adressés à sa mère et à Mme de la Tour, qui lui ont caché ce départ, sont plus brefs. Ils sont teintés de reproche. Les deux femmes demeurent silencieuses et en larmes, frappées par le chagrin de Paul. Celui-ci, resté seul, amorce ensuite un dialogue avec les animaux auxquels ils prêtent un attachement à Virginie « Que me demandez-vous ? », l. 10).

4 Analyser les effets produits sur les lecteurs (p. 42)

a. Le (la) lecteur(trice) peut éprouver un sentiment de pitié intense pour Gavroche qui n'est qu'un enfant. Sa mort paraît injuste et cruelle.

b. La tonalité dominante est le pathétique. La force et le courage presque surhumains de Gavroche (« il y avait de l'Antée dans ce pygmée », l. 3) donnent une dimension épique au combat inégal de l'enfant contre des hommes armés.

c. Victor Hugo dramatise ce récit en créant des effets d'attente par le biais d'une alternance de mouvements et de moments d'immobilité. Gavroche est touché une première fois : « il s'affaissa » (l. 2). Mais il se relève et l'action est relancée : « Gavroche n'était tombé que pour se redresser » (l. 4-5). L'enfant est tout de même arrêté dans son mouvement (« il resta assis sur son séant », l. 5) avant de poursuivre . Enfin, le narrateur précipite la fin du jeune garçon : « Cette fois il s'abattit la face contre le pavé, et ne remua plus » (l. 11-12). La dramatisation passe aussi par des effets auditifs et visuels. Le narrateur fait entendre la voix innocente et pleine de vie de Gavroche à travers sa chanson. La peur des témoins horrifiés résonne : « Toute la barricade poussa un cri » (l. 2-3). Gavroche devient un tableau vivant (« un long filet de sang rayait son visage, il éleva ses deux bras en l'air », l. 5-6) dont l'esthétique est celle des scènes de martyre.

SUJETS CORRIGÉS

1 Le commentaire (p. 56)

MÉTHODE

L'introduction comporte quatre étapes :
- une **amorce**, en lien avec le thème de l'extrait ;
- une **présentation du texte** ;
- **l'annonce de la problématique**, ou projet de lecture ;
- **l'annonce du plan** (les axes de lecture uniquement).

George Sand, de son vrai nom Aurore Dupin, choisit un pseudonyme masculin pour être publiée plus facilement et surtout pour bousculer les codes. Elle entend ainsi affirmer la liberté des femmes. Son roman *Indiana*, publié en 1832, retrace le destin d'une héroïne en quête du bonheur. Dans cet extrait, Indiana s'apprête à tout abandonner, au péril de sa vie pour rejoindre son amant Raymon. Il est intéressant de voir comment la romancière fait ressortir de manière dramatique les élans romantiques de son personnage. Nous montrerons tout d'abord que le décor contribue à créer une atmosphère mystérieuse et dangereuse, puis nous verrons que cette épreuve révèle la nature profonde de l'héroïne.

MÉTHODE

Un premier paragraphe introductif rappelle l'axe de lecture et en annonce les idées directrices. Chaque paragraphe s'ouvre ensuite par une phrase reprenant cette idée directrice, qui sera alors développée.
Le rythme des phrases et les constructions syntaxiques sont à prendre en compte. Toute modification du texte doit être signalée entre crochets.

Le cadre et les événements nocturnes accentuent le sentiment de danger. L'obscurité qui règne est hostile et inquiétante. Les éléments naturels apparaissent comme des obstacles qui se dressent, et la mort semble omniprésente.

Dans la chambre ou à l'extérieur, l'obscurité domine. La nuit est suggérée (« Il rêvait », l. 1) ou évoquée d'une manière poétique à travers une métaphore qui rappelle le romantisme noir : « les sombres plis d'un linceul » (l. 22). L'épaisseur de l'obscurité tient aussi aux impressions lumineuses très diffuses qui servent de contraste : « sur les flots brillants » (l. 19), « étoilé » (l. 22). Les complications météorologiques semblent des signes du destin, et le vocabulaire inquiétant (« l'ombre noire », l. 19) donne à ces manifestations une dimension prémonitoire.

La nature déchaînée contribue à dramatiser l'action qui se passe la nuit.Elle est hostile. Aux lignes 11 à 13, les actions du vent, de la mer, des oiseaux sont développées par des propositions subordonnées relatives qui donnent une certaine pesanteur à la phrase. C'est une vision presque fantastique qui est décrite. Ainsi, la nature s'anime comme le montrent les verbes « râlait » (l. 11) et « gémissait » (l. 12) ainsi que l'emploi de « voix » (l. 12) pour désigner le cri de la satanite, dont le nom évoque le diable. Le paysage semble grandiose : de « grandes algues marines [sont] pendues aux parois des rochers » (l. 12-13).

Toute une série d'avertissements fait apparaître le spectre de la mort. Les propos que tient le mari dans son sommeil résonnent comme une première mise en garde. Plus tard, c'est une péripétie qui compromet le départ : en raison des flots démontés le bateau, ne peut accoster (l. 20-22). L'opposition entre la « frêle embarcation » (l. 21) et la « houle [...] si forte » (l. 20) renforce ce péril. Quant aux verbes « disparaissait » et « s'ensevelissait », ils semblent annoncer un possible naufrage avant même le départ. Tout semble connoter l'agonie ou le supplice : « râlait en mourant » (l. 11), « grandes algues marines pendues » (l. 12-13), « linceul » (l. 22). Les perceptions auditives accentuent cet effet : « cloche funèbre » (l. 15).

MÉTHODE

Un autre paragraphe introductif ouvre la seconde partie. On rappelle l'axe de lecture et on annonce les trois idées directrices.
Les types des verbes et les temps sont à analyser. Tout procédé doit être interprété.

Dans ce moment crucial qui va bouleverser sa vie, Indiana ressent des émotions très vives qui se succèdent révélant ainsi son tempérament. Elle est assaillie par la peur et transportée par la passion quitte à éprouver une intense solitude.

Les tourments intérieurs sont mis en évidence par des troubles physiques continus. Apparaît tout d'abord le doute qui entraîne une émotion physique forte exprimée par deux hyperboles: « frémit de la tête aux pieds » (l. 2), « se tordit les mains dans une douloureuse incertitude » (l. 3). Dans le deuxième paragraphe, la peur surgit à nouveau si bien que les actions s'accompagnent de sensations qui semblent la pétrifier : « tremblante » (l. 11), « les battements de son cœur » (l. 14). Quant au dernier paragraphe, il évoque l'angoisse de l'attente : « elle commençait à désespérer » (l. 18). On voit ainsi que la peur ne quitte jamais Indiana.

C'est le désir qui pousse Indiana l'action. Elle exprime son amour pour Raymon qui va jusqu'à l'abnégation : « qu'elle n'allait point à lui pour chercher du bonheur, mais pour lui en porter » (l. 5-6). Elle n'hésite pas par amour à braver avec courage la malédiction, et les paroles de son mari qui résonnent comme une mise en garde : « dût-elle être maudite » (l. 6). Elle agit avec détermination et célérité comme le montre l'enchaînement de verbes d'action au passé simple (« Elle s'élança », l. 7 ; « gagna l'anse aux Lataniers d'un pas rapide », l. 8 ; « Elle s'occupa aussitôt de déterrer », l. 10).

C'est donc seule qu'elle agit, en femme libre. L'attente semble infinie, comme le montrent sa posture (« elle s'assit dessus », l. 10) et l'emploi de l'adverbe de temps : « Elle attendit longtemps » (l. 16). Elle se retrouve avec elle-même. Elle devient la maîtresse du temps puisqu'elle le mesure à travers « les battements de son cœur, qui résonnaient dans ses oreilles comme le son d'une cloche funèbre » (l. 14-15). Cette comparaison est inquiétante mais c'est le prix à payer pour Indiana si elle veut être maîtresse du son destin.

MÉTHODE

La conclusion comporte trois étapes :
– la reprise de la problématique ;
– le bilan de lecture (la reformulation synthétique des axes et des idées directrices) ;
– l'ouverture (élargissement au mouvement, à d'autres auteurs, à d'autres textes).

Comme nous avons pu le voir, ce qui intéresse la romancière c'est la peinture de l'exaltation d'une héroïne romantique. Le décor obscur, semé d'obstacles et hanté par la mort, participe à l'angoisse ressentie par le lecteur. Il fait également ressortir avec plus d'éclat le tempérament hors du commun d'une femme, animée par la passion, qui ne craint par la peur. Cet extrait peut ainsi illustrer la place peu à peu conquise par les femmes dans la littérature romantique.

2 La dissertation (p. 57)

MÉTHODE

L'introduction comporte quatre étapes :
- une amorce permettant d'amener le sujet ;
- la citation et l'analyse du sujet ;
- la problématique (reformulation personnelle de la question posée) ;
- l'annonce du plan (les grandes parties uniquement).

Lorsque Renoncour rencontre par deux fois le chevalier Des Grieux, à Pacy puis à Calais, il est frappé par la singularité du jeune homme, qui lui inspire la pitié. Avant de lui donner la parole, il annonce à ses lecteurs que Des Grieux, dont le cœur est meurtri et l'honneur humilié, est un exemple du ravage des passions. Or, pour Renoncour, seuls l'expérience et l'exemple peuvent détourner des mauvais penchants et conduire vers la vertu : le récit de l'amant malheureux se trouve justifié par sa capacité à être « un traité de morale ». Le roman de l'abbé Prévost aurait ainsi une portée moralisatrice. Est-il dès lors possible d'affirmer que la fonction première du roman est de délivrer une analyse morale, univoque, des souffrances endurées ? Nous pourrons voir tout d'abord que les valeurs de l'aristocratie semblent triompher face aux vices de Manon et, plus largement, des hommes et du monde. Mais des ambiguïtés transparaissent, si bien qu'il est difficile de concevoir que les lecteurs puissent condamner la passion amoureuse des amants.

MÉTHODE

La question posée étant fermée (ou totale), le plan suivi est dialectique. Dans la première partie, on envisage la validité de la thèse (le jugement de Renoncour). Trois arguments sont mis en avant. Ils doivent être formulés dès la première phrase du paragraphe. Des références viennent les illustrer (citations ou références à des épisodes précis).

Des Grieux est un aristocrate. Il se met dans des situations dégradantes, qui résonnent comme autant de mises en garde contre les dangers de la passion. En effet, son amour l'aveugle et le conduit au déshonneur. La fréquentation de Manon est pour lui néfaste. Alors qu'il était un exemple de vertu pour les étudiants d'Amiens, il devient en quelques mois un tricheur et un voleur. Il manipule son ami Tiberge sans vergogne et contraint le supérieur de Saint-Lazare à lui rendre sa liberté sous la menace d'une arme qui fait de lui un meurtrier. Le parcours de Des Grieux révèle un éloignement constant des valeurs. La mort de Manon peut alors être vue comme un châtiment qui opère un retour à l'ordre puisque Des Grieux retrouve son frère qui l'avait séparé de Manon. Le temps serait alors venu pour lui d'expier ses fautes. Il conçoit que son triste sort peut avoir un sens : « le Ciel, après m'avoir puni avec tant de rigueur, avait dessein de me rendre utiles mes malheurs et ses châtiments. Il m'éclaira de ses lumières, qui me firent rappeler des idées dignes de ma naissance et de mon éducation ». Dans une perspective toute jésuite, il affirme vouloir œuvrer pour « réparer, par une vie sage et réglée, le scandale de [s]a conduite ».

Aux actions déraisonnables de Des Grieux font écho les propos de Tiberge, qui apparaît comme un modèle moral. Sensiblement du même âge que son ami, il est celui qui fait les bons choix et sait reconnaître le vice et s'en détourner. Il est ainsi la voix de la raison et incarne un idéal de vertu que le narrateur ne cesse de promouvoir tout au long du roman. En lui donnant si souvent la parole, l'abbé Prévost fait entendre une rhétorique efficace pour dénoncer l'aveuglement dont Des Grieux est victime. Animé par des valeurs chrétiennes, il condamne la liaison de son ami avec Manon, tout d'abord à cause de la nature passionnelle de cet amour, puis du fait de la vie immorale des amants : « Puissent votre fortune et votre argent périr sans ressource, et vous rester seul et nu, pour sentir la vanité des biens qui vous ont follement enivré ! ». Les trahisons de Des Grieux à son égard constituent autant de mise à l'épreuve de son amitié, et font de lui un exemple de probité et de fidélité quand Manon apparaît comme une jeune femme perfide et infidèle.

En effet, le comportement de Manon à l'égard de Des Grieux renforce la dimension édifiante du récit. Non seulement le jeune homme a tout renié par amour, mais il connaît également la souffrance à cause de la « maîtresse de [s]on cœur ». À peine installée à Paris, elle dévoile à Des Grieux son attrait pour les biens matériels. Son rôle ambigu dans l'arrestation de Des Grieux, qui se trouve alors contraint de regagner le logis familial, semble prouver que son amour est intéressé. Tout au long du roman, elle donne le sentiment de pouvoir s'accommoder de toute situation dès lors qu'elle peut trouver du profit.

Dans la première partie, la présence constante de son frère en atteste. Par ailleurs, à la vénalité semble s'ajouter la cruauté, comme le montrent les deux lettres qu'elle adresse à Des Grieux pour lui annoncer qu'elle va vers de riches protecteurs.

Si ses courriers sont écrits dans l'intention de blesser Des Grieux, ils témoignent alors d'une perfidie indéniable. Si tel n'est pas le cas, force est de constater tout de même que Manon se soucie peu de la souffrance qu'elle inflige à Des Grieux et qu'elle ne peut pourtant ignorer.

MÉTHODE

Au début de la seconde partie (ou à la fin de la première), on émet des réserves afin d'amorcer un changement de perspective. Cette antithèse doit être formulée clairement. La construction de la partie répond aux mêmes exigences que la première : un argument par paragraphe, illustré par des exemples (citations ou références à des épisodes).

Toutefois, de telles perspectives morales peuvent sembler bien manichéennes dans la mesure où elles ne rendent pas compte de la complexité des personnages. La portée édifiante du récit est loin d'être certaine car il est possible de constater que Des Grieux ne compte pas faire amende honorable : il y a chez lui une part de posture. Certes, il ne renonce pas à montrer les situations infâmantes qu'il a connues, mais il prend soin d'atténuer sa responsabilité. Ainsi, quand il regarde « la route du vice » qu'il a empruntée, sa sévérité à l'égard de lui-même semble en partie feinte puisque l'homicide du domestique du Supérieur, par exemple, ne paraît lui donner que peu de remords. Si le récit qu'il fait à Renoncour est pour lui l'occasion de s'interroger sur la liberté qui fut la sienne, il conduit son propos pour aboutir à la conclusion qu'il a toujours agi de manière excusable : « Mais se trouvera-t-il quelqu'un qui accuse mes plaintes d'injustice, si je gémis de la rigueur du Ciel à rejeter un dessein que je n'avais formé que pour lui plaire ? ». Des Grieux ne semble pas avoir tiré de véritables leçons parce qu'il se juge droit : « Je n'étais pas non plus de ces libertins outrés, qui font gloire d'ajouter l'irréligion à la dépravation des mœurs ». Il n'a ainsi pas de repentance.

Les jugements qu'un lecteur pourrait être tenté de porter sur Manon sont frappés par le doute : est-elle coupable ou innocente ?... à cette question, il est impossible de répondre puisque cette jeune femme n'existe qu'à travers le récit de Des Grieux, qui prend soin de montrer son évolution au fil des mois. S'il évoque souvent sa perfidie, il est persuadé qu'elle l'a aimé d'un amour sincère. Avant d'embarquer pour l'Amérique, elle devient à ses yeux une héroïne prête au sacrifice par amour : « donne-moi la mort, et va chercher un autre sort dans les bras d'une amante plus heureuse ». Par la suite, à travers le récit de son enterrement, il fait d'elle une icône de l'amour absolu. À l'inverse, ce sont les valeurs patriarcales – et les hommes qui les défendent – qui sont incriminées par le narrateur. Il n'a de cesse de montrer que la société les a conduits à vivre en marge des lois. S'ils ont volé, ils n'ont fait que profiter d'abuseurs dont le but était de les séparer (M. de B..., M. de G... M...). Si Des Grieux a rompu avec son père, c'est pour échapper à sa réprobation. Les amants ne demandaient donc qu'à mener une vie libre et honnête mais le conformisme des uns et la concupiscence des autres les ont entravés.

Par ailleurs, le dispositif narratif mis en place par le romancier conduit à cette remise en cause de la portée morale du roman. En effet, si Des Grieux ne peut poser un regard lucide sur les dernières années vécues, c'est parce qu'il revit les moments passés et brûle encore d'amour quand il en fait le récit. C'est le cœur meurtri qu'il se souvient d'un passé encore très récent. Il attend donc de Renoncour une compréhension par le cœur, voire une reconnaissance de la grandeur de son amour mais certainement pas un jugement moral. Il est notable que c'est à lui, et non à Tiberge, que l'abbé Prévost fait se confier son personnage. En se souvenant des discours de son ami, Des Grieux pose sur lui un regard presque sarcastique : « [il] n'avait pas manqué, pendant ce temps-là, de me rendre de fréquentes visites. Sa morale ne finissait point ». Ainsi, il rejette toujours la morale telle que Tiberge la lui présentait et attend une écoute empathique. Enfin, il est d'ailleurs significatif que l'abbé Prévost ne redonne pas la parole à l'homme de qualité pour tirer d'éventuelles leçons de ce récit, comme si la portée morale était délibérément suspendue.

MÉTHODE

La conclusion comporte deux étapes :
- le bilan : centré sur le projet de lecture, il reprend les grandes étapes de l'argumentation et peut apporter une ultime nuance à travers un dépassement ;
- l'ouverture : elle élargit la réflexion à un mouvement littéraire, offre une comparaison avec une autre forme artistique, un thème...

Renoncour affirme vouloir montrer à travers l'exemple de Des Grieux que l'amour peut aveugler même les âmes les mieux nées et les mieux formées. Les souffrances endurées par le chevalier devraient donc amener le lecteur à se défier de la passion. Il est vrai que le parcours de Des Grieux est particulièrement déshonorant et dégradant. Son ami Tiberge ne cesse de lui rappeler à quel point il renonce à la vertu en poursuivant sa liaison avec la perfide Manon. Toutefois, le lecteur ne peut soutenir une telle approche moralisatrice puisqu'il faut remarquer que Des Grieux, en faisant son récit, ne fait pas acte de repentance. Jamais il ne renie Manon dont la perte est considérée comme une douleur insurmontable et une terrible injustice. Son propos vise au contraire à anoblir ses aventures et à incriminer une société bassement matérielle en mettant en relief la responsabilité des hommes qui ont contribué à ses malheurs. L'amour, pour Des Grieux, est la valeur ultime, et en choisissant Renoncour comme destinataire de ses confidences, l'abbé Prévost invite les lecteurs à l'empathie. L'« Avis de l'auteur » ne serait peut-être alors qu'une précaution du romancier pour éviter les reproches d'immoralité. Plusieurs décennies après la publication de *Manon Lescaut*, Choderlos de Laclos, dans *Les Liaisons dangereuses* (1782), propose une « Préface du rédacteur » afin de brouiller, lui aussi, le rapport de son roman à la morale.

3 L'explication linéaire (p. 58)

Introduction

Présentation du texte

Dans *Les Vrilles de la vigne*, un recueil de vingt récits, Colette, qui n'a à cette époque publié que deux ouvrages, expose des thèmes qu'elle ne cessera de développer par la suite : l'importance de sa mère, la célébration de la nature, l'affirmation de la femme et de ses désirs, le monde du music-hall. Dans « Le Dernier Feu », elle évoque avec lyrisme les violettes de son enfance.

Lecture expressive du texte

La lecture doit révéler le caractère poétique de cette évocation très personnelle (lexique recherché des couleurs, métaphores, répétitions, sonorités) afin de mettre en évidence l'émerveillement de la narratrice devant la nature. Il faut également faire ressortir le travail de la mémoire à travers le dialogue (questions, hésitations, impératifs).

Présentation des mouvements du texte

1re partie : lignes 1 à 9 ⟶ Le dialogue au sujet des violettes

2de partie : lignes 10 à 18 ⟶ Le surgissement des images du passé

Présentation du projet de lecture

Comment la quête de la couleur des violettes fait-elle ressurgir les souvenirs de l'enfance ?

Développement

MÉTHODE

Dans l'exemple ci-dessous, l'explication linéaire est entièrement rédigée pour te donner une idée des attentes de l'examinateur(trice). Cependant, le jour de l'épreuve, tu n'auras pas le temps de tout écrire au brouillon et tu devras privilégier la prise de note. Tu peux consulter la méthode, page 261.

Premier mouvement

Lignes 1 à 6 (jusqu'à « bleues… ») Le premier paragraphe retrace la quête de la couleur exacte des violettes de l'enfance, que Colette compare à celles observées « cette nuit » ou « l'an dernier ». Cette recherche est mise en évidence par une tournure interrogative : « ne sont-elles pas, ce printemps-ci, plus bleues ? ». L'écriture joue avec les nuances à travers des comparatifs par lesquels Colette tente d'approcher de la couleur fixée dans les souvenirs : « Plus mauves… non, plus bleues… », « moins obscures, d'un mauve azuré ». Colette partage cet exercice de remémoration avec un ami qui n'est désigné que par le pronom « tu ». Elle décrit ses actions (« Tu te penches ») lui donnant ainsi une présence concrète à ses côtés. Elle l'interpelle, lui demande son avis : « les reconnais-tu ? », « ne te souviens-tu pas ? ». Mais ses réponses ne sont rapportées qu'au discours narrativisé, ce qui a pour effet d'assourdir cette voix : « comme moi tu t'étonnes », « Non, non tu te trompes », « Tu protestes, tu hoches la tête avec ton rire grave ».

Lignes 6 (de « Cesse ») à 9 Le destinataire, tenu ainsi à distance, pourrait renvoyer au lecteur lui-même, que Colette invite dans sa quête, comme le montrent les impératifs qui convoquent les sens : « Porte plutôt à tes narines », « et regarde, en respirant le philtre qui abolit les années ». Les impressions colorées appellent les perceptions olfactives qui, dans ce qu'elles ont de permanent, contribuent à faire resurgir le passé : « le parfum invariable de ces violettes changeantes », « le philtre qui abolit les années ». L'évocation des violettes recrée l'effet envoûtant qu'elles suscitaient chez Colette dans son enfance. Grâce à la prose poétique (répétitions, phrases en suspens, effets d'échos), la narratrice donne une dimension invocatoire à la description (« Plus mauves… non, plus bleues… »). Par le chant lyrique, Colette fait ainsi revivre le temps de l'enfance, qui renaît ligne après ligne : « regarde comme moi ressusciter et grandir devant toi les printemps de ton enfance… ».

Second mouvement

Lignes 10 à 14 C'est alors tout un paysage qui réapparaît au souvenir des violettes. Le verbe de perception au présent (« je revois ») est suivi d'une énumération qui traduit le processus d'association d'idées : « des prés, des bois profonds », « des ruisseaux froids, des sources perdues ». Par le biais du lexique de la nature, associé à celui du secret, Colette dessine ainsi un lieu idéal, proche d'un paradis perdu, marqué par la vitalité et la régénérescence (« la première poussée des bourgeons », « aussitôt que nées »). L'accumulation se poursuit par l'évocation d'autres fleurs (« des primevères de Pâques, des jeannettes jaunes au cœur safrané ») et s'achève par un retour à l'élément obsédant qui déclenche le souvenir : « et des violettes, des violettes, des violettes… ». La mémoire progresse donc de manière circulaire.

Lignes 14 à 18 Le retour aux violettes entraîne une nouvelle plongée dans le passé. Ce sont cette fois-ci les activités de la jeunesse, où se mêlent la solitude et la joie, qui apparaissent : « Je revois une enfant silencieuse que le printemps enchantait », « une enfant prisonnière, le jour dans une école ». Là encore, la mémoire ramène Colette aux fleurs : « qui échangeait des jouets, des images contre les premiers bouquets de violettes des bois ».

Conclusion

Ce dialogue, qui est peut-être fictif, donne une vivacité à cette quête nostalgique des violettes de l'enfance. En recherchant leur couleur exacte, Colette se laisse guider par ses perceptions sensorielles : l'intimité se dévoile avec lyrisme et fait apparaître un passé enchanteur à travers une prose poétique. C'est donc la complexité de la mémoire, mais aussi la capacité de l'écriture à faire resurgir des souvenirs, que Colette met ici en évidence.

Question de grammaire

➔ La négation, dans cet extrait, peut être exprimée **par la syntaxe** :

- système composé de **deux adverbes de négation** : « ne sont-elles pas […] ? » (l. 2) ; « ne te souviens-tu pas ? » (l. 4). Les négations sont ici **totales**. Ces deux phrases interro-négatives suggèrent une réponse positive, si bien qu'elles ont une dimension rhétorique ;
- **mots-phrases :** « Non, non » (l. 3). La négation est **totale**.

➔ Mais elle peut aussi être exprimée par le lexique :

Deux **verbes** ont un **sens négatif** : « tu te trompes » (l. 3) (= tu as tort) ; « Tu protestes » (l. 4) (= tu dis que tu n'es pas d'accord).

→ Rappels d'étude de la langue, page 280

Ton **KIT DE SURVIE** pour le **BAC** avec SCHOOLMOUV

Partie 1

Le roman et le récit du Moyen Âge au XXIe siècle

Tu viens de voir les notions à connaître sur le roman et le récit du Moyen Âge à nos jours. Pour t'aider à retenir l'essentiel et t'entraîner pour le Bac, voici ton kit de révisions clé en mains conçu par SchoolMouv !

Vidéos

Pour mieux comprendre et t'en souvenir à coup sûr, regarde les vidéos. C'est parfois bien plus clair en images.

Vidéo Abbé Prévost, *Manon Lescaut*, 1731
https://flashbelin.fr/focusbacschoolmouv/fr/1re/1

Vidéo Honoré de Balzac, *La Peau de chagrin*, 1831
https://flashbelin.fr/focusbacschoolmouv/fr/1re/2

Vidéo Colette, *Sido*, 1930 et *Les Vrilles de la vigne*, 1908
https://flashbelin.fr/focusbacschoolmouv/fr/1re/3

Contenus additionnels

Voici quelques bonus autour des mêmes sujets. La curiosité n'est pas toujours un vilain défaut. Il suffit de créer ton compte pour avoir accès à plein de contenus supplémentaires.

Fiche de lecture **Abbé Prévost, *Manon Lescaut*, 1731**

https://www.schoolmouv.fr/eleves/fiches-de-lecture/manon-lescaut-abbe-prevost/fiche-de-lecture

Fiche de lecture **Honoré de Balzac, *La Peau de chagrin*, 1831**

https://www.schoolmouv.fr/eleves/fiches-de-lecture/la-peau-de-chagrin-honore-de-balzac/fiche-de-lecture

Fiche de lecture
Colette, *Sido*, 1930

https://www.schoolmouv.fr/eleves/fiches-de-lecture/sido-colette/fiche-de-lecture

Fiche méthode Bac
Le commentaire de texte

https://www.schoolmouv.fr/eleves/cours/le-commentaire-de-texte/fiche-methode-bac

Conseil
Une fois le sujet du commentaire de texte analysé, il faut regrouper les résultats en trois grandes idées majeures, appelées axes de lecture : ce sont les trois parties du commentaire. Elles déterminent le plan, à rédiger au brouillon. Même si les commentaires comptent idéalement trois parties, deux suffisent si elles sont bien construites.

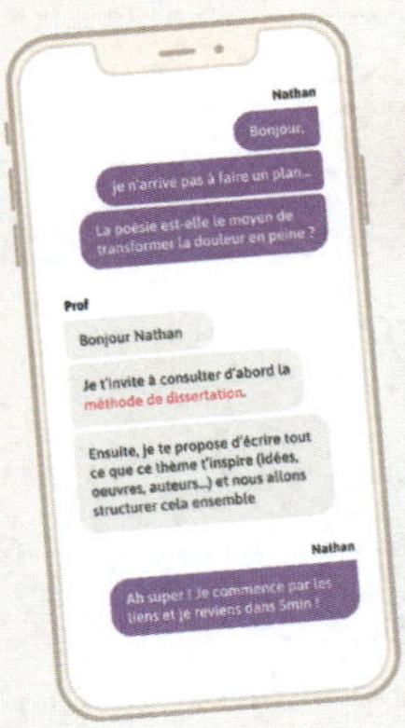

Tchat avec un prof

Pour poser toutes tes questions à un prof particulier, découvre l'abonnement tchat.
Tu peux le tester gratuitement pendant 7 jours : fini les questions sans réponses, tu vas devenir incollable.

http://focusbac.schoolmouv.fr/offre

2 La littérature d'idées du XVIe au XVIIIe siècle

Sommaire

Giuseppe Arcimboldo, *Le Bibliothécaire*, 1566, huile sur toile, 97 × 71 cm, château de Skokloster, Stockholm.

Pour bien comprendre

LES GRANDES CARACTÉRISTIQUES DE LA LITTÉRATURE D'IDÉES

→ **Les genres argumentatifs.** La littérature d'idées désigne les œuvres dont la visée est argumentative, c'est-à-dire qu'**elles exposent et/ou défendent des idées en cherchant à susciter la réflexion voire à emporter l'adhésion du lecteur**. Elle recouvre :

> les ouvrages ou textes de réflexion, comme **l'essai, le traité, la préface**... ;

> les ouvrages ou textes mêlant récit et argumentation, comme **la fable, le conte ou l'utopie** ;

> les ouvrages ou textes relevant d'un genre littéraire qui n'est pas spécifiquement argumentatif (roman, théâtre, poésie) mais **dans lesquels l'auteur exprime ses idées, dénonce une injustice, critique la société de son temps**...

→ **La structure des textes argumentatifs.** Dans les genres purement argumentatifs, il existe plusieurs constantes servant à **structurer et soutenir le raisonnement** :

> **le thème** est le sujet général, ce dont il est question dans le texte. Il se formule en un ou deux mots-clés. On le retrouve souvent dans le titre (de l'œuvre, du chapitre) et il est en général repris plusieurs fois au cours du texte ;

> **La thèse** est l'opinion de l'auteur à propos du thème. Elle peut être formulée de manière explicite ou être implicite (à déduire du texte). Quand un auteur examine deux thèses opposées, celle avec laquelle il est d'accord est appelée **la thèse soutenue** et l'autre **la thèse réfutée** ;

> **les arguments et les exemples** sont les moyens utilisés pour défendre une thèse et/ou réfuter celle de ses adversaires. L'auteur s'appuie ainsi sur des arguments (idées abstraites, raisonnements) et des exemples (faits précis, concrets). Il existe plusieurs types d'arguments, dont les plus fréquemment employés sont :

- **l'argument logique**, qui se fonde uniquement sur le raisonnement,
- **l'argument d'autorité**, qui fait référence à une œuvre célèbre ou à un auteur reconnu faisant autorité sur le sujet abordé,
- **l'argument *ad hominem*/*ad personam***, qui vise à discréditer l'adversaire en s'attaquant à sa personne, à ce qu'il est, et non à ses idées.

→ **L'évolution des genres argumentatifs.** Certains genres de la littérature d'idées, comme le manifeste esthétique, connaissent un essor au XIXe siècle. D'autres, comme la fable, sont à l'inverse moins pratiqués à partir de cette période.

→ Les notions essentielles à connaître sont définies pages 304 à 313.

LES MOUVEMENTS LITTÉRAIRES MAJEURS du XVIe au XVIIIe siècle

1 L'humanisme

À la fin du Moyen Âge, l'Église cesse progressivement d'être la seule détentrice du savoir. Certaines universités commencent à se laïciser, et savants et intellectuels cherchent d'autres sources de connaissance que les textes bibliques. **Ils renouent ainsi avec la culture antique** (grecque et latine) qui avait été supplantée par la culture chrétienne durant la période médiévale : c'est la naissance de l'humanisme, qui se développe durant la Renaissance.

Les bouleversements culturels de la fin du Moyen Âge favorisent l'apparition et l'expansion de ce mouvement qui se caractérise par la foi dans les capacités de l'esprit humain. Ainsi, **les théories de l'astronome polonais Nicolas Copernic** (1473-1543) **et les grandes explorations** (expéditions de Christophe Colomb, Vasco de Gama puis Magellan entre 1492 et 1522) modifient radicalement la conception et la connaissance du monde et de l'univers. **La mise au point du procédé de l'imprimerie** (vers 1450) permet par ailleurs la diffusion des idées nouvelles.

> **MOT CLÉ**
>
> **Humanisme :** au XVIe siècle, un humaniste est une personne qui cultive les « humanités », c'est-à-dire l'étude des langues anciennes (le grec et le latin). Le terme « humanisme » se spécialise ensuite pour désigner le mouvement intellectuel qui s'est développé en Europe durant la Renaissance.

> **CONTEXTE HISTORIQUE**
>
> **La Renaissance** est un mouvement social et culturel marqué par un retour à la culture antique et un spectaculaire développement artistique, notamment dans les domaines de l'architecture, de la sculpture et de la peinture. Né en Italie au XVe siècle, ce mouvement s'étend en France et dans le reste de l'Europe au cours du XVIe siècle, et finira par désigner la période historique qui succède au Moyen Âge. Parmi les artistes les plus célèbres de la Renaissance italienne figurent **Léonard de Vinci** (1452-1519) et **Michel-Ange** (1475-1564).

Michel-Ange, *La Création d'Adam*, 1511-1512, fresque peinte (détail), chapelle Sixtine, Rome.

Michel de Montaigne (1533-1592) rédige entre 1580 et 1588 trois « livres » (tomes) intitulés ***Essais***, qui regroupent, sous forme de chapitres plus ou moins longs abordant des thèmes très divers (la stratégie militaire, l'amitié, l'éducation des enfants…), des réflexions philosophiques inspirées par son vécu et ses expériences personnelles autant que par ses lectures – principalement des auteurs latins et grecs.

L'humanisme place l'Homme au centre de la réflexion : créé à l'image de Dieu, l'être humain est cependant perfectible et doit **se cultiver pour s'améliorer**. C'est pourquoi les humanistes accordent une grande importance à **l'éducation**, qui doit permettre à l'enfant d'exprimer tout son potentiel. Érasme, François Rabelais **(voir p. 15)**, Michel de Montaigne ont ainsi réfléchi à la meilleure éducation à donner aux enfants et à la manière d'en faire des êtres accomplis, tant sur le plan intellectuel que physique ou social.

« Je ne t'ai donné ni visage, ni place qui te soit propre, ni aucun don qui te soit particulier, ô Adam, afin que ton visage, ta place, et tes dons, tu les veuilles, les conquières et les possèdes par toi-même. Nature enferme d'autres espèces en des lois par moi [Dieu] établies. Mais toi, que ne limite aucune borne, par ton propre arbitre, entre les mains duquel je t'ai placé, tu te définis toi-même. Je t'ai placé au milieu du monde, afin que tu pusses mieux contempler ce que contient le monde. Je ne t'ai fait ni céleste ni terrestre, mortel ou immortel, afin que de toi-même, librement, à la façon d'un bon peintre ou d'un sculpteur habile, tu achèves ta propre forme. »

Jean Pic de la Mirandole, *Discours de la dignité de l'homme*, 1486, trad. du latin par Marguerite Yourcenar dans *L'Œuvre au Noir*, Gallimard, 1968.

Période d'effervescence dans la création artistique, la Renaissance voit **de nouveaux genres émerger**. François Rabelais (vers 1494-1553) inaugure le roman dans sa forme moderne en combinant divers genres, tonalités et traditions littéraires dans *Pantagruel* (1532) et *Gargantua* (1534), récits à la fois savants et burlesques centrés sur des personnages de géants qui incarnent, à bien des égards, les idéaux humanistes **(voir p. 86)**. Michel de Montaigne (1533-1592) invente avec les ***Essais*** un genre à mi-chemin entre la réflexion philosophique et l'autoportrait littéraire. **L'utopie** devient un genre littéraire à part entière, dont les auteurs font un instrument de critique sociale et politique.

MOTS CLÉS

Essai : œuvre dans laquelle un auteur expose une thèse, développe un point de vue ou donne son opinion sur un sujet ou une question complexe de manière plus ou moins subjective.

Utopie : le mot « utopie » vient du grec et signifie étymologiquement « lieu de nulle part ». En littérature, il désigne une fiction qui décrit une société idéale parfaite – par opposition à la société réelle.

Ambrosius Holbein, *L'Île d'Utopia*, 1516, gravure colorisée.

REPÈRES LITTÉRAIRES

Dans *Utopia* (1516), Thomas More présente l'île d'Utopie, dont la société égalitaire est fondée sur le partage du travail et des biens, et sur la tolérance religieuse. François Rabelais fait plusieurs allusions à ce texte dans ses romans, et insère lui-même, dans *Gargantua* (1534), la description d'une société utopique, l'abbaye de Thélème, dont les habitants ont pour devise « Fais ce que voudras ». Plus tard, d'autres auteurs, comme Jonathan Swift dans *Les Voyages de Gulliver* (1721), perpétuent cette tradition de proposer, à travers une fiction littéraire, une réflexion critique sur la société de leur temps.

2 Le classicisme

Au XVIIe siècle, sous le règne de Louis XIV, se développe en France un mouvement littéraire et artistique, le classicisme, qui **codifie les genres et impose des normes esthétiques fondées sur la raison, visant un idéal d'équilibre, d'harmonie et de clarté**.

Nicolas Poussin, *L'Empire de Flore*, 1631, huile sur toile, 131 × 181 cm, galerie de peinture des maîtres anciens, Dresde (Allemagne).

« Il est certains esprits dont les sombres pensées
Sont d'un nuage épais toujours embarrassées ;
Le jour de la raison ne le saurait percer.
Avant donc que d'écrire, apprenez à penser.
Selon que notre idée est plus ou moins obscure,
L'expression la suit, ou moins nette, ou plus pure.
Ce que l'on conçoit bien s'énonce clairement,
Et les mots pour le dire arrivent aisément. »

Nicolas Boileau, « Chant I », *L'Art poétique*, 1674.

À cet idéal esthétique correspond un idéal éthique : la littérature doit avoir une **visée morale contribuant à l'élévation de l'être humain**. Les auteurs de cette époque dépeignent les ravages de la passion amoureuse (romans de Madame de Lafayette, **voir p. 18**, tragédies de Jean Racine, **voir p. 139**) ou des autres **passions humaines** (François de La Rochefoucauld), exposent les travers de leurs contemporains (comédies de Molière), dénoncent l'hypocrisie qui règne à la Cour (Jean de La Fontaine,

Jean de La Bruyère, **voir p. 88 et 90**) et critiquent les préoccupations frivoles et mondaines qui détournent de la religion (Jacques-Bénigne Bossuet, Blaise Pascal) – c'est pourquoi on les qualifie souvent de **moralistes**.

> **MOT CLÉ**
>
> **Passion :** terme qui a un sens très fort au XVIIe siècle ; il s'agit d'un sentiment dévorant, contre lequel on ne peut pas lutter. Il peut désigner la passion amoureuse mais aussi la soif de richesse ou de pouvoir, ou encore l'amour-propre, portés à un degré extrême.

L'idéal des écrivains moralistes s'incarne dans **la figure de « l'honnête homme »**, expression qui désigne au XVIIe siècle une sorte de modèle à atteindre, qui réunit toutes les qualités intellectuelles (instruit, cultivé, ouvert d'esprit), sociales (courtois, galant, brillant dans l'art de la conversation) et morales (vertueux, mesuré) chères au classicisme.

> « 1. Ce que nous prenons pour des vertus n'est souvent qu'un assemblage de diverses actions et de divers intérêts, que la fortune ou notre industrie savent arranger ; et ce n'est pas toujours par valeur et par chasteté que les hommes sont vaillants, et que les femmes sont chastes.
> 2. L'amour-propre est le plus grand de tous les flatteurs.
> 3. Quelque découverte que l'on ait faite dans le pays de l'amour-propre, il y reste encore bien des terres inconnues.
> 4. L'amour-propre est plus habile que le plus habile homme du monde. »

François de La Rochefoucauld, *Réflexions ou Sentences et maximes morales*, 1665.

La codification des genres, qui est l'un des aspects fondamentaux du classicisme, donne lieu, au cours du XVIIe siècle, à de nombreuses querelles et controverses littéraires sur les règles, normes et principes à respecter pour bien écrire. La référence aux auteurs de l'Antiquité est au centre des débats : sont-ils des modèles à imiter ou sont-ils obsolètes et dépassés ? Cette question agite les milieux littéraires, notamment l'Académie française : c'est **la Querelle des Anciens et des Modernes**. Dans le camp des « Anciens », Nicolas Boileau affirme que même si les auteurs grecs et latins appartiennent à un passé révolu, leurs œuvres sont toujours d'actualité et continueront longtemps de l'être. Menés par Charles Perrault, l'auteur des *Contes*, les « Modernes » revendiquent au contraire la supériorité des écrivains de leur temps, attribuant à « Louis le Grand », c'est-à-dire Louis XIV, le mérite d'avoir créé des conditions idéales pour que s'épanouissent sous son règne les arts et les lettres.

> **LE PETIT +**
>
> Prolongée jusqu'après la mort de Boileau et de Perrault, la querelle est finalement réglée par un jugement de Fénelon, qui donne un peu raison à tout le monde : « On ne peut trop louer les Modernes qui font de grands efforts pour surpasser les Anciens [les auteurs de l'Antiquité]. Une si noble émulation promet beaucoup ; elle me paraîtrait dangereuse si elle allait jusqu'à mépriser et à cesser d'étudier ces grands originaux. » (*Lettre sur les occupations de l'Académie*, 1716.)

3 Les Lumières

La France du XVIIIe siècle est un pays en pleine mutation : même s'il reste très rural, les villes se développent et s'agrandissent, rendues prospères par le commerce, notamment **le commerce triangulaire**. La bourgeoisie s'enrichit et **dénonce les privilèges réservés à la noblesse et au clergé** (qui ne payent pas d'impôts), tandis que les épidémies (comme la peste, qui survient à Marseille en 1720) et les famines frappent durement les classes populaires. Le décalage entre l'immobilisme des institutions monarchique et religieuse et les changements profonds qui s'opèrent dans la société conduisent à la Révolution française (1789).

CONTEXTE HISTORIQUE

Le commerce triangulaire est un système économique, qui se développe au XVIIIe siècle, reposant sur la traite des populations africaines que les bateaux européens acheminent vers le continent américain et les îles des Caraïbes pour travailler comme esclaves, notamment sur les plantations de sucre ou de coton. Ce système, nommé « triangulaire » parce qu'il implique trois continents, l'Europe, l'Afrique et l'Amérique, est aussi appelé « traite négrière » ou « traite atlantique ». Nombre de villes françaises, comme Bordeaux ou La Rochelle, ont bâti leur prospérité économique et leur développement sur le commerce triangulaire.

Quentin de La Tour, *Émilie du Châtelet*, 1740, huile sur toile, 120 × 100 cm, collection particulière.

Tout au long du siècle, **des écrivains, penseurs et philosophes dénoncent les injustices et les inégalités**, et peuvent, à ce titre, être considérés comme des précurseurs de la Révolution : ce sont **les écrivains des « Lumières »** – expression employée à l'époque comme métaphore de la raison et des connaissances humaines.

Face aux abus du pouvoir, qu'il soit politique ou religieux, à l'intolérance et à l'obscurantisme, les écrivains des Lumières **prônent le rationalisme scientifique, participent activement à la diffusion et à l'échange des connaissances, et combattent les idées reçues** (superstition, préjugés). Ils défendent la liberté d'expression et d'opinion, usant eux-mêmes de genres et de formes très divers pour exprimer leurs idées, du conte philosophique (Voltaire, *Candide*, 1759 et *L'Ingénu*, 1767) à la vaste **Encyclopédie** (1751-1772) de Denis Diderot et Jean d'Alembert, en passant par le roman, le traité d'éducation (Jean-Jacques Rousseau, *Émile, ou de l'éducation*, 1762) ou encore le dialogue philosophique…

REPÈRES LITTÉRAIRES

L'*Encyclopédie* ou ***Dictionnaire raisonné des sciences, des arts et des métiers*** a été publiée entre 1751 et 1772 sous la direction de l'écrivain Denis Diderot (1713-1784) et du philosophe et mathématicien Jean d'Alembert (1717-1783). Entreprise de vulgarisation des connaissances, elle est aussi conçue comme un instrument de propagande destiné à diffuser l'esprit philosophique des Lumières et à défendre leurs idées. La critique de l'Église et de la religion catholiques ainsi que de la monarchie absolue vaut à l'ouvrage des interdictions, censures et nombre de polémiques, mais il rencontre auprès du public lettré un succès immense, que les controverses ne font qu'alimenter.

Héritier de l'humanisme, le mouvement des Lumières prolonge le rêve, né à la Renaissance, d'une « République des lettres » qui transcende les frontières et rassemble les grands esprits. Il partage avec lui l'idée que **la connaissance et le savoir élèvent l'Homme et le rendent plus libre**. Il poursuit également la réflexion moraliste des écrivains du siècle précédent sur la nature humaine et les rapports en société, et continue de s'inspirer de l'idéal de « l'honnête homme ». Cependant, influencé par **le courant libertin**, **il radicalise la critique religieuse et politique**, revendiquant comme valeur suprême **la liberté de pensée**.

MOT CLÉ

Libertinage : courant philosophique et littéraire qui naît en France au début du XVIIe siècle (vers 1620). Il se caractérise par une revendication de l'athéisme (le fait de ne pas croire en Dieu) et une irrévérence provocatrice à l'égard de l'Église et de la religion catholique. Un libertin est donc d'abord un libre-penseur, quelqu'un qui pense par lui-même sans suivre aveuglément les préceptes religieux, voire les défie comme le personnage principal du *Dom Juan* de Molière (1665). Au XVIIIe siècle, le terme conserve ce sens, mais il s'y ajoute l'idée d'une grande liberté de mœurs, d'une recherche du plaisir sensuel et sexuel comme but ultime. Le libertin vit comme il l'entend, non comme la société et la morale l'imposent — quitte à devoir, quand il s'agit d'une femme, dissimuler cette liberté sous les apparences de la pudeur et de la vertu, comme la marquise de Merteuil dans *Les Liaisons dangereuses* (1782) de Pierre Choderlos de Laclos.

« Plus vous trouverez de raison dans un homme, plus vous trouverez en lui de probité. Au contraire où règne le fanatisme et la superstition, règnent les passions et l'emportement. Le tempérament du *philosophe*, c'est d'agir par esprit d'ordre ou par raison ; comme il aime extrêmement la société, il lui importe bien plus qu'au reste des hommes de disposer tous ses ressorts à ne produire que des effets conformes à l'idée d'honnête homme. »

César Chesneau Dumarsais, article « Philosophe », *Encyclopédie*, vol. XII, 1765.

LES GRANDS ENJEUX DES TEXTES D'IDÉES du XVIe au XVIIIe siècle

1 La question de l'Autre

« Notre monde vient d'en trouver un autre », écrit Michel de Montaigne **(voir p. 72)** dans le chapitre « Des Coches » des *Essais* (1580-1595), en référence à la découverte par l'expédition de Christophe Colomb du continent américain (1492). Cette rencontre, qui provoque un **choc culturel** des deux côtés de l'Atlantique, suscite en Europe des réactions très diverses. **Deux idéologies contradictoires s'affrontent** : justifier les entreprises de colonisation des nations européennes en insistant sur la « sauvagerie », la « barbarie » des indigènes du Nouveau Monde ou au contraire les dénoncer en mettant en avant le « naturel », l'innocence, la bonté spontanée de ces êtres.

« C'est une nation [les Tupinambas] en laquelle il n'y a aucune espèce de trafic ; nulle connaissance de lettres ; nulle science de nombres ; nul usage de service, de richesse ou de pauvreté ; nuls contrats ; nulles successions ; nuls partages ; nulles occupations qu'oisives ; nul respect de parenté que commun ; nuls vêtements ; nulle agriculture ; nul métal ; nul usage de vin ou de blé. Les paroles même qui signifient le mensonge, la trahison, la dissimulation, l'avarice, l'envie, la détraction, le pardon, [sont] inouïes[1]. »

Michel de Montaigne, *Essais*, I, 31, « Des Cannibales », 1580.

1. **Inouïes :** au sens étymologique de « jamais entendues ».

Albert Eckhout, *Indien Tupinamba du Brésil*, 1643, huile sur toile, collection particulière.

La description faite par les explorateurs des différents peuples d'Amérique et des

Caraïbes (XVIe-XVIIe siècles), puis du Pacifique (XVIIe-XVIIIe siècles), amène certains penseurs à **questionner les valeurs de la civilisation européenne**, voire à s'interroger sur l'idée même de civilisation. Est-elle réellement du côté de l'Europe, déchirée par des guerres incessantes, notamment les guerres de religion **(voir encadré p. 80)**, et qui exporte sa violence à l'autre bout du monde, massacrant et réduisant en esclavage les populations indigènes d'Amérique ?

REPÈRES LITTÉRAIRES

Dans *Les Singularités de la France Antarctique* (1557), André Thévet, missionné par le roi de France pour trouver des terres à coloniser, décrit les Indiens Tupinambas comme « le peuple le plus cruel et le plus inhumain de toute l'Amérique », et caricature leurs pratiques cannibales en les présentant comme une absence de culture et de civilisation. À l'inverse, dans son *Histoire d'un voyage fait en la terre du Brésil* (1578), Jean de Léry fait preuve d'une remarquable ouverture d'esprit – même s'il n'est pas exempt de préjugés, en particulier religieux – en cherchant à comprendre plutôt qu'à juger leurs mœurs et coutumes, et fonde ainsi l'ethnographie moderne.

Des humanistes aux écrivains des Lumières, l'idée que ces peuples représentent une sorte d'état naturel de l'humanité, que leur mode de vie proche de la nature les a préservés des vices inhérents aux civilisations européennes, qu'ils vivent dans une sorte de Paradis terrestre où le mal n'existe pas, sans se soucier des biens matériels, des honneurs ou du pouvoir qui corrompent, fait son chemin. Cette conception s'incarne dans **la figure**, **ou le mythe**, **du « bon sauvage »**, qui reflète la fascination des Européens pour ces peuples autant que les fantasmes qu'ils suscitent. Ce mythe s'exprime à travers les récits de certains explorateurs (Jacques Cartier, Jean de Léry) ou d'écrivains (Michel de Montaigne, Denis Diderot), pour qui ces peuples sont riches d'enseignements.

2 La critique du pouvoir politique et religieux

Érudits fascinés par la culture antique et riches d'un savoir souvent encyclopédique, les humanistes n'en sont pas moins profondément **ancrés dans leur époque** et concernés par les problèmes de leur temps. Ils vont parfois jusqu'à **s'impliquer dans la vie politique**, comme l'anglais Thomas More (1478-1535), conseiller du roi Henry VIII, ou Michel de Montaigne, maire de Bordeaux de 1581 à 1585. Ils réfléchissent à **la meilleure façon de gouverner** et interrogent la notion même de pouvoir politique, comme Étienne de La Boétie, grand ami de Montaigne.

> « Pour ce coup, je ne voudrais rien sinon entendre comme il se peut faire que tant d'hommes, tant de bourgs, tant de villes, tant de nations endurent quelquefois un tyran seul, qui n'a puissance que celle qu'ils lui donnent ; qui n'a pouvoir de leur nuire, sinon qu'ils ont pouvoir de l'endurer ; qui ne saurait leur faire mal aucun, sinon lorsqu'ils aiment mieux le souffrir que lui contredire. »

Étienne de La Boétie, *Discours de la servitude volontaire*, 1576 (posthume).

Sous le règne de Louis XIV, **la critique du pouvoir politique se fait de manière indirecte ou détournée, afin d'éviter la censure**. Cependant, elle vise surtout les nobles et la Cour, voire l'absolutisme du roi, mais pas la monarchie en tant que telle, et s'exprime souvent par **la satire**. Après la mort de Louis XIV, en 1715, **la critique de la monarchie absolue se fait de plus en plus virulente**. Les écrivains des Lumières lui préfèrent la monarchie parlementaire à l'anglaise, qui constitue à leurs yeux le meilleur régime politique.

MOT CLÉ

La satire : texte qui attaque quelqu'un ou quelque chose en le tournant en dérision, en s'en moquant. Ainsi, les *Fables* de La Fontaine, *Les Caractères* de La Bruyère ou encore certaines comédies de Molière ont volontiers recours à la satire pour dénoncer le fonctionnement de la société de cour, voire l'arbitraire du pouvoir royal.

La Réforme protestante et, en France, les guerres de religion, posent de manière aiguë la question de la liberté religieuse, enjeu fondamental de la littérature d'idées du XVIe au XVIIIe siècle. La montée de l'athéisme (le fait de ne pas croire en Dieu), tout au long des XVIIe et XVIIIe siècles, nourrit et renforce la mise en cause de l'Église et de la religion. **La critique du dogmatisme et de la superstition** est l'un des grands combats des écrivains des Lumières qui sont, dans l'ensemble, **déistes**, c'est-à-dire qu'ils croient en l'existence d'un « Être éternel » (Jean-Jacques Rousseau), mais n'adhèrent pas à une religion en particulier.

CONTEXTE HISTORIQUE

On appelle **« guerres de religion »** la série de conflits armés et de batailles qui opposent catholiques et protestants tout au long du XVIe siècle en France. Ces guerres civiles mettent le pays à feu et à sang et marquent durablement l'imaginaire collectif, en particulier l'épisode de la Saint-Barthélémy, le 24 août 1572, au cours duquel les protestants sont massivement massacrés dans les rues de Paris. Certains écrivains, comme Pierre de Ronsard, prennent fait et cause pour les catholiques, d'autres, comme Agrippa d'Aubigné, pour les protestants, tandis que Michel de Montaigne (exception notable) tente de réconcilier les deux partis.

3 La place, le rôle et le statut des femmes dans la société

Au début du XVIIe siècle se développe un mouvement littéraire, **la préciosité**, majoritairement représenté par des femmes, comme Madeleine de Scudéry (1607-1701), autrice de romans ayant considérablement influencé Madame de Lafayette **(voir p. 18)**. Moquées, notamment par Molière (*Les Précieuses ridicules*, 1659) pour l'extrême raffinement de leur langage et de leurs manières, les Précieuses sont victimes des préjugés sexistes qu'elles dénoncent. **Pionnières en matière de féminisme** (terme qui n'existe pas à l'époque), elles insistent sur la nécessité d'éduquer les filles, revendiquent l'accès à des domaines réservés aux hommes, comme les sciences, et expriment des réserves sur l'institution du mariage, qui donne au mari pleine et entière autorité sur sa femme, et réduit celle-ci à ses fonctions de maîtresse de maison, d'épouse et de mère.

Les Demoiselles de Saint-Cyr, gravure sur bois d'après un dessin de Chevignard, 1857.

La question de l'éducation des filles est, aux XVIIe et XVIIIe siècles, au centre des débats et œuvres littéraires, et nombre d'auteurs masculins défendent l'idée qu'elle est indispensable. Molière tourne en dérision la valorisation de l'ignorance des filles et fait la satire de la misogynie à travers le personnage d'Arnolphe dans *L'École des femmes* (1662). Fénelon y consacre un traité, *De l'éducation des filles* (1687), qui affirme avec force la nécessité de consacrer à l'éducation des filles autant d'attention et d'efforts qu'à celle des garçons (même s'il perpétue l'idée que les deux sexes ne doivent pas recevoir la même éducation). Plus radical et plus moderne, Pierre Choderlos de Laclos soutient que l'éducation des femmes n'a ni sens ni valeur dans une société où les femmes sont totalement opprimées, et qu'elles doivent d'abord se libérer. de la domination masculine.

« Ô femmes ! Approchez et venez m'entendre. [...] Apprenez qu'on ne sort de l'esclavage que par une grande révolution. Cette révolution est-elle possible ? C'est à vous seules à le dire puisqu'elle dépend de votre courage. Est-elle vraisemblable ? Je me tais sur cette question ; mais jusqu'à ce qu'elle soit arrivée, et tant que les hommes régleront votre sort, je serai autorisé à dire, et il me sera facile de prouver qu'il n'est aucun moyen de perfectionner l'éducation des femmes. »

Pierre Choderlos de Laclos, *De l'éducation des femmes*, 1783.

Plus généralement, nombre d'auteurs soutiennent **l'égalité entre les sexes**, dénonçant les préjugés entretenus à l'égard des femmes (François Poullain de la Barre, *De l'égalité des deux sexes*, 1673 – **voir p. 96**), exprimant leurs revendications à travers des personnages féminins, notamment au théâtre (Marivaux, *La Colonie*, 1750 ; Beaumarchais, *Le Mariage de Figaro*, 1784), ou militant pour leurs droits (Olympe de Gouges, *Déclaration des droits de la femme et de la citoyenne*, 1791 – **voir p. 122**).

« MARCELINE, *exaltée* [s'adressant ici aux hommes en général]. – Dans les rangs même plus élevés, les femmes n'obtiennent de vous qu'une considération dérisoire ; leurrées de respects apparents, dans une servitude réelle ; traitées en mineures pour nos biens, punies en majeures pour nos fautes ! Ah ! sous tous les aspects, votre conduite avec nous fait horreur ou pitié ! »

Beaumarchais, *Le Mariage de Figaro*, acte III, scène 16, 1784.

LES STRATÉGIES *argumentatives*

Pour faire entendre ses idées, un auteur peut adopter et, éventuellement, combiner différentes stratégies argumentatives selon le contexte historique, le sujet abordé, le public qu'il cherche à atteindre…

1 Argumentation directe

Certains genres de la littérature d'idées ont recours à une **argumentation directe** : l'auteur expose directement sa thèse en l'étayant par des arguments et des exemples. C'est le cas par exemple **du traité ou du discours, du pamphlet, des maximes** et, bien sûr, de **l'essai** **(voir p. 73)**. Cette forme d'argumentation permet d'approfondir les idées, de développer le raisonnement, d'aborder différents aspects d'un sujet ou d'examiner une question sous plusieurs angles.

→ **Un traité est un ouvrage didactique** (qui vise à enseigner) **à propos d'un sujet** (architecture, peinture, philosophie…) **examiné de manière systématique et exhaustive.** Aux XVIe et XVIIe siècles, le terme de « discours » ne renvoie pas (ou pas forcément) à un texte destiné à être prononcé à l'oral mais est, le plus souvent, un synonyme de « traité ». Ainsi, Pierre Corneille développe une réflexion autour des principes du théâtre classique dans ses ***Trois Discours sur le poème dramatique*** (1660).

→ **Un pamphlet est un court écrit satirique au ton très virulent qui attaque une idée ou une personne, la ridiculise voire la calomnie.** Par exemple, ***De l'horrible danger de la lecture*** (1765) est un pamphlet de Voltaire qui attaque, avec une ironie mordante, les ennemis du savoir et de la connaissance qui cherchent à maintenir les gens dans l'ignorance pour pouvoir les gouverner plus facilement.

→ **Une maxime est une phrase, souvent courte, qui énonce une observation ou formule un jugement d'ordre moral, à portée générale, universelle.** Les moralistes du XVIIe siècle pratiquent cette forme au point d'en faire un genre littéraire, comme François de La Rochefoucauld dans ses ***Réflexions ou Sentences et maximes morales*** (1665) **(voir p. 75)**.

2 Argumentation indirecte

Un auteur peut également choisir de **faire passer ses idées de manière plus indirecte**, à travers un genre littéraire comme le roman, la poésie ou le théâtre, en s'appuyant sur la narration, la description ou un personnage qui symbolise une injustice, incarne une lutte ou se fait le porte-parole des idées de l'auteur. Certains genres littéraires, comme **la fable, le conte** ou **l'utopie** **(voir p. 73)** mêlent intimement narration et argumentation. Ce type de textes d'idées permet à l'auteur de divertir tout en faisant réfléchir, et de toucher ainsi un public plus large.

→ **La fable et le conte** (aux XVIe et XVIIe siècles, ces termes sont synonymes) **sont de courts récits, en vers ou en prose, qui proposent un enseignement moral**, le plus souvent explicitement formulé au début ou à la fin du texte (la moralité), mais pouvant aussi parfois être implicite (à déduire du récit). Reprenant la tradition littéraire initiée par Ésope, auteur grec né au VIIe siècle avant J.-C., Jean de La Fontaine publie entre 1668 et 1694 plusieurs recueils de fables. Puisant aux sources, non des modèles antiques, mais de la tradition orale, le « moderne » Charles Perrault **(voir p. 75)** rassemble dans ses *Contes* (1697) des histoires du folklore populaire.

3 Convaincre et persuader

L'efficacité d'un texte d'idées tient à la qualité de son argumentation mais aussi à son pouvoir de persuasion. Les textes d'idées littéraires mêlent ainsi, dans des proportions variables, deux stratégies :

→ d'une part, ils cherchent à **convaincre**, en recourant à la **logique**, au raisonnement, en faisant appel à **l'intelligence du lecteur** ;

« Si un animal faisait par esprit ce qu'il fait par instinct, et s'il parlait par esprit ce qu'il parle par instinct pour la chasse et pour avertir ses camarades que la proie est trouvée ou perdue, il parlerait bien aussi pour des choses où il a plus d'affection, comme pour dire : rongez cette corde qui me blesse et où je ne puis atteindre. »

Blaise Pascal, *Pensées*, 1669 (posthume).

→ d'autre part, ils cherchent à **persuader**, en faisant appel aux **sentiments**, aux **émotions du lecteur**. Ils peuvent ainsi s'appuyer sur divers procédés littéraires comme l'emploi de figures de style, de questions rhétoriques, d'une ponctuation expressive, et avoir recours à des tonalités particulières pour émouvoir (ton tragique/pathétique) et/ou faire (sou)rire (humour, ironie, satire...).

« Il ne faut pas un grand art, une éloquence bien recherchée, pour prouver que des chrétiens doivent se tolérer les uns les autres. Je vais plus loin : je vous dis qu'il faut regarder tous les hommes comme nos frères. Quoi ! mon frère le Turc ? mon frère le Chinois ? le Juif ? le Siamois ? Oui, sans doute : ne sommes-nous pas tous enfants du même père, et créatures du même Dieu ? »

Voltaire, *Traité sur la tolérance*, 1763.

BILAN

La littérature d'idées du XVIe

Découverte des Amériques **1492**

François Ier **1515-1547**

Massacre de la Saint-Barthélémy **1572**

Henri IV **1589-1610**

Humanisme

1500

1600

vers 1534 François Rabelais, *Gargantua*

1580-1588 Michel de Montaigne, *Essais*

Les genres de la littérature d'idées

- **Argumentation directe**
  - Essai
  - Traité
  - Maximes
- **Argumentation indirecte**
  - Roman
  - Théâtre
  - Poésie

Roman, Théâtre, Poésie : Littérature engagée

Les fondamentaux du texte d'idées

Thème

↓

Problématique

→ **Thèse soutenue** / **Thèse réfutée**

↓

Arguments

↓

Exemples

au XVIIIe siècle

Les figures de style pour convaincre et persuader

Figures d'analogie
- Comparaison
- Allégorie
- Métaphore

Figures d'opposition
- Antithèse
- Oxymore
- Chiasme

Figures de répétition, d'atténuation et d'amplification
- Anaphore
- Gradation
- Énumération

Les tonalités dans les textes d'idées

Polémique
(Provoquer le lecteur pour le faire réfléchir)
- Ponctuation expressive
- Apostrophe
- Champ lexical de la colère

Ironique / satirique
(Faire rire le lecteur pour le faire réfléchir)
- Antiphrase
- Recours à l'absurde
- Exagération, caricature

Pathétique
(Émouvoir le lecteur pour le faire réfléchir)
- Exclamations pathétiques
- Appels à la compassion
- Champ lexical de la douleur

ŒUVRES AU PROGRAMME

Voie générale
Voie technologique

Gargantua (vers 1534)

François Rabelais

Voie générale Parcours « Rire et savoir »

Voie technologique Parcours « La bonne éducation » (chapitres 11 à 24)

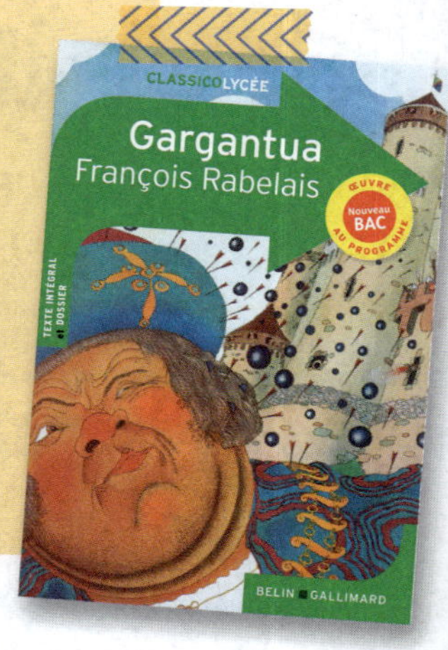

L'ESSENTIEL DE L'ŒUVRE en 2 points

1 Une œuvre foisonnante

Ce roman raconte **les origines, la naissance et la formation de Gargantua, le père de Pantagruel** (héros du premier roman de François Rabelais, paru en 1532). Le narrateur retrace **les exploits du géant Gargantua lors de la guerre** opposant son père, Grandgousier, au roi Picrochole et s'achève sur **la peinture d'une société utopique**. Le récit emprunte à de **nombreux genres** (roman de chevalerie, satire, utopie...), touche à **divers domaines** (médecine, théologie, stratégie militaire, pédagogie...) et joue sur **toutes les tonalités**, du pathétique au comique, des envolées épiques aux plaisanteries scatologiques.

2 Voie générale

Rire et savoir

Moine et médecin, François Rabelais a correspondu avec les plus grands humanistes de son temps. S'il publie ses premiers romans sous un pseudonyme pour les distinguer de ses publications savantes, son **érudition** et son **adhésion aux idées humanistes** y sont cependant très perceptibles. La **culture antique** est inscrite au cœur de l'œuvre, ce qui se perçoit dès le prologue, s'ouvrant sur une référence au *Banquet* de Platon, et où le lecteur est invité à **décortiquer le livre pour en extraire « la substantifique moelle »**. Mais le **« divin savoir »** n'est pas austère chez François Rabelais, il est au contraire **source de plaisir** et **s'accomplit pleinement dans le rire**, « pour ce que rire est le propre de l'homme ».

2 Voie technologique

La réflexion sur l'éducation

Comme nombre d'humanistes, François Rabelais s'intéresse à la question de **« l'institution »** (l'éducation) **des enfants**. Gargantua est successivement pris en main par des éducateurs dont les méthodes vont **des plus absurdes et rétrogrades à la plus conforme aux principes humanistes**. À Paris, Ponocrates purge en effet l'adolescent de ses mauvaises habitudes et le soumet à **un programme éducatif intense**, combinant **exercices physiques** et **leçons sur des sujets divers**, visant à faire de lui **un homme parfaitement accompli**, tout en étant prétexte à **« deviser joyeusement »**.

UN QUIZ POUR TESTER sa connaissance de l'œuvre

QCM ?

1. De *Pantagruel* et de *Gargantua*, quel roman de François Rabelais a été publié en premier ?

- a *Gargantua*.
- b *Pantagruel*.
- c Ils ont été publiés en même temps.

2. Quelle est la particularité de Gargantua ?

- a C'est un géant.
- b C'est un demi-dieu.
- c C'est un monstre difforme.

3. Qui est le père de Gargantua ?

- a Pantagruel.
- b Grandgousier.
- c Janotus de Bragmardo.

4. Qui est le fils de Gargantua ?

- a Grandgousier.
- b Frère Jean des Entommeures.
- c Pantagruel.

5. Quel verbe, employé au XVIe siècle, signifie « instruire, éduquer » ?

- a Instituer.
- b Discipliner.
- c Issir.

6. Comment s'appelle le précepteur de Gargantua qui incarne les principes de la bonne éducation ?

- a Thubal Holoferne.
- b Ponocrates.
- c Jobelin Bridé.

7. François Rabelais signe ses premiers romans d'un pseudonyme, Alcofribas Nasier, qui reprend, dans un autre ordre, les lettres de son nom. Comment s'appelle ce procédé ?

- a Un aphorisme.
- b Un acrostiche.
- c Une anagramme.

Voie générale

8. De quelle « façon bien étrange » Gargantua naît-il ?

- a Il sort par l'oreille gauche de sa mère.
- b Il sort tout habillé, en blanc et bleu.
- c Il n'accepte de sortir que lorsqu'on lui présente du vin à boire.

9. L'expression « guerre picrocholine », qui a pris le sens de conflit pour une cause dérisoire, vient du nom de Picrochole, qui est dans le roman de François Rabelais :

- a Un moine.
- b Un roi.
- c Un habitant de Paris.

10. Quelle est la devise de l'abbaye de Thélème ?

- a « Mange et bois à volonté. »
- b « Fais ce que voudras. »
- c « Vivez joyeux. »

→ Corrigés page 123

ŒUVRES AU PROGRAMME

Voie générale

Les Caractères – livres V à X (1688)

Jean de La Bruyère

Parcours « La comédie sociale »

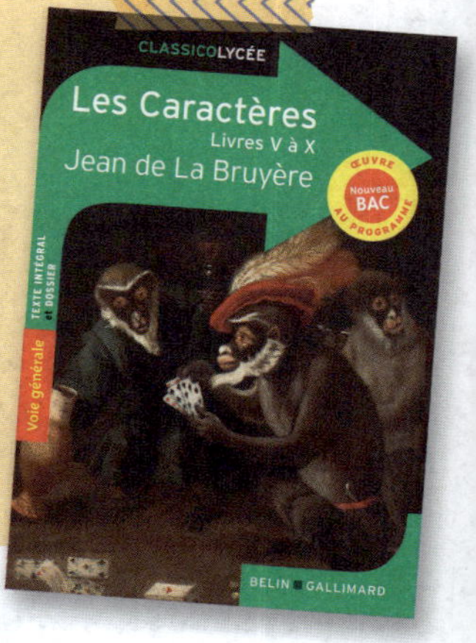

L'ESSENTIEL DE L'ŒUVRE en 3 points

1 Un recueil à la fois inspiré de l'Antiquité et en prise sur son époque

Ce recueil s'inspire des ***Caractères*** du philosophe grec **Théophraste** (v. 371-288 av. J.-C.), que Jean de La Bruyère traduit, et dont il reprend le principe dans son œuvre (les deux étant publiés conjointement en 1688) : il crée des **portraits de personnages fictifs** constituant des **« types » moraux** et y mêle **maximes et réflexions sur la nature humaine et la société**, qu'il répartit en 16 livres. En perpétuant une tradition littéraire antique, il s'inscrit **du côté des « Anciens »** dans la fameuse Querelle **(voir p. 75)**. Cependant, son livre est **ancré dans son époque** puisqu'il y peint la société de son temps, comme l'indique le sous-titre **« *les Mœurs de ce siècle* »**.

2 Un tableau de la société du XVIIe siècle

Les livres V à X traitent plus particulièrement de **l'organisation et des relations sociales**. Jean de La Bruyère examine les **défauts** (égoïsme, vanité, exagération) et **qualités** (souci de l'autre, modestie, mesure) qui entrent en jeu dans les **interactions sociales** (l. V). Il analyse le **rôle joué par la richesse** sur la perception de soi et des autres et sur les comportements (l. VI), puis s'attarde sur **différentes catégories et/ou fonctions sociales**, du peuple et des bourgeois de la ville (l. VII) au souverain (l. X), en passant par la Cour (l. VIII) et la haute noblesse (l. IX). **Sans remettre en cause cette organisation sociale**, il fustige dans un apologue (l. X) « le faste et le luxe » des monarques, admoneste « Hommes en place, ministres, favoris » et raille en Paris « le singe de la cour » (l. VII).

3 Plaire et instruire

La forme adoptée pour son recueil permet à Jean de La Bruyère de **délivrer un enseignement moral tout en divertissant** : il alterne portraits ou réflexions développés et maximes brèves, présente ces types en situation dans des narrations **parfois proches de la saynète**, joue sur des **tonalités variées**, de l'observation amusée à la dénonciation virulente, du tableau satirique au discours didactique. Il concilie ainsi **deux visées essentielles de la littérature depuis l'Antiquité : plaire et instruire**.

UN QUIZ POUR TESTER
sa connaissance de l'œuvre

QCM ?

1. De quel auteur de l'Antiquité grecque s'inspire Jean de La Bruyère dans *Les Caractères* ?

- a Théophraste.
- b Aristote.
- c Ésope.

2. Quel est le sous-titre des *Caractères* de Jean de La Bruyère ?

- a *Les Caractères, ou les Portraits des vices de ce siècle.*
- b *Les Caractères, ou les Mœurs de ce siècle.*
- c *Les Caractères, ou mes Observations sur les mœurs de ce siècle.*

3. En plus de la description de « caractères » à proprement parler, Jean de La Bruyère pratique une autre forme littéraire dans son recueil. Laquelle ?

- a Le dialogue philosophique.
- b La maxime.
- c L'utopie.

4. Combien de livres comportent, en tout, *Les Caractères* de Jean de La Bruyère ?

- a 6.
- b 12.
- c 16.

5. Quelle est la principale caractéristique de Giton ?

- a « Il est riche ».
- b « Il est méchant ».
- c « Il est pressé ».

6. Le portrait de Giton est construit en opposition avec un autre portrait. Lequel ?

- a Celui de Zénobie.
- b Celui d'Hermagoras.
- c Celui de Phédon.

7. Complète la citation suivante, qui ouvre le livre V (« De la société et de la conversation ») :
« Un caractère bien fade est celui...

- a ...de n'en avoir aucun. »
- b ...de vouloir toujours être premier en tout. »
- c ...de ne jamais rien aimer. »

8. Que signifie « être infatué de soi » ?

- a Être toujours mécontent de soi.
- b Être ridiculement et excessivement satisfait de soi.
- c Se moquer de soi-même.

9. Parmi les personnages suivants, lequel incarne ce trait de caractère ?

- a Arrias.
- b Cléon.
- c Troïle.

10. Quelle maxime, parmi celles ci-dessous, n'est pas tirée des *Caractères* ?

- a « Rire des gens d'esprit, c'est le privilège des sots : ils sont dans le monde ce que les fous sont à la cour, je veux dire sans conséquence. »
- b « L'on voit des hommes tomber d'une haute fortune par les mêmes défauts qui les y avaient fait monter. »
- c « Le soleil ni la mort ne se peuvent regarder fixement. »

→ Corrigés page 123

Voie technologique

Les Caractères – livre XI (1688)

Jean de La Bruyère

Parcours « Peindre les Hommes, examiner la nature humaine »

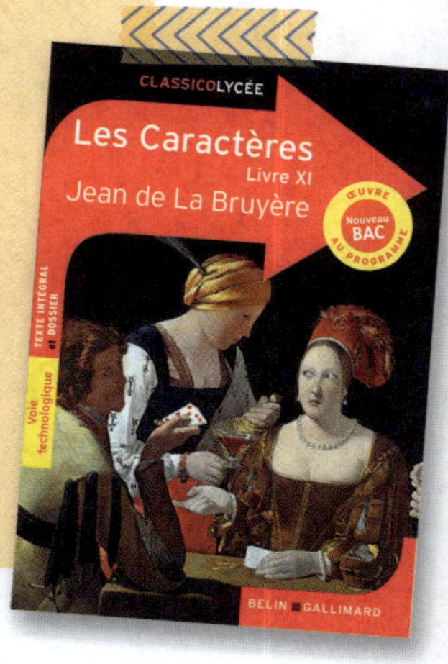

L'ESSENTIEL DE L'ŒUVRE en 3 points

1 Un recueil à la fois inspiré de l'Antiquité et en prise sur son époque

Ce recueil s'inspire des ***Caractères*** du philosophe grec **Théophraste** (v. 371-288 av. J.-C.), que Jean de La Bruyère traduit, et dont il reprend le principe dans son œuvre (les deux étant publiés conjointement en 1688) : il crée des **portraits de personnages fictifs** constituant des **« types » moraux** et y mêle **maximes et réflexions sur la nature humaine et la société**, qu'il répartit en 16 livres. En perpétuant une tradition littéraire antique, il s'inscrit **du côté des « Anciens »** dans la fameuse Querelle **(voir p. 75)**. Cependant, son livre est **ancré dans son époque** puisqu'il y peint la société de son temps, comme l'indique le sous-titre ***« les Mœurs de ce siècle »***.

2 Observer ses contemporains pour en dégager des leçons universelles

Le livre XI des *Caractères*, intitulé « De l'homme », est le plus fourni. Il est centré sur **l'observation et l'analyse de la nature humaine**. À travers les portraits et réflexions inspirés par ses contemporains, notamment par les « mœurs [...] de la cour de France », Jean de La Bruyère s'efforce, en bon moraliste, de **« peindre les hommes en général »** (préface), de dégager, de ses remarques particulières, des idées universelles. Il embrasse **tous les âges de l'humanité**, de l'enfance (50-59) à la vieillesse (115-120), et toutes les conditions sociales, du peuple dont il plaint les misères (128, 135) aux nobles dont il fustige l'oisiveté et l'arrogance (129, 130).

3 Constance et inconstance de la nature humaine

L'auteur pointe sur un ton parfois sérieux, parfois comique ou satirique, **des défauts et des travers qui se rencontrent à toutes les époques**, comme l'étourderie (Ménalque, 7), la fourberie (25), la vanité (66), l'avarice (114), la sottise (142-143)... Cependant, **sa conception de l'homme est surtout celle d'un être fondamentalement inconstant**, soumis au changement : « Ainsi tel homme au fond et en lui-même ne se peut définir ; trop de choses qui sont hors de lui l'altèrent, le changent, le bouleversent ; il n'est point précisément ce qu'il est ou paraît être » (18).

QCM

UN QUIZ POUR TESTER
sa connaissance de l'œuvre

1. De quel auteur de l'Antiquité grecque s'inspire Jean de La Bruyère dans *Les Caractères* ?

- **a** Théophraste.
- **b** Aristote.
- **c** Ésope.

2. Quel est le sous-titre des *Caractères* de Jean de La Bruyère ?

- **a** *Les Caractères, ou les Portraits des vices de ce siècle.*
- **b** *Les Caractères, ou les Mœurs de ce siècle.*
- **c** *Les Caractères, ou mes Observations sur les mœurs de ce siècle.*

3. En plus de la description de « caractères » à proprement parler, Jean de La Bruyère pratique une autre forme littéraire dans son recueil. Laquelle ?

- **a** Le dialogue philosophique.
- **b** La maxime.
- **c** L'utopie.

4. Combien de livres comportent, en tout, *Les Caractères* de Jean de La Bruyère ?

- **a** 6.
- **b** 12.
- **c** 16.

5. Comment s'intitule le livre XI des *Caractères* ?

- **a** « De l'Homme ».
- **b** « De la nature humaine ».
- **c** « Des gens ».

6. À quoi Jean de La Bruyère compare-t-il les paysans pour dénoncer la dureté de leurs conditions de vie ?

- **a** À des « fourmis laborieuses ».
- **b** À des « machines sans émotions ».
- **c** À des « animaux farouches ».

7. Qui incarne le type du « misanthrope » dans le livre XI des *Caractères* ?

- **a** Timon.
- **b** Frontin.
- **c** Télèphe.

8. Quel trait de caractère incarne Ménalque ?

- **a** La médisance.
- **b** L'étourderie.
- **c** L'égoïsme.

9. Quel personnage incarne la gloutonnerie ?

- **a** Cliton.
- **b** Ruffin.
- **c** Timon.

10. Selon Jean de La Bruyère, « le moindre mal [...] qui puisse [...] arriver » à l'homme dans la solitude est de :

- **a** « se divertir ».
- **b** « se haïr ».
- **c** « s'ennuyer ».

→ Corrigés page 123

ŒUVRES AU PROGRAMME

Voie générale
Voie technologique

Déclaration des droits de la femme et de la citoyenne (1791)

Olympe de Gouges

Parcours « Écrire et combattre pour l'égalité »

L'ESSENTIEL DE L'ŒUVRE
en 3 points

1 Un texte révolutionnaire

Adoptée par l'Assemblée nationale en 1789, *La Déclaration des droits de l'homme et du citoyen* définit en 17 articles « les droits naturels, inaliénables et sacrés de l'Homme ». Constatant que ce texte, qui prétend poser les fondations d'une société égalitaire, **laisse pourtant de côté la moitié de la population, à savoir les femmes**, Olympe de Gouges rédige en 1791 une *Déclaration des droits de la femme et de la citoyenne* qui en reprend la forme, la structure, ainsi que nombre de principes et de valeurs. **Elle s'inscrit ainsi dans la pensée et la rhétorique révolutionnaires, tout en dénonçant leurs limites.**

2 De l'égalité entre les hommes à l'égalité entre hommes et femmes

La *Déclaration* d'Olympe de Gouges **supprime l'ambiguïté du terme « homme(s) » en rétablissant dans les articles la mention des « femmes » comme partie constitutive de la société et de « la Nation »** (art. III). Elle revendique ainsi des droits accordés en théorie à l'Homme (être humain), mais en réalité réservés aux hommes (êtres de sexe masculin), et **dont les femmes sont exclues au XVIIIe siècle** : voter et participer à la vie publique, accéder à certains emplois ou propriétés. Ce faisant, l'autrice **remet en cause la légitimité de la *Déclaration* de 1789** en affirmant que **la mise en place des idéaux révolutionnaires passe aussi par l'égalité entre hommes et femmes**.

3 Un texte militant et précurseur

Texte juridique par la forme, la *Déclaration* d'Olympe de Gouges **s'apparente aussi, par son contenu radical, à un pamphlet** : l'autrice s'attaque aux idées reçues sur les femmes et stipule une égalité parfaite entre les sexes, **tant pour ce qui concerne les droits qu'au regard de la loi**, d'où la formule : « la femme a le droit de monter sur l'échafaud ; elle doit avoir également celui de monter à la tribune » (art. X), restée célèbre par sa dimension tristement prophétique, Olympe de Gouges ayant été guillotinée en 1793. Ignorée par les révolutionnaires, sa *Déclaration* est considérée aujourd'hui comme un **texte précurseur du mouvement féministe**.

UN QUIZ POUR TESTER
sa connaissance de l'œuvre

QCM

1. À quel texte fondateur de la Révolution française la *Déclaration* d'Olympe de Gouges fait-elle écho ?

- **a** À la *Déclaration des droits de l'homme et du citoyen* de 1789.
- **b** À la *Déclaration des droits de l'homme et du citoyen* de 1793.
- **c** À la *Déclaration universelle des droits de l'homme* de 1948.

2. Combien d'articles comporte la *Déclaration* d'Olympe de Gouges ?

- **a** 12.
- **b** 17.
- **c** 45.

3. En plus des articles eux-mêmes, quels textes ouvrent et closent la *Déclaration* ?

- **a** Une préface et une postface.
- **b** Une introduction et une conclusion.
- **c** Un préambule et un postambule.

4. Outre sa lutte pour l'égalité entre hommes et femmes, en faveur de quel autre combat Olympe de Gouges s'est-elle engagée ?

- **a** L'abolition de l'esclavage.
- **b** L'abolition du travail des enfants.
- **c** L'abolition de la prostitution.

5. Complète la citation suivante, extraite de l'article X : « la femme a le droit de monter sur l'échafaud ; elle doit avoir également celui de monter … »

- **a** « sur scène ».
- **b** « à la tribune ».
- **c** « au Paradis ».

6. Dans quel article se trouve la phrase suivante : « La femme naît libre et demeure égale à l'homme en droits » ?

- **a** L'article premier.
- **b** L'article V.
- **c** L'article XII.

7. Olympe de Gouges place sa *Déclaration* sous l'autorité de « l'Être suprême ». À quelle conception philosophique renvoie cette expression ?

- **a** Au matérialisme.
- **b** À l'athéisme.
- **c** Au déisme.

8. À qui Olympe de Gouges adresse-t-elle et dédicace-t-elle la *Déclaration* ?

- **a** À l'écrivain et orateur révolutionnaire, Mirabeau.
- **b** À toutes les femmes.
- **c** À la reine de France, Marie-Antoinette.

9. Quand la *Déclaration* a-t-elle été présentée à l'Assemblée législative pour être soumise au vote ?

- **a** Le 28 octobre 1791.
- **b** Après la mort d'Olympe de Gouges.
- **c** Jamais.

10. Quand et comment Olympe de Gouges est-elle morte ?

- **a** En 1793, guillotinée après avoir été arrêtée par le groupe révolutionnaire des Montagnards.
- **b** En 1791, assassinée par un fanatique religieux.
- **c** En 1796, en donnant naissance à son dernier enfant.

→ Corrigés page 123

S'ENTRAÎNER

1 Reconnaître les genres de la littérature d'idées du XVIe au XVIIIe siècle.

TEXTE A

« Dans le sénat d'Amaurote où, comme je l'ai dit, se rencontrent chaque année trois représentants de chaque ville, dès que l'on a consigné les choses qui abondent en chaque lieu et d'autre part ce qui manque ailleurs, une région aussitôt compense par ses surplus la pénurie d'une autre. Elle le fait sans contrepartie, sans rien recevoir en échange de ce qu'elle donne. Mais celle qui a donné recevra à son tour les produits qui lui font défaut sans avoir davantage à s'acquitter. Toute l'île de la sorte forme une seule famille. »

TEXTE B

« Rien n'est plus négligé que l'éducation des filles. La coutume et le caprice des mères y décident souvent de tout : on suppose qu'on doit donner à ce sexe peu d'instruction. L'éducation des garçons passe pour une des principales affaires par rapport au bien public ; et quoiqu'on n'y fasse guère moins de fautes que dans celle des filles, du moins on est persuadé qu'il faut beaucoup de lumières pour y réussir. »

TEXTE C

« Il y a plus de fous que de sages, et dans le sage même, il y a plus de folie que de sagesse.

*

La conviction est la conscience de l'esprit.

*

On est heureux ou malheureux par une foule de choses qui ne paraissent pas, qu'on ne dit point et qu'on ne peut dire. »

a. Lis les trois extraits ci-dessus, dont les références ont été volontairement supprimées, et identifie leur genre littéraire.

b. Justifie ta réponse par des éléments précis.

c. En t'appuyant sur le cours sur l'humanisme **(voir p. 71-73)**, formule une hypothèse sur l'œuvre dont est extrait le texte A, et sur son auteur.

→ Corrigés page 123

2 Comprendre et reformuler l'argumentation d'un texte d'idées.

« Au demeurant, ce que nous appelons ordinairement amis et amitiés, ce ne sont qu'accointances[1] et familiarités nouées par quelque occasion ou commodité, par le moyen de laquelle nos âmes s'entretiennent. En l'amitié de quoi[2] je parle elles se mêlent et confondent l'une en l'autre, d'un mélange si universel, qu'elles effacent et ne retrouvent plus la couture qui les a jointes. »

Michel de Montaigne, *Essais*, livre I, chap. 28, « De l'amitié », 1580.

1. **Accointances :** connaissances.
2. **De quoi :** dont.

a. Reformule les deux conceptions de l'amitié opposées par Michel de Montaigne dans l'extrait ci-dessous.

b. Quelle figure de style l'auteur emploie-t-il pour illustrer sa pensée ? Analyse-la.

→ Corrigés page 123

3 Analyser la stratégie argumentative d'un texte d'idées.

Lettres persanes *est un roman de Montesquieu qui rassemble la correspondance fictive échangée par deux Persans voyageant en Europe, Rica et Usbek, avec leurs amis restés en Perse. Dans l'extrait suivant, Rica traite de divers sujets, dont la puissance du roi de France.*

« D'ailleurs, ce roi est un grand magicien : il exerce son empire sur l'esprit même de ses sujets ; il les fait penser comme il veut. [...] Il va même jusqu'à leur faire croire qu'il les guérit de toutes sortes de maux, en les touchant[1], tant est grande la force et la puissance qu'il a sur les esprits.

Ce que je te dis de ce prince ne doit pas t'étonner : il y a un autre magicien plus fort que lui, qui n'est pas moins maître de son esprit, qu'il l'est lui-même de celui des autres. Ce magicien s'appelle le pape : tantôt il lui fait croire que trois ne sont qu'un[2] ; que le pain qu'on mange n'est pas du pain, ou que le vin qu'on boit n'est pas du vin[3] ; et mille autres choses de cette espèce. »

Montesquieu, *Lettres persanes*, lettre XXIV, 1721.

1. Allusion au pouvoir de guérison attribué aux rois de France.
2. Référence au dogme catholique de la Sainte Trinité, qui proclame que le Père, le Fils et le Saint-Esprit ne font qu'un.
3. Référence à la communion dans le rituel catholique, au cours de laquelle les fidèles consomment le corps et le sang du Christ sous la forme du pain et du vin.

a. En quoi ce texte est-il ironique ? Justifie ta réponse.

b. Quel est, pour Montesquieu, l'intérêt de donner la parole à un étranger visitant la France dans son roman ? Quel regard sur son pays cela lui permet-il d'exprimer ?

→ Corrigés page 123

SE PRÉPARER POUR LE BAC

LE COMMENTAIRE

Voie générale

François POULLAIN DE LA BARRE, *De l'égalité des sexes*

Si l'on demande à chaque homme en particulier[1] ce qu'il pense des femmes en général et qu'il le veuille avouer sincèrement, il dira sans doute qu'elles ne sont faites que pour nous et qu'elles ne sont guère propres[2] qu'à élever les enfants dans leur bas âge, et à prendre soin du ménage[3] [...] ; que ce serait une chose plaisante[4] de voir une femme enseigner dans une chaire[5], l'éloquence ou la médecine en qualité de professeur, marcher par les rues suivie de commissaires et de sergents pour y mettre la police[6], haranguer[7] devant les juges en qualité d'avocat, être assise sur un tribunal pour y rendre justice, à la tête d'un parlement[8], conduire une armée, livrer une bataille, et parler devant les républiques ou les princes comme chef d'une ambassade.

J'avoue que cet usage nous surprendrait, mais ce ne serait que par la raison de la nouveauté. Si en formant les états et en établissant les différents emplois qui les composent, on y avait aussi appelé les femmes, nous serions accoutumés à les y voir, comme elles le sont à notre égard. Et nous ne trouverions pas plus étrange de les voir sur les fleurs de lys[9] que dans les boutiques.

Si on pousse un peu plus les gens, on trouvera que leurs plus fortes raisons se réduisent à dire que les choses ont toujours été comme elles sont à l'égard des femmes, ce qui est une marque qu'elles doivent être de la sorte et que si elles avaient été capables des sciences et des emplois, les hommes les y auraient admises avec eux.

Ces raisonnements viennent de l'opinion qu'on a de l'équité[10] de notre sexe et d'une fausse idée qu'on s'est forgé de la coutume. C'est assez de la trouver établie pour croire qu'elle est bien fondée. Et comme l'on juge que les hommes ne doivent rien faire que par raison, la plupart ne peuvent s'imaginer qu'elle n'ait pas été consultée pour introduire les pratiques qu'ils voient si universellement reçues, et l'on se figure que c'est la raison et la prudence qui les ont faites [...].

François Poullain de la Barre, *De l'égalité des deux sexes*, 1673.

1. **En particulier :** individuellement.
2. **Propres :** aptes.
3. **Ménage :** maison, foyer domestique.
4. **Plaisante :** ici, drôle, amusante.
5. **Dans une chaire :** à l'université.
6. **Mettre la police :** faire régner l'ordre.
7. **Haranguer :** plaider.
8. **Parlement :** cour de justice sous l'Ancien Régime.
9. **Sur les fleurs de lys :** rendre la justice (la fleur de lys étant le symbole du pouvoir royal).
10. **Équité :** sens de la justice, souci de respecter ce qui est dû à chacun.

Étape 1 Les premiers repérages sur le texte

Questions à se poser	Réponses	Éléments du texte
Le genre littéraire	Un discours.	Titre (« De… » = au sujet de…) typique de ce genre.
La forme et la structure du texte	Texte très structuré, en quatre paragraphes, qui suit à deux reprises le même schéma argumentatif.	§ 1 et 3 : l'auteur expose la thèse adverse. § 2 et 4 : l'auteur réfute cette thèse et expose la sienne.
Le thème	Les femmes.	« Femme(s) » : terme clé qui revient à plusieurs reprises dans le texte.
La thèse soutenue (et la thèse réfutée, si elle est exprimée)	L'auteur commence par exposer **la *doxa*** sur les femmes, faite de préjugés et stéréotypes. Il la réfute ensuite en y opposant sa conception d'une société égalitaire.	La thèse réfutée : les femmes ne seraient pas aptes à exercer les mêmes « emplois » que les hommes. La thèse soutenue : il n'y a aucune raison valable d'interdire aux femmes d'exercer les mêmes fonctions et professions que les hommes, sinon la volonté des hommes de conserver leur statut de domination, et la force des préjugés.
La (les) tonalité(s) dominante(s)	Didactique (qui vise à enseigner en expliquant méthodiquement)	La progression argumentative permet à l'auteur de mettre en avant l'absence de raisons valables justifiant l'organisation sociale établie.

MOT CLÉ

Doxa **:** terme, emprunté au grec, désignant l'opinion communément répandue sur un sujet.

Étape 2 L'analyse des procédés d'écriture

Demande-toi si le texte relève de l'argumentation directe ou indirecte :

Ce texte relève de l'**argumentation directe** : l'auteur développe sa thèse en l'étayant par **des arguments** (« Si en formant les états […] à notre égard », l. 12-14) et **des exemples** (« les voir sur les fleurs de lys que dans les boutiques », l. 15) sans passer par une narration ou une description.

Examine la stratégie argumentative : l'auteur cherche-t-il davantage à convaincre (par la logique, le raisonnement) ou à persuader (en faisant appel aux sentiments, aux émotions) ?

L'auteur cherche davantage à **convaincre** : il développe un raisonnement méthodique et rigoureux, comme le montre l'emploi des nombreux **connecteurs logiques** (« si », l. 1, 12, 16 et 18 ; « mais », l. 11, « comme », l. 23).

Il s'implique tout de même dans son discours (« J'avoue que », l. 11) et utilise des procédés de persuasion **(voir ci-après)**.

Repère et analyse l'usage des modalisateurs :

Plusieurs **modalisateurs** (« se réduisent », l. 16-17 ; « fausse », l. 22 ; « se figure », l. 26) visent ici à discréditer la thèse réfutée, qui est également mise à distance par l'usage du conditionnel lorsqu'elle est exposée (« ce serait », l. 4).

Repère et analyse les figures de style :

L'antithèse « en particulier »/« en général » (l. 1-2) pointe subtilement le fait que les hommes sont considérés en tant qu'individus alors que les femmes sont englobées dans un discours généralisant et stéréotypé.

L'accumulation « enseigner dans une chaire [...] ambassade » (l. 5-10) souligne le nombre de métiers interdits aux femmes, le nombre de fonctions sociales dont elles sont bannies.

MOT CLÉ

Modalisateur : moyen linguistique par lequel le locuteur indique la manière dont il envisage son énoncé, exprime sa subjectivité. Il s'agit généralement d'un mot (adverbe, verbe, adjectif), mais la modalisation peut aussi s'exprimer par l'usage d'une forme grammaticale (conditionnel).

Étape 3 La construction du projet de lecture et du plan

→ Les premiers repérages et l'analyse des procédés d'écriture permettent de formuler le projet de lecture suivant :

> **En quoi ce texte constitue-t-il une critique des préjugés sur les femmes au XVIIe siècle ?**

→ Le plan détaillé s'appuie sur le projet de lecture : **les différents axes** reprennent les mots-clés employés pour formuler ce dernier ; **les sous-parties** sont composées des éléments d'analyse, des idées, des remarques notées lors de son élaboration...

Proposition de plan détaillé

I. Un texte didactique

- **a** Une structure et une progression argumentatives claires
- **b** Un texte concret, ancré dans son époque
- **c** Plaire et instruire

II. Une pensée singulière et audacieuse

- **a** La remise en cause de la *doxa*
- **b** Usage, coutume et préjugés
- **c** Une position marginale

III. Un point de vue moderne

- **a** Une conception égalitaire
- **b** Une ouverture à la nouveauté, au changement
- **c** Résonances contemporaines du texte

Étape 4 La rédaction de l'introduction et de la conclusion

L'introduction

L'introduction doit dans un premier temps présenter le texte (auteur, titre, date, forme et sujet) :

Extrait du discours intitulé *De l'égalité des deux sexes*, publié en 1673 par François Poullain de la Barre, ce texte s'interroge sur la place accordée par les hommes aux femmes dans la société, les rôles et les tâches auxquels on confine les femmes et surtout les fonctions et emplois qui leur sont déniés, auxquels elles n'ont pas accès.

De manière à amener le plus naturellement possible le projet de lecture :

Comment l'auteur s'attaque-t-il aux préjugés de son temps sur les femmes ?

Ainsi que les grandes parties (axes de lecture) du plan :

Nous tenterons de répondre à cette question en examinant la dimension didactique du texte, qui permet à l'auteur de développer une pensée singulière et audacieuse et un point de vue moderne.

La conclusion

La conclusion est le bilan du développement. Elle doit dans un premier temps rester centrée sur le projet de lecture :

François Poullain de la Barre s'attaque aux préjugés sur les femmes en développant une argumentation accessible, concrète et facile à comprendre, qui met à la portée des lecteurs une pensée originale, en décalage – voire en opposition – avec la *doxa* et les mœurs de son temps, et développe un point de vue plus proche des conceptions actuelles sur le rôle des femmes dans la société.

Puis élargir la réflexion à une autre œuvre, un mouvement littéraire, un autre domaine artistique (peinture, musique...), etc. :

Son intérêt pour la question de l'égalité des sexes et sa capacité à remettre en cause les préjugés misogynes et sexistes de son époque font de Poullain de la Barre un auteur « féministe » avant l'heure.

Étape 5 La rédaction du développement

COUP DE POUCE

Quand tu rédiges ton devoir au propre, sa structure doit apparaître sur la page (par des sauts de lignes et des paragraphes) sans qu'aucun titre ne figure dans ta copie. Les titres ne sont mentionnés dans l'exemple suivant que pour rappel.

Exemple de développement

II. Une pensée singulière et audacieuse

a La remise en cause de la *doxa*

Chaque partie est introduite par une phrase qui en résume l'idée générale :

L'auteur exprime dans ce texte une pensée singulière et audacieuse, à l'opposé du discours généralement répandu sur les femmes, qu'il expose pour mieux le réfuter.

Puis la première sous-partie est développée (à la suite, sans revenir à la ligne) :

Il souligne l'unanimité de ce discours, à la fois individuel (« chaque homme », l. 1) et collectif (« les gens », l. 16), qui confine les femmes aux tâches domestiques (« élever les enfants [...] ménage », l. 3-4) et les exclut de la vie sociale, intellectuelle et politique. Même dans les 1er et 3e paragraphes, qui exposent cette *doxa*, l'auteur manifeste la distance qu'il prend avec elle, notamment lorsqu'il souligne ironiquement la mauvaise foi des hommes (« et qu'il le veuille avouer sincèrement », l. 2) ou qu'il dénonce, tout aussi ironiquement, la faiblesse du raisonnement sur lequel elle repose (« leurs plus fortes raisons se réduisent à dire [...] », l. 16-17).

Un paragraphe différent est ensuite consacré à chaque autre sous-partie.

Chaque partie se termine par une transition, c'est-à-dire une phrase qui fait le bilan de la partie développée et annonce la suivante :

Conscient de son appartenance au sexe dont il dénonce la domination, l'auteur s'en désolidarise sans pour autant se placer en position de supériorité, ce qui contribue à la modernité et à l'actualité de ce texte du XVIIe siècle.

Il faudra ensuite sauter une ligne avant d'entamer la deuxième grande partie du commentaire.

SUJET GUIDÉ ÉPREUVE ÉCRITE

LA DISSERTATION Voie générale

SUJET

Les moralistes du XVIIe siècle sont-ils des pessimistes ?

Vous répondrez à cette question en vous appuyant sur votre lecture des livres V à X des *Caractères* de Jean de La Bruyère, sur les textes et œuvres étudiés dans le cadre du parcours « La comédie sociale » ainsi que sur votre culture personnelle.

Étape 1 L'analyse du sujet, la formulation de la problématique et le choix du type de plan

COUP DE POUCE

Ici, le sujet ne concerne pas spécifiquement l'œuvre au programme (*Les Caractères* de Jean de La Bruyère) mais « les moralistes du XVIIe siècle » en général. Il faut donc veiller à varier les exemples fournis (sans sortir des bornes chronologiques imposées par le sujet), même si tu peux t'appuyer davantage sur l'œuvre au programme, que tu auras étudiée de manière plus approfondie au cours de l'année.

Analyse les termes clés du sujet :

« Les moralistes du XVIIe siècle » : écrivains et penseurs de cette époque qui s'attachent dans leurs œuvres à décrire et analyser les mœurs de leurs contemporains.

« pessimistes » : personnes qui ne voient que l'aspect négatif des choses, qui pensent que tout va mal.

Reformule ensuite la question posée par le sujet ; ce sera la problématique de ta dissertation :

La conception que se font les moralistes du XVIIe siècle de l'être humain et de la société est-elle entièrement sombre, négative ?

Détermine le type de plan adéquat pour traiter le sujet :

Ici, la question posée par le sujet est **totale**, c'est-à-dire que l'on peut y répondre par « oui » ou par « non ». Il faut donc opter pour un **plan didactique**, qui commencera par examiner pourquoi les moralistes du XVIIe siècle peuvent être considérés comme pessimistes, puis nuancera cette affirmation (sans la contredire complètement).

MÉTHODE

L'analyse des termes clés est une étape importante du travail préparatoire au brouillon, qui permet de bien **comprendre et délimiter le sujet**. Tu dois donc t'en servir **pour reformuler le sujet et poser ta problématique**, mais elle ne doit pas être reprise telle quelle dans l'introduction.

Étape 2 La recherche des arguments et des exemples, et la construction du plan

MÉTHODE

Note, au fur et à mesure qu'ils te viennent à l'esprit, **les arguments et les exemples** qui te semblent illustrer la citation. Regroupe ceux qui vont dans le même sens, de manière à **dégager deux ou trois idées directrices, qui seront les deux ou trois grandes parties de ta dissertation.** Puis **élabore ton plan détaillé** : sous le titre de chaque grande partie, note de manière synthétique les arguments que tu vas développer sans oublier de **leur associer un ou plusieurs exemples** afin de vérifier que tu ne pars pas sur une fausse piste.

Proposition de plan détaillé

I. Un tableau sombre de la société et de l'âme humaine

a Les imperfections du monde et de l'être humain inspirent la démarche moraliste : *Les Caractères* de La Bruyère, écrits d'après l'œuvre de Théophraste qui répertorie les défauts humains.

b Les moralistes, des observateurs critiques de la société de leur temps : satire de la cour et des courtisans chez La Fontaine (« La Cour du Lion », « Les Animaux malades de la peste ») et La Bruyère (« De la cour », livre VIII des *Caractères*)

c Les moralistes mettent en lumière les motifs inavouables des comportements humains : l'amour-propre et la vanité (La Rochefoucauld, *Maximes*) ; le culte des apparences et la surestimation des « biens de fortune » (La Bruyère, livre VI des *Caractères*).

II. Un pessimisme sans défaitisme

a Cette vision globalement sombre n'empêche pas des réflexions plus optimistes : foi de Descartes en la grandeur de l'être humain (*Les Passions de l'âme*).

b Les moralistes du XVIIe siècle opposent à l'homme tel qu'il est l'idéal de « l'honnête homme » : La Rochefoucauld (*Maximes*) ; La Bruyère (*Les Caractères*, V, 43, 59).

c Le pessimisme des moralistes s'appuie sur une exigence morale qui vise à améliorer les hommes et la société : moralité de la fable « Le Lion, le Loup et le Renard » de La Fontaine, qui exhorte les courtisans à se comporter de manière moins cruelle entre eux.

Étape 3 La rédaction de l'introduction et de la conclusion

L'introduction

L'introduction débute par une amorce permettant d'amener le sujet :

Les moralistes du XVIIe siècle sont des écrivains qui s'attachent dans leurs œuvres à décrire et analyser les mœurs de leurs contemporains. Fins observateurs, ils pointent les faux-semblants, soulignent l'écart entre les apparences et la réalité, dénoncent l'hypocrisie dans les rapports humains. La démarche du moraliste donne souvent lieu à une peinture sans concession de la société et des hommes.

Le sujet est ensuite cité et analysé de manière à poser la problématique et annoncer les grandes parties du développement :

On peut donc s'interroger : les moralistes du XVIIe siècle sont-ils des pessimistes ? Leur conception de l'être humain et de la société est-elle entièrement sombre, négative ? Nous montrerons que, si le tableau de la société et de l'âme humaine que peignent les moralistes du XVIIe siècle est en effet assez sombre, leur pessimisme ne s'accompagne pas forcément de défaitisme.

La conclusion

La conclusion est un bilan de l'argumentation répondant à la problématique posée en introduction :

Les moralistes du XVIIe siècle tendent à leurs lecteurs un miroir qui n'est pas vraiment flatteur, et brossent de la société et de leurs contemporains un tableau fort sombre. Leur constat est donc globalement pessimiste mais pas désespéré puisque, par leurs écrits, ils affirment aussi les qualités et vertus de « l'honnête homme » et tentent d'inciter leurs semblables à s'améliorer.

Elle se termine par une ouverture élargissant le propos (en faisant référence à une œuvre ou un auteur par exemple) :

S'ils relèvent les faiblesses de l'âme humaine, c'est parce qu'ils ont conscience de sa grandeur : « L'homme n'est qu'un roseau, le plus faible de la nature, mais c'est un roseau pensant », écrivait ainsi Blaise Pascal (*Pensées*, 1670, fragment 186).

COUP DE POUCE

Pour chaque objet d'étude, fais une fiche de citations courtes que tu peux apprendre par cœur et exploiter facilement dans une dissertation, notamment pour l'amorce de l'introduction ou l'ouverture de la conclusion.

Étape 4 La rédaction du développement

COUP DE POUCE

Quand tu rédiges ton devoir au propre, sa structure doit apparaître sur la page (par des sauts de lignes et des paragraphes) sans qu'aucun titre ne figure dans ta copie. Les titres ne sont mentionnés dans l'exemple ci-dessus que pour rappel.

Exemple de développement

I. Un tableau sombre de la société et de l'âme humaine

a Les imperfections du monde et de l'être humain inspirent la démarche moraliste

Les moralistes du XVIIe siècle offrent de la société et de l'homme une vision plutôt sombre à travers leurs œuvres. Tout d'abord, leur démarche est inspirée par les imperfections du monde et de l'homme. Ce sont les failles de l'être humain, l'hypocrisie du jeu social, la fausseté des relations qui intéressent et questionnent les moralistes. Dans ses *Caractères*, La Bruyère reprend le principe suivi par Théophraste : celui de rassembler dans son œuvre les pires vices et défauts, incarnés par des « types » moraux. Défilent ainsi des personnages incarnant la fatuité (Arrias, V, 9), la vanité (Périandre, VI, 21), la cupidité (Ergaste, VI, 28)... L'observation des travers individuels, et de la manière dont ils affectent les rapports sociaux, donne une image peu valorisante de la nature humaine.

SUJET GUIDÉ ÉPREUVE ÉCRITE

LA CONTRACTION DE TEXTE

Voie technologique

Michel SERRES, *Petite Poucette*

Jadis et naguère, le savoir avait pour support le corps du savant, aède ou griot[1]. Une bibliothèque vivante… voilà le corps enseignant du pédagogue.

Peu à peu, le savoir s'objectiva : d'abord dans des rouleaux, sur des velins ou parchemins, support d'écriture ; puis, dès la Renaissance, dans les livres de papier, supports d'imprimerie ; enfin, aujourd'hui, sur la Toile, support de messages et d'information.

L'évolution historique du couple support-message est *une bonne variable de la fonction d'enseignement*. Du coup, la pédagogie changea au moins trois fois : avec l'écriture, les Grecs inventèrent la *Paideia*[2] ; à la suite de l'imprimerie, les traités de pédagogie pullulèrent. Aujourd'hui ?

[…] *Que transmettre ? Le savoir ? Le voilà, partout sur la Toile, disponible, objectivé. Le transmettre à tous ? Désormais, tout le savoir est accessible à tous. Comment le transmettre ? Voilà, c'est fait.*

Avec l'accès aux personnes, par le téléphone cellulaire, avec l'accès en tous lieux, par le GPS, l'accès au savoir est désormais ouvert. D'une certaine manière, *il est toujours et partout déjà transmis.*

Objectivé, certes, mais, de plus, distribué. Non concentré. Nous vivions dans un espace métrique, […] référé à des centres, à des concentrations. Une école, une classe, un campus, un amphi, voilà des concentrations de personnes, étudiants et professeurs, de livres en bibliothèques, d'instruments dans les laboratoires… Ce savoir, ces références, ces textes, ces dictionnaires, les voilà distribués partout et, en particulier, chez vous — même les observatoires ! — mieux, en tous les lieux où vous vous déplacez. De là étant, vous pouvez toucher vos collègues, vos élèves, où qu'ils passent ; ils vous répondent aisément.

L'ancien espace des concentrations — celui-là même où je parle et où vous m'écoutez, que faisons-nous ici ? — se dilue, se répand ; nous vivons, je viens de le dire, dans un espace de voisinages immédiats, mais, de plus, distributif. Je pourrais vous parler de chez moi ou d'ailleurs, et vous m'entendriez ailleurs ou chez vous. Que faisons-nous donc ici ?

Ne dites surtout pas que l'élève manque des fonctions cognitives[3] qui permettent d'assimiler le savoir ainsi distribué, puisque, justement, ces fonctions se transforment avec le support et par lui. Par l'écriture et l'imprimerie, la mémoire, par exemple, muta au point que Montaigne voulut une tête bien faite plutôt qu'une tête bien pleine[4]. Cette tête vient de muter encore une fois.

De même donc que la pédagogie fut inventée par les Grecs (*paideia*), au moment de l'invention et de la propagation de l'écriture, de même qu'elle se transforma quand émergea l'imprimerie, à la Renaissance, de même, la pédagogie change totalement avec les nouvelles technologies, dont les nouveautés ne sont qu'une variable quelconque parmi la dizaine ou la vingtaine que j'ai citée ou pourrais énumérer.

Ce changement si décisif de l'enseignement – changement qui se répercute peu à peu sur l'espace entier de la société mondiale et l'ensemble de ses institutions désuètes, changement qui ne touche pas, et de loin, l'enseignement seulement, mais aussi le travail, les entreprises, la santé, le droit et la politique, bref, l'ensemble de nos institutions –, nous sentons en avoir un besoin urgent, mais nous en sommes encore loin.
Probablement, parce que ceux qui traînent dans la transition entre les derniers états n'ont pas encore pris leur retraite alors qu'ils diligentent les réformes, selon des modèles depuis longtemps effacés.

Enseignant pendant un demi-siècle sous à peu près toutes les latitudes du monde, où cette crevasse s'ouvre aussi largement que dans mon propre pays, j'ai subi, j'ai souffert ces réformes-là comme des emplâtres[5] sur des jambes de bois, des rapetassages[6].Or les emplâtres endommagent le tibia, même artificiel ; les rapetassages déchirent encore plus le tissu qu'ils cherchent à consolider.

Oui, depuis quelques décennies je vois que nous vivons une période comparable à l'aurore de la *paideia*, après que les Grecs apprirent à écrire et démontrer, semblable à la Renaissance qui vit naître l'impression et le règne du livre apparaître. Période incomparable pourtant, puisque, en même temps que ces techniques mutent, le corps se métamorphose, changent la naissance et la mort, la souffrance et la guérison, les métiers, l'espace, l'habitat, l'être-au-monde.

[...]

Face à ces mutations, sans doute convient-il d'inventer d'inimaginables nouveautés, hors les cadres désuets qui formatent encore nos conduites, nos médias, nos projets noyés dans la société du spectacle. Je vois nos institutions luire d'un éclat semblable à celui des constellations dont les astronomes nous apprirent qu'elles étaient mortes depuis longtemps déjà.

Pourquoi ces nouveautés ne sont-elles point advenues ? Je crains d'en accuser les philosophes, dont je suis, gens qui ont pour métier d'anticiper le savoir et les pratiques à venir, et qui ont, ce me semble, failli à leur tâche. Engagés dans la politique au jour le jour, ils n'entendirent pas venir le contemporain. **(842 mots)**

Michel Serres, *Petite Poucette*, Le Pommier, 2012.

1. Aède ou griot : dans la Grèce antique, un aède est un poète qui chante, lors d'assemblées publiques ou privées, de longs récits épiques ; en Afrique de l'Ouest, un griot est un chanteur-conteur. Michel Serres les rapproche dans la mesure où ils sont dépositaires d'une tradition et d'une culture orales.

2. *Paideia* : terme qui renvoie au système éducatif de la Grèce antique, conçu comme un moyen de former des hommes vertueux et des citoyens capables d'assumer leurs fonctions au sein de la cité.

3. Fonctions cognitives : facultés intellectuelles permettant l'assimilation des connaissances.

4. Allusion au chapitre 26 (« De l'institution des enfants ») du livre I des *Essais* (1580-1595), où Michel de Montaigne expose sa conception de l'éducation. Il y critique la pédagogie médiévale, qui repose sur l'apprentissage par cœur, et propose de laisser plutôt l'enfant développer son jugement personnel.

5. Emplâtre : terme, emprunté au vocabulaire de la médecine, désignant un remède que l'on applique directement sur la partie du corps à soigner.

6. Rapetassage : rapiéçage, raccommodage fait à la hâte ou mal fait (terme de couture).

Étape 1 Le repérage des composantes argumentatives du texte

Identifie le genre littéraire (essai, lettre, discours…) auquel appartient le texte ainsi que le domaine ou la discipline dont il relève (littérature, sociologie, histoire…) :

Il s'agit d'un extrait d'essai philosophique (« les philosophes, dont je suis », l. 67).

Repère le thème, (re)formule la problématique (souvent sous-entendue), la thèse soutenue par l'auteur et, éventuellement, la thèse qu'il réfute :

Le thème abordé est la transmission du savoir.
À ce propos, **la question que pose l'auteur** (la problématique) est : « *que transmettre* » (l. 11) et « *comment* » (l. 12) transmettre à l'heure où Internet rend le savoir accessible à tous, partout, tout le temps ?
La thèse de l'auteur est que le « changement » (l. 40-43) induit par les « nouvelles technologies » (l. 38) dans nos sociétés contemporaines bouleverse le rapport au savoir, et qu'il faut donc « inventer » (l. 61) de nouvelles manières d'enseigner.

Dégage la structure, c'est-à-dire les grandes étapes, du texte, en donnant à chacune un titre résumant son contenu :

Lignes 1 à 29 → De la concentration à la distribution du savoir

Lignes 30 à 49 → Impacts de cette transformation de l'accès au savoir sur l'éducation, la pédagogie

Lignes 50 à 69 → Nécessité de réformer l'enseignement

COUP DE POUCE

Chaque étape correspond souvent à un paragraphe, mais ce n'est pas une règle absolue.

Étape 2 Le montage de citations du texte

MÉTHODE

Pour préparer cette étape, souligne dans le texte **les idées principales et les mots ou expressions clés**. Utilise des couleurs pour repérer **les différents arguments**. Encadre **les liens logiques** (cause, conséquence, opposition…).

Rédige un premier résumé du texte en utilisant les citations (entre guillemets) que tu auras soulignées et en respectant la structure du texte :

Le savoir a d'abord eu « pour support le corps du savant » (l. 1), puis l'écriture a permis de le fixer sur des « support[s] » (l. 4) manuscrits, l'imprimerie dans des « livres de papier » (l. 4) et les nouvelles technologies « sur la Toile » (l. 5). La « pédagogie » a « chang[é] » (l. 8) au cours des siècles, parallèlement à ces évolutions. Internet a modifié le rapport au savoir, qui est désormais « *accessible à tous* » (l. 12). La question se pose donc aujourd'hui : « que transmettre » (l. 11) et « comment » (l. 12) ? Internet permet en effet de sortir le savoir des « espace[s] » (l. 18) où il était auparavant conservé, de le « distribu[er] » (l. 17) à tous, partout, en permanence.

Ces mutations successives ont transformé les « fonctions cognitives » de « l'élève » (l. 30) et la pédagogie « change totalement avec les nouvelles technologies » (l. 37-38). Notre « société » s'est « peu à peu » transformée, mais l'enseignement a du mal à s'adapter et continue de suivre « des modèles depuis longtemps effacés » (l. 38-41).

J'ai constaté, en tant qu'« enseignant » (l. 50), l'inefficacité des tentatives successives de « réformes » (l. 52) de l'enseignement. Ces « emplâtres » et « rapetassages » (l. 52-53) ne font en réalité qu'aggraver la situation. Il faudrait « inventer d'inimaginables nouveautés » (l. 61-62) pour renouveler « nos institutions » (l. 63) périmées. Sans doute « les philosophes » (l. 67) – dont je fais partie – n'ont-ils pas assez « anticip[é] » (l. 67) « le contemporain » (l. 69).

Étape 3 La reformulation, au brouillon, du montage de citations

MÉTHODE

Reformule au brouillon toutes les citations de ton montage, en prenant soin **d'être le plus synthétique possible** (le texte à contracter compte 842 mots donc sa réduction au quart, avec une marge de + ou – 10 %, en comptera entre 200 et 220).

Certains mots ou expressions clés sont impossibles à substituer, notamment les termes désignant une discipline intellectuelle (philosophie, psychanalyse…), un concept précis (réalisme, matérialisme…) ou encore les mots et expressions inventés ou propres à l'auteur. Tu peux les conserver dans ta contraction de texte (sans guillemets).

Le savoir a longtemps eu pour siège l'esprit même de son détenteur, puis l'écriture a permis de le fixer sur des manuscrits, l'imprimerie dans des livres et les nouvelles technologies sur l'ordinateur, via Internet. La pédagogie s'est adaptée, au cours des siècles, à ces évolutions. Internet a modifié le rapport au savoir, auquel tout le monde a désormais accès. La question se pose donc aujourd'hui : quel savoir transmettre, et de quelle manière ? Internet sort en effet le savoir des lieux où il était auparavant conservé, et le met à la portée de tous, partout, en permanence.

Ces mutations successives ont transformé le monde dans tous ses aspects, et concernent, entre autres, les manières d'apprendre. La conception de la pédagogie se trouve bouleversée par les récentes révolutions technologiques. Notre monde évolue, mais l'enseignement a du mal à s'adapter et devient obsolète.

J'ai constaté, en tant que professeur, l'inefficacité des tentatives successives de réformes de l'enseignement. Ces remèdes ne font en réalité qu'aggraver la situation. Il faudrait concevoir des approches inédites, pour renouveler nos instances éducatives périmées. Sans doute les philosophes – dont je fais partie – n'ont-ils pas assez prévu les changements qui surviennent aujourd'hui. **(209 mots)**

Compte le nombre de mots que tu as employés et rectifie si besoin avant de recopier le devoir au propre.

COUP DE POUCE

Tous les mots doivent être comptés (*l'*, *n'*, *d'*, etc. comptent pour un mot ; *c'est-à-dire* = 4 mots ; *qu'est-ce que c'est ?* = 6 mots).

Étape 4 La copie, au propre, de la contraction

Avant de recopier au propre ta contraction, vérifie bien :

➜ que tu n'as ajouté aucune idée personnelle, ni modifié la pensée de l'auteur ;

➜ que tu as suivi la structure, les étapes et la logique argumentative du texte à contracter ;

➜ que tu as respecté l'énonciation du texte, c'est-à-dire que tu as employé « je / nous » dans ta contraction si l'auteur dit « je / nous » dans le texte, idem s'il s'adresse à un « tu / vous » ;

➜ que tu as respecté le style du texte : son ton, son niveau de langue, sa ponctuation si elle est expressive (exclamations, questions rhétoriques...) ;

➜ que tu as indiqué le nombre de mots employés à la fin de ta contraction de texte.

L'ESSAI

Voie technologique

SUJET

Pensez-vous que les principes et les objectifs de l'éducation doivent évoluer et s'adapter aux changements de la société ?

Vous répondrez à cette question dans un développement organisé et argumenté, en vous appuyant sur le texte de Michel Serres (texte à contracter), sur votre lecture des chapitres 11 à 24 de *Gargantua* de François Rabelais, sur les textes et œuvres étudiés dans le cadre du parcours « La bonne éducation », ainsi que sur votre culture personnelle.

Étape 1 L'analyse du sujet, la formulation de la problématique et le choix du type de plan

Repère et analyse les termes-clés en les définissant précisément et/ou en trouvant des synonymes, des équivalents :

« les principes » (de l'éducation) : les idées, notions sur lesquelles s'appuie la conception de l'éducation.

« les objectifs » (de l'éducation) : la visée, les buts que cherche à atteindre l'éducation.

« l'éducation » : la formation, le développement, l'apprentissage des enfants et adolescents ; éducation scolaire : enseignement (transmission des savoirs et savoirs-faire), pédagogie (manières de transmettre).

« évoluer » : changer, se transformer dans le temps.

« s'adapter aux changements de la société » : suivre l'évolution de la société, être en prise avec son temps.

Reformule le sujet sous forme de question (cette question sera ta problématique, c'est-à-dire l'idée directrice, le fil conducteur de ton essai) en t'appuyant sur l'analyse des termes-clés :

La conception de l'éducation doit-elle changer en fonction de l'époque ?

Détermine le type de plan adéquat pour traiter le sujet.

On peut répondre par « oui » ou par « non » à la question posée par le sujet : on optera donc pour un plan dialectique.

Étape 2 La recherche des arguments et des exemples, et la construction du plan

MÉTHODE

Appuie-toi sur les textes et œuvres étudiés dans le cadre de l'objet d'étude « la littérature d'idées du XVIe au XVIIIe siècle » ainsi que sur le texte à contracter pour trouver des arguments et des exemples. Note-les d'abord dans le désordre, au fur et à mesure qu'ils te viennent à l'esprit :

→ L'éducation donnée à Gargantua par Thubal Holoferne et Jobelin Bridé est médiévale, dépassée, contrairement à l'éducation « moderne » dispensée par Ponocrates.

→ La question de l'éducation des filles a longtemps été sous-évaluée ou ignorée, contrairement à aujourd'hui = changement positif.

→ M. Serres (*Petite Poucette*) plaide pour une éducation plus innovante, « hors les cadres désuets qui formatent encore nos conduites, nos médias, nos projets » (l. 62-63), qui s'adapte aux mutations profondes induites par les nouvelles technologies.

→ Certains aspects de la conception humaniste de l'éducation sont encore valables aujourd'hui : développement du jugement personnel, de l'esprit critique.

MÉTHODE

Regroupe ensuite les notes qui vont dans le même sens. Fais un plan détaillé en donnant des titres clairs à tes parties et sous-parties, et réserve la partie correspondant à ta position, ton opinion sur le sujet, à la fin, pour emporter l'adhésion du (de la) correcteur(trice). N'oublie pas de noter également les exemples dans ton plan.

Proposition de plan détaillé

I. Certains principes et objectifs de l'éducation ont traversé les époques

a Une conception de l'éducation toujours marquée par les idées humanistes : développement du jugement personnel, de l'esprit critique, plutôt qu'accumulation de savoirs (Montaigne).

b L'importance du plaisir de l'étude, d'un apprentissage fait sans contrainte, sont des idéaux qui se perpétuent au fil des siècles : Rabelais, Rousseau (*Émile, ou de l'Éducation*), réflexions contemporaines sur la joie d'apprendre.

II. Cependant, l'enseignement et la pédagogie doivent évoluer avec la société

a Les humanistes rejettent l'éducation médiévale, devenue obsolète : *Gargantua*, Rabelais.

b L'évolution du statut et de la place des femmes dans la société au XXe siècle a progressivement permis aux filles d'avoir accès à la même éducation que les garçons : la loi de 1924 instaure des programmes scolaires identiques pour filles et garçons.

c Les nouvelles technologies modifient le rapport au savoir et ses modes de transmission, l'éducation doit donc s'adapter à ces changements : M. Serres.

COUP DE POUCE

Ton essai doit reposer sur des exemples littéraires, tirés des œuvres et textes d'idées étudiés dans l'année, mais tu peux aussi, pour certains arguments, t'appuyer sur des références sociologiques, juridiques, voire des chiffres ou des statistiques (voir II **b** du plan détaillé).

Étape 3 La rédaction de l'introduction et de la conclusion

L'introduction

L'introduction débute par une amorce permettant d'amener le sujet :

Depuis l'Antiquité, penseurs et philosophes s'interrogent sur la meilleure éducation à donner aux jeunes gens, sur la manière de transmettre au mieux le savoir et les connaissances, et ce jusqu'à aujourd'hui, comme en témoigne l'essai de M. Serres, *Petite Poucette*, publié en 2012.

Le sujet est ensuite cité, la problématique posée, et les grandes parties du développement annoncées :

On peut donc se demander si les principes et les objectifs de l'éducation doivent évoluer et s'adapter aux changements de la société. La conception de l'éducation doit-elle changer en fonction de l'époque ? Si certains principes et objectifs, notamment formulés par les humanistes, font toujours sens aujourd'hui, il est cependant évident que l'enseignement et la pédagogie doivent évoluer avec la société.

La conclusion

La conclusion est un bilan de l'argumentation répondant à la problématique posée en introduction :

De nombreux idéaux de l'éducation humaniste continuent de guider les penseurs et pédagogues contemporains, et ce malgré les mutations profondes et les nombreuses révolutions, notamment culturelles, qui séparent notre société de celle de la France à la Renaissance. Cependant, l'éducation ne peut ignorer totalement ces changements, afin de rester en prise avec son temps.

Elle se termine par une ouverture élargissant le propos (en donnant, par exemple, ton avis personnel sur la question posée par le sujet) :

Je pense, comme Michel Serres, que l'enseignement gagnerait à prendre davantage en compte les bouleversements induits par les nouvelles technologies et la manière dont ils affectent le rapport au savoir et à l'apprentissage des jeunes dans notre société.

Étape 4 La rédaction du développement

Exemple de développement

II. Certains principes et objectifs de l'éducation ont traversé les époques

a Une conception de l'éducation toujours marquée par les idées humanistes

Chaque partie est introduite par une phrase qui en résume l'idée générale :

En France, la conception de l'éducation est très marquée par l'influence de l'humanisme.

Puis la première sous-partie est développée (sans revenir à la ligne) :

Les penseurs et écrivains de la Renaissance ont en effet placé cette question au centre de leur réflexion, et certains principes et objectifs éducatifs qu'ils ont posés comme essentiels sont toujours pris en compte aujourd'hui. Ainsi, Michel de Montaigne consacre un chapitre des *Essais* à « l'institution des enfants », dans lequel il propose une pédagogie nouvelle, visant à laisser l'élève former son propre jugement et ses propres opinions sans lui imposer de doctrine ou de théorie, à lui apprendre à réfléchir plutôt qu'à le gaver de connaissances mal assimilées. Cette approche constitue, encore aujourd'hui, un idéal revendiqué par nombre de modèles éducatifs, comme la méthode de pédagogie alternative développée par Maria Montessori au début du XXe siècle, qui repose sur l'idée d'aider l'enfant à apprendre par lui-même.

L'EXPLICATION LINÉAIRE

Voie générale | Voie technologique

François RABELAIS, *Gargantua*

Le lendemain après boire (vous le comprenez bien), ils se mirent en chemin, Gargantua, son précepteur Ponocratès et ses gens, avec eux Eudémon, le jeune page. Et parce que le temps était serein et bien stable, son père lui fit faire des bottes fauves. Babin les appelle brodequins.

Ainsi ils passèrent joyeusement leur chemin, et toujours grande vie, jusqu'au-dessus d'Orléans.

Il y avait là une ample forêt de 35 lieues de long et de 17 ou environ de large. Elle était horriblement fertile en mouches à bœufs et en frelons de sorte que c'était une vraie attaque de brigands contre les pauvres juments, ânes et chevaux. Mais la jument de Gargantua vengea noblement tous les outrages qu'on avait perpétrés en cette forêt sur les bêtes de son espèce, par un tour dont ils ne se doutaient pas.

Car dès qu'ils furent entrés en ladite forêt, et que les frelons lui eurent livré l'assaut, elle dégaina sa queue, et en s'escarmouchant elle les moucha si bien qu'elle en abattit tout le bois, à tort et à travers, de-çà de-là, par-ci par-là, de long, de large, dessus dessous, elle abattait le bois comme le faucheur l'herbe. En sorte que depuis il n'y eut ni bois ni frelons, mais tout le pays fut transformé en campagne.

En voyant ça, Gargantua y prit un bien grand plaisir, sans autrement s'en vanter, et dit à ses gens : « Je trouve beau ce. » D'où ce pays fut depuis appelé la Beauce. Mais tout leur déjeuner fut de bâiller. En mémoire de quoi encore à présent les gentilshommes de Beauce déjeunent d'un bâillement[1], et ils s'en trouvent fort bien et n'en crachent que mieux.

Finalement ils arrivèrent à Paris. Il s'y rafraîchit deux ou trois jours, faisant bonne vie avec ses gens, en demandant quelles personnes savantes étaient pour lors en ville et quel vin on y buvait.

François Rabelais, *Gargantua*, chapitre 16, « Comment Gargantua fut envoyé à Paris, de l'énorme jument qui le porta, et comment elle extermina les mouches à bœufs de la Beauce », trad. en français moderne par M.-M. Fragonard, Belin-Gallimard, « Classico », 2021.

1. Lieu commun : les gentilshommes de Beauce sont excessivement pauvres.

L'explication linéaire

Étape 1 Le repérage de la structure du texte et la construction du projet de lecture

MÉTHODE

Analyse le texte **pour en dégager la structure, les différents mouvements qui le composent**, en étudiant les thèmes et motifs abordés. Donne un titre à chacun de ces mouvements.

Proposition de découpage

1re partie : lignes 1 à 6 → Le départ pour Paris

2e partie : lignes 7 à 23 → La destruction de la forêt par la jument de Gargantua

3e partie : lignes 24 à 26 → L'arrivée à Paris

COUP DE POUCE

Contrairement au commentaire, où les parties du plan doivent être équilibrées, l'explication linéaire suit le mouvement du texte donc il peut arriver que certaines parties soient plus courtes que d'autres.

MÉTHODE

Formule un projet de lecture qui te semble rendre compte de l'intérêt, de la spécificité, de l'originalité de cet extrait.

Ici, on peut par exemple se demander : cet épisode a-t-il uniquement une fonction divertissante dans le récit, vise-t-il seulement à amuser le lecteur ?

Étape 2 Le développement de l'analyse linéaire

MÉTHODE

Relève et analyse, au fil du texte, pour chacun des mouvements du texte dégagés, **au moins trois éléments en rapport avec ton projet de lecture.** Note-les sans rédiger, afin de ne pas perdre de temps et de mener ton explication à l'oral sans lire ton brouillon.

Première partie

Lignes 1 à 3 Le départ pour Paris coïncide symboliquement avec un nouveau jour (« Le lendemain ») → indice que l'épisode parisien verra une transformation radicale du jeune géant par l'éducation de Ponocratès.

Lignes 3 à 4 Le départ se fait sous de bons auspices : « temps [...] serein et bien stable » . Le nouveau vêtement (« bottes fauves »), dont la couleur est bien distincte du blanc et bleu portés par Gargantua dans son enfance, marque un nouveau départ → sortie de l'enfance, transition vers l'âge adulte.

Lignes 5 à 6 Le départ vers la ville du savoir se fait « joyeusement » (l. 5) ; les plaisirs de l'esprit ne font pas négliger ceux du corps (« après boire », l. 1 ; « et toujours grande vie », l. 5) → alliance indissociable chez Rabelais entre rire et savoir, et entre plaisir intellectuel et plaisir physique.

Deuxième partie

Lignes 7 à 9 Description très visuelle de la forêt : se caractérise par son étendue (« ample », l. 7), d'exactes mesures (« de 35 lieues de long et de 17 ou environ de large », l. 7), est infestée « en mouches à bœufs et en frelons » (l. 8). Insectes personnifiés par le terme de « brigands » (l. 9) qui les assimile à une bande de voleurs attaquant les « pauvres juments, ânes et chevaux » (l. 9) dans la forêt.

Lignes 10 à 16 La personnification s'accentue avec la réaction de « la jument de Gargantua » qui « dégain[e] » sa queue comme une épée (l. 14) ou comme une faux (« comme le faucheur l'herbe », l. 16) → parodie d'épopée, la jument jouant le rôle du preux chevalier qui pourfend ses ennemis. Dimension burlesque de ce combat épique entre animaux, dont le comique est renforcé par des jeux de mots (« et en s'escarmouchant elle les moucha », l. 14) → vise à amuser, divertir. Mais la symbolique associée aux insectes cités donne à l'épisode une autre signification, plus allégorique et subversive : « mouche » désigne couramment (encore aujourd'hui) l'espion, le mouchard, et les « frelons » sont à l'époque de Rabelais, en particulier chez les humanistes, une métaphore des théologiens, des docteurs de la Sorbonne. La personnification prend ainsi tout son sens : il s'agit d'un combat idéologique où la jument, qui se comporte « noblement » (l. 10), c'est-à-dire en conformité avec l'idéal humaniste, prend la défense « de son espèce » (l. 11) contre les insectes-brigands et les terrasses, détruisant leur habitat pour les éradiquer (accumulation « à tort et à travers, [...] dessus dessous », l. 15-16). On peut d'ailleurs noter que les « mouches » disparaissent vite et que seuls les « frelons » sont mentionnés à la fin du passage (l. 13 et 17).

Lignes 17 à 23 Cette interprétation est également étayée par la réaction de Gargantua, qui savoure son « plaisir » (l. 19) en toute discrétion (« sans autrement s'en vanter », l. 19) → ambiguïté liée au caractère subversif de ce plaisir. Épisode qui préfigure et annonce la purge de Gargantua par Ponocratès au chapitre 23 (« Comment Gargantua fut éduqué par Ponocratès en telle discipline qu'il ne perdait aucune heure du jour ») : la jument purge « le pays » (l. 17) des insectes et en fait une « campagne » (l. 18) prête à être cultivée. Ce nouveau pays mérite un nouveau nom, symboliquement attribué par Gargantua. Parodie d'érudition dans l'étymologie topographique fantaisiste, en forme de calembour : « Beauce » viendrait de la phrase du géant « Je trouve beau ce » (l. 20).

Troisième partie

Ligne 24 Arrivée à Paris → l'épisode dans la forêt est le seul fait marquant du voyage, ce qui souligne son importance et le met encore plus en valeur.

Lignes 24 à 26 Clôture du voyage accentuée par l'effet de reprise des motifs du « boire » et de la « grande vie » qui ont marqué le début du trajet (l. 1 et 5) et terminent le chapitre. Ici encore, association entre savoir et plaisirs des sens (« demandant quelles personnes savantes étaient pour lors en ville et quel vin on y buvait », l. 25-26), entre éducation et divertissement, dont l'épisode de la forêt vient de donner un exemple, en associant parodie burlesque et dimension symbolique, initiatique.

Étape 3 La préparation de l'introduction et de la conclusion

L'introduction

MÉTHODE

Prépare ton introduction en écrivant **au brouillon** les éléments de présentation du poème, les mouvements du texte et ton projet de lecture. Note sur ton brouillon **de lire le texte**, pour être sûr(e) de ne pas oublier cette étape de lecture expressive lors de ta présentation.

La présentation de l'extrait :

Publié après *Pantagruel*, mais racontant l'histoire de son père, *Gargantua* (vers 1534) est un roman de François Rabelais, médecin et écrivain de la Renaissance qui s'inscrit dans le mouvement humaniste. Le roman suit le géant qui en est le héros éponyme, de sa naissance à l'âge adulte, et est jalonné par les étapes d'un parcours qui se révèle, à bien des égards, initiatique. Notre extrait raconte le voyage de Gargantua et ses compagnons jusqu'à Paris, en particulier l'épisode comique de la destruction de la forêt par sa jument.

La présentation des mouvements du texte :

Ce texte est structuré en trois mouvements : le premier, des lignes 1 à 6, raconte le départ pour Paris ; puis intervient l'épisode marquant du voyage, aux lignes 7 à 23, à savoir la destruction de la forêt par la jument de Gargantua ; enfin, le récit de ce voyage se clôt, aux lignes 24 à 26, sur l'arrivée à Paris.

La lecture expressive du texte :

Fais ressortir la structure du texte, en adoptant un ton assez neutre pour la première et la dernière partie, et un peu plus théâtral et exagéré (sans excès) pour la partie centrale, qui parodie le récit épique. Respire aux bons endroits, de manière à ne pas interrompre, par exemple, l'accumulation des lignes 15 à 16.

La présentation du projet de lecture :

Nous allons nous demander si cet épisode a uniquement une fonction divertissante dans le récit, s'il vise seulement à amuser le lecteur.

La conclusion

La conclusion propose dans un premier temps un bilan de l'explication linéaire, centré sur le projet de lecture :

Épisode initiatique, ce voyage marque un nouveau départ dans le parcours de Gargantua qui, à l'aube d'un nouveau jour, chaussé de nouvelles bottes, voit sa jument forger un nouveau paysage et attribue à la région un nouveau nom. Le passage savoureux et jubilatoire de la destruction de la forêt, où jument et insectes s'affrontent dans une parodie de combat épique, est également l'occasion de donner à ce voyage une fonction programmatique : à l'instar de ce qu'accomplit sa jument, Gargantua devra se débarrasser des frelons qui ont infesté son enfance et sa cervelle (Thubal Holoferne, Jobelin Bridé), faire table rase dans son esprit afin de le rendre à nouveau cultivable.

Elle offre ensuite un élargissement de la réflexion :

Fantaisiste et comique, ce passage témoigne également des métaphores et des détours empruntés par les humanistes quand il s'agit de s'attaquer à l'Église ou à ses représentants.

QUESTION DE GRAMMAIRE

Dans les lignes 1 à 4 (jusqu'à « fauves »), étudiez les valeurs temporelles des verbes conjugués.

MÉTHODE

Plusieurs temps sont présents dans cet extrait, avec des valeurs temporelles différentes. Tu peux donc proposer un relevé organisé selon les différents temps.

Le présent de l'indicatif : « comprenez » (l. 1) : présent d'énonciation. C'est le narrateur qui s'adresse au lecteur.

Le passé simple de l'indicatif :

→ « se mirent » (l. 1) : action de premier plan qui marque une mise en route rapide.

→ « fit » (l. 3) : action de premier plan mettant en avant l'action importante, à savoir la fabrication des bottes.

L'imparfait de l'indicatif : « était » (l. 3) : valeur descriptive permettant de donner des détails météorologiques.

→ Rappels d'étude de la langue, page 269

ÉPREUVE ÉCRITE

SUJETS CORRIGÉS

LE COMMENTAIRE

Voie générale

Commenter le texte suivant

MARIVAUX, *L'Île des esclaves*

IPHICRATE. – Allons, hâtons-nous, faisons seulement une demi-lieue sur la côte pour chercher notre chaloupe, que nous trouverons peut-être avec une partie de nos gens ; et, en ce cas-là, nous nous rembarquerons avec eux.

ARLEQUIN, *en badinant.* – Badin, comme vous tournez cela ! *Il chante [...]*

IPHICRATE, *retenant sa colère.* – Mais je ne te comprends point, mon cher Arlequin.

ARLEQUIN. – Mon cher patron, vos compliments me charment ; vous avez coutume de m'en faire à coups de gourdin qui ne valent pas ceux-là ; et le gourdin est dans la chaloupe.

IPHICRATE. – Eh ne sais-tu pas que je t'aime ?

ARLEQUIN. – Oui ; mais les marques de votre amitié tombent toujours sur mes épaules, et cela est mal placé. Ainsi, tenez, pour ce qui est de nos gens, que le ciel les bénisse ! s'ils sont morts, en voilà pour longtemps ; s'ils sont en vie, cela se passera, et je m'en goberge.

IPHICRATE, *un peu ému.* – Mais j'ai besoin d'eux, moi.

ARLEQUIN, *indifféremment.* – Oh ! cela se peut bien, chacun a ses affaires : que je ne vous dérange pas !

IPHICRATE. – Esclave insolent !

ARLEQUIN, *riant.* – Ah ! ah ! vous parlez la langue d'Athènes ; mauvais jargon que je n'entends plus.

IPHICRATE. – Méconnais-tu ton maître, et n'es-tu plus mon esclave ?

ARLEQUIN, *se reculant d'un air sérieux.* – Je l'ai été, je le confesse à ta honte ; mais va, je te le pardonne ; les hommes ne valent rien. Dans le pays d'Athènes, j'étais ton esclave, tu me traitais comme un pauvre animal, et tu disais que cela était juste, parce que tu étais le plus fort. Eh bien ! Iphicrate, tu vas trouver ici plus fort que toi ; on va te faire esclave à ton tour ; on te dira aussi que cela est juste, et nous verrons ce que tu penseras de cette justice-là ; tu m'en diras ton sentiment, je t'attends là. Quand tu auras souffert, tu seras plus raisonnable ; tu sauras mieux ce qu'il est permis de faire souffrir aux autres. Tout en irait mieux dans le monde, si ceux qui te ressemblent recevaient la même leçon que toi. Adieu, mon ami ; je vais trouver mes camarades et tes maîtres. *Il s'éloigne.*

IPHICRATE, *au désespoir, courant après lui, l'épée à la main.* – Juste ciel ! peut-on être plus malheureux et plus outragé que je le suis ? Misérable ! tu ne mérites pas de vivre.

ARLEQUIN. – Doucement ; tes forces sont bien diminuées, car je ne t'obéis plus, prends-y garde.

Marivaux, *L'Île des esclaves*, scène 1, 1725.

→ Corrigé page 124

LA DISSERTATION

Voie générale

SUJET

Quelle importance les humanistes accordent-ils au jugement personnel et à l'esprit critique ?

Vous répondrez à cette question en vous appuyant sur votre lecture de *Gargantua* de François Rabelais, sur les textes et œuvres étudiés dans le cadre du parcours « Rire et savoir », ainsi que sur votre culture personnelle.

→ Corrigé page 125

LA CONTRACTION DE TEXTE

Voie technologique

Contracter le texte suivant au quart de sa longueur

Chimamanda NGOZI ADICHIE,
Nous sommes tous des féministes

Une conversation sur la question du genre n'est jamais facile. Cela gêne ou même agace les gens. Hommes et femmes sont tout aussi hostiles au sujet, quand ils ne s'empressent pas de récuser les problèmes de discrimination sexiste. Parce que la remise en cause d'un statu quo n'est jamais chose aisée.

Certains me demandent : « Pourquoi employer le mot *féministe* ? Pourquoi pas vous contenter de dire que vous croyez profondément aux droits de l'homme, ou quelque chose comme ça ? » Parce que ce serait malhonnête. Le féminisme fait à l'évidence partie intégrante des droits de l'homme, mais se limiter à cette vague expression des droits de l'homme serait nier le problème particulier du genre. Ce serait une manière d'affirmer que les femmes n'ont pas souffert d'exclusion pendant des siècles. Ce serait mettre en doute le fait que ce problème ne concerne que les femmes. Qu'il ne s'agit pas de la condition humaine mais de la condition féminine. Durant des siècles, on a séparé les êtres humains en deux groupes, dont l'un a subi l'exclusion et l'oppression. La solution à ce problème doit en tenir compte, ce n'est que justice.

Pour certains hommes, l'idée même du féminisme est une menace. À mon sens, c'est en raison d'un sentiment d'insécurité dû à leur éducation, de la façon dont ils se sentent amoindris s'ils ne sont pas aux commandes en tant qu'hommes.

D'autres hommes peuvent réagir en disant : « C'est intéressant, j'en conviens, mais ce n'est pas ma façon de penser. La question du genre, je ne me la pose jamais. »

Peut-être.

Et c'est un élément du problème. Que les hommes ne réfléchissent pas à cette question, n'en soient pas conscients. Qu'un grand nombre d'entre eux disent [...] que la situation des femmes était sans aucun doute désastreuse dans le passé, mais que tout va bien désormais. De sorte que beaucoup d'hommes ne font rien pour améliorer les choses. Si vous êtes un homme et que vous entrez dans un restaurant où le serveur vous salue, est-ce que cela vous viendra à l'esprit de lui demander : « Pourquoi ne l'avez-vous pas saluée ? » Il est impératif que les hommes réagissent face à tous ces faits flagrants de la vie quotidienne.

Comme la question du genre plonge dans l'embarras, il est facile de clore une conversation sur ce sujet.

Certains mettront en avant la biologie évolutive et les singes, la façon dont les femelles s'inclinent devant les mâles, etc. Sauf que nous ne sommes pas des singes. Les singes vivent dans les arbres et se nourrissent de vers de terre. Ce n'est pas notre cas.

D'autres diront : « Eh bien, les hommes pauvres souffrent également. » Sans aucun doute.

Mais ce n'est pas le sujet de la conversation. La question du genre se distingue de celle de la classe sociale. Quelle que soit leur pauvreté, les hommes ne perdent pas leurs privilèges d'hommes, quand bien même ils ne jouissent pas des privilèges procurés par la richesse. En discutant avec des Noirs, j'ai beaucoup appris sur les systèmes d'oppression et le fait que les uns ne prennent pas en compte les autres. Un jour où je parlais de la question du genre, un homme m'a lancé : « Pourquoi faut-il qu'il s'agisse de vous en tant que femme ? Pourquoi pas de vous en tant qu'être humain ? » Ce type de question est une façon de réduire au silence une personne et son expérience propre. Je suis un être humain, bien sûr, mais il m'arrive un certain nombre de choses en ce monde parce que je suis une femme. Soit dit en passant, cet homme ne se privait pas d'évoquer son expérience en tant que Noir. (J'aurais probablement dû réagir en lui demandant : « Pourquoi ne parlez-vous pas de votre expérience en tant qu'homme ou qu'être humain ? Pourquoi en tant que Noir ? »)

Donc, non, c'est une conversation sur la question du genre. Certains diront : « Voyons, ce sont les femmes qui ont le vrai pouvoir : le "*bottom power*" » (Une expression nigériane désignant une femme qui utilise sa sexualité pour manipuler un homme.) À ceci près que le "*bottom power*" n'a rien d'un pouvoir ; une femme qui en use n'est pas puissante, elle a simplement trouvé le bon moyen d'exploiter un homme de pouvoir. Qu'adviendra-t-il si l'homme est de mauvaise humeur, malade ou affligé d'une impuissance temporaire ? **(795 mots)**

Chimamanda Ngozi Adichie, *Nous sommes tous des féministes* [2012], traduit de l'anglais (Nigéria) par S. Schneiter et M. de Pracontal, Gallimard, 2015.

→ Corrigé page 127

L'ESSAI

Voie technologique

SUJET D'ESSAI

Pensez-vous que le combat pour l'égalité des sexes ait radicalement changé depuis le XVIe siècle ?

Vous répondrez à cette question dans un développement organisé et argumenté, en vous appuyant sur le texte de Chimamanda Ngozi Adichie (texte à contracter), sur votre lecture de la *Déclaration universelle des droits de la femme et de la citoyenne* d'Olympe de Gouges, sur les textes et œuvres étudiés dans le cadre du parcours « Écrire et combattre pour l'égalité », ainsi que sur votre culture personnelle.

→ Corrigé page 127

L'EXPLICATION LINÉAIRE

Voie générale | Voie technologique

Analyser le texte suivant de manière linéaire puis répondre à la question de grammaire

Olympe DE GOUGES, *Déclaration des droits de la femme et de la citoyenne*

Préambule

Les mères, les filles, les sœurs, représentantes de la Nation, demandent d'être constituées en Assemblée nationale. Considérant que l'ignorance, l'oubli ou le mépris des droits de la femme, sont les seules causes des malheurs publics et de la corruption des gouvernements, ont résolu d'exposer dans une déclaration solennelle, les droits naturels, inaliénables et sacrés de la femme, afin que cette déclaration, constamment présente à tous les membres du corps social, leur rappelle sans cesse leurs droits et leurs devoirs, afin que les actes du pouvoir des femmes, et ceux du pouvoir des hommes pouvant être à chaque instant comparés avec le but de toute institution politique, en soient plus respectés, afin que les réclamations des citoyennes, fondées désormais sur des principes simples et incontestables, tournent toujours au maintien de la constitution, des bonnes mœurs, et au bonheur de tous.

En conséquence, le sexe supérieur en beauté comme en courage, dans les souffrances maternelles, reconnaît et déclare, en présence et sous les auspices de l'Être suprême, les Droits suivants de la Femme et de la Citoyenne.

ARTICLE PREMIER

La Femme naît libre et demeure égale à l'homme en droits. Les distinctions sociales ne peuvent être fondées que sur l'utilité commune.

II

Le but de toute association politique est la conservation des droits naturels et imprescriptibles de la Femme et de l'Homme : ces droits sont la liberté, la propriété, la sûreté, et surtout la résistance à l'oppression.

Olympe de Gouges, *Déclaration des droits de la femme et de la citoyenne*, 1791.

QUESTION DE GRAMMAIRE

Reliez les deux propositions de l'article premier en utilisant la conjonction de subordination de votre choix. Analysez la circonstancielle obtenue.

→ Corrigé page 129

CORRIGÉS

UN QUIZ POUR SE TESTER

Gargantua (p. 87)

1. b, 2. a, 3. b, 4. c, 5. a, 6. b, 7. c, 8. a, 9. b, 10. b.

Les Caractères – livres V à X (p. 89)

1. a, 2. b, 3. b, 4. c, 5. a, 6. c, 7. a, 8. b, 9. a, 10. c.

Les Caractères – livre XI (p. 91)

1. a, 2. b, 3. b, 4. c, 5. a, 6. c, 7. a, 8. b, 9. a, 10. c.

Déclaration des droits de la femme et de la citoyenne (p. 93)

1. a, 2. b, 3. c, 4. a, 5. b, 6. a, 7. c, 8. c, 9. c, 10. a.

S'ENTRAÎNER

1 Reconnaître les genres de la littérature d'idées du XVIe au XVIIIe siècle (p. 94)

a. Le **texte A** est une utopie ; le **texte B** est extrait d'un traité ; le **texte C** est constitué d'une série de maximes.

b. Dans le **texte A**, l'auteur décrit une société idéale, située sur une île, où les biens sont mis à la disposition de tous, selon leurs besoins. Dans le **texte B**, l'auteur traite de manière didactique d'un sujet général, à savoir l'éducation, en particulier celle des filles. Le texte C est constitué de phrases brèves qui délivrent des jugements moraux auxquels les tournures impersonnelles et le présent de vérité générale donnent une portée universelle.

c. La mention de l'« île » et la description de la société parfaitement juste et égalitaire qui y est établie indiquent qu'il s'agit d'un extrait d'*Utopia*, de Thomas More (1516).

2 Comprendre et reformuler l'argumentation d'un texte d'idées (p. 95)

a. Montaigne oppose la conception ordinaire, commune de l'amitié, qui est selon lui très superficielle, avec sa propre conception de l'amitié comme fusion profonde entre deux êtres.

b. Montaigne emploie une métaphore pour illustrer sa pensée : celle de la « couture » (l. 5) entre les « âmes » (l. 3) des amis, qui finit par disparaître avec le temps. La jointure étant la partie la plus vulnérable, celle qui peut se déchirer, si elle n'existe plus, les deux éléments n'en font plus qu'un, deviennent indissociables.

3 Analyser la stratégie argumentative d'un texte d'idées (p. 95)

a. Rica feint l'admiration pour les pouvoirs du roi et du pape, capables de manipuler l'esprit des gens, de « leur faire croire » (l. 2-3) des choses incroyables. En réalité, loin d'admirer cette manipulation, il la dénonce par l'ironie, comme le montrent les modalisateurs traduisant son incrédulité (« faire croire », l. 2-3 ; « fait croire », l. 7). De plus, les exemples choisis pour illustrer les pouvoirs « magiques » du roi et du pape sont les plus propres à en faire douter, tant ils vont à l'encontre du bon sens le plus élémentaire.

b. Faire parler un personnage venu de Perse, étranger aux mœurs et aux coutumes des Français, permet à Montesquieu de porter un regard critique sur son pays tout en contournant la censure. Il lui est ainsi possible, de remettre en question ce que l'habitude fait passer pour acquis et évident et de dénoncer, de manière indirecte, les travers et défaut de la société de son temps, comme ici les abus de la papauté et de la monarchie absolue.

SUJETS CORRIGÉS

1 Le commentaire (p. 118)

MÉTHODE

L'introduction comporte trois étapes :
- une présentation du texte ;
- l'annonce de la problématique, ou projet de lecture ;
- l'annonce du plan (les axes de lecture uniquement).

Pièce en un acte de Marivaux, romancier et dramaturge, *L'Île des Esclaves* (1725) met en scène une utopie sociale censée se dérouler dans l'Antiquité grecque. Dans la première scène, Iphicrate, jeune noble athénien, et son esclave Arlequin se trouvent sur une île à la suite d'un naufrage. Lorsqu'Iphicrate révèle à Arlequin qu'il s'agit de l'île des esclaves, peuplée d'anciens esclaves révoltés qui tuent les maîtres ou les réduisent en esclavage, Arlequin, enchanté de cette coutume, change sensiblement d'attitude. Comment ce passage dénonce-t-il, sur un mode à la fois comique et sérieux, les rapports de force entre maîtres et serviteurs ? Nous analyserons dans un premier temps le retournement comique de situation, puis nous verrons comment celui-ci permet une critique sociale et politique.

MÉTHODE

Une première phrase générale rappelle l'axe de lecture puis chaque idée directrice est annoncée et développée dans un paragraphe. La partie se conclut par une phrase qui en fait le bilan et sert aussi à préparer le passage à la deuxième partie du commentaire.

Le retournement de situation dû à l'arrivée des deux naufragés sur l'île des esclaves est exploité de manière comique dans cette scène. Celle-ci conjugue en effet la tradition farcesque, par le motif de la bastonnade, évoqué dans deux répliques consécutives par Arlequin (l. 6-7 et 10-11), et la tradition italienne de la *commedia dell'arte*, représentée par le personnage (masqué et costumé) d'Arlequin. Ce dernier, dégagé de ses obligations vis-à-vis de son maître, laisse libre cours à sa véritable nature. Il profite de la situation, chante quand son maître essaye de le faire bouger, lui répond sans ménagement et lui désobéit ouvertement.

La règle en vigueur sur l'île donne lieu à une inversion proche de celle qui caractérise le carnaval : le maître n'est plus en position de commander, et l'esclave n'est plus soumis aux volontés du maître. Arlequin s'émancipe ici ; on voit que sa personnalité et son humeur s'expriment indépendamment de celles de son maître, comme le montre l'opposition dans les didascalies entre ses réactions (« *en badinant* », l. 4 ; « *Il chante* », l. 4 ; « *indifféremment* », l. 15 ; « *riant* », l. 18) et celles d'Iphicrate (« *retenant sa colère* », l. 5 ; « *un peu ému* », l. 14 ; « *au désespoir* », l. 31). Il se rebelle, ne répondant plus à son maître que par l'ironie (« Mon cher patron, vos compliments me charment », l. 6) ou, pire, par l'indifférence (« Oh ! cela se peut bien, chacun a ses affaires : que je ne vous dérange pas ! », l. 15-16). Iphicrate est, quant à lui, humilié : il craint désormais son esclave (didascalie « *retenant sa colère* », l. 5), cherche à l'amadouer (« mon cher Arlequin », l. 5 ; « Eh ne sais-tu pas que je t'aime ? », l. 9), et va même jusqu'à laisser transparaître sa détresse afin d'éveiller sa compassion (« Mais j'ai besoin d'eux, moi », l. 14).

L'inversion des rôles entre maître et esclave se traduit, dans la prise de parole des personnages, par une inversion des proportions dialogiques : Iphicrate parle de moins en moins et Arlequin de plus en plus, répondant longuement à Iphicrate, en particulier dans sa tirade. C'est Arlequin qui occupe l'espace de parole et prend le dessus. Elle se traduit également dans le dispositif scénique et les jeux de scène indiqués par les didascalies. Ainsi, cet extrait implique de manière très évidente des déplacements et un jeu d'acteur traduisant la faiblesse d'Iphicrate, qui veut entraîner Arlequin mais n'y arrive pas, et la supériorité d'Arlequin, qui reste immobile et imperturbable. La didascalie qui précède la tirade d'Arlequin (« *se reculant d'un air sérieux* », l. 21) montre bien que c'est désormais l'esclave qui, physiquement et moralement, met de la distance entre lui et son maître. Même à la fin de la scène, où Iphicrate saisit son épée, symbole de sa noblesse, de sa force et de son pouvoir, c'est lui qui est « *au désespoir* » (l. 31) et Arlequin qui le met en « garde » (l. 35). Cette inversion des rôles culmine dans la tirade d'Arlequin (l. 21-30) : l'esclave passe brusquement du vouvoiement au tutoiement, donnant à son maître une véritable leçon de morale ainsi qu'un exemple de grandeur et de noblesse d'âme (« je te le pardonne », l. 22). D'un comique jubilatoire, le retournement de situation permet, par la mise en place d'un nouveau rapport de force entre maître et esclave, d'amener une réflexion critique sur la société et de donner à la scène une portée politique.

MÉTHODE

La deuxième partie s'ouvre sur une phrase qui rappelle l'idée générale de la partie. Chaque paragraphe développe un argument différent, toujours en relation avec l'idée générale de la partie. La partie se termine sur une phrase qui en fait le bilan.

La dimension politique et sociale passe par le dispositif utopique sur lequel repose la pièce. L'île des esclaves est inventée par Marivaux, c'est un lieu qui n'existe pas, ce qui est la définition même d'une utopie. Par ailleurs, la dimension utopique est encore renforcée par le fait que Marivaux situe l'intrigue dans une improbable Antiquité grecque, simple artifice ici puisqu'il est évident qu'il n'y a aucun souci de réalisme historique : si le nom d'Iphicrate est bien formé à partir de racines grecques (« *iphis* » signifie « force » et « *cratos* » signifie « pouvoir »), celui d'Arlequin renvoie, comme on l'a dit, à la *commedia dell'arte*.

La visée éducative des règles en vigueur sur l'île est soulignée par Arlequin dans sa tirade : Iphicrate se prévalait à Athènes de la loi du « plus fort », or, sur l'île des esclaves, il n'est plus le plus fort (« tu vas trouver ici plus fort que toi », l. 24-25), donc il va apprendre par l'expérience (« tu seras plus raisonnable », l. 27) à subir la loi qu'il a lui-même exercée. L'utopie est une leçon donnée par la fiction à la société réelle. L'inversion des rôles permet ici de faire ressortir l'injustice des maîtres et la souffrance des esclaves, de dénoncer, à travers une situation et des personnages fictifs, les défauts, inégalités, manques et failles de la société réelle.

Arlequin est un « masque » de la *commedia dell'arte*, Iphicrate porte l'épée comme un gentilhomme français. Même si Iphicrate appelle Arlequin son « esclave » (l. 17) et qu'Arlequin fait référence à la « langue d'Athènes » (l. 18), il est clair pour le spectateur de 1725 que la pièce traite des rapports entre maîtres et domestiques en France au XVIIIe siècle, et non de l'esclavage dans l'Antiquité grecque. Arlequin a d'ailleurs toutes les caractéristiques du « valet » de la comédie classique : il n'est pas loin, par sa verve et son indépendance, d'un Scapin (valet emblématique des comédies de Molière). Mais si Iphicrate et Arlequin ressemblent à s'y méprendre à des personnages de comédie classique, Marivaux n'ignore pas pour autant que l'esclavage (au sens strict du terme) existe bel et bien à son époque, que la France en tire profit (commerce triangulaire) et ce n'est donc pas par hasard qu'il parle d'esclavage dans cette pièce et fait référence à une civilisation (la Grèce antique) qui est à la fois le berceau de la démocratie occidentale et une société profondément inégalitaire. C'est ce qui explique la portée très générale de la tirade d'Arlequin, qui s'adresse autant au spectateur qu'à Iphicrate, recourant à la maxime (« les hommes ne valent rien », l. 22) et étendant le cas d'Iphicrate à « ceux qui [lui] ressemblent », l. 29. Par l'utopie, Marivaux dénonce donc autant les abus infligés par les maîtres aux domestiques dans la société française du XVIIIe siècle que le système esclavagiste sur lequel repose la prospérité économique de cette société.

MÉTHODE

La conclusion comporte deux étapes :
– le bilan : centré sur le projet de lecture, il reprend les grandes étapes de l'argumentation ;
– l'ouverture : elle élargit la réflexion à un mouvement littéraire, offre une comparaison avec une autre œuvre…

La première scène de *L'Île des esclaves* exploite les possibilités comiques qu'offre le postulat de départ : l'inversion des rôles entre maître et esclave. L'insolence d'Arlequin et la rage d'Iphicrate prêtent à rire, mais le « sérieux » (didascalie, l. 21) se mêle ici au comique, la dimension utopique ouvrant la voie à une critique sociale (de la condition domestique en France au XVIIIe siècle) et politique (du système esclavagiste dont la France tire profit). Cette pièce, ainsi que d'autres pièces utopiques de Marivaux, comme *La Colonie* (1750) qui traite des inégalités entre hommes et femmes, font de cet auteur, né à la fin du XVIIe siècle, un précurseur du mouvement des Lumières.

2 La dissertation (p. 119)

MÉTHODE

L'introduction comporte quatre étapes :
– l'amorce permettant d'amener le sujet ;
– la citation du sujet ;
– la problématique (reformulation personnelle de la question posée) ;
– l'annonce du plan (les grandes parties uniquement).

Le sujet posant une question partielle (« Quelle importance […] ? »), on peut opter pour un plan de type thématique. Cependant, on peut aussi considérer que l'importance accordée par les humanistes au jugement personnel et à l'esprit critique est **à relativiser**, auquel cas on adoptera plutôt, comme ici, un **plan de type dialectique**.

« Que je voie en toi un abîme de science » recommande Gargantua à son fils dans *Pantagruel*, le premier roman publié par François Rabelais. Le savoir, les connaissances, sont valorisés par les humanistes, qui sont des érudits, lisent les auteurs grecs et latins, s'intéressent à tous les domaines intellectuels, se tiennent au courant des découvertes récentes... Mais l'accumulation de connaissances livresques est-elle détachée de la réflexion ? Quelle importance les humanistes accordent-ils au jugement personnel et à l'esprit critique ? Dans quelle mesure prônent-ils la nécessité de tout questionner et remettre en cause ? Nous verrons que si le doute et la pensée critique sont au cœur de la démarche humaniste, la religion reste cependant un domaine largement préservé de cette mise en cause.

MÉTHODE

Une première phrase introduit l'idée générale de la partie puis chaque argument est annoncé et développé dans un paragraphe, en s'appuyant sur des exemples.

Pensée personnelle et réflexion critique sont des piliers de l'humanisme. La formation du jugement est l'un des buts premiers de l'éducation telle que la conçoivent les humanistes. Dans *De l'éducation des enfants* (1529), Érasme recommande ainsi de lire aux « tout-petits » des apologues de manière à les amuser, les divertir, tout en les faisant réfléchir et en leur transmettant « des préceptes philosophiques sérieux », ou encore des comédies, pour les initier à « l'étude des caractères ». Dans le chapitre des *Essais* consacré à l'éducation (« De l'institution des enfants », I, 26, 1580), Montaigne va encore plus loin, insistant sur la nécessité de n'imposer à l'élève aucune idée ou doctrine « par simple autorité et à crédit », de lui présenter une « diversité de jugements » et de le laisser choisir entre eux, ou demeurer « en doute » – position philosophique adoptée par Montaigne lui-même, qui fait du questionnement, de la remise en cause des certitudes et idées reçues la condition de toute réflexion.

Les humanistes interrogent ce que tout le monde prend pour acquis. Ainsi, Étienne de La Boétie, dans un texte assez court, *Discours de la Servitude volontaire* (1576), remet radicalement en cause la légitimité du pouvoir d'un seul sur tous, sapant ainsi les fondements du système monarchique. Thomas More propose, dans *Utopia* (1516), un modèle de société débarrassé des dysfonctionnements de la société réelle, un idéal qui repose sur d'autres principes, politiques et sociaux, que ceux en vigueur dans l'Angleterre du XVIe siècle.

La critique des préjugés tient une place essentielle dans la démarche humaniste. Montaigne pointe et dénonce l'ethnocentrisme des Européens (position qui consiste à surestimer sa propre culture aux dépends de celle d'autres peuples ou groupes humains) dans le chapitre « Des Cannibales » (*Essais*, I, 31), montrant que le cannibalisme des indiens Tupinambas du Brésil n'est pas pire que la torture, largement pratiquée en Europe, et que nous « les surpassons en toute sorte de barbarie ». Remettre sa propre culture en question et s'ouvrir à une culture radicalement différente témoigne ainsi d'une capacité à « suspendre son jugement » (expression que Montaigne reprend des philosophes pyrrhoniens), à s'interroger sans idées préconçues, sans a priori.

MÉTHODE

La deuxième partie est ici amorcée par une transition, qui fait le bilan de la première partie et annonce l'idée principale de cette deuxième partie. Certains éléments de cours et de contexte historique peuvent être repris pour traiter le sujet, à condition d'être bien intégrés au raisonnement. La partie se termine sur une phrase qui en fait le bilan.

Cette volonté de ne rien tenir pour acquis et de soumettre doctrines philosophiques, systèmes politiques, organisations sociales, mœurs et coutumes au questionnement et à l'examen critique est constitutive de la démarche humaniste mais atteint ses limites dès qu'il s'agit de la religion. Si les humanistes prennent une certaine distance vis-à-vis des positions dogmatiques de l'Église, notamment dans le domaine scientifique (astronomie, médecine...), ils ne remettent pas en cause la religion elle-même, surtout en France, où les guerres de religion qui opposent de manière sanglante catholiques et protestants font de ce sujet une question extrêmement sensible. *Gargantua*, de Rabelais, en est un exemple probant. L'auteur raille volontiers les théologiens, comme Thubal Holoferne, Janotus de Bragmardo, et les « Sorbonnicoles » (chap. 19), c'est-à-dire les membres de la faculté de théologie de la Sorbonne, et tourne en dérision leurs querelles incessantes à propos de futilités. L'utopique abbaye de Thélème fait ressortir, par sa perfection idéale, les défauts et manquements des institutions monastiques réelles. Cependant, la seule attitude possible envers les textes sacrés reste la révérence totale. Dans le chapitre 21, qui relate l'éducation humaniste donnée à Gargantua par Ponocrates à Paris, on voit que la première lecture faite au jeune géant, au saut du lit, est celle « de la divine écriture », dont l'auteur souligne « la majesté et jugement merveilleux ». Déjà dans *Pantagruel*, Gargantua mettait son fils en garde dans une formule restée célèbre : « science sans conscience n'est que ruine de l'âme », et lui faisait ces recommandations : « tu dois servir, aimer et craindre Dieu, et mettre en Lui toutes tes pensées et tout ton espoir ».

Ainsi, l'examen critique, le questionnement, le « doute » cher à Montaigne, sont exclus dès qu'il s'agit du domaine religieux. Dans le chapitre des *Essais* portant sur « l'institution des enfants », Montaigne propose, comme on l'a vu, de laisser l'élève choisir entre les différentes doctrines philosophiques de l'Antiquité, mais il ne soumet pas les préceptes religieux à la même démarche critique et n'offre pas à l'élève de choix en la matière.

Le poète Pierre de Ronsard, pourtant élève de l'humaniste Jean Dorat et chef de file de la Pléiade, mouvement profondément influencé par l'humanisme, va quant à lui jusqu'à condamner sans appel l'« audace » de ceux qui remettent en cause les « hauts secrets divins », allusion à peine voilée aux protestants, et fustige « l'Opinion, peste du genre humain » (*Discours des misères de ce temps*, 1562). Dans le contexte des guerres de religion, toute tentative de prise de distance critique vis-à-vis de la religion catholique est considérée comme une provocation, et l'exercice du jugement personnel s'arrête là où commence le dogme religieux.

MÉTHODE

La conclusion comporte deux étapes :
– le bilan : centré sur la problématique, il reprend les grandes étapes de l'argumentation ;
– l'ouverture : elle élargit le propos à une vision plus globale de l'œuvre, offre une comparaison avec un autre auteur, un mouvement littéraire…

Esprits curieux, ouverts et indépendants, les humanistes passent au crible de la raison et de leur jugement les idées, les institutions, les pratiques et habitudes, mêmes les plus profondément ancrées dans la société de leur temps. L'Église elle-même n'est pas à l'abri des critiques et de la satire, mais la question des croyances religieuses reste, au XVIe siècle, un sujet trop polémique pour être soumis, comme le reste, à l'interprétation personnelle, et ne relève pas encore de la liberté individuelle. Ce n'est qu'au siècle suivant que les libertins feront de l'athéisme et du rejet de la morale catholique les conditions premières de leur liberté.

3 La contraction de texte (p. 119)

La question du genre met tout le monde mal à l'aise, et est souvent écartée, car elle bouleverse l'ordre établi. On m'objecte parfois que le concept de féminisme serait inutile, parce que déjà contenu dans la notion de droits de l'homme. Cependant, cette approche nie la spécificité des obstacles et discriminations auxquels ont toujours été confrontées les femmes. Or, il faut en être conscient si on veut améliorer la situation.

Des hommes pensent que le féminisme met en danger leur position dominante. Quelques-uns se contentent d'ignorer la question, ce qui pose également problème car ils permettent aux habitudes sexistes de se perpétuer. L'argument biologique est caduc puisque l'espèce humaine se distingue des animaux. Et dire que les hommes appartenant à des classes sociales inférieures sont également opprimés n'est qu'une manière de détourner le sujet. Ignorer les problèmes spécifiques des femmes, le sexisme auquel elles sont confrontées, revient au même que d'ignorer les problèmes spécifiques des Noirs et le racisme qu'ils subissent.

C'est pourquoi la discussion sur le genre est essentielle. Ceux qui prétendent que les femmes tirent leur pouvoir de leur sexualité ne réalisent pas la précarité de ce prétendu pouvoir, qui dépend entièrement de celui d'un homme. **(211 mots)**

4 L'essai (p. 121)

MÉTHODE

L'introduction comporte trois étapes :
– une amorce permettant d'amener le sujet ;
– la reformulation du sujet qui permet d'amener la problématique ;
– l'annonce du plan (les grandes parties uniquement).

Des Précieuses aux suffragettes, des Tricoteuses aux Femen, nombreuses sont les femmes qui ont pensé la condition féminine, lutté pour l'égalité entre les sexes – parfois soutenues dans leur combat par des écrivains et penseurs masculins – et qui continuent encore aujourd'hui. Le statut des femmes et la condition féminine ayant évolué depuis le XVIe siècle, on peut se demander si le combat pour l'égalité entre hommes et femmes a lui aussi changé. Les préoccupations, revendications et luttes féminines actuelles n'ont-elles plus rien à voir avec celles des siècles passés ? Nous verrons que si la nature de ces revendications et leur expression a pu changer, les principes fondamentaux de la lutte contre le sexisme et les inégalités entre les sexes sont restés très similaires.

MÉTHODE

La question posée étant fermée (ou totale), le plan suivi est **dialectique**. Dans la première partie, on envisage la validité de la thèse. Chaque idée est énoncée par un argument illustré d'un ou de plusieurs exemples.

La société évoluant, les droits et libertés revendiqués par les femmes évoluent avec elle. Dans son discours intitulé *De l'égalité des deux sexes* (1673), François Poullain de la Barre, très en avance sur son temps, dénonce le fait que les femmes soient exclues « des sciences et des emplois » et soutient qu'elles sont aussi capables que les hommes d'être enseignantes, magistrates ou médecins. Or, cette idée est aujourd'hui répandue et acceptée, les femmes travaillent et peuvent, autant qu'un homme, exercer ces métiers. Les droits réclamés par Olympe de Gouges dans sa *Déclaration universelle des droits de la femme et de la citoyenne* (1791) ont également été obtenus, au prix de luttes incessantes, au cours des siècles qui ont suivi : droit d'accéder à la propriété, de voter et d'être élues représentantes de « la Nation », d'être « admissibles à toutes les dignités, places et emplois publics ». La question de l'éducation des filles, dont l'utilité a longtemps été débattue, est aujourd'hui en France un fait acquis. Si nombre d'inégalités entre les sexes sont toujours présentes dans la société actuelle, comme nous le verrons plus loin, ce ne sont plus les mêmes inégalités qu'à l'époque de François Poullain de la Barre ou d'Olympe de Gouges.

L'intégration des femmes au monde du travail, depuis la Première Guerre mondiale, leur émancipation progressive de la tutelle maritale ainsi que la liberté, durement acquise, de disposer de leur propre corps ont accompagné, légitimé, amplifié et profondément bouleversé, par rapport aux siècles précédents, le combat pour l'égalité des sexes. Cette évolution est en grande partie le fruit des mouvements féministes (le terme est apparu vers le milieu du XIXe siècle) qui ont permis d'organiser la lutte en faveur de l'égalité des sexes, de l'intensifier et de penser de manière plus globale la condition féminine grâce, notamment, à un certain nombre de concepts clés, élaborés dans les années 1960-70 : machisme, sexisme, système patriarcal... La parole très marginalisée des femmes – ou des hommes – revendiquant l'égalité des sexes a ainsi pris, au cours des deux derniers siècles, plus de résonnance et d'ampleur dans la société. Certaines réalités, restées longtemps très taboues, comme les violences sexuelles ou domestiques exercées sur les femmes, ont désormais une certaine visibilité, grâce à des mouvements féministes portés par les réseaux sociaux, comme #MeToo.

MÉTHODE

Au début de la seconde partie (ou à la fin de la première), on émet des réserves afin d'amorcer un changement de perspective. Cette antithèse est clairement formulée à l'aide d'une phrase de transition. La construction de la partie répond aux mêmes exigences que la première : des arguments illustrés d'exemples.

Si l'évolution de la société a pu modifier les revendications qu'on qualifierait aujourd'hui de « féministes », le principe est resté le même : lutter pour l'égalité entre les sexes. Les femmes travaillent et peuvent certes aujourd'hui être médecins ou avocates, mais elles continuent d'être sous-représentées dans certains domaines (sciences, politique), accèdent moins facilement que les hommes aux postes à responsabilités, ne gagnent pas autant que les hommes à travail et position similaires... Ce n'est pas parce que quelques – rares – femmes ont été ministres ou élues à l'Académie française, ou encore lauréates du prix Nobel au cours des XXe et XXIe siècles que le combat féministe a perdu de son sens ou de sa légitimité.

Le contexte a changé, mais les structures de la domination masculine et du système patriarcal perdurent. Il est ainsi intéressant de constater qu'à plus de deux-cents ans d'écart, Olympe de Gouges (dans le Postambule de la *Déclaration universelle des droits de la femme et de la citoyenne*) et Chimamanda Ngozi Adichie (dans son essai *Nous sommes tous des féministes*) dénoncent toutes deux l'aspect illusoire du prétendu pouvoir de la sexualité féminine, et revendiquent pour les femmes la possibilité d'exercer un pouvoir qui leur appartienne en propre, qui ne dépende pas de celui d'un homme.

MÉTHODE

La conclusion comporte deux étapes :
– le bilan : il reprend les grandes lignes de l'argumentation et répond à la problématique posée en introduction ;
– l'ouverture : elle prolonge la réflexion en lançant une nouvelle question, en élargissant le sujet, en l'abordant sous un nouvel angle…

Du XVIe siècle à aujourd'hui, beaucoup de choses ont changé dans le combat en faveur de l'égalité entre hommes et femmes : les inégalités dénoncées ne sont plus les mêmes, les formes de la domination masculine varient, l'expression des revendications féminines et féministes également. Cependant, la lutte est, au fond, restée la même puisqu'il s'agit toujours d'améliorer, avec la condition féminine, la société entière.

5 L'explication linéaire (p. 122)

Introduction

Présentation du texte

Les femmes s'impliquent activement dans les actions révolutionnaires mais continuent, après la chute de l'Ancien Régime, d'être exclues de la vie politique, des institutions, des assemblées législatives… Deux ans après la *Déclaration des droits de l'homme et du citoyen* (1789), Olympe de Gouges, femme de lettres (dramaturge, essayiste) dont l'œuvre est marquée par le combat contre les inégalités (elle milite notamment pour l'abolition de l'esclavage), publie un texte qui lui fait écho : la *Déclaration des droits de la femme et de la citoyenne* (1791). Notre extrait se compose du préambule ainsi que des deux premiers articles de cette *Déclaration* (sur les 17 qu'elle comporte).

Lecture expressive du texte

Même s'il s'agit d'un texte juridique, il comporte aussi une dimension polémique. Tu dois donc essayer d'animer ta lecture en mettant en valeur les procédés littéraires, comme les rythmes ternaires (énumération, l. 1 ; parallélisme, l. 5-10). La 2e phrase du préambule est très longue : fais des pauses pour respirer tout en respectant la syntaxe (par exemple, après « gouvernements », l. 4, puis avant chaque « afin que », l. 5, 7 et 10).

Présentation des mouvements du texte

1er mouvement : lignes 1 à 15 → Le préambule
2e mouvement : lignes 16 à 20 → Les deux premiers articles

Présentation du projet de lecture

Comment la *Déclaration* d'Olympe de Gouges reprend-elle la rhétorique de la *Déclaration des droits de l'homme et du citoyen* pour mieux la critiquer ?

Développement

MÉTHODE

Même s'il s'agit d'un texte d'idées, n'oublie pas de prendre en compte la dimension littéraire du texte : rythme, figures de style…

Premier mouvement

Lignes 1 à 2 Le préambule de la *Déclaration des droits de l'homme et du citoyen* s'ouvrait sur l'affirmation d'un état de fait (« Les Représentants du Peuple Français, constitués en Assemblée nationale ») ; celui-ci s'ouvre sur une revendication (« demandent d'être constituées en Assemblée nationale ») → dès le départ, cela souligne que ce qui est acquis pour les hommes ne l'est pas pour les femmes, qu'elles ne sont pas représentées dans un texte pourtant censé affirmer le principe d'égalité. Visée stratégique de l'énumération initiale (« Les mères, les filles, les sœurs »), qui fait subtilement appel aux sentiments par la mention des liens familiaux, tout en donnant, par le rythme ternaire, une certaine solennité à cette première phrase.

Lignes 2 à 12 Réécriture quasi à l'identique du préambule de la *Déclaration des droits de l'homme et du citoyen* ; certains passages sont repris sans aucun changement, si ce n'est la modification majeure : « Homme(s) » remplacé par « femme(s) », et « citoyens » par « citoyennes ». Or, par cette simple substitution, Olympe de Gouges fait apparaître de manière éclatante que la *Déclaration des droits de l'homme et du citoyen* se cache derrière la majuscule du mot « Homme » pour prétendre à l'universalité, alors qu'en réalité, le terme désigne bien « l'homme », en excluant la femme. Certains énoncés prennent alors un tout autre sens : « l'ignorance, l'oubli ou le mépris des droits de la femme » étant précisément le manquement principal de la *Déclaration des droits de l'homme et du citoyen*, ce qui en sape les fondements et remet en cause sa validité et sa légitimité. → Démarche à la fois simple et radicale qui, en reprenant la rhétorique révolutionnaire, la retourne en quelque sorte contre elle-même.

Lignes 13 à 15 Reprise mot pour mot du début (« En conséquence ») et de la fin (« reconnaît et déclare […] de la Citoyenne ») de la dernière phrase de la *Déclaration des droits de l'homme* *et du citoyen*, en substituant toujours « Femme » à « Homme » et « Citoyenne » à « Citoyen », mais aussi en remplaçant « l'Assemblée nationale » par une formule à la fois fédératrice et provocatrice : « le sexe supérieur en beauté comme en courage, dans les souffrances maternelles ». Cette périphrase pour désigner les femmes reprend les éléments d'une *doxa* sur laquelle tout le monde s'accorde (beauté féminine, douleurs de l'enfantement), mais en fait ici un argument en faveur de la « supériorité » du sexe féminin, renversant le cliché du « sexe faible ».

La reprise du modèle de la *Déclaration des droits de l'homme et du citoyen* permet à l'autrice de passer de la revendication (l. 1-2) à l'affirmation (« reconnaît et déclare », l. 14). La rhétorique déclarative devient une forme militante.

Deuxième mouvement

Lignes 16 à 17 Ce premier article dénonce l'entre-soi masculin de la *Déclaration des droits de l'homme et du citoyen*, dans laquelle « les hommes naissent et demeurent […] égaux » entre eux, en excluant de cette égalité la moitié de la population, faisant ainsi une entorse majeure au principe même d'égalité. L'article premier de la *Déclaration* d'Olympe de Gouges vise à contrer l'oppression que subissent les femmes (« La femme naît libre ») et le statut inférieur qui leur est réservé dans la société (« et demeure égale à l'homme en droits »). La 2e phrase de l'article, quoique strictement identique à celle de la *Déclaration des droits de l'homme et du citoyen*, prend ainsi une résonance différente : « utilité commune » renvoie ici à ce qui est utile aux hommes et aux femmes, ce qui profite aux deux sexes, et non plus uniquement au sexe masculin.

Lignes 18 à 20 Encore une fois, en rétablissant la mention de « la femme » dans son article II, l'autrice pointe subtilement la mauvaise foi de la *Déclaration des droits de l'homme et du citoyen*, qui emploie le mot « Homme » avec une majuscule, terme prétendument universel, censé désigner l'être humain, mais qui désigne en réalité bel et bien l'homme au sens d'individu de sexe masculin, tant les droits cités sont déniés aux femmes. Dans la société du XVIIIe siècle, l'accès à la « propriété », par exemple, n'est pas garanti aux femmes comme il l'est aux hommes. L'autrice ajoute à la fin de cet article un adverbe (« surtout », l. 20) qui ne figure pas dans la *Déclaration des droits de l'homme et du citoyen* et, en modalisant l'énoncé, souligne, là encore, « l'oppression » que subissent les femmes en particulier.

Conclusion

Calquée sur la *Déclaration des droits de l'homme et du citoyen*, la *Déclaration des droits de la femme et de la citoyenne* d'Olympe de Gouges en reproduit la structure, la forme, la progression ainsi que l'essentiel du contenu. L'autrice reprend à son compte la rhétorique révolutionnaire pour dénoncer les failles et l'illégitimité d'une idéologie qui prétend viser l'égalité en excluant de cette égalité la moitié de la population. À la fois subtil et radical, ce texte a été perçu par les révolutionnaires comme un véritable pamphlet et une mise en cause virulente. Ils ont fait payer très cher à son autrice (guillotinée en 1793) d'avoir ainsi pointé et exposé leur mauvaise foi et leur « mépris des droits de la femme ».

Question de grammaire

Si nous devions relier les deux propositions indépendantes de l'article premier, nous pourrions utiliser la conjonction de subordination (ou locution conjonctive) **« si bien que »**. Cela formerait alors la phrase suivante : « La Femme naît libre et demeure égale à l'homme en droits si bien que les distinctions sociales ne peuvent être fondées que sur l'utilité commune. »
Nous avons alors deux propositions distinctes. La première (de « La Femme » à « droits ») est la principale. Elle introduit la proposition subordonnée circonstancielle de conséquence introduite par la conjonction de subordination « si bien que ». Cette proposition se termine à « commune ».

→ Rappels d'étude de la langue, page 270

Ton **KIT DE SURVIE** pour le **BAC** avec SCHOOLMOUV

Partie 2

La littérature d'idées du XVIe au XVIIIe siècle

Tu viens de voir les notions à connaître sur la littérature d'idées du XVIe au XVIIIe siècle. Pour t'aider à retenir l'essentiel et t'entraîner pour le Bac, voici ton kit de révisions clé en mains conçu par SchoolMouv !

Vidéos

Pour mieux comprendre et t'en souvenir à coup sûr, regarde les vidéos. C'est parfois bien plus clair en images.

Vidéo François Rabelais, *Gargantua*, vers 1534

https://flashbelin.fr/focusbacschoolmouv/fr/1re/4

Vidéo Jean de La Bruyère, *Les Caractères*, 1688

https://flashbelin.fr/focusbacschoolmouv/fr/1re/5

Vidéo Olympe de Gouges, *Déclaration des droits de la femme et de la citoyenne*, 1791

https://flashbelin.fr/focusbacschoolmouv/fr/1re/6

Contenus additionnels

Voici quelques bonus autour des mêmes sujets. La curiosité n'est pas toujours un vilain défaut. Il suffit de créer ton compte pour avoir accès à plein de contenus supplémentaires.

Fiche de lecture **François Rabelais, *Gargantua*, vers 1534**

https://www.schoolmouv.fr/eleves/fiches-de-lecture/gargantua-francois-rabelais/fiche-de-lecture

Fiche de lecture **Jean de La Bruyère, *Les Caractères*, 1688**

https://www.schoolmouv.fr/eleves/fiches-de-lecture/les-caracteres-jean-de-la-bruyere/fiche-de-lecture

Fiche de lecture **Olympe de Gouges, *Déclaration des droits de la femme et de la citoyenne*, 1791**

https://www.schoolmouv.fr/eleves/fiches-de-lecture/declaration-des-droits-de-la-femme-et-de-la-citoyenne-olympe-de-gouges/fiche-de-lecture

Fiche méthode Bac
L'oral de français

https://www.schoolmouv.fr/eleves/cours/l-oral-de-francais/fiche-methode-bac

Conseil
Lors de votre oral de français, soignez vos brouillons pour retrouver d'un simple coup d'œil les éléments dont vous avez besoin. Le brouillon sera votre prompteur, c'est-à-dire une sorte de guide qui permettra de gérer le *timing* de l'explication. Sur ces feuilles, qu'il faut numéroter, n'écrivez que d'un seul côté. Le but ici est de retrouver ses notes facilement, au bon moment.

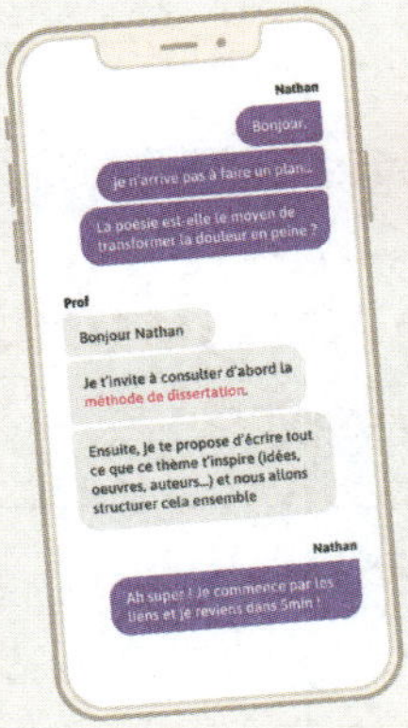

Tchat avec un prof

**Pour poser toutes tes questions à un prof particulier, découvre l'abonnement tchat.
Tu peux le tester gratuitement pendant 7 jours: fini les questions sans réponses, tu vas devenir incollable.**

http://focusbac.schoolmouv.fr/offre

3 Le théâtre du XVIIe au XXIe siècle

Sommaire

Nicolas Lancret, Les Acteurs de la comédie italienne, XVIIIe siècle, huile sur toile, 25 × 22 cm, musée du Louvre, Paris.

Pour bien comprendre

LES ORIGINES DU THÉÂTRE

→ **Étymologie.** Le mot **« théâtre »** vient des termes grecs « *thea* », « regarder », et « *theatron* », « le lieu où l'on regarde ». En latin, « *spectare* » signifie « voir » et a donné « *spectaculum* » : **« spectacle »**. Le mot **« tragédie »** vient du grec « *tragos oide* », qui désigne le chant du bouc offert en sacrifice aux dieux. Le mot **« comédie »** vient du grec « *komosoide* », qui désigne un chant de procession. On retrouve dans l'étymologie de ces deux termes l'origine religieuse du théâtre. Le mot **« drame »** signifie littéralement « pièce de théâtre ». Le (la) **dramaturge** est l'auteur d'une pièce de théâtre. La **dramaturgie** est l'art de composer une pièce de théâtre. **La scénographie**, du grec « *skene graphein* », est littéralement l'écriture de la scène, l'art d'aménager l'espace scénique, métier du (de la) **scénographe**.

→ **Naissance.** Le théâtre naît en Grèce, au Ve siècle avant J.-C. Tragédies et comédies sont présentées au public **lors de fêtes organisées pour les dieux**, en particulier Dionysos. Les acteurs sont des hommes, y compris pour les rôles féminins. Ils portent des masques à l'expression figée. **Le chœur** commente l'action, annonce la suite, tire les leçons de la pièce. Le coryphée, qui mène le chœur, s'en détache pour intervenir. **Le prologue**, au début de la pièce, est tenu par un personnage omniscient, dieu, nourrice, chœur ou coryphée. Pour **Aristote**, philosophe grec de l'Antiquité (384-322 av. J.-C.) auteur de la *Poétique*, le théâtre est au cœur de la vie en société. Le spectateur qui vient voir une pièce doit se purger de ses passions, de ses désirs inavouables, pour ne pas les réaliser dans la réalité, c'est ce qu'il appelle ***la catharsis***.

→ **Évolution.** En France, au Moyen Âge, on joue sur des estrades dans les rues, sur le parvis des cathédrales, contre les façades des maisons… Les spectacles, improvisés, ménagent beaucoup d'interactions avec le public. Le théâtre garde la double vocation qu'il avait dès son origine : **plaire et instruire**. **Les farces** sont des pièces comiques avec des personnages types, comme la célèbre Farce de *Maître Pathelin* (vers 1456-1460). **La tragédie arrive en France au XVIe siècle**, tandis qu'en Italie, la ***commedia dell'arte*** propose des comédies avec des personnages-types masqués ; les comédiens improvisent autour d'une trame qu'on appelle le canevas. En Angleterre, c'est l'époque du **théâtre élisabéthain**. Les pièces ont pour thème des récits historiques sanglants. **William Shakespeare** en est le principal représentant.

→ Les notions essentielles à connaître sont définies pages 304 à 313.

LES COURANTS ET GENRES THÉÂTRAUX MAJEURS du XVIIe au XXIe siècle

1 Le baroque

Le terme « baroque » vient du mot portugais « *barroco* » qui désigne **une perle irrégulière**. Ce mouvement, qui s'exprime aussi dans d'autres genres, comme la poésie et le roman, et dans d'autres arts, comme la peinture et la musique, repose en effet sur **le mouvement, l'inconstance, la contradiction, l'excès**. Sous l'influence du théâtre élisabéthain et de William Shakespeare en particulier en Angleterre, et du théâtre espagnol à travers des dramaturges comme Pedro Calderón de la Barca et Lope de Vega, **le baroque se développe en France au début du XVIIe siècle**, alors que la situation politique est agitée à la suite du soulèvement des protestants **(voir p. 80)**.

« Le monde entier est un théâtre, et les hommes et les femmes ne sont que des acteurs ; ils ont leurs entrées et leurs sorties. Un homme, dans le cours de sa vie, joue différents rôles [...] »

William Shakespeare, *Comme il vous plaira*, acte II, scène 5, [1599], trad. de l'anglais par F. Guizot, Didier, 1863.

Le « *theatrum mundi* », expression latine qui signifie « le théâtre du monde », est un concept baroque qui avance l'idée que le monde dans lequel nous vivons est comme **un immense théâtre dans lequel chacun de nous joue un rôle**. La frontière entre l'illusion et la réalité est donc anéantie puisque ce que nous voyons au théâtre n'est ni plus faux ni plus vrai que ce que nous vivons dans la réalité.

« Nous habitons un monde si étrange
Que la vie n'est rien d'autre que songe ;
Et l'expérience m'apprend
Que l'homme qui vit, songe
Ce qu'il est, jusqu'à son réveil. »

Pedro Calderón de la Barca, *La vie est un songe*, deuxième journée, scène 19, [1633], trad. de l'espagnol par B. Sesé, Flammarion, 1996.

Les pièces baroques développent **de nombreuses intrigues dans des décors somptueux**, et font souvent intervenir **le merveilleux**, comme des dragons dans *Médée* de Pierre Corneille (1635). Elles mélangent les genres, comme *Dom Juan* de Molière (1665), dont la fin n'est pas celle d'une comédie (Don Juan est emporté en enfer) ou *Le Cid* de Corneille (1637), qui relève de la tragi-comédie, la pièce se terminant sur la perspective du mariage de Rodrigue et Chimène.

Le thème de l'illusion, de la confusion entre réel et irréel, est prégnant et s'exprime à travers différents motifs, comme **le rêve, la folie ou le théâtre lui-même** dans des pièces qui utilisent **la mise en abyme**.

Molière, *Dom Juan ou le Festin de Pierre*, 1665, mise en scène de Jean-Pierre Vincent avec Loïc Corbery et Jean-Michel Rucheton, Comédie-Française, Paris, 2012.

MOT CLÉ

Mise en abyme : au théâtre, quand une pièce est jouée par les personnages au cours de l'intrigue, on parle de **« théâtre dans le théâtre »**. Quand la pièce jouée a un lien avec l'intrigue, avec ce que vivent les personnages, on parle de **« mise en abyme »**. C'est le cas par exemple dans la tragédie de Jean de Rotrou dans laquelle Genest, un comédien qui joue le rôle d'un saint martyr, est lui-même touché par la grâce au moment où il joue la conversion de son personnage.

« VALÉRIE
Sa feinte passerait pour la vérité même.

PLANCIEN
Certes, ou ce spectacle est une vérité,
Ou jamais rien de faux ne fut mieux imité. »

Jean de Rotrou, *Le Véritable Saint Genest*, acte IV, scène 7, 1646.

La machinerie (trappes, poulies…), qu'utilisaient déjà les dramaturges antiques, se perfectionne et rend les interventions divines toujours plus spectaculaires. Venues d'Italie, **les pièces à machines** se développent en France à partir de 1645, portées par l'esthétique baroque.

REPÈRES LITTÉRAIRES

L'Illusion comique (1636) de Pierre Corneille met en scène un magicien qui permet à un père désespéré de revoir son fils à travers une illusion. Corneille utilise une mise en abyme pour faire l'éloge du théâtre et du pouvoir de l'illusion.

2 Le classicisme

Dans la deuxième moitié du XVIIe siècle, sous le règne de Louis XIV (1643-1715), **l'ordre et la stabilité reviennent en France**. En réaction au courant baroque, le classicisme prône **le retour à des règles** pour contraindre l'écriture et **atteindre une forme d'harmonie** : « Qu'en un lieu, en un jour, un seul fait accompli / Tienne jusqu'à la fin le théâtre rempli. » (**Nicolas Boileau**, *Art poétique*, 1674.) Le rhétoricien Nicolas Boileau théorise ici ce que l'on appelle **la règle des trois unités.**

→ **La règle des unités de lieu, de temps et d'action** a pour but de proposer une pièce la plus vraisemblable possible, en se rapprochant au plus près du spectateur qui se trouve **en un lieu, sur une courte durée** durant laquelle **l'action ne peut être que limitée**.

À cette règle en trois points s'ajoutent **les règles de bienséance et de vraisemblance**.

→ **La règle de bienséance** veut que l'on respecte les mœurs de l'époque, pour ne pas choquer le public et pour **l'élever moralement**. Les actions des personnages doivent correspondre à leur rang. Pas question de voir sur scène des actions trop violentes ou des rapprochements physiques trop osés. C'est la raison pour laquelle **une partie de l'action se passe parfois hors-scène** et est rapportée par les personnages sous forme de récit.

> « THÉRAMÈNE [racontant la mort d'Hippolyte]
> J'ai vu, seigneur, j'ai vu votre malheureux fils
> Traîné par les chevaux que sa main a nourris.
> Il veut les rappeler, et sa voix les effraie ;
> Ils courent : tout son corps n'est bientôt qu'une plaie. »
>
> **Jean Racine**, *Phèdre*, acte V, scène 6, 1677.

→ **La règle de vraisemblance** veut que toute action représentée sur scène **soit envisageable dans la réalité** ; il n'y a donc plus d'intervention du merveilleux dans les intrigues.

Les pièces classiques sont le plus souvent **écrites en vers, en alexandrins** (vers de 12 syllabes, considéré comme le plus noble). Les genres de la comédie et de la tragédie sont **clairement distincts**. Les tragédies s'inspirent de **modèles antiques.** Les pièces de Jean Racine, par exemple, suivent un héros, prince ou princesse, comme Bérénice, Athalie, Britannicus, Iphigénie… Il s'agit d'amener le spectateur à se guérir de ses pulsions à travers **la *catharsis***.

MOT CLÉ

***Catharsis* :** notion théorisée par Aristote, philosophe grec de l'Antiquité (384-322 av. J.-C.). La tragédie doit représenter sur scène les fantasmes qui peuvent habiter le spectateur, comme le meurtre, l'inceste… L'objectif de la tragédie est de purger le spectateur de ses passions qui seraient néfastes dans la réalité pour la vie en société.

Jean Racine, *Andromaque*, 1667, mise en scène de Muriel Mayette-Holtz, Comédie-Française, Paris, 2014.

L'objectif des auteurs classiques, qu'ils soient tragiques ou comiques, est de reprendre le précepte d'Horace, poète latin du Ier siècle avant Jésus-Christ : ***« placere et docere »***, c'est-à-dire **« plaire et instruire »**. **Molière** écrit ainsi de nombreuses comédies classiques, souvent **inspirées de la *commedia dell'arte*** **(voir p. 148)**, qui doivent aider le spectateur à **se corriger de ses vices** à travers la caricature. On associe souvent à Molière cette expression latine à l'origine floue : ***« castigat ridendo mores »***, c'est-à-dire : **« il corrige les mœurs en faisant rire »**.

« Un sot savant est sot plus qu'un sot ignorant. »

Molière, *Les Femmes savantes*, acte IV, scène 2, 1672.

Molière (1622-1673), de son vrai nom Jean-Baptiste Poquelin, est un grand dramaturge du XVIIe siècle. On lui doit de nombreuses comédies, de caractère comme *L'Avare* (1668) ou *Le Malade imaginaire* (1673), de mœurs comme *Les Femmes savantes* (1672), et des comédies-ballets comme *Le Bourgeois Gentilhomme* (1670). Si la plupart de ses pièces sont des comédies classiques, certaines sont plus ambiguës : elles mélangent les genres et les mouvements littéraires, comme *Dom Juan* (1665), *Le Misanthrope* (1666) ou *Le Tartuffe* (1669).

LE PETIT +

Les auteurs ne sont pas cantonnés à un mouvement. Certains dramaturges ont écrit à la fois des pièces baroques et des pièces classiques. C'est le cas de Molière ou de Corneille.

3 Le drame bourgeois

Au XVIIIe siècle, le théâtre est surtout représenté par **la comédie**, notamment celles de Marivaux et Beaumarchais. Un nouveau genre voit le jour, entre la tragédie et la comédie : **le drame bourgeois** ou **drame sérieux**. Comme son nom l'indique, les personnages sont des bourgeois.

Les dramaturges, comme Denis Diderot, **préfèrent le vrai à la vraisemblance**. Les pièces sont écrites en prose et présentent des intrigues autour de **situations familiales et sociales**. La tonalité dominante est **le pathétique**, par lequel les auteurs espèrent **toucher le spectateur et l'éduquer.**

« LA COMTESSE [qui a eu un fils illégitime avec son page Chérubin], *égarée*. - Ô ciel ! entre mes juges ! entre mon époux et mon fils ! Tout est connu… et criminelle envers tous deux… *(Elle se jette à terre et se prosterne.)* Vengez-vous l'un et l'autre ! il n'est plus de pardon pour moi ! *(Avec horreur.)* Mère coupable ! épouse indigne ! un instant nous a tous perdus. J'ai mis l'horreur dans ma famille ! J'allumai la guerre intestine entre le père et les enfants ! Ciel juste ! il fallait bien que ce crime fût découvert ! »

Beaumarchais, *La Mère coupable*, acte IV, scène 16, 1792.

Le côté **excessif** de ce théâtre donne naissance au **mélodrame**, genre populaire aux personnages **stéréotypés et manichéens**, qui s'affrontent dans des décors grandioses, notamment au théâtre de la Gaîté.

Honoré Daumier, *Le Mélodrame*, huile sur toile, 97,5 × 90,4 cm, 1860.

4 Le drame romantique

Le romantisme, né en Allemagne et en Angleterre, arrive en France au début du XIXe siècle. Ce mouvement s'exprime dans tous les genres (poésie, roman et théâtre) et influence aussi la musique et la peinture. Victor Hugo **formalise le genre du drame romantique** dans sa préface de *Cromwell*, en 1827.

« Le caractère du drame est le réel ; le réel résulte de la combinaison toute naturelle de deux types, le sublime et le grotesque, qui se croisent dans le drame, comme ils se croisent dans la vie et dans la création. »

Victor Hugo, préface de *Cromwell*, 1827.

À sa suite, les dramaturges veulent représenter le monde dans sa totalité, **avec ses traits grotesques, et sublimes** : ce qui abaisse et ce qui élève l'homme. Les jeunes auteurs **rejettent les règles classiques** qui sont pour eux un frein à la créativité.

L'époque agitée, politiquement et socialement **(voir p. 20)**, est propice à la naissance de héros tourmentés, portés par un idéal. Le héros romantique est un **être en marge de la société, qui se sent exclu, passionné et révolté**.

« Ouvrir son cœur pour le mettre en étalage sur un comptoir ! S'il a des blessures, tant mieux ! il a plus de prix ; tant soit peu mutilé, on l'achète plus cher ! »

Alfred de Vigny, *Chatterton*, acte III, scène 1, 1835.

Victor Hugo, *Lucrèce Borgia*, 1833, mise en scène de Denis Podalydès avec Guillaume Galienne, Comédie-Française, Paris, 2016.

REPÈRES LITTÉRAIRES

La bataille d'*Hernani*. En 1830, Victor Hugo fait représenter son drame romantique *Hernani* au Théâtre-Français (la Comédie-Française). Le public est composé d'amis du jeune dramaturge et de fidèles disciples du classicisme qui ne supportent pas de voir les préceptes classiques foulés au pied. L'agitation est telle que la représentation doit être interrompue. C'est le début du succès du drame romantique.

LE PETIT +

Alfred de Musset a écrit des drames romantiques comme *Les Caprices de Marianne* (1833) ou *On ne badine pas avec l'amour* (1834), mais il est aussi l'auteur d'un recueil intitulé ***Un spectacle dans un fauteuil*** (1832) dans lequel il propose une tragédie et une comédie en vers composées **pour être lues et non jouées**, Musset considérant qu'au théâtre, le plus important n'est pas la salle, mais le public, **qu'il invite à imaginer la mise en scène**.

5 Le vaudeville

Le terme « vaudeville » désigne d'abord **une petite chanson**. À partir du XVIIIe siècle, les dramaturges intègrent parfois dans leurs comédies des passages chantés, ce qui donne naissance à l'opéra-comique puis à un nouveau genre, le vaudeville. Il rencontre un grand succès à la fin du XIXe siècle dans les salles des Grands boulevards à Paris, d'où l'expression **« théâtre de boulevard »**.

Les vaudevilles sont **des comédies au rythme rapide qui se déroulent dans un cadre bourgeois**. Les dramaturges dressent **un portrait satirique** de cette classe en pleine ascension.

> « Fadinard, *seul.* – [...] je lui demande la main de sa fille. – « Qui êtes-vous ? – J'ai vingt-deux francs de rente... – Sortez ! – Par jour ! – Asseyez-vous donc ! » »
>
> **Eugène Labiche**, *Un chapeau de paille d'Italie*, acte I, scène 4, 1851.

L'intrigue est assez simple, riche en **quiproquos** et souvent fondée sur **la question de l'adultère**. Les personnages, mari, femme, amant et maîtresse, cherchent à s'éviter, mais ils se retrouvent toujours au même endroit (un hôtel par exemple). Le décor a souvent de **nombreuses portes et fenêtres**, par lesquelles les personnages entrent et sortent sans cesse. La fin de la pièce reste morale, les couples légitimes se retrouvant.

MOT CLÉ

Quiproquo : procédé théâtral comique reposant sur le malentendu entre deux ou plusieurs personnages qui dialoguent sans s'apercevoir qu'ils ne parlent pas de la même chose, ou désignant une méprise sur l'identité d'un personnage.

« Ils se précipitent tous les deux vers l'escalier, mais viennent se buter contre Rugby qui remonte. Affolés, ils rebroussent chemin, Camille s'élance dans la chambre de droite, premier plan, dont il referme la porte contre laquelle il s'arc-boute ; Lucienne, elle, voyant la porte de Rugby ouverte se précipite à tout hasard dans la chambre. »

Georges Feydeau, *La Puce à l'oreille*, didascalie extraite de l'acte II, scène 15, 1907.

Georges Feydeau, *Un fil à la patte*, 1894, mise en scène de Jérôme Deschamps, Comédie-Française, Paris, 2015.

6 Du xxe siècle à nos jours

Au xxe siècle, la frontière entre les genres continue de s'estomper **pour disparaître souvent tout à fait**. Marqués par les guerres mondiales, nombre de dramaturges **réécrivent des mythes antiques en leur donnant une portée universelle** et en les réinterprétant à la lumière du contexte contemporain.

« LE JEUNE SOLDAT [à propos du fantôme du roi Laïus]. – On voit surtout la barbe et le trou noir de la bouche qui parle, et une tache rouge, sur la tempe, une tache rouge vif.
JOCASTE. – C'est du sang !
LE JEUNE SOLDAT. – Tiens ! On n'y avait pas pensé. »

Jean Cocteau, *La Machine infernale*, acte I, 1934.

« ANDROMAQUE. – Aux approches de la guerre, tous les êtres sécrètent une nouvelle sueur, tous les événements revêtent un nouveau vernis, qui est le mensonge. Tous mentent. »

Jean Giraudoux, *La guerre de Troie n'aura pas lieu*, acte II, scène 8, 1935.

REPÈRES LITTÉRAIRES

En attendant Godot de Samuel Beckett (1952) met en scène deux vagabonds qui attendent un troisième personnage, comme le titre l'indique ; mais celui-ci n'arrivera jamais. La pièce commence par ces mots : « ESTRAGON (*renonçant à nouveau*). – Rien à faire. », et les deux actes se terminent de la même manière : « VLADIMIR. – Allons-y. / *Ils ne bougent pas.* »

Les auteurs s'interrogent sur la condition humaine et inaugurent alors le **« théâtre de l'absurde »**, qui **se détache des règles dramaturgiques habituelles.** L'action, en effet, est éclatée, voire inexistante. La langue est désarticulée et la raison mise à mal dans **des propos qui échappent à la logique**. Les personnages n'ont pas de réelle individualité ou profondeur psychologique, le spectateur ne s'identifie pas à eux. Ces pièces mettent en scène des situations absurdes et **des personnages qui ne parviennent pas à communiquer, qui ne trouvent pas de sens à l'existence**. Le ton, bien que comique et décalé, reflète un malaise profond.

« M. SMITH. – Hm. *Silence*
MME SMITH. – Hm, hm. *Silence*
MME MARTIN. – Hm, hm, hm. *Silence*
M. MARTIN. – Hm, hm, hm, hm. *Silence*
MME MARTIN. – Oh, décidément. *Silence* »

Eugène Ionesco, *La Cantatrice chauve*, scène 7, 1950.

Eugène Ionesco (1909-1994) est un auteur d'origine roumaine, élu à l'Académie française en 1970, considéré avec Samuel Beckett, comme le fondateur du théâtre de l'absurde. On lui doit *La Cantatrice chauve* (1950), *La Leçon* (1951), *Rhinocéros* (1959) ou encore *Le roi se meurt* (1962). Il qualifie lui-même ses pièces de « drames comiques » ou de « farces tragiques ».

Le dramaturge allemand Bertolt Brecht (1989-1956) théorise la notion de **distanciation** (« *Verfremdungseffekt* »). L'objectif est de briser le « quatrième mur » (le mur imaginaire entre la scène et la salle). L'intrigue est interrompue pour réintroduire une distance entre le public et le spectacle, pour que les spectateurs passent de passifs à actifs en retrouvant leur sens critique. Ainsi, les comédiens peuvent tout à coup s'interrompre, dévoiler un effet spécial, rappeler qu'ils jouent un rôle…

« Moi je ne suis plus dans le jeu. C'est pour cela que je suis libre de venir vous dire ce que la pièce ne pourra vous dire. Dans de pareilles histoires, ils ne vont pas s'interrompre de se tuer et de se mordre pour venir vous raconter que la vie n'a qu'un but, aimer. »

Jean Giraudoux, *Électre*, « Lamento du jardinier » entre les actes I et II, 1937.

Samuel Beckett, *Oh les beaux jours*, 1961, mise en scène de Peter Brook avec Natasha Parry, Studios Théâtre de Londres, 1997.

À la fin du XXe siècle, le texte continue de s'affranchir des règles théâtrales, se rapprochant parfois **de la poésie**, avec une ponctuation et une mise en page particulières.

« Louis. – Plus tard, l'année d'après
– j'allais mourir à mon tour –
j'ai près de trente-quatre ans maintenant et c'est à cet âge que je mourrai,
l'année d'après,
de nombreux mois déjà que j'attendais à ne rien faire, à tricher, à ne plus savoir,
de nombreux mois que j'attendais d'en avoir fini,
l'année d'après, [...] »

Jean-Luc Lagarce, *Juste la fin du monde*, prologue, 1990.

Certain(e)s dramaturges comme Joël Pommerat pratiquent ce que l'on appelle **« l'écriture de plateau »**. Le processus de création est alors inversé : l'auteur(trice) part des idées des comédien(ne)s et retranscrit ce qui lui permet d'écrire la pièce. Un va-et-vient se crée alors entre l'auteur(trice) et la scène pour monter ce qui deviendra le spectacle.

LE PETIT +

De nos jours, dans le **spectacle vivant**, les arts se mêlent, les comédiens et comédiennes sont aussi bien chanteur(euse)s, musicien(ne)s, artistes de rue ou du cirque, danseur(euse)s...

LES DEUX GENRES PRINCIPAUX : la tragédie et la comédie

1 Schémas typiques et personnages

Les tragédies

Elles mettent en scène **des personnages nobles** : rois, reines, princes et princesses. **L'action se situe dans l'Antiquité**, en Grèce, en Italie ou en Orient. Le rythme est plutôt lent, **les tirades et monologues** **(voir p. 152)** sont nombreux. Les thèmes sont souvent **l'amour et le pouvoir** ; la situation des héros fait obstacle à leur amour, et il n'y a pas d'issue possible à cette impasse.

Le héros ou l'héroïne tragique est confronté(e) à **une décision difficile voire impossible à prendre**, et exprime son tourment dans **un monologue** situé au cœur de la pièce. Il (elle) est souvent accompagné(e) **d'un(e) confident(e).** Ce personnage est un(e) ami(e) ou un(e) serviteur(servante) qui a vécu avec le personnage principal depuis toujours, ce qui lui permet de lui donner des conseils, de recueillir ses confidences... **Le dénouement** **(voir p. 151)** présente **la mort, réelle ou symbolique**, du héros tragique.

Les comédies

Elles se déroulent dans **un cadre plus proche des spectateurs** (en France, généralement à Paris, pour un auteur français), et mettent en scène **des bourgeois.** Le rythme est rapide, **les réparties, apartés et stichomythies** **(voir p. 152)** sont nombreux.

Le schéma, inspiré de la ***commedia dell'arte*** **(voir p. 148)**, est toujours le même : **un barbon** (le plus souvent le père, parfois la mère), refuse de voir sa fille se marier avec l'homme qu'elle aime. Les amoureux, qu'on appelle **« les jeunes premiers »**, aidés de **valets et servantes rusés**, parviendront finalement à se marier à la fin de la pièce après le déploiement de stratagèmes qui peuvent utiliser **le travestissement.**

MOT CLÉ

***Commedia dell'arte*:** expression d'origine italienne qui signifie littéralement « le théâtre des gens de l'art », c'est-à-dire des comédiens. Il s'agit d'un genre théâtral populaire né en Italie au XVIe siècle. Le canevas, trame écrite, sert de base à l'improvisation des comédiens. Les personnages sont stéréotypés. On retrouve les *zanni*, c'est-à-dire les valets, comme Arlequin ou Sganarelle, les jeunes premiers, comme Colombine et Pierrot, et les barbons, vieillards qui s'opposent à leur mariage, comme Pantalon ou le Docteur. Les comédiens jouent masqués, dans la rue, et le comique naît avant tout de leurs gestes.

La tragi-comédie

La tragi-comédie apparaît au XVIIe siècle. Elle relève de **l'esthétique baroque** **(voir p. 137)**. Elle propose une intrigue complexe, à partir d'un **schéma typique de tragédie**, mais avec une fin qui ne l'est pas, et qui pourrait se rapprocher de **la fin d'une comédie**. C'est le cas pour *Le Cid* de Pierre Corneille (1637) par exemple.

2 Le tragique

La mort et la violence ne suffisent pas à définir le tragique. Dans les tragédies, le héros est marqué par **une faute** (en grec « *Hamartia* ») **qui entache sa lignée et le poursuit**. Ainsi, par exemple, Œdipe a tué son père et épousé sa mère, Jocaste, sans le vouloir ; ses enfants subiront les conséquences de cette faute, et c'est l'ensemble de la famille des Labdacides qui est maudit.

« ANTIGONE. [à propos d'elle-même et de sa sœur Ismène, filles d'Œdipe] – Hélas ! Il n'y a plus désormais, pour nous deux, toujours, partout, qu'à gémir sur ce sang maudit que notre père, hélas ! nous a légué ! »

Sophocle, *Œdipe à Colone*, [Ve siècle av. J.-C.], trad. du grec par R. Pignarre, Flammarion, 1981.

Le héros tragique est **innocent, impuissant face à la fatalité qui le conduit à sa perte**. Il se sent entraîné malgré lui par **des forces qui le dépassent**, comme la passion amoureuse ou la volonté de divinités. Parfois, le héros ne se rend pas compte qu'il parle ou agit dans le sens de la fatalité. C'est ce qu'on appelle « l'ironie tragique ». Grâce à la double énonciation **(voir p. 153)**, le spectateur, lui, a conscience de ce qui se joue.

« ŒDIPE, *encore dans le vague.* – Oui, ma petite mère chérie...
JOCASTE, *l'imitant.* – Oui, ma petite mère chérie... Quel enfant ! Voilà qu'il me prend pour sa mère. »

Jean Cocteau, *La Machine infernale*, acte III, 1934.

LE PETIT +

Si la tonalité tragique s'exprime prioritairement dans les tragédies, on peut la retrouver dans d'autres genres, des romans ou des poèmes pouvant se révéler tragiques.

3 Le comique

La comédie utilise **cinq types de comique** :

→ **le comique de mots** repose sur le langage des personnages. Il peut s'agir d'un accent caricatural, de jeux de mots, d'allusions... L'auteur peut aussi avoir recours à l'ironie ;

« COVIELLE. – Alabala crociam acci boram alabamen.
CLÉONTE. – Catalequi tubal ourin soter amalouchan.
MONSIEUR JOURDAIN. – Voyez-vous ?
COVIELLE. – Il dit que la pluie des prospérités arrose en tout temps le jardin de votre famille !
MONSIEUR JOURDAIN. – Je vous l'avais bien dit, qu'il parle turc. »

Molière, *Le Bourgeois Gentilhomme*, acte V, scène 4, 1670.

→ **le comique de gestes** s'exprime par les attitudes du comédien. Les coups de bâton, les chutes, les jeux de mains, les grimaces relèvent de ce comique ;

« LUCAS. – Vous n'êtes pas médecin ?
SGANARELLE. – Non, vous dis-je.
VALÈRE. – Puisque vous le voulez, il faut donc s'y résoudre.
(Ils prennent chacun un bâton, et le frappent.)
SGANARELLE. – Ah ! ah ! ah ! messieurs, je suis tout ce qu'il vous plaira. »

Molière, *Le Médecin malgré lui*, acte I, scène 6, 1666.

→ **le comique de situation** est dû au décalage entre les actions des personnages et le contexte dans lequel ils évoluent : un personnage qui ne se sait pas observé par exemple, ou encore une situation de **quiproquo** ;

→ **le comique de caractère** est lié au tempérament d'un personnage qui provoque le rire. Il peut s'agir de la gourmandise, de la vantardise, de la timidité, de la peur... ;

→ Enfin, par **le comique de mœurs**, le dramaturge critique une catégorie de personnes, représentées par un personnage caricatural. Molière, par exemple, se moque des médecins dans *Le Malade imaginaire* (1673) et des bourgeois dans *Le Bourgeois Gentilhomme* (1670). Le comique naît d'un comportement caricaturé, lié à un métier ou à une classe sociale.

LES OUTILS D'ANALYSE *du théâtre*

1 La structuration d'une pièce

Une pièce de théâtre est souvent **divisée en actes**, qui regroupent **plusieurs scènes** et correspondent à une étape importante de l'intrigue. Entre deux actes, le temps passe et on peut changer de décor, de lieu. La fin d'une scène est souvent marquée par l'entrée ou la sortie d'un personnage. À partir du XXe siècle, **les tableaux**, ou parties, **remplacent parfois les actes** ; la division en scènes n'est plus automatique.
La pièce commence par une ou plusieurs **scène(s) d'exposition** qui installe(nt) l'action. L'objectif est de donner aux spectateurs **les éléments pour comprendre le contexte, le genre, le style de la pièce** qui commence, mais aussi de **le séduire pour qu'il ait envie de voir la suite**. L'exposition peut être prise en charge par **un prologue**. C'est le cas de nombreuses tragédies antiques, mais aussi de pièces de William Shakespeare, ou encore de dramaturges du XXe siècle qui reprennent des mythes antiques.

MOT CLÉ

Prologue : le prologue est situé au début de la pièce, il est tenu par un comédien qu'on appelle lui aussi un « prologue ». Dans la tragédie antique il s'agit le plus souvent d'un dieu, qui fait le point sur la situation et annonce la suite.

Le début d'un prologue antique

« DIONYSOS : – Me voici, fils de Zeus, sur la terre thébaine, Dionysos, celui que jadis enfanta la fille de Kadmos, Sémélé, par le feu de la foudre accouchée. J'ai pris la forme humaine pour venir aux sources de Dirké. »

Euripide, *Les Bacchantes*, [Ve siècle avant J.-C.], trad. du grec par H. Grégoire, Les Belles Lettres, 2002.

Le début d'un prologue de William Shakespeare

> « PROLOGUE. *Entre le chœur.*
> Deux illustres maisons, d'égale dignité
> Dans la belle Vérone où nous plaçons la scène,
> Enflamment à nouveau leur antique querelle,
> Et de leur propre sang les citoyens se souillent. »

William Shakespeare, *Roméo et Juliette* [1597],
trad. de l'anglais par Y. Bonnefoy, Gallimard, 2016.

Le début d'un prologue au XXe siècle

> « LE PROLOGUE. – Voilà. Ces personnages vont vous jouer l'histoire d'Antigone. Antigone, c'est la petite maigre qui est assise là-bas, et qui ne dit rien. Elle regarde droit devant elle. Elle pense. »

Jean Anouilh, *Antigone*, 1944.

La fin de la pièce, aussi appelée **dénouement**, apporte une solution aux obstacles rencontrés par le(s) héros ou propose **une fin ouverte** qui laisse libre cours à l'imagination du spectateur.

2 L'organisation du texte

Le texte théâtral est constitué **de didascalies et de répliques**.

→ **La didascalie** est une indication scénique qui donne des informations sur les attitudes, les déplacements, les costumes, etc. aux lecteurs, au (à la) metteur(e) en scène et aux comédiens, mais qui n'a pas vocation à être dite pendant la représentation. Au début de la pièce, **la didascalie initiale** donne la liste des personnages et parfois des comédiens qui ont tenu le rôle à la première représentation, ainsi que des indications de lieu et de décor. On parle de **didascalie interne** lorsque des informations sont données par les personnages eux-mêmes dans les paroles qu'ils prononcent, par exemple : « je suffoque ».

→ Toute prise de parole d'un personnage est appelée **réplique**. Il en existe plusieurs types **(voir tableau page suivante)**.

Types de réplique	Exemples
La tirade est une longue réplique adressée à un ou plusieurs personnages présents sur scène.	La célèbre « tirade du nez » de *Cyrano de Bergerac* commence par ces mots : « Ah ! non ! c'est un peu court, jeune homme ! / On pouvait dire... Oh ! Dieu ! ... bien des choses en somme... » (Edmond Rostand, *Cyrano de Bergerac*, acte I, scène 4, 1897.)
Le monologue est tenu par un personnage seul sur scène.	Dans son monologue, Figaro se plaint de l'infidélité de Suzanne : « Ô femme ! femme ! femme ! créature faible et décevante ! ... » (Beaumarchais, *Le Mariage de Figaro*, acte V, scène 3, 1784.)
La répartie est une réplique brève.	Hippolyte répond à Théramène par une répartie : « THÉRAMÈNE. – Seigneur, la reine vient, et je l'ai devancée. / Elle vous cherche. / HIPPOLYTE : – Moi ! » (Racine, *Phèdre*, acte II, scène 3, 1677.)
La stichomythie est une succession de répliques brèves.	Agnès montre son désintérêt pour la conversation avec son tuteur Arnolphe : « ARNOLPHE. – La promenade est belle. / AGNÈS. – Fort belle. / ARNOLPHE. – Le beau jour ! / AGNÈS. – Fort beau. » (Molière, *L'École des Femmes*, acte II, scène 5, 1662.)
L'aparté est une réplique prononcée par un personnage à l'attention du public, et que les autres personnages, par convention théâtrale, n'entendent pas. Il est annoncé par une didascalie du type « à part ».	Araminte tend un piège à Dorante pour observer ses réactions : « ARAMINTE, *à part, pendant qu'il se place.* – Il ne sait ce qu'il fait. Voyons si cela continuera. » (Marivaux, *Les Fausses Confidences*, acte II, scène 13, 1737.)

3 Les types de personnages

Les personnages peuvent aussi être désignés sous le nom de **protagonistes.** L'intrigue peut faire intervenir **un héros ou une héroïne**, des personnages **principaux et secondaires**. **Le (la) figurant(e)** est un personnage présent sur scène mais qui ne parle pas. **Le témoin caché** est un personnage qui assiste à une scène sans être vu.

L'intrigue est parfois réglée brutalement à la fin d'une pièce par l'intervention d'un personnage providentiel qu'on appelle **« *deus ex machina* »**. Cette expression latine signifie « dieu sorti de la mécanique », les dramaturges antiques faisant parfois intervenir un dieu par une grue ou une trappe.

4 Les scènes typiques

On retrouve dans de nombreuses pièces des scènes codifiées, notamment :

- **la scène d'exposition** qui ouvre la pièce ;
- **la scène de rencontre amoureuse**, de « coup de foudre » ;
- **la scène de conflit**, d'opposition ou de combat ;

- la révélation d'un **secret** ;
- **le coup de théâtre** ou rebondissement dans l'action ;
- **le quiproquo** (malentendu entre personnages) ;
- la tirade délibérative, ou **dilemme**, lorsque le héros a une décision difficile voire impossible à prendre ;
- **le récit**, lorsqu'un personnage raconte ce qui s'est passé hors-scène.

5 La scénographie

Le texte de théâtre est accessible à la fois **par la lecture et par la représentation.** Pour analyser un extrait théâtral, il faut donc prendre en compte **les éléments scénographiques**, imaginés par le (la) metteur(e) en scène secondé(e) du (de la) scénographe : **décors, lumières, sons, costumes, jeu des comédiens**, transformations éventuelles du texte, **effets spéciaux et utilisation de médias** comme l'écran, **introduction d'autres arts** comme la danse, la pantomime, la musique, etc.

Le texte théâtral se caractérise par **la double énonciation** :

- les personnages dialoguent entre eux **comme s'il n'y avait pas de public** ;
- **le sens** passe à travers **le jeu des acteurs et les choix du (de la) metteur(e) en scène** **(voir ci-dessus)**.

Le mur imaginaire entre la scène et la salle est appelé **« Quatrième mur »**. Plusieurs **procédés** peuvent briser cette séparation invisible entre le monde de l'illusion et le monde réel :

- **l'aparté, le prologue, les interventions du chœur** puisque les personnages s'adressent au public ;
- **le procédé de distanciation** **(voir p. 145)**.

Le théâtre du XVIIe au XXIe

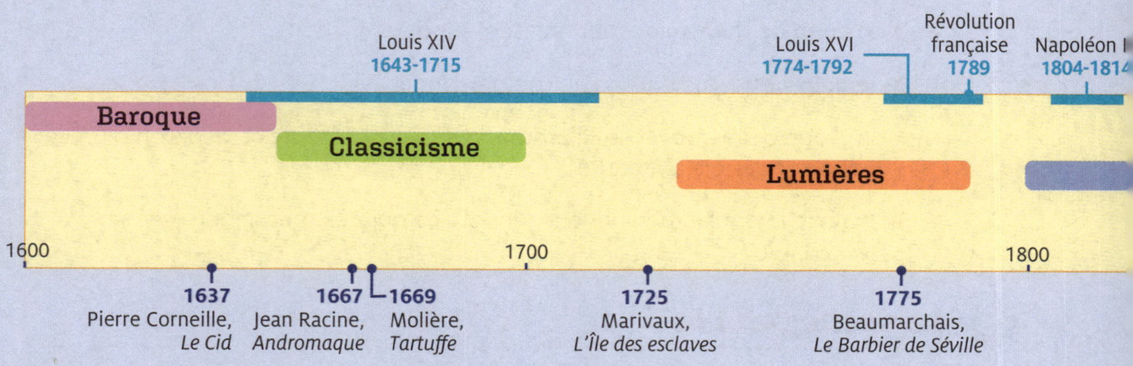

Les genres principaux

- **XVIIe s – Tragédie et comédie classiques**
  - Pièces généralement en vers
  - Règle des trois unités
  - Bienséance et vraisemblance
- **XVIIIe s – Comédie sérieuse (drame bourgeois)**
  - Pièces en prose : entre comédie et tragédie
  - Ton sérieux et moralisateur
  - Milieu bourgeois
- **XIXe s – Drame romantique**
  - Pièces généralement en prose
  - Mélange des tonalités
  - Importance de l'Histoire
- **XIXe s – Vaudeville**
  - Comédies en prose
  - Rythme rapide
  - Thème adultère, milieu bourgeois
- **XXe et XXIe s – Théâtre moderne**
  - Engagement politique
  - Absurdité de la condition humaine
  - Fusion des genres
  - Écriture de plateau

Les fonctions du théâtre

- Religieuse (à l'origine)
- Mimétique (imitation de la réalité)
- Ludique (divertissement, plaisir)
- Didactique
  - Tragédie = *catharsis*
  - comédie = *castigat ridendo mores* (correction des mœurs par le rire)
- Sociale et politique
- Esthétique (travail sur la langue)

siècle

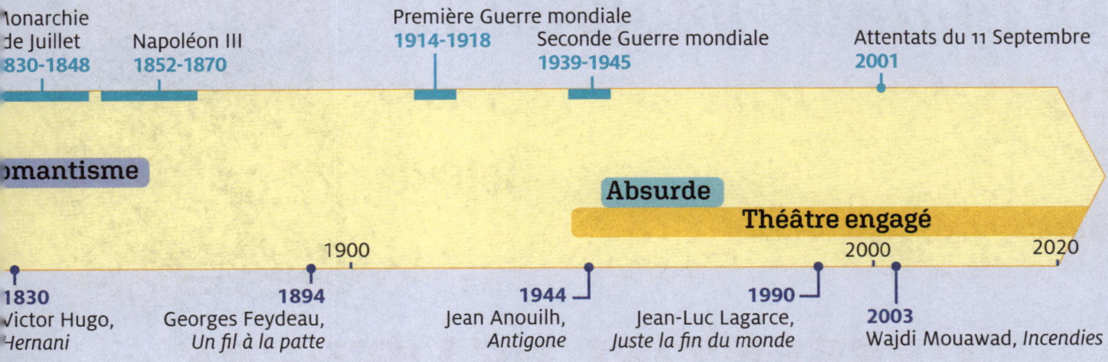

Le texte théâtral

Parole théâtrale

- Tirade
- Répartie
- Aparté
- Monologue
- Stichomythie

La double énonciation

- Aparté
- Quiproquo
- Monologue
- Ironie tragique

L'action théâtrale

Déroulement classique d'une pièce

- Scène d'exposition
- Péripéties
- Nœud de l'action
- Dénouement

Situations théâtrales fréquentes

- Conflit
- Coup de théâtre
- Dilemme
- Quiproquo
- Dialogue amoureux

Voie générale
Voie technologique

Le Malade imaginaire (1673)

Molière

Parcours « Spectacle et comédie »

L'ESSENTIEL DE L'ŒUVRE en 3 points

1 La satire

Dans *Le Malade imaginaire*, **Molière se moque des médecins prétentieux qui ne doutent jamais de leur science** (alors même qu'à l'époque les connaissances en médecine sont très limitées). Mais Molière dénonce aussi **la crédulité de leurs patients**. Argan l'hypocondriaque ne parvient pas à remettre en question leur autorité, et ce jusqu'au dénouement. Le fait **qu'il devienne lui-même médecin comme par magie, lors d'une cérémonie improvisée**, devrait pourtant l'inciter à émettre des doutes sur les compétences des médecins qui l'ont pris en charge, mais il n'en est rien.

2 Une comédie-ballet

La comédie-ballet est un spectacle mêlant théâtre, chant et danse, créé pour **divertir le roi**. *Le Malade imaginaire* commence par **deux prologues**. Après un éloge à Louis XIV, une bergère introduit le thème de la médecine. Dans le premier intermède, à la fin de l'acte I, on assiste aux **amours contrariées de Polichinelle**, personnage de la *commedia dell'arte*. Il compte ensuite les coups qu'il reçoit, comme Argan comptait les factures de ses soins à la scène 1. Le deuxième intermède chante la douceur de l'amour. On peut y lire **un message pour le père qui cherche à contraindre sa fille au mariage**. Enfin le dernier est **la cérémonie qui fait d'Argan un médecin**. L'intermède est donc à la fois **un divertissement, un retour aux sources de la comédie et un prolongement de l'intrigue**.

3 Une réflexion sur le théâtre

Molière a recours à plusieurs reprises au **théâtre dans le théâtre**. À l'acte II, scène 5, Cléante et Angélique se chantent leur amour devant Argan, **sous le masque de bergers** qui rappellent le prologue de la pièce. **Toinette se travestit en médecin** à l'acte III, scène 10, et la pièce s'achève sur **la mascarade qui fait d'Argan un médecin**. Dans les trois cas, Molière nous fait comprendre **que l'illusion permet de saisir la vérité**. À l'acte III, scène 3, Béralde émet le souhait d'emmener son frère voir une comédie de Molière, mais c'est un échec car Argan est incurable, la comédie n'a sur lui aucun effet, à moins qu'il n'en soit l'acteur principal.

UN QUIZ POUR TESTER
sa connaissance de l'œuvre

QCM ?

1. Pourquoi cette pièce est-elle particulièrement importante dans la carrière de Molière ?

- **a** C'est sa première comédie.
- **b** C'est sa dernière pièce.
- **c** C'est la seule comédie-ballet qu'il ait écrite.

2. De quel roi l'églogue au début de la pièce chante-t-elle les louanges ?

- **a** Louis XVI.
- **b** Henri IV.
- **c** Louis XIV.

3. Quelle est la structure de cette pièce ?

- **a** Trois actes et un ballet final.
- **b** Deux prologues et trois actes suivis chacun d'un intermède.
- **c** Un prologue, trois actes et un ballet final.

4. De quoi Argan souffre-t-il ?

- **a** Il est allergique.
- **b** Il est hypocondriaque.
- **c** Il est dépressif.

5. Qui Molière critique-t-il dans cette pièce ?

- **a** Les médecins.
- **b** Le Roi.
- **c** Les valets et servantes.

6. Cléante et Angélique sont « amants ». Que signifie ce terme au XVIIe siècle ?

- **a** Ils sont mariés chacun de leur côté et entretiennent une relation amoureuse en cachette.
- **b** Ils ont des relations sexuelles sans être mariés.
- **c** Ils s'aiment.

7. Pourquoi Argan s'oppose-t-il au mariage de sa fille avec Cléante ?

- **a** Il n'est pas noble.
- **b** Il n'est pas médecin.
- **c** Il n'est pas vraiment amoureux d'Angélique.

8. Quel personnage se déguise en médecin ?

- **a** Toinette.
- **b** Béralde.
- **c** Cléante.

9. Que célèbre le ballet final ?

- **a** Le mariage de Cléante et Angélique.
- **b** La guérison d'Argan.
- **c** L'intronisation d'Argan comme médecin.

10. Quel mythe est attaché à cette pièce ?

- **a** Molière serait mort sur scène en jouant Argan.
- **b** Le Roi, malade, n'aurait pas pu assister à la première représentation de l'œuvre sur scène.
- **c** Le responsable de la faculté de médecine de Paris aurait écrit une lettre au Roi pour se plaindre de la pièce.

→ Corrigés page 184

Voie technologique

L'Île des esclaves (1725)

Marivaux

Parcours « Maîtres et valets »

L'ESSENTIEL DE L'ŒUVRE en 3 points

1 L'utopie

Le mot « utopie » vient du grec « *topos* », qui désigne un lieu, et de « ou », préfixe privatif qui signifierait **« le non-lieu »**, ou de « eu » préfixe mélioratif qui signifierait **« le bon lieu »**. On doit ce terme à Thomas More, auteur du XVIe siècle. L'île sur laquelle échouent les quatre protagonistes est **un lieu imaginaire, qui propose une société harmonieuse**. Les habitants sont d'anciens esclaves grecs, qui se sont donné pour mission **d'éduquer les maîtres** en leur faisant prendre conscience des abus d'autorité dont ils font preuve envers leurs esclaves.

2 Maîtres et valets

Sur cette île, maîtres et valets doivent **intervertir leurs rôles**. Trivelin est le maître des lieux, c'est lui qui garantit l'application de cette loi. **Cette expérience permet à Marivaux de critiquer l'aristocratie et la toute puissance des maîtres.** L'orgueil des puissants est mis à mal et **Marivaux participe, à travers cette pièce, à la diffusion des idées des Lumières**, qui privilégient les qualités morales à la naissance. Cependant, on est au début du XVIIIe siècle et **il ne s'agit pas encore de révolutionner le fonctionnement de la société** : à la fin de la pièce, une fois la leçon comprise, chacun retrouve sa place.

3 Le comique

Malgré la réflexion qu'elle propose sur les rapports entre dominés et dominants, **la pièce est une comédie**. Marivaux utilise **tous les types de comiques** (comique de mots, de gestes, de situation, de caractère et de mœurs), en s'inspirant de la ***commedia dell'arte***. **Arlequin**, par exemple, est **le type même du valet bon vivant**, un peu simplet. Dès la scène d'exposition, le dramaturge joue sur le **contraste entre la joie du valet et la terreur de son maître**. On retrouve des **passages parodiques de théâtre dans le théâtre**, en particulier les scènes 3 et 6 où les domestiques caricaturent leur maître. Le rire est convoqué, comme souvent dans la comédie, pour **corriger les mœurs.** Il s'agit d'éduquer non seulement Iphicrate et Euphrosine, mais aussi **les maîtres qui sont dans la salle**.

UN QUIZ POUR TESTER sa connaissance de l'œuvre

QCM ?

1. Combien de scènes comprend la pièce ?

- a 15.
- b 11.
- c 9.

2. Quel est le genre de la pièce ?

- a Une comédie.
- b Une tragédie.
- c Une tragi-comédie.

3. Qu'est-ce qu'une « utopie » ?

- a Une idée farfelue.
- b Une société sans État pour la gouverner.
- c Une société imaginaire idéale.

4. Comment Iphicrate et Arlequin arrivent-ils sur l'île des esclaves ?

- a Leur bateau a fait naufrage.
- b Ils avaient l'intention de découvrir cette île dont ils avaient entendu parler.
- c Par erreur, ils pensaient être arrivés en Grèce.

5. Quel principe régit la vie sur cette île ?

- a Les habitants font de tout nouvel arrivant leur esclave.
- b Maîtres et esclaves intervertissent leur rôle pour trois ans.
- c L'esclavage est interdit sur cette île.

6. Comment s'appellent les deux valets ?

- a Arlequin et Iphicrate.
- b Iphicrate et Cléanthis.
- c Arlequin et Cléanthis.

7. Qui est Trivelin ?

- a Le mari d'Euphrosine.
- b Le roi de l'île.
- c Le garant de la loi sur l'île.

8. Quelles sont les origines du personnage d'Arlequin ?

- a L'Italie : la *commedia dell'arte*.
- b L'Angleterre : le théâtre élisabéthain.
- c La France : la farce médiévale.

9. Comment se termine la pièce ?

- a Les maîtres s'enfuient.
- b Les esclaves décident de rester sur l'île.
- c Les maîtres ont compris la leçon et reprennent leur place.

10. Quelle morale Trivelin délivre-t-il à la fin de cette pièce ?

- a « Les hommes ne valent rien. »
- b « La différence des conditions n'est qu'une épreuve que les dieux font sur nous. »
- c « Le mérite vaut bien la naissance. »

→ Corrigés page 184

Les Fausses Confidences (1737)

Marivaux

Parcours « Théâtre et stratagème »

L'ESSENTIEL DE L'ŒUVRE

en 3 points

1 Le marivaudage

Les pièces de Marivaux ont eu un tel retentissement que le terme **« marivaudage »** a été créé à partir du nom du dramaturge. **Le marivaudage désigne une conversation amoureuse apparemment légère, mais qui traduit les sentiments profonds des personnages.** Les héros des comédies de Marivaux doivent traverser des épreuves pour finalement reconnaître et accepter leurs propres sentiments, jusqu'alors ignorés voire soigneusement étouffés. Ainsi, ce n'est qu'à la fin de la pièce qu'Araminte accepte son amour pour Dorante, le lui avoue et l'assume devant les autres.

2 Le mariage et la condition féminine

Au XVIIIe siècle, le mariage est encore contrôlé par les parents, et **les classes sociales sont hermétiques** : on épouse quelqu'un de sa condition ou, si possible, d'une condition supérieure pour gravir les échelons. La difficulté est donc double pour Araminte : **Dorante est pauvre alors qu'elle-même est riche**, et sa mère souhaite lui voir épouser le Comte, qui lui permettrait d'accéder à la noblesse. On voit bien que **le personnage d'Araminte est une figure tout à fait novatrice**, c'est une femme forte, indépendante, qui résiste aux pressions sociales et familiales pour prendre ses décisions.

3 La ruse

Toute la pièce est fondée sur **une mécanique redoutable** mise en place par **le valet Dubois**. Celui-ci use de **stratagèmes** pour arriver à ses fins : aider son ancien maître Dorante à épouser Araminte. Dorante est tout d'abord **introduit dans la maison de la veuve** en tant qu'intendant. Puis Dubois utilise les autres personnages comme Marton et M. Rémy pour **attiser la jalousie d'Araminte**, et se sert **d'accessoires** pour refermer son piège : des portraits d'elle et une lettre qu'il fait rédiger à Dorante. Cependant, **Araminte se montre elle aussi stratège à l'acte II, scène 13**, piégeant Dorante pour qu'il lui avoue ses sentiments. **Tous ces stratagèmes apportent à la pièce de la théâtralité**, les jeunes premiers se retrouvant confrontés à leurs propres émotions et à l'évolution de leurs sentiments, que le spectateur suit avec plaisir.

UN QUIZ POUR TESTER
sa connaissance de l'œuvre

QCM ?

1. Quel est le premier titre de la pièce ?

- **a** *Confidence pour confidence.*
- **b** *Les Faux Confidents.*
- **c** *La Fausse Confidence.*

2. Qu'est-ce qu'une confidence ?

- **a** Un objet qu'on nous confie et auquel on doit faire attention.
- **b** Un secret.
- **c** C'est un synonyme de « confiance » au XVIIIᵉ siècle.

3. Quel est le genre de la pièce ?

- **a** Une comédie.
- **b** Une tragédie.
- **c** Une tragi-comédie.

4. Qui sont les valets de cette pièce ?

- **a** Arlequin, Dorante et Marton.
- **b** Dubois, Dorante et M. Rémy.
- **c** Dubois, Arlequin et Marton.

5. Qui est Dubois pour Dorante ?

- **a** Son ancien valet.
- **b** Son meilleur ami.
- **c** Son rival.

6. Pourquoi Dorante pense-t-il qu'il ne peut pas séduire Araminte ?

- **a** Il la juge trop belle pour lui.
- **b** Il pense qu'elle est amoureuse d'un autre.
- **c** Ils ne sont pas de la même condition sociale.

7. Comment Dorante s'introduit-il chez Araminte ?

- **a** Il se déguise en valet.
- **b** Il accompagne son oncle, M. Rémy, qui vient rendre visite à Araminte.
- **c** Il se fait passer pour un intendant.

8. Quels personnages montent des stratagèmes dans cette pièce ?

- **a** Dubois et Araminte.
- **b** Le Comte et Dubois.
- **c** Dubois et Marton.

9. Pourquoi Dubois est-il content à la fin de la pièce ?

- **a** Il s'est réconcilié avec Arlequin.
- **b** Son plan a fonctionné, Araminte est tombée amoureuse de Dorante.
- **c** Il est amoureux de Marton.

10. Qu'appelle-t-on le « marivaudage » ?

- **a** Le terme désigne l'ensemble des écrivains disciples de Marivaux.
- **b** C'est un terme péjoratif qui désigne la tentation de compliquer ce qui pourrait être simple.
- **c** C'est un style propre aux comédies de Marivaux, qui s'intéressent au sentiment amoureux.

→ Corrigés page 184

ŒUVRES AU PROGRAMME

Voie générale
Voie technologique

Juste la fin du monde (1990)

Jean-Luc Lagarce

Parcours « Crise personnelle, crise familiale »

L'ESSENTIEL DE L'ŒUVRE en 3 points

1 Un théâtre de parole

Dans le théâtre de Jean-Luc Lagarce, **la parole a plus d'importance que l'action**. C'est pour cette raison qu'on ne trouve **pas de didascalies**, mais de **nombreuses répliques très longues, monologues ou tirades**. L'intrigue de la pièce tient en quelques mots : Louis revient dans sa famille après une longue absence pour **dire sa mort prochaine**. Mais il échoue, ne parvient pas à parler à ses proches. **Le style illustre cette impossibilité de la communication**, les personnages se répétant ou se reprenant sans cesse, comme s'ils ne parvenaient pas à trouver le mot juste. Le texte hésite **entre poésie et prose**, avec des **retours à la ligne** qui viennent déstructurer le propos, et **traduisent sur l'espace de la page le vide qui habite les personnages**.

2 Un théâtre de la crise

Alors qu'on s'attend à des retrouvailles joyeuses on ressent très vite la tension entre les personnages. **L'absence inexpliquée** de Louis pendant douze ans est **au cœur de tous les ressentiments**. Alors même qu'il est à un moment décisif de sa vie, **la crise familiale prend le pas sur la crise personnelle**. Le titre de la pièce prend ainsi tout son sens : **c'est « juste la fin du monde », un événement qui pourrait être important mais qui est avorté avant même d'avoir commencé à exister**.

3 Le tragique d'un homme, le tragique de l'homme

Louis est un personnage tragique, impuissant face à sa maladie. Les autres membres de la famille sont eux aussi **victimes du temps qui passe**. La mère vit dans le passé et ne parvient pas à affronter la mort de son mari et la mésentente de ses enfants. Antoine ne pardonne pas à son frère d'avoir eu la place, privilégiée à ses yeux, **de fils aîné**. Suzanne la petite sœur n'a pas de souvenir de son frère. La mère n'a pas de prénom, **comme si elle représentait toutes les mères** ; le père et le neveu de Louis s'appellent eux aussi Louis, **comme si l'histoire devait se répéter sur toutes les générations, et s'étendre à tous les hommes**. Cette famille est finalement **le reflet des angoisses propres à tous les humains**.

UN QUIZ POUR TESTER
sa connaissance de l'œuvre

QCM

1. De quand date la pièce ?

- a 1890.
- b 1990.
- c 2010.

2. Comment est structurée cette pièce ?

- a Un prologue et deux actes.
- b Un prologue, un premier tableau, un intermède et un deuxième tableau.
- c Un prologue, une première partie, un intermède, une deuxième partie et un épilogue.

3. En quoi l'écriture est-elle particulière ?

- a Il y a de nombreux retours à la ligne et beaucoup de répétitions.
- b Le texte est écrit en vers, en particulier des alexandrins.
- c Il n'y a pas de ponctuation mais de nombreuses didascalies.

4. Quelle est la tonalité dominante dans ce texte ?

- a Tragique.
- b Comique.
- c Pathétique.

5. Quels sont les rapports entre les personnages ?

- a Louis et Antoine sont frères. Louis est marié à Suzanne, Antoine à Catherine.
- b Antoine, Suzanne et Louis sont frères et sœur, Catherine est la femme d'Antoine.
- c La mère a quatre enfants, Suzanne, Catherine, Louis et Antoine.

6. Quel âge a Louis ?

- a 34 ans.
- b 29 ans.
- c 42 ans.

7. Pourquoi le père est-il absent ?

- a Il est mort.
- b Il a abandonné la famille.
- c On ne le sait pas.

8. Pourquoi Louis revient-il auprès des siens ?

- a Il veut assister au mariage de son frère.
- b Il veut leur annoncer qu'il est malade et va mourir.
- c Il veut savoir qui est son père.

9. Louis parvient-il à faire ce qu'il avait prévu ?

- a Oui.
- b Non.
- c On ne le sait pas.

10. Quel aspect de la pièce est autobiographique ?

- a Jean-Luc Lagarce, au moment où il écrit la pièce, sait qu'il est malade et va mourir.
- b Jean-Luc Lagarce est mort lui aussi à 34 ans.
- c Le frère et la sœur de Jean-Luc Lagarce s'appellent Antoine et Suzanne.

→ Corrigés page 184

S'ENTRAÎNER

1 Reconnaître les comédies et les tragédies du XVIIe siècle.

a. D'après la liste des personnages et le résumé, détermine pour chaque pièce présentée s'il s'agit d'une comédie ou d'une tragédie. Relève les indices qui te permettent de l'affirmer.

b. Précise ensuite s'il s'agit d'une pièce baroque ou classique. Explique ce qui t'a permis de répondre.

Jean Racine, *Bérénice*, 1670

Personnages

Titus, empereur de Rome – Bérénice, reine de Palestine – Antiochus, roi de Comagène – Paulin, confident de Titus – Arsace, confident d'Antiochus – Phénice, confidente de Bérénice – Rutile, Romain – Suite de Titus.
La scène est à Rome.

Résumé

Titus aime Bérénice et doit l'épouser le soir-même. Antiochus, qui aime aussi la reine, lui avoue son amour. Le Sénat refuse d'avoir pour impératrice une étrangère. Les trois personnages se séparent à la fin de la pièce.

Pierre Corneille, *Le Menteur*, 1644

Personnages

Géronte, père de Dorante – Dorante, fils de Géronte – Alcippe, ami de Dorante, et amant de Clarice – Philiste, ami de Dorante et d'Alcippe – Cliton, valet de Dorante – Lycas, valet d'Alcippe.
La scène est à Paris.

***Résumé* du Menteur**

Dorante tombe amoureux d'une jeune fille prénommée Clarice, mais qu'il croit s'appeler Lucrèce. Comme son père veut le contraindre à épouser cette fameuse Clarice, il invente des mensonges pour échapper à ce mariage, aidé en cela de son valet Cliton. De son côté, Clarice est promise à Alcippe, mais demande à son amie Lucrèce de rencontrer Dorante en se faisant passer pour elle, pour mieux l'observer. La pièce se termine sur la perspective de mariages, mais pas ceux que l'on aurait imaginés.

→ Corrigés page 184

2 Étudier un extrait de théâtre.

« ***À Paris, chez Vatelin***[1]*. Un salon élégant. Porte au fond. Deux portes à droite, deux à gauche. Mobilier ad libitum*[2]*.*
Au lever du rideau, la scène reste vide un instant. On ne tarde pas à entendre des rumeurs au fond, et Lucienne, en tenue de sortie, son chapeau un peu de travers sur la tête, fait irruption comme une femme affolée.

Acte I, Scène 1 : Lucienne, Pontagnac.

LUCIENNE, *entrant comme une bombe et refermant la porte sur elle, mais pas assez vite pour empêcher une canne, passée par un individu qu'on ne voit pas, de se glisser entre le battant et le chambranle de la porte.* – Ah ! mon Dieu ! Allez-vous en, monsieur !... Allez-vous en !...

PONTAGNAC, *essayant de pousser la porte que chaque fois Lucienne repousse sur lui.* – Madame !... Madame !... je vous en prie !...

LUCIENNE. – Mais jamais de la vie, monsieur !... Qu'est-ce que c'est que ces manières ! *(Appelant tout en luttant contre la porte.)* Jean, Jean ! Augustine !... Ah ! mon Dieu, et personne !...

PONTAGNAC. – Madame ! Madame !

LUCIENNE. – Non ! Non !

PONTAGNAC, *qui a fini par entrer.* - Je vous en supplie, madame, écoutez-moi !

LUCIENNE. – C'est une infamie !... Je vous défends, monsieur !... Sortez !...

PONTAGNAC. – Ne craignez rien, madame, je ne vous veux aucun mal ! Si mes intentions ne sont pas pures, je vous jure qu'elles ne sont pas hostiles... bien au contraire. *Il va à elle.*

LUCIENNE, *reculant.* – Ah çà ! monsieur, vous êtes fou !

PONTAGNAC, *la poursuivant.* – Oui, madame, vous l'avez dit, fou de vous ! »

1. L'époux de Lucienne.

2. *Ad libitum* : expression latine qui signifie « à volonté ». Le metteur en scène est invité à imaginer un décor chargé.

a. Analyse le rythme de la scène. Justifie tes propos.

b. À quel moment de la pièce se trouve-t-on ? Quelles sont les fonctions de ce moment-clé de la pièce ?

c. Repère les différents types de comique utilisés dans cet extrait.

d. D'après toi, quel est le genre de cette pièce ? Qui pourrait être son auteur ? Justifie tes réponses.

→ Corrigés page 184

3 Analyser une scénographie.

a. Observe la photographie ci-dessous et décris les éléments de scénographie que tu peux observer.

b. Quelle est l'ambiance de cette mise en scène ? D'après toi, quel est le genre de la pièce représentée ici ?

→ Corrigés page 184

SUJET GUIDÉ ÉPREUVE ÉCRITE

SE PRÉPARER POUR LE BAC

LE COMMENTAIRE

Voie générale Voie technologique

Jean GIRAUDOUX, *Électre*

Dans la mythologie grecque, Électre est la sœur d'Oreste. Leur père, le roi Agamemnon, a été assassiné par son frère Égisthe, sur l'ordre de leur mère Clytemnestre, qui a ensuite épousé l'assassin. Suite à la mort de son père, Oreste est parti en exil. Au début de la pièce de Jean Giraudoux, un étranger revient au palais. À la scène 6, Électre a reconnu en lui Oreste, son frère bien-aimé.

ÉLECTRE. – Je ne t'étouffe pas... Je ne te tue pas... Je te caresse. Je t'appelle à la vie. De cette masse fraternelle que j'ai à peine vue dans mon éblouissement, je forme mon frère avec tous ses détails. Voilà que j'ai fait la main de mon frère, avec son beau pouce si net. Voilà que j'ai fait la poitrine de mon frère, et que je l'anime, et qu'elle se gonfle et expire, en donnant la vie à mon frère. Voilà que je fais son oreille. Je te la fais petite, n'est-ce pas, ourlée, diaphane[1] comme l'aile de la chauve-souris ?... Un dernier modelage, et l'oreille est finie. Je fais les deux semblables. Quelle réussite, ces oreilles ! Et voilà que je fais la bouche de mon frère, doucement sèche, et je la cloue toute palpitante sur son visage... Prends de moi ta vie, Oreste, et non de ta mère !

ORESTE.– Pourquoi la hais-tu ?... Écoute !

ÉLECTRE. – Qu'as-tu ? Tu me repousses ? Voilà bien l'ingratitude des fils. Vous les achevez à peine, et ils se dégagent, et ils s'évadent.

ORESTE. – Quelqu'un nous surveille, de l'escalier...

ÉLECTRE. – C'est elle, c'est sûrement elle. C'est la jalousie ou la peur. C'est notre mère.

LE MENDIANT. – Oui, oui, c'est bien elle.

ÉLECTRE. – Elle se doute que nous sommes là, à nous créer nous-mêmes, à nous libérer d'elle. Elle se doute que ma caresse va t'entourer, te laver d'elle, te rendre orphelin d'elle... Ô mon frère, qui jamais pourra me donner le même bienfait ?

ORESTE. – Comment peux-tu ainsi parler de celle qui t'a mise au monde ! Je suis moins dur pour elle, qui l'a été tant pour moi !

ÉLECTRE. – C'est justement ce que je ne peux supporter d'elle, qu'elle m'ait mise au monde. C'est là ma honte. Il me semble que par elle je suis entrée dans la vie d'une façon équivoque[2] et que sa maternité n'est qu'une complicité qui nous lie. J'aime tout ce qui, dans ma naissance, revient à mon père. J'aime comme il s'est dévêtu, de son beau vêtement de noces, comme il s'est couché, comme tout d'un coup pour m'engendrer il est sorti de ses pensées et de son corps même. J'aime à ses yeux son cerne de futur père, j'aime cette surprise qui remua son corps le jour où je suis née, à peine perceptible, mais d'où je me sens issue plus que des souffrances et des efforts de ma mère. Je suis née de sa nuit de profond sommeil, de sa maigreur de neuf mois, des consolations qu'il prit avec d'autres femmes pendant que ma mère me portait, du sourire paternel qui suivit ma naissance. Tout ce qui est de cette naissance du côté de ma mère, je le hais.

Jean Giraudoux, *Électre*, acte I, scène 8, 1937.

1. **Diaphane :** mince et qui laisse passer la lumière.
2. **Équivoque :** incertaine, louche.

Étape 1 Les premiers repérages sur le texte

Questions à se poser	Réponses	Éléments du texte
La situation de l'extrait	Acte I, scène 8	On est au début de la pièce, Électre retrouve Oreste qui était en exil.
Les personnages présents et les liens qu'ils entretiennent	Électre, son frère Oreste et un mendiant	Les noms des personnages avant chaque réplique. « Ô mon frère » (l. 20)
La répartition de la parole	Un dialogue	Électre a de longues répliques. Le mendiant ne parle que très peu.
Le(s) thème(s) de l'extrait	La famille	Amour d'Électre pour son frère et pour son père, haine de sa mère.
La (les) tonalité(s) dominante(s)	Lyrique	Électre exprime ses sentiments personnels (« J'aime », l. 26 ; « c'est là ma honte », l. 24 ; « je le hais », l. 34).
	Tragique	Électre rejette ses origines, comme si sa mère était une tache dans son histoire, qu'elle aimerait effacer, mais c'est impossible.
Le courant littéraire	Une réécriture de mythe antique	Dans la mythologie grecque, Électre et Oreste sont membres de la famille des Atrides, mais ce dialogue et le personnage du mendiant sont bien des inventions de Giraudoux.

COUP DE POUCE

Pour analyser un texte de théâtre, il est important d'analyser non seulement les répliques, mais aussi les didascalies ou leur absence, et de ne pas oublier de s'intéresser à tous les personnages présents sur scène, même s'ils parlent peu ou qu'ils ne s'expriment pas du tout.

Étape 2 L'analyse des procédés d'écriture

Repère les sentiments qui habitent Électre et les procédés stylistiques qui les illustrent :

Électre aime son frère qu'elle décrit avec tendresse dans sa première réplique, comme une mère le ferait de son enfant. Elle utilise de nombreux termes mélioratifs comme « beau » (l. 4), « réussite » (l. 8), « doucement » (l. 9). Elle ne le désigne que par le déterminant possessif « mon frère » (l. 3-9 et 20), qui marque sa proximité.

À l'inverse, Électre désigne sa mère par le déterminant de la deuxième personne du singulier : « ta mère » (l. 10). **Elle lui attache des sentiments péjoratifs** comme la « jalousie », la « peur » (l. 15), la « honte » (l. 24), et le verbe « haïr » revient dans sa bouche et dans celle d'Oreste : « Pourquoi la hais-tu ? » (l. 11), « Tout ce qui est de cette naissance du côté de ma mère, je le hais » (l. 34). Enfin, **elle évoque son père en répétant « j'aime »** (l. 26 et 29).

COUP DE POUCE

Fais appel à ta culture littéraire ou personnelle pour identifier les références auxquelles les procédés stylistiques peuvent faire allusion.

Analyse les discours des personnages, en prêtant attention aux procédés stylistiques utilisés :

Dans cet extrait, **Électre sculpte son frère.** On le voit bien avec le champ lexical du corps : « main » (l. 3), « pouce », « poitrine » (l. 4), « oreille » (l. 6), « bouche » (l. 8). La répétition du verbe « fai[re] » (l. 3-8) et du déictique « voilà » (l. 3-5, 8 et 11) montre **qu'elle le recrée, qu'elle lui redonne la « vie »** (terme répété également lignes 3 et 10). Cela évoque **le personnage de Pygmalion** qui, dans la mythologie grecque, sculpte une femme très belle dont il tombe amoureux et à qui il donne la vie.

Dans un deuxième temps, **elle réécrit sa propre naissance**, comme si elle était née de son père et non de sa mère. Électre oppose ce qu'elle doit à son père et ce qu'elle doit à sa mère avec l'antithèse « j'aime »/« je le hais ». Elle multiplie les termes liés à l'enfantement : « mise au monde » (l. 21 et 23-24), « entrée dans la vie » (l. 24), « maternité » (l. 25), « ma naissance » (l. 26 et 34), « m'engendrer » (l. 28), « je suis née » (l. 30 et 31), « je me sens issue » (l. 30), « neuf mois » (l. 32).

Étape 3 La construction du projet de lecture et du plan

→ Un mot revient à plusieurs reprises au cours de l'analyse. Il faut le repérer pour l'utiliser dans la formulation du projet de lecture.

> La naissance

→ Les premiers repérages et l'analyse des procédés d'écriture permettent de formuler le projet de lecture suivant :

> À quelle(s) naissance(s) assistons-nous dans cet extrait ?

→ Le plan détaillé s'appuie sur le projet de lecture : **les différents axes** reprennent les mots-clés employés pour formuler ce dernier ; **les sous-parties** sont composées des éléments d'analyse, des idées, des remarques notées lors de son élaboration...

Proposition de plan détaillé

I. Renaissance des personnages

- **a** Électre redonne vie à son frère
- **b** Électre réécrit sa propre naissance
- **c** Effacement de Clytemnestre au profit d'Électre, nouvelle mère

II. Naissance d'une héroïne

- **a** Déploiement de ses sentiments
- **b** Électre mène le jeu
- **c** Supériorité d'Électre sur Oreste, amour incestuel qui a quelque chose d'effrayant, de violent

III. Renaissance du mythe d'Électre

- **a** Théâtralité de l'extrait malgré l'absence de didascalies
- **b** Renouvellement de la tragédie antique et classique : les dieux sont évincés, la responsabilité est exclusivement humaine
- **c** **Méta-théâtralité** : Giraudoux, Pygmalion du mythe qui a une portée universelle

MOT CLÉ

Méta-théâtralité : un texte de théâtre est dit « méta-théâtral » quand il propose à travers la fiction une réflexion sur le genre théâtral. Ici, on peut voir, à travers le personnage d'Électre qui réécrit sa naissance, le travail du dramaturge Giraudoux qui réécrit le mythe d'Électre en le renouvelant tout en en reprenant les fondamentaux.

Étape 4 La rédaction de l'introduction et de la conclusion

L'introduction

L'introduction doit dans un premier temps présenter le texte (auteur, titre, date, forme et sujet) :

En 1937, Jean Giraudoux fait d'Électre l'héroïne éponyme d'une pièce de théâtre qui reprend les fondamentaux du mythe grec tout en le renouvelant. À l'acte I, scène 8, Électre et son frère ne savent pas encore que c'est leur mère Clytemnestre qui a fait assassiner leur père, mais on perçoit déjà la haine d'Électre qui, comme un Pygmalion au féminin, réécrit leur naissance pour évincer la figure maternelle.

De manière à amener le plus naturellement possible le projet de lecture :

Ainsi, on peut se demander à quelle(s) naissance(s) on assiste dans ce passage.

Ainsi que les grandes parties (axes de lecture) du plan :

Nous analyserons la renaissance des deux personnages par l'initiative d'Électre, puis nous verrons en quoi cette dernière acquiert ici le statut d'héroïne, avant de nous intéresser à ce que Jean Giraudoux apporte au mythe dans cette nouvelle version.

La conclusion

La conclusion est le bilan du développement. Elle doit dans un premier temps rester centrée sur le projet de lecture :

Ce passage superpose les figures d'Électre, de Pygmalion et de Jean Giraudoux lui-même. Nous assistons à plusieurs enfantements. Tout d'abord , celui des personnages qui, par le fantasme d'Électre, se retrouvent orphelins de mère, comme si elle mourait symboliquement avant même qu'ils ne l'aient tuée. C'est aussi un moment clé qui fait d'Électre la véritable héroïne de la pièce. C'est enfin pour Jean Giraudoux l'occasion de remodeler lui-même le mythe pour montrer sa portée universelle.

Puis élargir la réflexion à un genre ou une forme poétique, un mouvement littéraire, un autre domaine artistique (peinture, musique...), etc. :

D'autres dramaturges après Jean Giraudoux ont repris le mythe d'Électre, comme Marguerite Yourcenar qui, en 1943, dans *Électre ou la chute des masques*, s'interroge sur les motivations réelles des personnages, bien loin là encore de la seule fatalité tragique.

Étape 5. La rédaction du développement

COUP DE POUCE

Rédige chaque partie de ton développement au propre en t'appuyant sur le plan détaillé fait au brouillon. Pour présenter les idées directrices de ton développement, transforme en phrases les titres donnés au brouillon à tes parties et sous-parties.

Exemple de développement

I. Renaissance des personnages

a Électre redonne vie à son frère Oreste

Chaque partie est introduite par une phrase qui en résume l'idée générale :

Dans la première partie de cet extrait, Électre modèle son frère, comme si elle lui redonnait la vie.

Puis la première sous-partie est développée (à la suite, sans revenir à la ligne) :

Par sa caresse, Électre, comme elle le dit elle-même, « forme [son] frère avec tous ses détails ». Elle parle de « modelage » et multiplie le verbe « faire », devenant par là démiurge, c'est-à-dire que, telle une déesse, elle crée la vie. Le terme revient plusieurs fois, associé au verbe « animer » qui signifie littéralement « donner l'âme, le souffle de vie ». On retrouve le champ lexical du corps, comme si on suivait la création d'Oreste, en terminant par la bouche, symbole de sensualité. Le processus d'enfantement est structuré par la répétition des présentatifs « voilà », Électre semblant se réjouir de son œuvre.

Un paragraphe différent est ensuite consacré à chaque autre sous-partie. Chaque partie se termine par une transition, c'est-à-dire une phrase qui fait le bilan de la partie développée et annonce la suivante :

Non contente de recréer son frère, Électre s'associe ensuite à ce processus : « nous sommes là, à nous créer nous-mêmes ».

Il faudra ensuite sauter une ligne avant d'entamer la deuxième grande partie du commentaire.

LA DISSERTATION

Voie générale

SUJET

Juste la fin du monde *tient à la fois du huis clos intime et du mythe universel.*

Vous discuterez cette affirmation en vous appuyant sur des références précises à la pièce.

Étape 1. L'analyse du sujet, la formulation de la problématique et le choix du type de plan

Commence par analyser le sujet en repérant les termes clés et leur articulation :

« Huis clos » s'oppose à **« mythe universel »**. Le sujet exprime **un paradoxe** : « Huis-clos » renvoie à l'idée que la pièce se déroule dans la **sphère familiale, intime**, et on entend une **connotation de tension**, tandis que « mythe universel » laisse supposer que cette histoire de conflit familial **implique une réflexion plus large sur la condition humaine**, qui peut aussi nous concerner.

Reformule ensuite la question posée par le sujet :

En quoi la pièce *Juste la fin du monde*, construite autour d'un problème personnel et familial, prend-elle une dimension plus large ?

Puis détermine le type de plan adéquat pour traiter le sujet :

L'opposition des deux expressions invite à se diriger vers **un plan comparatif**, qui abordera dans les deux parties du développement les deux notions proposées.

Étape 2. La recherche des arguments et des exemples, et la construction du plan

MÉTHODE

Note, au fur et à mesure qu'ils te viennent à l'esprit, **les arguments et les exemples** qui te semblent illustrer la citation. Regroupe les arguments qui vont dans le même sens, de manière à **dégager deux ou trois idées directrices, qui seront les deux ou trois grandes parties de ta dissertation**. Puis, toujours au brouillon, **élabore ton plan détaillé** : sous le titre de chaque grande partie, note de manière synthétique les arguments que tu vas développer **en les hiérarchisant** (du plus simple au plus complexe, du plus général au plus particulier), sans oublier de **leur associer un ou plusieurs exemples** afin de vérifier que tu ne pars pas sur une fausse piste.

Proposition de plan détaillé

I. Une crise personnelle et familiale

a. Louis, personnage tragique, impuissant face à sa maladie

b. Des parents défectueux : un père absent et une mère en retrait

c. Des relations familiales fondées sur le conflit

II. Une réflexion plus large sur la condition humaine

a. La dimension mythique : références implicites à l'*Odyssée*, à la parabole du fils prodigue, au mythe des frères ennemis, comme Abel et Caïn

b. La crise du langage et de la communication

c. Une réflexion sur le temps et la mort

Étape 3. La rédaction de l'introduction et de la conclusion

L'introduction

L'introduction débute par une amorce permettant d'amener le sujet :

Jean-Luc Lagarce avait d'abord pensé intituler sa pièce *Aux Adieux*, puis *Quelques Éclaircies*. Elle sera finalement achevée en 1990 et s'intitulera *Juste la fin du monde*. Le dernier terme peut être entendu de deux manières : soit il s'agit de désigner la vie du héros qui s'achève, soit d'évoquer plus largement la fin de notre monde.

Le sujet est ensuite cité et analysé de manière à poser la problématique et annoncer les grandes parties du développement :

Ainsi, *Juste la fin du monde* relève paradoxalement à la fois du huis clos intime et du mythe universel. Nous verrons en quoi cette pièce, construite autour d'une crise personnelle et familiale, prend une dimension plus large.

La conclusion

La conclusion est un bilan de l'argumentation répondant à la problématique posée en introduction :

Jean-Luc Lagarce meurt cinq ans seulement après avoir écrit *Juste la fin du monde* ; Louis est un personnage fictif qui reprend et porte à la fois les difficultés de l'auteur, mais aussi celles de tout homme face au temps qui passe, à l'impossibilité de se dire et à sa propre mort.

Elle se termine par une ouverture élargissant le propos (à un mouvement littéraire ou à une autre forme d'expression artistique par exemple) :

Jean-Luc Lagarce tord sa prose pour traduire les difficultés de communication et l'absurdité de l'existence. Avant lui, des auteurs comme Eugène Ionesco ou Samuel Beckett maniaient l'humour et la dérision pour nous inviter à réfléchir sur notre condition humaine, dans le cadre du théâtre de l'absurde.

Étape 4 La rédaction du développement

Exemple de développement

I. Crise personnelle et familiale

a Louis, personnage tragique

Le personnage de Louis a de nombreux points communs avec les héros tragiques. Comme eux, il est face à une situation inextricable, impuissant face à sa propre mort qu'il sait proche. Dans le prologue qu'il tient et qui rappelle la tragédie antique, il qualifie d'ailleurs sa mort de « prochaine et irrémédiable ». Il utilise le futur simple pour bien signifier que son avenir est tracé : « je mourrai ». Quand on fait la connaissance de ce héros, il est à un moment clé de sa vie, un moment de rupture, un moment de crise. Comme les héros tragiques, il semble marqué par la fatalité. Son prénom est celui de son père et celui de son neveu, le fils d'Antoine, comme si l'histoire était déjà tracée. À la différence des héros tragiques cependant, il ne se révolte pas contre son destin, mais paraît résigné. C'est lui qui prend la décision de revenir dans sa famille pour lui annoncer sa mort.

b Des parents défectueux

Le contexte familial est marqué par l'absence du père, qui est évoqué à la 3e personne du singulier : « depuis sa mort, à lui ». Ce manque réduit la famille à cinq éléments, ce qui crée un déséquilibre défavorable à Louis, qui apparaît comme l'élément « de trop ». La mère quant à elle, qui pourrait tenir lieu de figure rassurante, n'a pas de prénom. Elle n'est désignée que par son statut, ce qui crée une distance. À plusieurs reprises dans le texte, on se rend compte qu'elle est comme indifférente, voire perdue. Elle est surprise que son fils aîné ne connaisse pas sa belle-sœur : « Louis, tu ne connais pas Catherine ? » Elle ne connaît pas l'âge de son fils et est en permanence en proie à l'incertitude : « je ne me rends pas compte », « je ne m'en souviens plus »... Alors que son fils vient de revenir, elle pense déjà qu'il ne va pas rester longtemps. Elle n'intervient pas fermement quand ses fils se disputent, et n'a donc pas de rôle médiateur : « Nous sommes toutes les trois, comme absentes, on les regarde, on se tait » (deuxième partie, scène 3). Elle ressasse le passé, les promenades du dimanche, comme s'il était pour elle un refuge lui permettant de fuir la situation présente.

c Des relations familiales fondées sur le conflit

Alors que la didascalie initiale situe l'action un « dimanche, évidemment », jour propice aux réunions familiales, dès la première scène, l'ambiance n'est pas aux joyeuses retrouvailles. Si Louis se dit à plusieurs reprises « content », « heureux », Antoine se montre tout de suite agressif. La tension se cristallise sur l'absence de Louis, qui revient après douze ans sans qu'on sache exactement ce qui a motivé son départ. Le fait que Louis ne connaisse pas Catherine, sa belle-sœur, parce qu'il n'était pas au mariage de son frère, ni ses neveux, dont l'aînée a pourtant huit ans et le second porte son prénom, met le feu aux poudres. À la scène 3, Suzanne à son tour regrette son départ alors qu'elle était encore petite. Ainsi, la famille de Louis lui reproche tacitement ou plus clairement son absence au moment même où il a fait le choix de revenir. Les échanges ne sont fondés que sur la violence verbale – comme à la scène 9, lorsque Suzanne s'écrie « merde, merde et merde encore ! » et fait un bras d'honneur à Antoine –, ou physique, lorsque les deux frères sont proches d'en venir aux mains alors que Catherine a reproché à son mari d'être « brutal » : « Tu me touches, je te tue » (deuxième partie, scène 2).

SUJET GUIDÉ

ÉPREUVE ORALE

L'EXPLICATION LINÉAIRE

Voie générale Voie technologique

MOLIÈRE, *Le Malade imaginaire*

BÉRALDE. — Mais, mon frère, il me vient une pensée. Faites-vous médecin vous-même. La commodité sera encore plus grande, d'avoir en vous tout ce qu'il vous faut.

TOINETTE. — Cela est vrai. Voilà le vrai moyen de vous guérir bientôt ; et il n'y a point de maladie si osée que de se jouer à la personne d'un médecin[1].

ARGAN. — Je pense, mon frère, que vous vous moquez de moi. Est-ce que je suis en âge d'étudier ?

BÉRALDE. — Bon, étudier ! Vous êtes assez savant ; et il y en a beaucoup parmi eux qui ne sont pas plus habiles que vous.

ARGAN. — Mais il faut savoir bien parler latin, connaître les maladies et les remèdes qu'il y faut faire.

BÉRALDE. — En recevant la robe et le bonnet de médecin[2], vous apprendrez tout cela ; et vous serez après plus habile que vous ne voudrez.

ARGAN. — Quoi ! l'on sait discourir sur les maladies quand on a cet habit-là ?

BÉRALDE. — Oui. L'on n'a qu'à parler avec une robe et un bonnet, tout galimatias devient savant, et toute sottise devient raison.

TOINETTE. — Tenez, monsieur, quand il n'y aurait que votre barbe, c'est déjà beaucoup ; et la barbe fait plus de la moitié d'un médecin.

CLÉANTE. — En tout cas, je suis prêt à tout.

BÉRALDE. — Voulez-vous que l'affaire se fasse tout à l'heure ?

ARGAN. — Comment, tout à l'heure ?

BÉRALDE. — Oui, et dans votre maison.

ARGAN. — Dans ma maison ?

BÉRALDE. — Oui. Je connais une Faculté de mes amies[3], qui viendra tout à l'heure en faire la cérémonie dans votre salle. Cela ne vous coûtera rien.

ARGAN. — Mais moi, que dire ? que répondre ?

BÉRALDE. — On vous instruira en deux mots, et l'on vous donnera par écrit ce que vous devez dire. Allez-vous-en vous mettre en habit décent[4]. Je vais les envoyer quérir.

ARGAN. — Allons, voyons cela.

CLÉANTE. — Que voulez-vous dire ? et qu'entendez-vous avec cette Faculté de vos amies ?

TOINETTE. — Quel est votre dessein ?

BÉRALDE. — De vous divertir un peu ce soir. Les comédiens ont fait un petit intermède de la réception d'un médecin[5], avec des danses et de la musique ; je veux que nous en prenions ensemble le divertissement, et que mon frère y fasse le premier personnage.

ANGÉLIQUE. — Mais, mon oncle, il me semble que vous vous jouez un peu beaucoup de mon père.

Béralde. – Mais, ma nièce, ce n'est pas tant le jouer que s'accommoder à ses fantaisies. Tout ceci n'est qu'entre nous. Nous y pouvons aussi prendre chacun un personnage, et nous donner ainsi la comédie les uns aux autres. Le carnaval autorise cela. Allons vite préparer toutes choses.

Molière, *Le Malade imaginaire*, acte III, scène 14, 1673.

1. Si osée, que de se jouer à la personne d'un médecin : qui aurait l'audace de s'en prendre à un médecin.

2. Il s'agit de l'ample tunique (la robe) et du couvre-chef (le bonnet) portés par les médecins au XVIIe siècle.

3. Une Faculté de mes amies : un de mes amis qui est membre de la Faculté de Médecine.

4. Argan est vêtu d'une tenue d'intérieur qui n'est pas appropriée pour recevoir du monde.

5. La réception d'un médecin : la cérémonie au cours de laquelle un étudiant recevait son diplôme de médecin.

Étape 1 Le repérage de la structure du texte et la construction du projet de lecture

MÉTHODE

Analyse le texte **pour en dégager la structure, les différents mouvements qui le composent**, en étudiant les thèmes et motifs abordés. Donne un titre à chacun de ces mouvements.

Proposition de découpage

1re partie : lignes 1 à 19 → La proposition de Béralde : Argan n'a qu'à devenir médecin

2e partie : lignes 20 à 30 → L'annonce de la cérémonie pour introduire Argan

3e partie : lignes 31 à 43 → Une fois Argan parti se préparer, Béralde explique ses intentions

MÉTHODE

Formule un projet de lecture qui te semble rendre compte de l'intérêt, de la spécificité, de l'originalité de cet extrait.

Ici, on peut se demander comment se résout la pièce dans ce dénouement.

Étape 2 Le développement de l'analyse linéaire

MÉTHODE

Relève et analyse, au fil du texte, pour chacun des mouvements du texte dégagés, **au moins trois éléments en rapport avec ton projet de lecture.** Note-les sans rédiger, afin de ne pas perdre de temps et de mener ton explication à l'oral sans lire ton brouillon.

Première partie

Lignes 1 à 5 Idée de Béralde présentée comme évidente et simple à réaliser. Impératif « faites-vous », comparatifs et intensifs « plus grande », « tout ce qu'il vous faut ». Toinette abonde : répétition de « vrai ». Personnification de la maladie qui fuit devant le médecin = comique.

Lignes 6 à 9 Argan enfin conscient qu'il est objet de moqueries. Oppose la question des études. Désinvolture de Béralde : reprise « étudier », style oral familier « bon ! ». Adverbe « assez » et comparatif de supériorité nié. Rapprochement des termes « vous »/« savant » ; « habiles »/« vous ».

Lignes 10 à 16 « Mais » : nouvelle contestation d'Argan. « savoir », « connaître » : pensée magique, rapprochement incongru vêtement/connaissances. Dénonciation : fonction purement symbolique, sociale, du vêtement. Futur simple (l. 12) : événement certain, à venir. Interjection (l. 14), surprise d'Argan, incrédulité. Rôle du médecin réduit à du discours « discourir », « galimatias » et non pas à « guérir » (*cf.* l. 4). Antithèses « galimatias »/« savant » ; « sottise »/« raison ».

Lignes 17 à 19 Quantitatif et pas qualitatif : restriction « que », « beaucoup », « plus de la moitié ». Comique : si la barbe fait le médecin, Cléante n'a pas grand mérite.

Deuxième partie

Lignes 20 à 25 Imminence de la cérémonie, répétition de « tout à l'heure ». Assurance de Béralde (« oui ») face à l'incrédulité d'Argan. Argument décisif : gratuité.

Lignes 26 à 30 Médecine encore réduite à des mots « dire », « répondre », « en deux mots » et à un vêtement. Béralde metteur en scène, donne les ordres : « devez », « allez ». Argan adhère : « Allons ». Argan = pantin qui obéit : pronom « vous » objet. Verbe « voir » = aspect spectaculaire de la cérémonie qui se prépare.

Troisième partie

Lignes 31 à 33 Argan parti : questions, incompréhension.

Lignes 34 à 37 Mise en abyme, vocabulaire du théâtre « divertir », « comédiens », « intermède », « danse, musique », « personnage ».

Lignes 38 à 43 Réticences d'Angélique. Béralde reprend ses termes. Dédramatise (restriction « n'est qu'entre nous »). « Carnaval » = jouer un rôle. Terme « comédie » = mise en abyme finale. Béralde a le rôle de metteur en scène, les autres de complices, de comédiens.

Étape 3 La préparation de l'introduction et de la conclusion

L'introduction

MÉTHODE

Prépare ton introduction en écrivant **au brouillon** les éléments de présentation de l'extrait, les mouvements du texte et ton projet de lecture. Note sur ton brouillon **de lire le texte**, pour être sûr(e) de ne pas oublier cette étape de lecture expressive lors de ta présentation.

La présentation de l'extrait :

Le Malade imaginaire est la dernière comédie écrite par Molière, en 1673. Comme il l'avait fait dans de précédentes pièces, il attaque les médecins, en particulier ceux qui abusent de la crédulité de leurs patients. Argan fait partie de ces hypocondriaques qui ne peuvent se passer de leurs médecins, à tel point qu'il aimerait voir sa fille Angélique épouser l'un d'eux. À la fin de la pièce, alors que tous les stratagèmes n'ont pas permis de guérir Argan de sa folie, Béralde a l'idée lumineuse de lui proposer de devenir lui-même médecin.

La présentation des mouvements du texte :

Cet extrait est structuré en trois mouvements. Dans le premier, du début du texte à la ligne 19, Béralde propose à Argan de devenir lui-même médecin. Puis, aux lignes 20 à 30, la résolution est prise de faire une cérémonie pour introduire Argan. Enfin, aux lignes 31 à 43, Béralde explique ses intentions après avoir éloigné Argan.

La lecture expressive du texte :

Applique-toi à mettre en valeur l'opposition de tons entre l'assurance de Béralde et l'incrédulité d'Argan.

La présentation du projet de lecture :

Nous nous demanderons comment la pièce trouve ici sa résolution.

La conclusion

La conclusion propose dans un premier temps un bilan de l'explication linéaire, centré sur le projet de lecture :

Au terme de la pièce et juste avant le dernier intermède, nous sommes bien face à un dénouement de comédie. La cérémonie qui se prépare, si elle n'est pas celle du mariage d'Angélique et de Cléante, le préfigure. Molière met la touche finale à sa critique des médecins peu scrupuleux. Argan ne fait pas le lien entre son ignorance et celle des médecins qui s'occupent de lui, sa folie semble bien incurable. La solution proposée par Béralde, sans doute ici double de Molière lui-même, est d'encourager Argan à rester dans l'illusion, ce que la mise en abyme finale vient valider.

Elle offre ensuite un élargissement de la réflexion :

À la fin de la pièce, le malade n'est pas guéri de son vice, comme Don Juan ou Alceste le misanthrope, qui ne le sont pas non plus. Mais à la différence de ces deux autres pièces de Molière, le ton reste comique, sans ambiguïté. Argan est et restera un malade imaginaire, un comédien, mais qu'importe si tout le monde y trouve son compte, personnages et spectateurs !

QUESTION DE GRAMMAIRE

Relevez et analysez les propositions dans la réplique de Béralde :

« Voulez-vous que l'affaire se fasse tout à l'heure ? » (l. 20)

La réplique de Béralde est composée de **deux propositions** :

→ **une proposition principale**, « voulez-vous », dans laquelle le sujet et le verbe sont inversés à cause de la forme interrogative de la phrase ;

→ **une proposition subordonnée conjonctive**, « que l'affaire se fasse tout à l'heure ». Cette dernière est introduite par la conjonction de subordination « que » et complète directement le verbe « voulez ». Elle est donc **COD** (ou complétive) **de « voulez »**.

→ Rappels d'étude de la langue, pages 270 à 277

SUJETS CORRIGÉS

LE COMMENTAIRE

Voie générale Voie technologique

Commenter le texte suivant

Victor HUGO, *Ruy Blas*

Don Salluste veut se venger de la reine qui l'a exilé. Il propose à son valet. Ruy Blas d'échanger leurs rôles pour que Ruy Blas se rapproche de la reine, qu'il aime. À l'acte III, Ruy Blas comprend que son maître s'est servi de lui.

DON SALLUSTE

Mais, que diable ! Un laquais, d'argile humble ou choisie,
N'est qu'un vase où je veux verser ma fantaisie.
De vous autres, mon cher, on fait tout ce qu'on veut.
Votre maître, selon le dessein qui l'émeut[1],
À son gré vous déguise, à son gré vous démasque.
Je vous ai fait seigneur. C'est un rôle fantasque[2],
— Pour l'instant. — Vous avez l'habillement complet.
Mais, ne l'oubliez pas, vous êtes mon valet.
Vous courtisez la reine ici par aventure,
Comme vous monteriez derrière ma voiture.
Soyez donc raisonnable.

RUY BLAS, *qui l'a écouté avec égarement et comme ne pouvant en croire ses oreilles.*

Ô mon dieu ! — Dieu clément !
Dieu juste ! De quel crime est-ce le châtiment ?
Qu'est-ce donc que j'ai fait ? Vous êtes notre père,
Et vous ne voulez pas qu'un homme désespère !
Voilà donc où j'en suis ! — et, volontairement,
Et sans tort de ma part, — pour voir, — uniquement
Pour voir agoniser une pauvre victime,
Monseigneur, vous m'avez plongé dans cet abîme !
Tordre un malheureux cœur plein d'amour et de foi,
Afin d'en exprimer[3] la vengeance pour soi !

Se parlant à lui-même.

Car c'est une vengeance ! Oui, la chose est certaine !
Et je devine bien que c'est contre la reine !
Qu'est-ce que je vais faire ? Aller lui dire tout ?
Ciel ! Devenir pour elle un objet de dégoût
Et d'horreur ! Un Crispin[4], un fourbe à double face !
Un effronté coquin qu'on bâtonne et qu'on chasse !

Jamais ! – je deviens fou, ma raison se confond[5] !
Une pause. Il rêve.
Ô mon Dieu ! Voilà donc les choses qui se font !
Bâtir une machine[6] effroyable dans l'ombre,
L'armer hideusement de rouages sans nombre,
Puis, sous la meule, afin de voir comment elle est,
Jeter une livrée[7], une chose, un valet,
Puis la faire mouvoir, et soudain sous la roue
Voir sortir des lambeaux teints de sang et de boue,
Une tête brisée, un cœur tiède et fumant,
Et ne pas frissonner alors qu'en ce moment
On reconnaît, malgré le mot dont on le nomme,
Que ce laquais était l'enveloppe d'un homme !
Se tournant vers don Salluste.
Mais il est temps encore ! Oh ! Monseigneur, vraiment !
L'horrible roue encor n'est pas en mouvement !
Il se jette à ses pieds.
Ayez pitié de moi ! Grâce ! Ayez pitié d'elle !
Vous savez que je suis un serviteur fidèle.
Vous l'avez dit souvent. Voyez ! Je me soumets !
Grâce !

DON SALLUSTE

Cet homme-là ne comprendra jamais.
C'est impatientant !

RUY BLAS, *se traînant à ses pieds.*

Grâce !

DON SALLUSTE

Abrégeons, mon maître.

Victor Hugo, *Ruy Blas*, acte III, scène 5, 1838.

1. Le dessein qui l'émeut : le but qui le fait agir. **2. Fantasque :** imaginaire. **3. Exprimer :** extraire, faire sortir. **4. Crispin :** valet fourbe dans la *commedia dell'arte*. **5. Se confond** : se trouble. **6. Bâtir une machine :** monter un stratagème. **7. Livrée** : tenue du valet.

LA DISSERTATION

Voie générale

SUJET

Marivaux écrit que dans son théâtre, l'amour « *n'est en querelle qu'avec lui seul* ». (Marivaux, cité par d'Alembert dans *Éloge de Marivaux*, 1785).

Vous confronterez cette affirmation aux *Fausses Confidences*, en prenant appui sur des exemples précis tirés de la pièce.

→ Corrigés page 185 et 187

ENTRAÎNEMENT BAC

ÉPREUVE ORALE

L'EXPLICATION LINÉAIRE

Voie générale Voie technologique

Analyser ce texte de manière linéaire puis répondre à la question de grammaire

MARIVAUX, *L'Île des esclaves*

TRIVELIN. – Vaine[1], minaudière[2] et coquette, voilà d'abord à peu près sur quoi je vais vous interroger au hasard. Cela la regarde-t-il ?

CLÉANTHIS. – Vaine, minaudière et coquette, si cela la regarde ? Eh ! voilà ma chère maîtresse ; cela lui ressemble comme son visage.

EUPHROSINE. – N'en voilà-t-il pas assez, Monsieur ?

TRIVELIN. – Ah ! je vous félicite du petit embarras que cela vous donne ; vous sentez[3], c'est bon signe, et j'en augure bien pour l'avenir : mais ce ne sont encore là que les grands traits ; détaillons un peu cela. En quoi donc, par exemple, lui trouvez-vous les défauts dont nous parlons ?

CLÉANTHIS. – En quoi ? partout, à toute heure, en tous lieux ; je vous ai dit de m'interroger ; mais par où commencer ? je n'en sais rien, je m'y perds. Il y a tant de choses, j'en ai tant vu, tant remarqué de toutes les espèces, que cela se brouille. Madame se tait, Madame parle ; elle regarde, elle est triste, elle est gaie : silence, discours, regards, tristesse et joie : c'est tout un, il n'y a que la couleur de différente ; c'est vanité muette, contente ou fâchée ; c'est coquetterie babillarde, jalouse ou curieuse ; c'est, Madame, toujours vaine ou coquette, l'un après l'autre, ou tous les deux à la fois : voilà ce que c'est, voilà par où je débute ; rien que cela.

EUPHROSINE. – Je n'y saurais tenir.

TRIVELIN. – Attendez donc, ce n'est qu'un début.

CLÉANTHIS. – Madame se lève ; a-t-elle bien dormi, le sommeil l'a-t-il rendue belle, se sent-elle du vif, du sémillant[4] dans les yeux ? vite, sur les armes ; la journée sera glorieuse. « Qu'on m'habille ! » Madame verra du monde aujourd'hui ; elle ira aux spectacles, aux promenades, aux assemblées ; son visage peut se manifester, peut soutenir le grand jour, il fera plaisir à voir, il n'y a qu'à le promener hardiment, il est en état, il n'y a rien à craindre.

TRIVELIN, *à Euphrosine.* - Elle développe assez bien cela.

CLÉANTHIS. – Madame, au contraire, a-t-elle mal reposé ? « Ah ! qu'on m'apporte un miroir ; comme me voilà faite ! que je suis mal bâtie ! » Cependant on se mire, on éprouve son visage de toutes les façons, rien ne réussit ; des yeux battus, un teint fatigué ; voilà qui est fini, il faut envelopper ce visage-là, nous n'aurons que du négligé[5], Madame ne verra personne aujourd'hui, pas même le jour, si elle peut ; du moins fera-t-il sombre dans la chambre.

Marivaux, *L'Île des esclaves*, scène 3, 1725.

1. Vaine : futile, superficielle. **2. Minaudière :** qui prend des poses, des attitudes pour séduire. **3. Vous sentez :** vous prenez conscience. **4. Du sémillant :** une gaieté pétillante. **5. Du négligé :** du laisser-aller, un manque de soin.

QUESTION DE GRAMMAIRE

Relevez et analysez l'interrogation dans la première phrase de la réplique de Cléanthis, lignes 20 à 21.

→ Corrigé page 189

CORRIGÉS

UN QUIZ POUR SE TESTER

Le Malade imaginaire (p. 157)

1. b, 2. c, 3. b, 4. b, 5. a, 6. c,
7. b, 8. a, 9. c, 10. a.

L'Île des esclaves (p. 159)

1. b, 2. a, 3. c, 4. a, 5. b, 6. c,
7. c, 8. a, 9. c, 10. b.

Les Fausses Confidences (p. 161)

1. c, 2. b, 3. a, 4. c, 5. a, 6. c,
7. c, 8. a, 9. b, 10. c.

Juste la fin du monde (p. 163)

1. b, 2. c, 3. a, 4. a, 5. b, 6. a,
7. a, 8. b, 9. b, 10. a.

S'ENTRAÎNER

1 Reconnaître les comédies et les tragédies du XVIIe siècle (p. 164)

a. *Bérénice* est une tragédie. Le cadre est antique, les personnages nobles. On retrouve des confidents associés à chacun des trois héros. L'intrigue est fondée sur un amour contrarié par la raison d'État contre laquelle les héros ne peuvent pas lutter. La pièce se termine mal, il n'y a pas de mort mais un exil. *Le Menteur* est une comédie. L'action se situe à Paris. Les valets sont présents et soutiennent leur maître. Géronte (étymologiquement, son nom renvoie à « vieillard ») est un personnage de barbon qui veut voir son fils marié. On voit dans le résumé qu'il y a des travestissements. La pièce se termine sur des mariages.

b. La pièce de Racine est une tragédie classique. L'unité de temps est respectée, comme on le voit dans le résumé. L'action est simple et unique. La pièce date de la seconde moitié du XVIIe siècle. La pièce de Corneille est une comédie baroque. On voit l'importance de la confusion entre illusion et réalité à travers le thème du mensonge et les travestissements. L'action est multiple. La pièce date de la première moitié du XVIIe siècle.

2 Étudier un extrait de théâtre (p. 165)

a. Le rythme est visiblement rapide. On le voit à travers la ponctuation forte (points d'exclamation en particulier), les répliques sont courtes, les didascalies, nombreuses, indiquent de nombreux mouvements (« *reculant* », l. 22 ; « *la poursuivant* », l. 23, etc.).

b. Il s'agit de la scène d'exposition. L'auteur nous donne des informations sur les personnages et sur la situation, il aiguise la curiosité du spectateur et il inscrit la pièce dans un genre.

c. On trouve le comique de mots, par exemple lorsque Lucienne traite Pontagnac de « fou » (l. 22) et qu'il répond « fou de vous » (l. 23). Le comique de gestes est également présent, Pontagnac passant sa canne par la porte puis « *essayant de pousser la porte que chaque fois Lucienne repousse sur lui* » (l. 10). Pontagnac est très entreprenant, comme lorsqu'il dit : « mes intentions ne sont pas pures » (l. 19-20). Cette allusion grivoise relève du comique de caractère. Le spectateur peut aussi rire de la panique de Lucienne. Enfin, la situation en elle-même est comique. On est « *chez Vatelin* » (l. 1) ; Pontagnac ne semble pas gêné de courtiser une femme mariée jusque chez elle.

d. Il s'agit d'un vaudeville. La pièce date de la fin du XIXe siècle. L'action se déroule dans un intérieur bourgeois. On retrouve le trio femme/mari/amant. Le rythme est rapide, l'extrait est comique. Le décor comprend de nombreuses portes. L'auteur pourrait être Eugène Labiche, Georges Courtelin ou Georges Feydeau (en l'occurrence, c'est lui l'auteur).

3 Analyser une scénographie (p. 166)

a. La scène est parée d'un grand rideau noir. Les murs sont recouverts de carreaux qui rappellent les « azulejos » espagnols ou portugais. Le bleu est très présent. Un grand meuble (une cheminée ?) est placé au fond. On pourrait être dans un palais. Quelques chaises sont dispersées sur la scène. À gauche de la photographie, un personnage vêtu de noir a la tête dans un trou ; il est peut-être mort. Un homme et une femme se parlent à distance ; ils sont vêtus de blanc. Ils paraissent tout petits par rapport au décor qui les écrase.

b. L'ambiance est froide, impressionnante. On est sûrement devant la représentation d'une tragédie ou d'un drame. L'intrigue n'étant visiblement pas située dans l'Antiquité grecque ou romaine, on penche plutôt pour un drame romantique, genre qui affectionne l'évocation historique. En l'occurrence, il s'agit de *Ruy Blas* de Victor Hugo (1838), dans la mise en scène de Christian Schiaretti au Théâtre national populaire de Villeurbanne, en 2012.

SUJETS CORRIGÉS

1 Le commentaire (p. 180)

MÉTHODE

L'introduction comporte trois étapes:
- **une présentation du texte;**
- **l'annonce de la problématique, ou projet de lecture;**
- **l'annonce du plan (les axes de lecture uniquement.**

Ruy Blas est le héros éponyme du drame romantique écrit par Victor Hugo en 1838. Ce valet, amoureux de la reine, croit toucher son rêve lorsque son maître lui propose de faire de lui un seigneur, et de se faire passer pour son valet. Il ignore qu'en réalité, Don Salluste l'a impliqué malgré lui dans son plan de vengeance contre la reine. À l'acte III, scène 8, alors que Ruy Blas, désormais duc d'Olmedo, est au plus haut, il comprend brutalement qu'il est pris au piège. Nous analyserons comment cette scène remet brutalement chacun «à sa place», marquant le début de la chute du pauvre «ver de terre amoureux d'une étoile». Dans un premier temps, nous verrons en quoi cette scène relève du duel verbal entre les deux hommes, puis nous examinerons successivement la position de supériorité de Don Salluste, et la chute de Ruy Blas.

MÉTHODE

Une première phrase générale rappelle l'axe de lecture puis chaque idée directrice est annoncée et développée dans un paragraphe. La partie se conclut par une phrase qui en fait le bilan et sert à préparer le passage à la deuxième partie du commentaire.

Si la comédie nous a habitués aux échanges de rôles et au conflit entre maître et valet, dans cet extrait de drame romantique, l'ambiance est tendue, et le dialogue confine au duel verbal entre les deux hommes. Tout d'abord, on voit bien que Don Salluste et Ruy Blas s'opposent violemment dans cette scène. La répartition de la parole est un premier signe de ce conflit, qui s'exprime tirade contre tirade puis dans une stichomythie. L'attitude des deux hommes elle-même est contrastée, Don Salluste se montrant implacable et froid quand Ruy Blas est exalté et paniqué. On le voit bien grâce à la ponctuation, forte en ce qui concerne le valet, qui multiplie les exclamatives tandis que Don Salluste adopte un ton beaucoup plus posé. On imagine que cette opposition se retrouve dans leur attitude physique également, comme l'indiquent les didascalies: Ruy Blas «*se jette [aux] pieds*» de Don Salluste, allant même jusqu'à se «*train[er] à ses pieds*» tandis que son maître est sans doute statique, indifférent.

Le travestissement des deux personnages complexifie la situation et accentue le contraste entre les attitudes et les paroles. En effet, à ce moment de la pièce, Don Salluste est habillé en valet, et Ruy Blas en ministre. Alors que leurs costumes pourraient prêter à confusion, Don Salluste rappelle cruellement à Ruy Blas sa véritable condition: «vous êtes mon valet» (v. 8). Le conflit passe alors aussi par la confrontation entre les pronoms «je» et «vous». Alors que Ruy Blas l'appelle «monseigneur» (v. 18), Don Salluste lui, manie l'ironie en répondant «mon maître» (v. 45). Ruy Blas reprend brutalement conscience de sa véritable identité, et il s'identifie à «Crispin, un fourbe à deux faces» (v. 25). Il sait que l'enjeu de ce conflit n'est pas seulement sa place de puissant à la cour, mais l'amour de la reine. On assiste bien ici à une passe d'armes violente entre maître et valet, l'avantage étant clairement du côté de Don Salluste.

MÉTHODE

La deuxième partie s'ouvre sur une phrase qui fait le lien avec la partie précédente et en annonce l'idée générale. L'interprétation s'appuie toujours sur des analyses précises, qui nomment et détaillent les procédés employés.

Au cœur de la pièce, et alors que Ruy Blas est au sommet de sa gloire et tout proche de voir ses espoirs devenir réalité, Don Salluste reprend brutalement sa place de maître en réaffirmant sa supériorité. Tout d'abord, on voit bien que le maître rappelle à son valet le pouvoir qu'il a sur lui. Pour Don Salluste, Ruy Blas n'est en effet qu'une marionnette, un «vase» en «argile» (v. 1-2) entre ses mains, qu'il peut façonner à sa guise. On retrouve cette idée dans la formule «je vous ai fait seigneur» (v. 6), Ruy Blas se retrouvant grammaticalement en position d'objet de la phrase, tandis que Don Salluste est sujet, et tout puissant. Le maître rappelle la place de chacun en usant du champ lexical de la servitude : « laquais », « valet », « maître » (v. 1, 4, 8). Il emploie également de nombreux impératifs comme aux vers 8 ou 11 « Ne l'oubliez pas », « Soyez ». Le vers 5 est construit sur un parallélisme qui répète en anaphore « À son gré », et oppose « vous déguise »/« vous démasque », résumant le sort de Ruy Blas, conditionné au bon plaisir de Don Salluste. Enfin, on voit bien la détermination du maître, sa soif de « vengeance » (Ruy Blas qui comprend tout utilise le terme aux vers 20 et 21), et Don Salluste rappelle qu'il a un « dessein » au vers 4.

Non content de rappeler à son valet le pouvoir qu'il a sur lui, Don Salluste fait preuve de mépris envers lui et envers son statut. La négation restrictive le marque bien au vers 2 : « Un laquais [...] / N'est qu'un vase », tout comme le présentatif méprisant « Cet homme-là » (v. 44). Il s'adresse à Ruy Blas comme à un enfant, sur un ton paternaliste méprisant : « Que diable ! » (v. 1), « Soyez donc raisonnable. » (v. 11) ou encore « C'est impatientant ! » (v. 45) ou avec une affection ironique : « mon cher » (v. 3). Dans ce même vers, par le jeu des pronoms, il classe le monde en deux catégories, les maîtres (« on ») et les valets (« vous ») : « De vous autres, mon cher, on fait tout ce qu'on veut ». L'utilisation du présent de vérité générale fige cette vision manichéenne de la société. Enfin, et c'est sans doute là le plus grave, Don Salluste méprise l'amour que Ruy Blas porte à la reine en créant un parallèle aux vers 9 et 10, entre ses sentiments et son rôle de valet, à mille lieux du prestige de la femme qu'il aime. La supériorité de Don Salluste sur Ruy Blas apparaît de façon évidente, le maître se faisant un malin plaisir à rabaisser notre pauvre héros en bien mauvaise posture.

MÉTHODE

La troisième partie est structurée comme les deux autres (voir encadrés « Méthode » précédents).
Dans le commentaire d'un texte théâtral, une attention particulière est portée à l'analyse des didascalies.

En effet, nous assistons ici à la chute terrible de Ruy Blas, d'autant plus douloureuse qu'il était monté très haut. Le passage signe la fin de ses illusions et le retour à la douloureuse réalité. On le voit à travers l'accumulation du vers 32 : « Jeter une livrée, une chose, un valet » qui associe le valet à sa tenue et renvoie Ruy Blas à sa condition de « chose », entre les mains de son maître comme on l'a vu avec l'image du vase au début de l'extrait. Les expressions temporelles marquent la fin d'une époque : « pour l'instant » (v. 7), « par aventure » (v. 9). Ruy Blas est soudain abasourdi par ce qu'il comprend, comme le montre la didascalie : *« qui l'a écouté avec égarement et comme ne pouvant en croire ses oreilles »*. Il se tourne vers Dieu, en l'interpellant à plusieurs reprises : « Ô mon Dieu ! – Dieu clément ! / Dieu juste ! » (v. 11-12) et plus loin : « Ciel ! » (v. 24). Sa tirade est marquée par les tonalités lyrique, pathétique et tragique. Ainsi, il implore Don Salluste, répétant « grâce », « pitié ». Les didascalies qui décrivent son attitude suivent une gradation : il se tourne, puis se jette aux pieds de Don Salluste, avant de se traîner devant lui, comme s'il retrouvait ici symboliquement sa condition de « ver de terre ». La reine qui vient de lui avouer son amour est très présente et obsède Ruy Blas, qui redoute sa réaction ; il l'évoque aux vers 21 à 27 dans une forme d'aparté (*« se parlant à lui-même »*). Il oublie un instant la présence de Don Salluste pour reformer le duo amoureux.

Ruy Blas se rapproche ici du héros tragique. Les vers que nous évoquions s'apparentent au monologue du héros tragique, pris dans un dilemme, en l'occurrence, Ruy Blas doit-il ou non avouer à la reine qui il est ? On retrouve des interrogatives au vers 23 et la décision est prise au vers 27 : « Jamais ». Ruy Blas n'a de cesse de répéter son innocence et de souligner l'injustice du sort qui s'acharne contre lui. On retrouve le champ lexical de la faute : « crime », « châtiment », « sans tort », « pauvre victime » (v. 12, 16 et 17), de la détresse (« désespère », v. 14 ; « malheureux », v. 19) et de la torture (« tordre », v. 19 ; « exprimer », v. 20 ; « jeter », v. 32). L'injustice dont il se sent victime est soulignée par le qualificatif « juste » attribué à Dieu (v. 12). L'image de la roue, qu'il développe dans la deuxième partie de sa tirade, rappelle le piège dans lequel se débat le héros tragique, et qui aboutit à la mort : « des lambeaux teints de sang et de boue, / Une tête brisée, un cœur tiède et fumant » (v. 34-35). Le plus inquiétant est que la vengeance de Don Salluste, si elle est maintenant sûre, n'est pas clairement identifiée. Ruy Blas évoque « la chose » au vers 21, mais il ne sait pas encore exactement à quoi s'attendre.

On peut aussi voir dans cet extrait un aspect méta-théâtral. En effet, Ruy Blas comprend enfin la machination de son maître, et décortique ses intentions, mettant à jour la mécanique même de la tragédie : « Bâtir une machine effroyable dans l'ombre » (v. 29). Ruy Blas s'apparente alors au dramaturge qui nous expliquerait comment fonctionne une tragédie : il faut un personnage innocent « sans tort » (v. 16), mais porté par une passion « un malheureux cœur plein d'amour et de foi » (v. 19), et un homme sans scrupule qui en fait sa « victime » (v. 17) et la livre à un sort implacable jusqu'à la mort, le tout sous le regard des spectateurs, car il s'agit bien de « voir » (v. 16, 17, 31 et 34). Ruy Blas fait référence aux valets de comédie, à travers l'évocation de « Crispin » (v. 25), et du comique de gestes propre à ce genre « bâtonne » (v. 26), mais il refuse de devenir un de ces « coquin[s] » (v. 26). Le passage, s'il n'est pas comique, convoque la comédie et tisse le mélange des genres cher aux romantiques et à Victor Hugo en particulier. En refusant la comédie, Ruy Blas opte finalement pour la tragédie, et accepte déjà son destin tragique.

MÉTHODE

La conclusion comporte deux étapes :
– le bilan : centré sur le projet de lecture, il reprend les grandes étapes de l'argumentation ;
– l'ouverture : elle élargit la réflexion à un mouvement littéraire, offre une comparaison avec une autre forme artistique, un thème.

En conclusion, on assiste à une scène de conflit violente entre maître et valet, dans un duel à la portée significative pour le sort de chacun des personnages et pour la suite de la pièce. Don Salluste revient en force, tandis que Ruy Blas passe du rêve au cauchemar. Il apparaît ici comme un héros pathétique, lyrique et tragique, et nous touche par sa naïveté et son désespoir. Comme dans les comédies, en particulier de Marivaux, où maîtres et valets échangent leurs rôles, chacun revient à sa place, mais Victor Hugo en profite pour lui aussi remettre les choses à leur place : il s'agit d'un drame romantique et on comprend que le dénouement ne sera pas celui d'une comédie…

2 La dissertation (p. 181)

MÉTHODE

L'introduction comporte quatre étapes :
– une amorce permettant d'amener le sujet ;
– la citation du sujet ;
– la problématique (reformulation personnelle de la question posée) ;
– l'annonce du plan (les grandes parties uniquement).

Dans les comédies classiques, comme celles de Molière au XVIIe siècle, les jeunes premiers qui aimeraient se marier rencontrent un obstacle de taille sur leur chemin : le père de la jeune fille, qu'on appelle le « barbon ». Dans *Les Fausses Confidences* de Marivaux, jouée pour la première fois en 1737, la figure paternelle est absente. Ce n'est donc pas là ce qui constitue l'obstacle à l'amour entre Dorante et Araminte. Marivaux écrit que, dans son théâtre, l'amour « n'est en querelle qu'avec lui seul ». Le dramaturge affirme ainsi que ses personnages sont leur propre ennemi sur le chemin du bonheur. Nous réfléchirons aux obstacles qui entravent Araminte et Dorante, en analysant tout d'abord en quoi chacun constitue un obstacle à son propre épanouissement. Nous nuancerons ensuite cette idée en constatant que des ennemis extérieurs aux héros sont bien présents dans la pièce, et nous terminerons en étudiant de quelle manière les stratagèmes mis en place permettent de dépasser ces obstacles, finalement nécessaires au bonheur des deux jeunes premiers.

MÉTHODE

La première partie développe l'analyse du sujet, c'est-à-dire la citation de Marivaux lui-même. Elle montre comment cette analyse peut s'appliquer à l'œuvre au programme (*Les Fausses Confidences*) tout en s'appuyant sur des exemples puisés dans la culture personnelle. Elle se termine par un bilan et une transition qui amorce la partie suivante.

Tout d'abord, cette citation de Marivaux semble bien s'appliquer à l'ensemble de ses pièces, en particulier celles fondées sur une intrigue amoureuse. Le père de Silvia, par exemple, dans *Le Jeu de l'amour et du hasard*, ne l'empêche pas de se marier, c'est elle-même qui souhaite éprouver l'amour de son prétendant. Dans *Les Fausses Confidences*, Araminte n'a pas à lutter contre un père barbon qui s'opposerait à son mariage, mais contre ses propres freins. Reconnaître qu'elle est amoureuse de Dorante signifie en effet pour elle la fin d'une certaine forme de tranquillité, de facilité, comme le lui dit d'ailleurs Dorante : « Votre situation est si tranquille et si douce » (acte I, scène 15). Araminte est une riche veuve, c'est une femme indépendante qui n'a pas besoin de se remarier pour s'assumer. Elle est également gênée par les conventions qu'elle a intégrées. Elle n'est en effet pas du même statut social que Dorante et, dès l'acte I, scène 2, Dubois explique à son ancien maître qu'il leur faudra vaincre « fierté, raison et richesse ». Ces obstacles ainsi exprimés sont bien internes à Araminte et non pas extérieurs à elle. Dubois dit encore à l'acte III, scène 2 : « Il faut qu'elle aime en dépit d'elle ». Araminte n'a pas besoin d'un obstacle extérieur, elle a intégré les obstacles en elle, c'est bien avant tout à ses propres réticences qu'elle est confrontée. Elle n'est pas Élise, que l'avarice de son père Harpagon, dans *L'Avare* de Molière, empêche de se marier, ni Rosine, retenue par son tuteur Bartholo dans *Le Barbier de Séville* de Beaumarchais, c'est une femme indépendante qui a peur de sortir d'une vie réglée et validée par la société.

De son côté, Dorante est lui aussi freiné par ses propres sentiments. Il apparaît dès le début de la pièce défaitiste, se présentant désespéré à Dubois : « moi qui ne suis rien, moi qui n'ai point de bien », et c'est son ancien valet qui le secoue : « eh que diantre ! un peu de confiance ! » Il est si timide qu'il n'ose pas parler à Araminte, alors même qu'il a « bonne mine ». Il s'en remet alors totalement à son ancien valet, comme le Comte Almaviva dans *Le Barbier de Séville* qui s'en remet à Figaro. On a le sentiment que sans l'intervention de Dubois, l'amour de Dorante mourrait dans l'œuf, sans même tenter d'éclore. Ainsi, on voit bien que les deux jeunes premiers des *fausses Confidences* sont eux-mêmes leur principal obstacle sur le chemin de l'amour et du bonheur, à tel point que la pièce pourrait se jouer autour de ces trois personnages seulement : Araminte, Dorante et Dubois, le personnage extérieur qui va les aider à accepter leurs sentiments. Mais la pièce n'est pas un huis clos à trois.

MÉTHODE

Le plan adopté ici étant **un plan dialectique**, la deuxième partie remet en question la thèse exprimée par Marivaux. Chaque sous-partie examine un thème ou un aspect des *Fausses Confidences* permettant de nuancer cette thèse.

En effet, d'autres personnages interviennent et représentent des ennemis extérieurs, même s'ils sont sans doute des obstacles moins difficiles à surmonter que les freins personnels des deux jeunes premiers que nous avons évoqués. Tout d'abord, on retrouve des concurrents : Marton est amoureuse de Dorante et représente une concurrente pour Araminte ; le Comte souhaite épouser la riche veuve, avec le soutien de Mme Argante, la mère d'Araminte. Marton, dont Dubois se sert pour rendre Araminte jalouse, a un coup de foudre pour Dorante alors que M. Rémy le lui a présenté comme son futur mari. C'est par vengeance qu'elle fait lire à haute voix la lettre de Dorante à l'acte III, scène 8, pour qu'éclate en public l'amour de Dorante pour Araminte. Finalement, c'est par amitié pour sa maîtresse qu'elle se retire, et Araminte est touchée parce qu'elle comprend que les sentiments de Marton n'étaient pas feints : « Tu l'aimais donc, Marton ? » (acte III, scène 10). Quant au Comte, il apparaît à l'acte II et prend alors une place importante. L'épouser permettrait à Araminte d'éviter le procès dans une affaire qui l'oppose à lui, en tout cas c'est ce que sa mère veut lui faire croire. Le comte se retire dignement à la fin de la pièce, mais une didascalie précise qu'il est triste. Ces deux personnages sont touchants car leurs sentiments semblent sincères, et leur concurrence pourrait être réelle puisqu'ils sont tous deux du même niveau social que l'objet de leur amour et ne représenteraient donc pas une « mésalliance », contrairement à Araminte et Dubois. Ces personnages rappellent les partis imposés par les barbons dans les comédies classiques, comme Tartuffe imposé à sa fille par M. Orgon dans la pièce de Molière, à la différence qu'ils sont plus sympathiques.

Deux autres personnages s'ajoutent à cette distribution et représentent des ennemis extérieurs : il s'agit de Mme Argante et de M. Rémy. S'il n'y a pas de figure paternelle dans la pièce, ils en tiennent lieu, étant tous deux des parents, en l'occurrence la mère d'Araminte et l'oncle de Dorante. Ce sont les figures d'autorité de la pièce. C'est par M. Rémy que Dorante se fait introduire comme intendant chez la riche veuve. L'oncle du jeune homme a pour lui des projets et lui dit à propos de Marton : « Je suis d'avis que vous l'épousiez » (acte I, scène 3). Il se montre agacé quand il constate que son neveu rechigne à épouser un beau parti qui se présente par la suite, attisant ainsi sans le vouloir la jalousie d'Araminte et contribuant contre son gré au plan de Dubois. À la fin de la pièce, il prend le parti de son neveu contre Mme Argante, celle-ci restant hostile jusqu'au bout au mariage de sa fille avec Dorante. On retrouve dans le nom même de la mère la typologie du barbon des comédies, Argante rappelant Argan (dans *Le Malade imaginaire* de Molière) et se rapprochant d'Orgon (dans *Le Tartuffe*). Mme Argante déclare à propos de sa fille et du comte : « il me tarde de voir ce mariage conclu » (acte I, scène 10). L'opposition de la mère n'est pas un obstacle majeur en tant que tel, Araminte étant une femme indépendante, comme elle le répète à plusieurs reprises, mais Mme Argante représente la pression sociale que subit Araminte, et qui persiste jusqu'à la fin de la pièce lorsqu'elle s'exclame : « il ne sera jamais mon gendre ». Il y a bien des personnages extérieurs qui pourraient représenter un véritable obstacle mais qui, sans le vouloir, participent eux aussi au déroulement de la machine mise en place par Dubois, dont l'ingéniosité n'en est que plus spectaculaire.

MÉTHODE

Une troisième partie permet de dépasser l'opposition des deux parties précédentes. C'est ici l'occasion de revenir sur le parcours en lien avec l'œuvre (« Théâtre et stratagème »), et sur la mise en scène.

Enfin, on peut voir que les ennemis, intérieurs et extérieurs, sont nécessaires à l'avènement de la vérité des sentiments. L'obstacle devient alors une épreuve nécessaire, comme l'écrivent Henri Coulet et Michel Gilot dans *Marivaux, un humanisme expérimental* : « L'épreuve apparaît donc finalement comme une preuve d'amour ». Comme Silvia et Dorante dans *Le Jeu de l'Amour et du hasard* qui, sans le savoir, ont la même idée et prennent la place de leur valet respectif pour éprouver l'amour de leur prétendant, Araminte et Dorante s'imposent des épreuves pour purifier leurs sentiments. Ainsi, alors que Dubois mène le jeu pour le compte de Dorante pendant une bonne partie de la pièce, Araminte se montre stratège à son tour à l'acte II, scène 13. Elle demande en effet à Dorante de rédiger pour elle une lettre pour le comte, dans laquelle elle se dit déterminée à l'épouser. Cette scène est particulièrement théâtrale puisque l'accessoire de la lettre permet d'observer à la fois les réactions de Dorante et d'Araminte à travers leurs nombreux apartés. L'objectif est de pousser Dorante à avouer ses sentiments, ce qu'il ne fait pas, mais il est extrêmement déstabilisé et Araminte est touchée par son malaise qui trahit, même sans mots, son amour pour elle.

Araminte a finalement elle aussi besoin des épreuves pour accéder à ses propres sentiments. Son aveu à l'acte III scène 12 est lié au portrait que Dorante a fait d'elle et qu'il aimerait récupérer : « Vous donner mon portrait ! Songez-vous que ce serait avouer que je vous aime ? » Ainsi, l'accessoire du stratagème et l'accès aux sentiments sont liés. Dans la mise en scène de Didier Bezace, Araminte traverse toute la scène en repassant par le fameux bureau où elle a dicté la lettre à Dorante, pour le rejoindre enfin et lui dire cette réplique. Ainsi, symboliquement, elle parcourt un chemin à la fois spatial et intérieur pour mûrir cet aveu. À la fin de la pièce, Araminte apprend que tout n'était que mensonge, mais loin de s'en offusquer, elle pardonne à Dorante en arguant que la fin justifie les moyens : « ce que vous avez fait pour gagner mon cœur n'est point blâmable ». Le stratagème déployé par Dubois apparaît alors comme un mal nécessaire pour surmonter les obstacles extérieurs mais surtout intérieurs aux personnages. L'aveu d'amour d'Araminte est tout de suite suivi par la scène finale, qui réunit tous les personnages (sauf Marton) : l'aveu intime devient décision publique, assumée par Araminte qui a enfin vaincu ses résistances.

MÉTHODE

La conclusion comporte deux étapes :
– le bilan : centré sur le projet de lecture, il reprend les grandes étapes de l'argumentation ;
– l'ouverture : elle élargit la réflexion à un mouvement littéraire, offre une comparaison avec une autre forme artistique, un thème...

Pour conclure, on voit bien comment Marivaux s'inspire du schéma de la comédie classique, qui met en scène un mariage contrarié, tout en le renouvelant. Les ennemis extérieurs sont présents, mais essentiellement pour donner un visage aux ennemis intérieurs qui empêchent les jeunes premiers d'accéder au bonheur : la fierté, la pression sociale, la raison, la peur de l'inconnu, le manque de confiance... Sans les épreuves, les jeunes premiers ne parviendraient pas à se confronter à leurs démons. C'est par le stratagème, monté par le rusé Dubois, qu'Araminte en particulier parvient à reconnaître son amour, à l'accepter pour finalement l'affirmer en public. Marivaux nous donne à voir une femme émancipée, indépendante, qui prend et assume ses décisions, et fait fi des différences de statut social. Elle est une digne représentante en cela du mouvement des Lumières.

3 L'explication linéaire (p. 182)

Introduction

Présentation du texte

L'Île des esclaves est une comédie en un acte de onze scènes écrite par Marivaux et représentée pour la première fois en 1725. Suite au naufrage de leur bateau, Iphicrate et son valet Arlequin arrivent sur une île étrange où maîtres et esclaves échangent leurs rôles. Ils retrouvent Cléanthis et sa maîtresse Euphrosine, soumises au même traitement. Dans la scène 3 qui nous intéresse, Trivelin, qui veille au bon respect des lois sur l'île, demande à Cléanthis de préciser ce qu'elle reproche à sa maîtresse.

Lecture expressive du texte

Varie l'intonation pour faire entendre le malaise d'Euphrosine et le comique du récit parodique proposé par Cléanthis. Travaille en particulier les passages qui jouent sur la parataxe, comme ici : « silence, discours, regards, tristesse et joie » (l. 14). Le rythme doit être adapté pour nous permettre d'imaginer les différentes poses que prend Cléanthis pour imiter sa maîtresse.

Présentation des mouvements du texte

1re partie : lignes 1 à 8 (jusqu'à « détaillons un peu cela. ») → Les trois grands traits de caractère d'Euphrosine

2e partie : lignes 8 à 19 → Le portrait en actes d'Euphrosine par Cléanthis

3e partie : lignes 20 à 32 → La suite du portrait avec l'exemple du réveil

Présentation du projet de lecture

En quoi cet extrait illustre-t-il le fameux « *castigat ridendo mores* » (« corriger les mœurs par le rire ») ?

Développement

Premier mouvement

Lignes 1 à 2 Trois adjectifs pour qualifier Euphrosine qu'il prétend choisis « au hasard ». *A priori* sur elle et sur les maîtresses en général. « Je vais vous interroger » : posture d'autorité, du maître à l'élève.

Lignes 3 à 4 Reprise des trois adjectifs qu'elle fait siens. Ironie « chère maîtresse ».

Lignes 5 à 8 (jusqu'à « détaillons un peu cela. ») Euphrosine, mal à l'aise, demande l'interruption du processus. Respect marqué par le titre « Monsieur ». Position d'enfant punie qui demande grâce. Trivelin la félicite comme une enfant qui commence à reconnaître sa bêtise. Expressions qui soulignent que, loin de s'arrêter, l'expérience ne fait que commencer : « petit », « bon signe », « augure », « avenir » + restriction « ce ne sont que », « détaillons ». Énoncé d'un paradoxe : le fait qu'Euphrosine soit embarrassée est un « bon signe ».

Deuxième mouvement

Lignes 8 à 9 Trivelin insiste et demande à Cléanthis d'expliciter les trois défauts.

Lignes 10 à 14 (jusqu'à « brouille ») Pas d'hésitation. Intensifs : « partout, à toute heure, en tous lieux », « tant de choses, tant vu, tant remarqué ». Parole qui se libère « par où commencer », flot qui jaillit. Répartition de la parole : primauté accordée à Cléanthis la servante = inversion par rapport à leur mode de relation habituel.

Lignes 14 à 17 Début du portait en actes en tant que tel à la troisième personne du singulier : « Madame se tait... ». Théâtre dans le théâtre. Précisions qui ressemblent à des didascalies que Cléanthis applique elle-même. Nombreuses constructions binaires, antithèses « parle »/« se tait », « triste »/« gaie » et reprise paraphrastique « Madame se tait »/« silence ; « Madame parle »/ « discours » ; « elle regarde »/« regards » ; « elle est triste »/« tristesse » ; « elle est gaie »/« joie ». Jeu sur les familles de mots. Reprise des termes « vanité » et « coquetterie » associés à trois adjectifs (trois « couleurs »), toujours sur les mêmes familles de mots. Réponse ferme à la question de Trivelin : « C'est, Madame, toujours vaine ou coquette » : présentatif, affirmation renforcée par l'adverbe « toujours ». Présentatif « voilà » répété : aspect théâtral, spectaculaire (« vois là »).

Lignes 18 à 19 La question d'Euphrosine dans le premier mouvement devient une affirmation. Nouvelle insistance de Trivelin sur l'idée que l'expérience n'est qu'à ses prémices « je débute », dit Cléanthis ; « Ce n'est qu'un début », reprend Trivelin.

Troisième mouvement

Lignes 20 à 25 Portrait en acte de Madame au réveil un bon jour. Paroles rapportées, on entend les mots d'Euphrosine derrière ceux de Cléanthis (j'ai bien dormi), style indirect libre « vite sur les armes ; la journée sera glorieuse » et style direct marqué par les guillemets « Qu'on m'habille ! ». Présentée comme une séductrice superficielle. Importance du regard : « yeux », « verra », « manifester », « voir ». Rythme ternaire : « spectacles, promenades, assemblées » pour désigner endroit où on voit mais surtout où on est vu. Satire des activités mondaines sans portée : restrictions et négations « il n'y a qu'à », « il n'y a rien ».

Ligne 26 Trivelin encourage Cléanthis et valide ses propos. Silence significatif d'Euphrosine.

Lignes 27 à 32 Deuxième partie du portrait : Madame au réveil un mauvais jour. Propos structuré, connecteur logique d'opposition « au contraire ». Nouvel ordre rapporté au style direct. Le « On » indéfini désigne les valets, parmi lesquels Cléanthis ; manque de considération. De nouveau, satire de la superficialité mondaine : « miroir », « mire », « verra », égocentrée. Image finale comique car hyperbolique : « Madame ne verra personne aujourd'hui, pas même le jour ». Opposition de deux espaces : la chambre et l'espace public dans lequel on ne peut se montrer qu'à son avantage, importance excessive de l'apparence.

Conclusion

Avant l'inversion des rôles à proprement parler, Euphrosine est confrontée à l'image que sa servante a d'elle, comme un miroir qu'elle lui tendrait, alors même qu'elle est obnubilée par l'image qu'elle renvoie. La confrontation est donc nécessairement douloureuse pour Euphrosine, mais apparaît comme nécessaire pour qu'elle prenne conscience de son attitude. Cet extrait, particulièrement comique, permet à Marivaux d'opérer une mise en abyme. En effet, comme Trivelin impose ici à Euphrosine de regarder ses vices à travers le spectacle de sa servante qui la caricature, le dramaturge cherche à travers cette scène à corriger les mœurs du spectateur par le rire. Dans la mise en scène d'Irina Brook (2005), Cléanthis prend sur ses genoux Euphrosine, comme elle le ferait d'un enfant, et la manipule comme une marionnette : « tristesse et joie » (l. 14). Cette scénographie est comique et permet en même temps de réaliser à quel point Euphrosine – et à travers elle tous les maîtres que Marivaux critique ici – est engluée dans des attitudes ridicules.

Question de grammaire

→ Dans cette phrase, malgré un **point d'interrogation unique** qui marque **l'interrogation directe**, nous relevons **trois propositions interrogatives** : « a-t-elle bien dormi », « le sommeil l'a-t-il rendue belle » et « se sent-elle du vif, du sémillant dans les yeux ».

→ Les deux premières propositions sont **totales** puisque le destinataire peut y répondre par « oui » ou par « non ». Les deux premières interrogations portent sur le sommeil de Madame. La dernière est une interrogation **partielle** qui porte sur l'état de Madame. Toutefois, sa réponse est limitée entre trois choix proposés par le locuteur.

→ Ces trois propositions interrogatives sont exprimées dans un **niveau de langue soutenu**, avec **l'inversion sujet/verbe** : cela illustre le respect que les valets doivent porter à leurs maîtres.

→ Rappels d'étude de la langue, page 278

Ton **KIT DE SURVIE** pour le **BAC** avec SCHOOLMOUV

Partie 3

Le théâtre du XVIIe au XXIe siècle

Tu viens de voir les notions à connaître sur le théâtre du XVIIe siècle à nos jours. Pour t'aider à retenir l'essentiel et t'entraîner pour le Bac, voici ton kit de révisions clé en mains conçu par SchoolMouv !

Vidéos

Pour mieux comprendre et t'en souvenir à coup sûr, regarde les vidéos. C'est parfois bien plus clair en images.

Vidéo **Molière,**
***Le Malade imaginaire*, 1673**
https://flashbelin.fr/focusbacschoolmouv/fr/1re/7

Vidéo **Marivaux,**
***Les Fausses Confidences*, 1737**
https://flashbelin.fr/focusbacschoolmouv/fr/1re/8

Vidéo **Jean-Luc Lagarce,**
***Juste la fin du monde*, 1990**
https://flashbelin.fr/focusbacschoolmouv/fr/1re/9

Contenus additionnels

Voici quelques bonus autour des mêmes sujets. La curiosité n'est pas toujours un vilain défaut. Il suffit de créer ton compte pour avoir accès à plein de contenus supplémentaires.

Fiche de lecture **Molière, *Le Malade imaginaire*, 1673**

https://www.schoolmouv.fr/eleves/fiches-de-lecture/le-malade-imaginaire-moliere/fiche-de-lecture

Fiche de lecture **Marivaux, *L'Île des esclaves*, 1725**

https://www.schoolmouv.fr/eleves/fiches-de-lecture/l-ile-des-esclaves-marivaux/fiche-de-lecture

Fiche de lecture **Marivaux, *Les Fausses Confidences*, 1737**

https://www.schoolmouv.fr/eleves/fiches-de-lecture/les-fausses-confidences-marivaux/fiche-de-lecture

Fiche de lecture **Jean-Luc Lagarce, *Juste la fin du monde*, 1990**

https://www.schoolmouv.fr/eleves/fiches-de-lecture/juste-la-fin-du-monde-jean-luc-lagarce/fiche-de-lecture

Conseil

Pour créer ta propre fiche de lecture sur une œuvre, commence par te documenter sur son auteur(trice). Rédige ensuite un résumé de l'œuvre et recopie quelques citations qui t'ont marqué(e). Note enfin tes impressions de lecture ainsi que tes analyses et interprétations de l'œuvre (structure, thèmes, personnages).

Tchat avec un prof

Pour poser toutes tes questions à un prof particulier, découvre l'abonnement tchat.
Tu peux le tester gratuitement pendant 7 jours: fini les questions sans réponses, tu vas devenir incollable.

http://focusbac.schoolmouv.fr/offre

4 La poésie du XIXe au XXIe siècle

Sommaire

Alphonse Mucha, *La Plume* (détail), 1899, lithographie, 75 × 29 cm, collection particulière.

Pour bien comprendre

LA POÉSIE AU FIL DES SIÈCLES

→ **Métrique et versification.** Plus encore que les autres genres littéraires, **la poésie repose sur un certain nombre de contraintes d'écriture** (compte des syllabes, rimes, formes fixes…) dont, au fil des siècles, certaines sont devenues usuelles et ont forgé la tradition poétique française.

→ **Poésie et lyrisme.** **Au Moyen Âge, la poésie concerne des genres et des tonalités très divers**, comme la chanson de geste (poésie épique), souvent en décasyllabes, qui raconte les prouesses et exploits guerriers de chevaliers héroïques, ou le fabliau, court récit satirique en octosyllabes. **La poésie lyrique, qui met la musicalité au service de l'expression de sentiments personnels, se développe à partir du XIIe siècle.** Elle est, à ses débuts, indissociable de la musique qui l'accompagne et qui contribue à modeler sa forme et son rythme, puis elle s'en dégage progressivement, le poème se suffisant à lui-même et devenant peu à peu fait pour être lu et non plus uniquement pour être chanté. **C'est désormais le poème seul qui doit porter la musicalité, grâce au rythme et aux sonorités** - même si de nombreuses formes typiquement médiévales, comme le rondeau ou la ballade, gardent la trace, dans les effets de reprises et de refrains, de leur origine chantée.

→ **Évolution des formes poétiques.** **À la Renaissance, les poètes de la Pléiade poursuivent et intensifient cette exploration du lyrisme** mais délaissent les formes poétiques médiévales. Influencés par l'humanisme, ils s'inspirent des auteurs de l'Antiquité grecque et latine avec lesquels ils tentent de rivaliser en français. **Ils exploitent de nouvelles formes, comme l'alexandrin ou le sonnet, et établissent des usages poétiques qui perdurent jusqu'au XIXe siècle, comme l'alternance entre rimes féminines et rimes masculines**. L'alexandrin devient ainsi le vers le plus fréquemment utilisé – d'autant qu'il règne également en maître sur la « poésie dramatique », c'est-à-dire le théâtre, puisqu'il est le vers employé dans la tragédie – et le sonnet la forme fixe la plus couramment exploitée dans la poésie française.**Les normes poétiques instaurées par la Pléiade ne commencent à être remises en cause qu'après la Révolution française**, d'abord par les poètes romantiques, puis, plus radicalement, par les avant-gardes poétiques à partir de la seconde moitié du XIXe siècle.

→ Les notions essentielles à connaître sont définies pages 304 à 313.

LES COURANTS POÉTIQUES MAJEURS du XIXe au XXIe siècle

1 Le romantisme

Né en Angleterre et en Allemagne à la fin du XVIIIe siècle, **en réaction au rationalisme des Lumières** (voir p. 76), le romantisme est un **mouvement qui se diffuse en France au début du XIXe siècle** et domine la production littéraire et artistique **jusque dans les années 1850 environ**.

La poésie romantique exprime de manière intense et passionnée **les états d'âme et les tourments des poètes en proie au « mal du siècle » : la mélancolie**.

> « Je suis le Ténébreux, – le Veuf, – l'Inconsolé,
> Le Prince d'Aquitaine à la Tour abolie :
> Ma seule Étoile est morte, – et mon luth constellé
> Porte le Soleil noir de la Mélancolie. »

Gérard de Nerval, « El Desdichado », *Les Chimères*, 1854.

Parmi ses thèmes privilégiés figurent donc **l'amour, souvent déçu ou malheureux, la solitude, la fuite du temps, ainsi que la nature**, dans laquelle le poète romantique voit un reflet de ses propres sentiments et émotions.

> « Salut ! bois couronnés d'un reste de verdure !
> Feuillages jaunissants sur les gazons épars !
> Salut, derniers beaux jours ! Le deuil de la nature
> Convient à la douleur et plaît à mes regards ! »

Alphonse de Lamartine, « L'Automne », *Méditations poétiques*, 1820.

Ancré dans son époque, le poète romantique est également **sensible aux mutations historiques, sociales et politiques de son temps**. Il met ainsi parfois la poésie au service de la critique d'un pouvoir abusif ou de la dénonciation des injustices sociales.

REPÈRES LITTÉRAIRES

Les Châtiments est un recueil de Victor Hugo, publié en 1853, dans lequel il critique violemment l'empereur Napoléon III et son gouvernement, qu'il juge tyranniques et réactionnaires. Cet ouvrage très satirique est conçu par le poète comme une arme visant à déstabiliser le régime.

Honoré Daumier, *L'Aigle impérial foudroyé par les Châtiments*, dessin paru dans *Le Charivari* le 16 novembre 1870.

2 Le symbolisme

Ce mouvement se développe à la fin du XIXe siècle **en réaction au réalisme et au naturalisme** **(voir p. 21-22)**. Il s'étend à différents genres littéraires mais concerne d'abord la poésie, conçue comme un **moyen d'accéder à une compréhension du monde qui dépasse la simple description réaliste**.

La poésie symboliste privilégie les images et les symboles (analogies, métaphores, comparaisons...) pour révéler **la part cachée, immatérielle, voire mystique, du monde**.

Charles Baudelaire (1821-1867), considéré comme le précurseur du mouvement symboliste, exprime dans son œuvre cette conception du monde comme mystère que seul l'art, et en particulier la poésie, peut aider à déchiffrer.

« La Nature est un temple où de vivants piliers
Laissent parfois sortir de confuses paroles ;
L'homme y passe à travers des forêts de symboles
Qui l'observent avec des regards familiers. »

Charles Baudelaire, « Correspondances »,
Les Fleurs du mal, 1857-1868.

Gustave Moreau, *Œdipe et le Sphinx*, 1864, huile sur toile, 206 × 105 cm, Metropolitan Museum of Art, New York.

L'intérêt des poètes symbolistes pour **l'imaginaire et l'irrationnel** ainsi que leur exploration de **nouvelles formes poétiques**, comme le vers libre **(voir p. 203)**, font de certains d'entre eux, comme Arthur Rimbaud ou Guillaume Apollinaire, des **précurseurs du mouvement surréaliste**.

LE PETIT +

Le symbolisme est d'abord un courant littéraire, mais **il s'étend à d'autres domaines artistiques, comme la peinture**, où il se traduit par une volonté de solliciter l'imaginaire plutôt que de représenter fidèlement le réel.

3 Le surréalisme

Né dans l'entre-deux-guerres, le mouvement surréaliste s'inscrit dans le prolongement d'autres **mouvements artistiques d'avant-garde**, comme Dada ou le cubisme en peinture. Très influencés par l'émergence de la **psychanalyse**, les surréalistes considèrent **l'activité inconsciente**, en particulier les rêves, comme une **véritable force créatrice permettant d'appréhender le monde**, autant — voire même plus — que la raison.

MOT CLÉ

L'avant-garde : en art ou en littérature, cette notion désigne un auteur ou un mouvement particulièrement novateur, révolutionnaire, qui est en avance sur son temps et rompt avec le passé et les traditions. Les mouvements d'avant-garde se multiplient à la fin du XIXe et au début du XXe siècle.

« Je crois à la résolution future de ces deux états, en apparence si contradictoires, que sont le rêve et la réalité, en une sorte de réalité absolue. »

André Breton, *Manifeste du surréalisme*, Gallimard, 1924.

La poésie surréaliste s'appuie sur **diverses techniques** comme **l'écriture automatique** ou **le cadavre exquis,** destinées à permettre à l'inconscient de s'exprimer sans entrave et à **laisser le hasard guider la création artistique**. Plus généralement, **elle se libère du contrôle de la raison** pour laisser surgir des images insolites et des associations souvent déconcertantes. **Elle s'affranchit aussi des règles de la poésie traditionnelle**, poursuivant l'exploration du vers libre et de la prose poétique **(voir p. 203)** amorcée par certains poètes symbolistes.

REPÈRES LITTÉRAIRES

Dada (ou le dadaïsme) est un mouvement littéraire et artistique né durant la Première Guerre mondiale. Il incarne la volonté de faire table rase du passé en réaction à la folie meurtrière qui s'est emparée du monde, et invente des façons inédites de faire de l'art, jouant sur l'absurde et se plaisant à provoquer, comme Marcel Duchamp lorsqu'il ajoute une moustache et un bouc sur une carte postale représentant la célèbre Joconde de Léonard de Vinci (1919).

MOTS CLÉS

L'écriture automatique est la transcription brute et non filtrée par la raison des pensées suscitées par un état de transe à la limite entre la veille et le sommeil.

Le cadavre exquis est un jeu littéraire qui se pratique à plusieurs. Chaque participant inscrit à tour de rôle un nom, un adjectif, un verbe, etc., sur un papier qu'il replie avant de le passer à son voisin. Le résultat forme un texte étrange, d'où le hasard peut faire surgir des formules et des images d'autant plus poétiques qu'elles sont involontaires – comme celle qui a donné son nom au jeu : « Le cadavre exquis boira le vin nouveau ».

« La terre est bleue comme une orange
Jamais une erreur les mots ne mentent pas
Ils ne vous donnent plus à chanter
Au tour des baisers de s'entendre
Les fous et les amours
Elle sa bouche d'alliance
Tous les secrets tous les sourires
Et quels vêtements d'indulgence
À la croire toute nue. »

Paul Éluard, « La terre est bleue… », *L'Amour la poésie*, © Éditions Gallimard, 1929.

Pablo Picasso, *Les Demoiselles d'Avignon*, 1907, huile sur toile, 244 × 234 cm, Museum of Modern Art, New York.

LE PETIT +

Le cubisme est un mouvement artistique, mené par Pablo Picasso et Georges Braque à partir de 1907 environ, qui remet en cause la manière traditionnelle de peindre en supprimant la perspective et en représentant les objets et les personnages par des formes géométriques.

LES INNOVATIONS POÉTIQUES du XIXe au XXIe siècle

1 Le renouvellement de l'alexandrin et du sonnet

Considéré comme le vers le plus noble, **l'alexandrin** **(voir p. 208)** **domine la production poétique en France à partir de la Renaissance**. **Pour casser son rythme**, qui peut devenir monotone, **et lui redonner vitalité et originalité**, les poètes romantiques substituent parfois au rythme binaire de l'alexandrin classique (6//6) un rythme ternaire (4/4/4), effaçant ainsi la césure ; c'est ce qu'on appelle **le trimètre romantique**.

« J'ai disloqué / ce grand (//) niais / d'alexandrin. »

Victor Hugo, « Quelques mots à un autre », *Les Contemplations*, 1856.

Jacques Roubaud (né en 1932) est un poète et mathématicien membre de l'OuLiPo **(voir p. 203)**. Il a beaucoup expérimenté autour de la forme du sonnet, conservant sa structure tout en brouillant les frontières entre prose et poésie, comme dans le quatrain reproduit ci-dessous.

Le sonnet **(voir p. 211)** reste très pratiqué par des poètes romantiques, comme Victor Hugo et Gérard de Nerval, ou par des symbolistes, comme Paul Verlaine et Stéphane Mallarmé. Considérée comme trop classique, **cette forme est délaissée par les avant-gardes du début du XXe siècle avant d'être de nouveau explorée, souvent de manière détournée, décalée, dans la seconde moitié du XXe siècle** – et jusqu'à aujourd'hui, notamment par des auteurs de **l'OuLiPo**, comme **Jacques Roubaud**.

« Je vis sans hivers sans lieux   nul lieu   nul temps n'est plus qu'un autre   j'ai cessé d'entendre le bruit que fait l'eau aujourd'hui je ne dis pas   le monde est bain de fiel   je ne dis pas   voici des yeux et des merveilles   je suis soir et neutre »

Jacques Roubaud, *« Je vis sans hivers sans lieux »*, ∈, © Éditions Gallimard, 1967.

REPÈRES LITTÉRAIRES

L'Ouvroir de littérature potentielle (abrégé en OuLiPo) est fondé en 1960 par l'écrivain **Raymond Queneau** et le mathématicien **François Le Lionnais**. Ce groupe rassemble des auteurs et des scientifiques qui conçoivent la littérature comme un ensemble de règles et de contraintes avec lesquelles ils jouent avec humour et virtuosité, créant des œuvres innovantes, comme ***La Disparition*** de Georges Perec (1969), roman écrit sans utiliser la lettre « e », ou ***Cent mille milliards de poèmes*** de Raymond Queneau (1961), recueil composé de sonnets où chaque vers, inscrit sur une bande de papier amovible, peut se combiner avec les autres de manière à former un nombre presque infini de combinaisons possibles.

2 Le vers libre

Pour se libérer des règles de la poésie traditionnelle, perçues comme des restrictions à la liberté créatrice, certains poètes, de la fin du XIXe siècle à aujourd'hui, pratiquent **le vers libre**, c'est-à-dire qu'ils écrivent des poèmes **dont les vers ne se définissent ni par le compte des syllabes ni par la présence obligatoire de rimes**.

« Assez vu. La vision s'est rencontrée à tous les airs.
Assez eu. Rumeurs des villes, le soir, et au soleil, et toujours.
Assez connu. Les arrêts de la vie. – Ô Rumeurs et Visions !
Départ dans l'affection et le bruits neufs ! »

Arthur Rimbaud, « Départ », *Les Illuminations*, 1895 (posthume).

COUP DE POUCE

La poésie classique française est globalement isométrique : tous les vers d'un poème comportent le même nombre de syllabes. Certains genres poétiques peuvent être hétérométriques, c'est-à-dire mêler différents types de vers (alexandrins, octosyllabes, voire même des vers impairs de 3, 5, 7… syllabes). C'est le cas, par exemple, des fables et contes en vers. Cependant, dans un poème hétérométrique, le compte des syllabes reste déterminant, et une forme de régularité métrique est conservée, ce qui n'est pas le cas dans un poème en vers libres.

3 Le poème en prose

Né au XIXe siècle, le poème en prose est un poème qui se présente sous la forme d'un **texte en prose, sans vers ni strophes**. Autonome et clos sur lui-même, à la manière d'un poème, il exploite, en prose, les ressources de l'écriture poétique non versifiée : allitérations, assonances, images, effets rythmiques…

Cette forme, **très prisée des poètes symbolistes** (Charles Baudelaire, Arthur Rimbaud, Stéphane Mallarmé…), a pris de plus en plus de place dans la production poétique au cours des XXe et XXIe siècles.

REPÈRES LITTÉRAIRES

Charles Baudelaire considérait que l'inventeur du poème en prose était **Aloysius Bertrand**, dont il confie que le recueil intitulé *Gaspard de la nuit* (1842) a inspiré son propre recueil de poèmes en prose, *Le Spleen de Paris*, publié après sa mort, en 1869.

« L'huître, de la grosseur d'un galet moyen, est d'une apparence plus rugueuse, d'une couleur moins unie, brillamment blanchâtre. C'est un monde opiniâtrement clos. Pourtant on peut l'ouvrir: il faut alors la tenir au creux d'un torchon, se servir d'un couteau ébréché et peu franc, s'y reprendre à plusieurs fois. Les doigts curieux s'y coupent, s'y cassent les ongles: c'est un travail grossier. Les coups qu'on lui porte marquent son enveloppe de ronds blancs, d'une sorte de halos.

À l'intérieur l'on trouve tout un monde, à boire et à manger: sous un *firmament* (à proprement parler) de nacre, les cieux d'en-dessus s'affaissent sur les cieux d'en-dessous, pour ne plus former qu'une mare, un sachet visqueux et verdâtre, qui flue et reflue à l'odeur et à la vue, frangé d'une dentelle noirâtre sur les bords.

Parfois très rare une formule perle à leur gosier de nacre, d'où l'on trouve aussitôt à s'orner. »

Francis Ponge, « L'Huître » (texte intégral), *Le Parti Pris des choses*, © Éditions Gallimard, 1942.

4 Tradition et modernité dans la poésie du XIXe au XXIe siècle

Topoï poétiques et modernité

Jusqu'à aujourd'hui, les poètes continuent de traiter certains ***topoï*** qui remontent parfois à la poésie antique, comme **la fuite du temps** ou **le *carpe diem***. Cependant, à partir du XIXe siècle, ces *topoï*, perçus comme des clichés dépassés, sont souvent **détournés, parodiés, subvertis** par les poètes afin de les moderniser et de leur redonner du sens.

MOTS CLÉS

***Topos* (au pluriel, *topoï*)**: lieu commun, motif littéraire très souvent traité et repris au cours des siècles.

Carpe diem: expression latine tirée d'un poème d'Horace (Ier siècle avant J.-C.) qui signifie littéralement « Cueille le jour ». Il s'agit d'une invitation à profiter du moment présent, à vivre dans l'instant en ayant conscience de la fugacité de la vie humaine.

LE PETIT +

Le thème philosophique du *carpe diem* est repris par les poètes de la Renaissance, passionnés de culture antique. Souvent employé comme instrument de persuasion dans une stratégie de conquête amoureuse (« Mignonne, allons voir si la rose… », « Quand vous serez bien vieille, au soir, à la chandelle… », Pierre de Ronsard), il devient au fil du temps un véritable *topos* poétique.

« Vous êtes amoureux. Loué jusqu'au mois d'août.
Vous êtes amoureux. – Vos sonnets La font rire.
Tous vos amis s'en vont, vous êtes mauvais goût.
– Puis l'adorée, un soir, a daigné vous écrire...!

– Ce soir-là,... – vous rentrez aux cafés éclatants,
Vous demandez des bocks ou de la limonade...
– On n'est pas sérieux, quand on a dix-sept ans
Et qu'on a des tilleuls verts sur la promenade. »

Arthur Rimbaud, *Roman*, 1870.

C'est également au XIXe siècle que les poètes vont commencer à chercher dans **la laideur ou la banalité, le quotidien**, des sujets jusqu'alors délaissés en poésie. **De nouveaux thèmes ou motifs poétiques émergent,** comme la ville (Charles Baudelaire) ou, au XXe siècle, la modernité technologique (Blaise Cendrars, Guillaume Apollinaire) et les objets du quotidien (Francis Ponge) – qui, avec le temps, deviendront à leur tour des *topoï*.

Fernand Léger, *Le Typographe*, 1919, huile sur toile, 81 × 65 cm, pinacothèque d'art moderne, Munich.

Des pratiques poétiques très diverses

Les poètes romantiques restent globalement attachés aux règles de la poésie traditionnelle, tandis que **symbolistes et avant-gardistes s'autorisent toutes les audaces** : absence de ponctuation, vers libres, allitérations et assonances qui se substituent aux rimes...

Guillaume Apollinaire explore même la **dimension visuelle** dans **le calligramme**.

Cependant, dans les années 1940-1950, on observe un **retour à une écriture poétique plus traditionnelle** chez certains auteurs, comme Louis Aragon qui s'éloigne du surréalisme pour revenir à une poésie versifiée et rimée.

Guillaume Apollinaire, *Flèche saignante...*, extrait d'une lettre à Lou écrite le 11 mars 1915.

« Tes yeux sont si profonds qu'en me penchant pour boire
J'ai vu tous les soleils y venir se mirer
S'y jeter à mourir tous les désespérés
Tes yeux sont si profonds que j'y perds la mémoire. »

Louis Aragon, *Les Yeux d'Elsa*, © Éditions Gallimard, 1942.

De manière générale, **les poètes contemporains explorent aussi bien des formes poétiques classiques que des formes très libérées des contraintes de la poésie traditionnelle**. Ils peuvent même être inspirés par des formes populaires, comme la chanson (Jacques Prévert, Boris Vian).

MOT CLÉ

Caligramme : poème dont les vers sont disposés de manière à former un dessin représentant le sujet abordé.

Un lyrisme renouvelé

Expression exaltée de sentiments intimes soutenue par une grande musicalité, le lyrisme occupe une place importante dans la production poétique française depuis le Moyen Âge. Les poètes romantiques trouvent dans le lyrisme **une forme d'expression poétique privilégiée pour explorer les sentiments du « moi »**.

En réaction aux effusions lyriques du romantisme, les mouvements littéraires de la seconde moitié du XIXe siècle cherchent au contraire à **dépersonnaliser la poésie**, et rejettent le primat de la subjectivité. **Le lyrisme se renouvelle** : plus seulement centré sur le « moi » du poète, il accueille le monde moderne et ses innovations technologiques (Guillaume Apollinaire, Blaise Cendrars), s'étend au rêve et à l'inconscient (surréalisme) et finit par se confondre avec l'élan poétique.

« Le poète marche sur un fil, quelques mètres au-dessus du sol (assez pour se rompre le cou d'un faux-pas), dans l'entre-deux qui en fin de compte est le nôtre, entre ciel et terre, puisque nous ne sommes ni des oiseaux ni des plantes... Lyrique, il prend le risque de la chute, ou simplement du ridicule. Il aspire toujours à l'envol, même si cette marche funambule sur la corde mince de ses phrases est désormais l'ultime espèce d'allègement dont il soit capable.

J'appelle aujourd'hui lyrisme cette en allée qui ne s'en va à proprement parler nulle part, mais durant laquelle le marcheur connaît avec exactitude son poids et son vertige. »

Jean-Michel Maulpoix, *Du Lyrisme* (préface), éditions Corti, 2000.

LES OUTILS D'ANALYSE *de la poésie française*

1 Le vers

Le vers se définit par le compte des syllabes. Chaque syllabe doit être prononcée, sauf si le mot se termine par un « e » muet lorsqu'il est suivi d'un mot commençant par une voyelle ou lorsqu'il se trouve à la rime.

> Et la sourc**e** sans nom qui goutt(e) à goutt**e** tomb(e)
> 1 2 3 4 5 6 7 8 9 10 11 12

José-Maria de Hérédia, « La Source », *Les Trophées*, 1893.

La diérèse et la synérèse constituent des cas particuliers dans le compte des syllabes, des formes de **licence poétique**. Certains mots peuvent ainsi compter **une syllabe de plus (diérèse)** ou au contraire **une syllabe de moins (synérèse)** pour permettre au vers d'avoir le bon nombre de syllabes. La diérèse permet également de souligner un mot en l'allongeant, et l'accumulation de diérèses dans un vers ou un une strophe crée toujours un effet de sens qu'il faut analyser et interpréter.

MOT CLÉ

Licence poétique : dérogation aux règles habituelles d'orthographe ou de prononciation, liberté autorisée en poésie pour jouer sur le nombre de syllabes que comporte un mot, comme la possibilité d'écrire « encor » sans « e » pour qu'il ne compte que deux syllabes.

> Soit ! le grand**io**se échappe à ma dent,
> Mais, fi de l'aimable et fi de la lie !

Paul Verlaine, « Résignation », *Poèmes saturniens*, 1866.

Beaucoup plus rare dans la poésie du XIXe au XXIe siècle, **la synérèse** est généralement un **procédé purement métrique**, c'est-à-dire qu'il ne concerne que le rythme du vers et ne fait pas, en soi, sens.

> **Juin** [1 syllabe au lieu de 2] ton soleil ardente lyre
> Brûle mes doigts endoloris

Guillaume Apollinaire, « La Chanson du mal-aimé », *Alcools*, 1913.

Traditionnellement, la poésie française pratique essentiellement les **vers pairs**, dont les plus largement représentés **jusqu'à la Renaissance** sont :

- **l'octosyllabe (8 syllabes) :** vers court, souvent associé à la chanson et à des sujets légers ;
- **le décasyllabe (10 syllabes) :** vers considéré comme le plus long avant l'introduction de l'alexandrin, il comporte une pause (la césure, qu'on représente par le signe « // » quand on étudie le rythme des vers) après la quatrième ou la sixième syllabe (4//6 ou 6//4) et il est souvent réservé à des genres ou des sujets sérieux ou élevés. Il est progressivement délaissé et supplanté par l'alexandrin.

À la Renaissance, les poètes emploient un nouveau type de vers, l'alexandrin, qui deviendra le vers le plus courant en poésie française. Il compte **12 syllabes** et comporte traditionnellement une césure à l'hémistiche, c'est-à-dire une **pause rythmique forte à la moitié du vers, après la 6e syllabe**.

Au XVIIe siècle, le mouvement littéraire du **classicisme**, qui se caractérise par une **recherche d'équilibre et d'harmonie**, tend à accentuer et à renforcer la symétrie de l'alexandrin en le rythmant de manière très régulière (3/3//3/3). C'est le **tétramètre régulier** :

« La raison / du plus fort // est toujours / la meilleure »
3 3 3 3

Jean de La Fontaine, « Le Loup et l'Agneau », *Fables*, livre I, 1668.

2 La rime

Elle se définit par sa **nature** (féminine ou masculine), sa **qualité** (pauvre, suffisante, riche) et sa **disposition** (plate, croisée, embrassée).

La nature de la rime

Par souci d'harmonie et de musicalité, les poètes de la Pléiade ont introduit une règle, celle de **faire alterner rimes féminines (qui se terminent par un « e » muet) et rimes masculines (toutes les autres)**. Cette règle reste très suivie aux XIXe et XXe siècles, même par des poètes par ailleurs très innovants ou audacieux sur le plan formel.

« De l'éternel Azur la sereine iro**nie**
Accable, belle indolemment comme les f**leurs**,
Le poète impuissant qui maudit son gé**nie**
À travers un désert stérile de Dou**leurs**. »

Stéphane Mallarmé, « L'Azur », *Poésies*, 1899.

La qualité de la rime

En fonction du **nombre de sons communs aux mots placés à la rime**, celle-ci est dite :

- **pauvre ou assonante** (un seul son commun : aid**é**/press**é**) ;
- **suffisante** (deux sons communs : pla**cé**/pre**ssé**) ;
- **riche** (au moins trois sons communs : t**ressé**/p**ressé**).

La disposition des rimes

Les rimes peuvent être disposées de trois manières différentes :

- **rimes plates** (ou suivies) : AABB ;

« Nous avons écouté, retenant notre ha**leine**
Et le pas suspendu. – Ni le bois, ni la p**laine**
Ne poussait un soupir dans les airs ; Seule*ment*
La girouette en deuil criait au firma*ment* ; »

Alfred de Vigny, « La Mort du loup », *Les Destinées*, 1838.

- **rimes croisées** (ou alternées) : ABAB ;

« On meurt de rire on meurt de **faim**
On meurt pour blessure à la gu*erre*
On meurt au théâtre à la **fin**
D'un drame où le ciel est par t*erre*. »

Georges Perros, « On meurt de rire… », *Poèmes bleus*, 1962.

- **rimes embrassées** : ABBA ;

« Ton cœur est triste, morne et **las**,
Comme la naissante jour*née*.
Elle sera bientôt fa*née*,
L'amoureuse odeur des li**las**. »

Anna de Noailles, « Chanson pour avril », *Le Cœur innombrable*, 1901.

Certains poèmes peuvent jouer sur des effets de **rimes internes**, c'est-à-dire que les rimes sont redoublées à l'intérieur du vers, par exemple quand les hémistiches riment ensemble.

« La ville ressembl**ait** // à l'univers. C'é**tait**
Cette heure où l'on dir**ait** // que toute âme se **tait**. »

Victor Hugo, « Au lion d'Androclès », *La Légende des siècles*, 1859.

3 Effets particuliers de rythme et de sonorités

Normalement, le vers est une unité autonome, et la métrique (le rythme des vers) doit être alignée sur la syntaxe (la construction de la phrase). Cependant, la poésie peut jouer sur des **effets rythmiques particuliers** qui introduisent un décalage entre métrique et syntaxe et créent ainsi des effets de sens par la mise en valeur d'un mot ou groupe de mots.

→ **L'enjambement** désigne ainsi le débordement d'une phrase sur le vers suivant.

> « Le bal s'en va finir. **Renouez, heures brunes,**
> **Sur vos fronts parfumés vos longs cheveux de jais.** »

Théophile Gautier, « Après le bal », *La Comédie de la mort*, 1838.

→ **Le rejet** est un type d'enjambement particulier dans lequel la fin d'une phrase (mot ou groupe de mots) est rejetée au vers suivant.

> « Un soldat jeune, bouche ouverte, tête nue,
> Et la nuque baignant dans le frais cresson bleu,
> **Dort** ; il est étendu dans l'herbe, sous la nue. »

Arthur Rimbaud, « Le Dormeur du val », *Cahiers de Douai*, 1870.

→ **Le contre-rejet** est un autre type d'enjambement particulier où c'est au contraire le début d'une phrase qui est rejeté au vers précédent.

> « Les pieds dans les glaïeuls, il dort. **Souriant comme**
> Sourirait un enfant malade, il fait un somme. »

Arthur Rimbaud, « Le Dormeur du val », *Cahiers de Douai*, 1870.

Outre les rimes, un poème peut créer des **effets particuliers de sonorités**.

→ **L'assonance** est ainsi la répétition d'une voyelle ou d'un son vocalique (comme [ou], [an], [on]...).

> « Je f**ai**s souv**ent** ce r**ê**ve **é**tr**an**ge et p**é**n**é**tr**ant**. »

Paul Verlaine, « Mon Rêve familier », *Poèmes saturniens*, 1866.

→ Tandis que **l'allitération** est la répétition d'une même consonne ou du même son produit par des consonnes différentes.

> « **T**am**t**am sculp**t**é, **t**am**t**am **t**endu qui gronde sous les doigts du vainqueur. »

Léopold Sédar Senghor, « Femme noire », *Chant d'ombres*, Seuil, 1945.

LE PETIT +

Quand un poète cherche, par l'allitération ou l'assonance, à reproduire des sonorités évoquant ce dont il est question, on parle d'**harmonie imitative** (comme dans le vers de Senghor où la répétition du « t » évoque le son du tam-tam).

4 Les poèmes à forme fixe

Ils sont écrits en respectant des **règles formelles précises**. Certaines formes fixes sont **typiquement médiévales**, comme :

- **le rondeau :** poème composé de **trois strophes** et construit sur **deux rimes**, dont le début du premier vers est repris à la fin des strophes suivantes, comme une sorte de refrain (on appelle ce vers-refrain le « rentrement ») ;
- **la ballade :** poème composé de **trois strophes** (comportant toutes le même nombre de vers) **suivies d'une demi-strophe** appelée « envoi », et généralement adressée à un personnage important (roi, prince, voire Dieu) ; chaque strophe de la ballade se termine par un vers-refrain.

MOT CLÉ

Strophe : ensemble de vers isolé typographiquement par des espaces. Les strophes les plus courantes sont les strophes comportant deux vers (distique), trois vers (tercet), quatre vers (quatrain), cinq vers (quintil) ou six vers (sizain).

À partir de la **Renaissance**, une forme fixe s'impose : **le sonnet**. Il comporte **14 vers de même mesure**, répartis en **deux** quatrains **et deux** tercets, avec des rimes embrassées (ABBA) identiques dans les deux quatrains, et une disposition française (CCD/EDE) ou italienne (CCD/EED) des rimes dans les tercets.

LE PETIT +

Les sonnets qui respectent toutes les règles imposées par cette forme fixe sont appelés **« sonnets réguliers »**. Ceux qui conservent uniquement la structure en deux quatrains et deux tercets mais dérogent à d'autres règles, comme le schéma imposé des rimes, sont appelés **« sonnets irréguliers »**.

BILAN

La poésie du XIXe au XXIe siècle

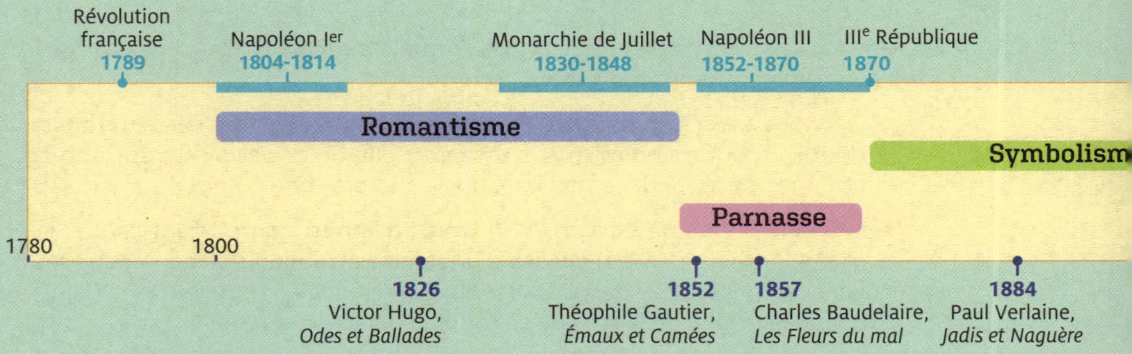

Une versification renouvelée

- **Renouvellement de l'alexandrin**
  - Effacement de la césure (trimètre romantique 4/4/4)
  - Bouleversement du rythme (enjambements, rejets, contre-rejets)
- **Usage du vers impair**
  - Innovation par rapport à la versification traditionnelle
  - Pratiqué par Verlaine qui en fait l'éloge dans son *Art Poétique* (1884)
- **Percée du vers libre**
  - Vers comme unité typographique (retour à la ligne, avec ou sans majuscule)
  - Rythme qui ne repose plus sur le compte de syllabes
  - → Tend vers la prose

Des formes poétiques nouvelles

- **Renouvellement du sonnet**
  - Sonnet irrégulier (entorses aux règles)
  - Sonnet inversé (2 tercets suivis de 2 quatrains)
- **Le calligramme**
  - Poème sous forme de dessin
  - Pratiqué par Apollinaire dans ses *Calligrammes* (1918)
- **Le poème en prose**
  - Texte bref, en prose
  - Texte autonome, poème clos sur lui-même

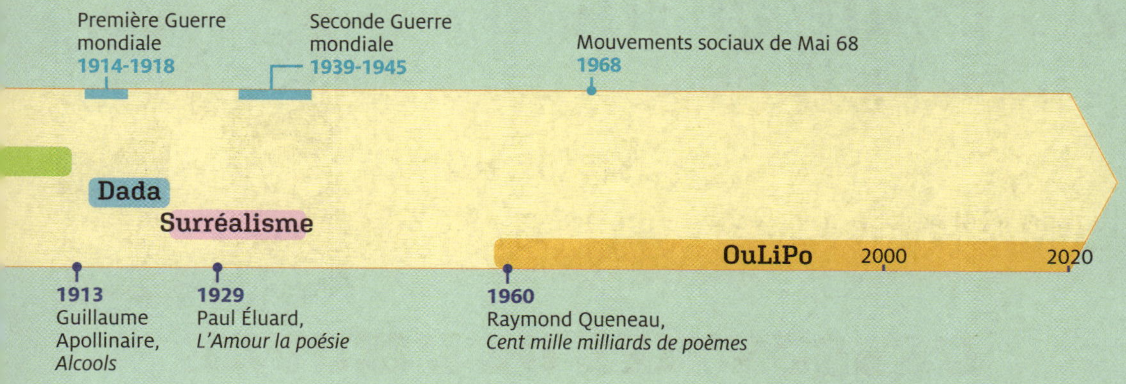

Thèmes principaux

- **Romantisme**
  - Paysage-état d'âme
  - Mélancolie, *spleen*
  - Fonctions du poète, de la poésie
- **Symbolisme**
  - La ville
  - Le poète maudit
  - La modernité, le progrès technologique
- **Surréalisme**
  - Le rêve
  - L'amour physique, charnel
  - La liberté, la révolte contre l'oppression

Principales tonalités poétiques

- **Tonalité lyrique**
  - Lyrisme amoureux
  - Sentiments exaltés d'un « moi » tourmenté (mélancolie, *spleen*)
- **Tonalité comique**
  - Poésie ludique (jeux de mots, invention de nouvelles contraintes)
  - Exagération, caricature
  - Subversion d'un modèle (parodie)
- **Tonalité polémique**
  - Ton virulent
  - Poésie engagée
  - Visée argumentative (convaincre/persuader)

Voie générale
Voie technologique

Les Contemplations – livres I à IV (1856)

Victor Hugo

Parcours « Les mémoires d'une âme »

L'ESSENTIEL DE L'ŒUVRE en 3 points

1 Le recueil du deuil et de l'exil

Au cœur du recueil se trouve un drame personnel : la fille aînée du poète meurt noyée dans la Seine en 1843. La structure de l'œuvre témoigne de cette rupture tragique entre les sections **« Autrefois »**, rassemblant des poèmes antérieurs à cette date, et **« Aujourd'hui »**. Cette fracture se double d'une autre rupture : après le coup d'État de Louis-Napoléon Bonaparte en 1851, **Victor Hugo est contraint de s'exiler sur l'île de Jersey puis de Guernesey**. *Les Contemplations*, dont l'auteur signe la préface uniquement de ses initiales, mais en prenant soin d'indiquer le lieu (« Guernesey »), **portent donc la marque du deuil et de l'exil qui ont largement contribué à les façonner**.

2 Une autobiographie en vers ?

Les différentes sections étudiées peuvent se lire comme les grands jalons de la vie de Victor Hugo : les combats littéraires et les émois de la jeunesse dans **« Aurore »** (livre I), les joies et peines de l'amour dans **« L'Âme en fleur »** (livre II), la méditation sur le monde et la révolte contre ses injustices dans **« Les Luttes et les Rêves »** (livre III), le deuil dans **« Pauca meae »** (livre IV). **Cependant, l'écriture poétique transfigure ces expériences personnelles pour leur donner une dimension universelle**, tant par la capacité du poète à exprimer des sentiments intimes d'une manière qui parle à tous, que par son aptitude à se faire le chantre de son temps et l'écho des préoccupations éternelles de l'âme humaine.

3 Un recueil très varié

***Les Contemplations* portent un regard méditatif sur le monde, offrant aux lecteurs une collection d'instantanés, de souvenirs, de réflexions.** Victor Hugo aborde aussi bien des thèmes sérieux que légers, alterne poèmes courts et longs, varie les tonalités (lyrique, pathétique, bucolique, élégiaque et même polémique), emploie, en fonction du sujet, l'alexandrin majestueux et déclamatoire ou l'octosyllabe chantant, insère dans son recueil fables et contes, érige un tombeau littéraire à la mémoire de sa fille… Le recueil embrasse le monde dans sa complexité et sa diversité.

UN QUIZ POUR TESTER sa connaissance de l'œuvre

QCM ?

1. En quelle année le recueil des *Contemplations* a-t-il été publié ?

- **a** 1830.
- **b** 1853.
- **c** 1856.

2. Quels sont les titres des deux grandes parties du recueil ?

- **a** « Hier » et « Aujourd'hui ».
- **b** « Autrefois » et « Aujourd'hui ».
- **c** « Passé » et « Présent ».

3. Quel événement tragique constitue le point de rupture qui divise le recueil en deux parties ?

- **a** La mort de la femme de Victor Hugo.
- **b** La mort de la fille de Victor Hugo.
- **c** La mort du meilleur ami de Victor Hugo.

4. De quel lieu est datée la préface des *Contemplations* ?

- **a** Guernesey.
- **b** Jersey.
- **c** Londres.

5. En quoi la mention de ce lieu est-elle politique ?

- **a** Elle renvoie à l'intérêt de Victor Hugo pour la monarchie anglaise.
- **b** Elle renvoie au lieu où Victor Hugo est devenu député.
- **c** Elle renvoie au lieu d'exil de Victor Hugo après le coup d'état de Louis-Napoléon Bonaparte.

6. Que signifie le titre latin du livre IV : « *Pauca meae* » ?

- **a** Une petite dédicace à ma fille.
- **b** Quelques vers pour ma fille.
- **c** À ma petite fille.

7. De quelle partie des *Contemplations* est tirée l'expression « les mémoires d'une âme » ?

- **a** De la première partie.
- **b** De la deuxième partie.
- **c** De la préface.

8. Le livre III des *Contemplations* témoigne particulièrement de la sensibilité de Victor Hugo aux problèmes sociaux de son temps. Quel est son titre ?

- **a** « Les Luttes et les Rêves ».
- **b** « Les Souffrances et les Luttes ».
- **c** « Les Misères et les Rêves ».

9. Parmi les poèmes suivants, lequel est une réponse de Victor Hugo à ses détracteurs ?

- **a** « Paroles dans l'ombre ».
- **b** « Explication ».
- **c** « Quelques mots à un autre ».

10. Par quel vers commence le poème daté du 3 septembre 1847 dans la section « *Pauca meae* » ?

- **a** « Demain, dès l'aube, à l'heure où blanchit la campagne ».
- **b** « Demain, dès l'aube, à l'heure où revit la campagne ».
- **c** « Demain, dès l'aube, à l'heure où pâlit la campagne ».

→ Corrigés page 237

Voie générale
Voie technologique

Les Fleurs du mal

(1857-1868)

Charles Baudelaire

Parcours « Alchimie poétique : la boue et l'or »

L'ESSENTIEL DE L'ŒUVRE
en 3 points

1 Une œuvre perçue comme immorale

Lors de sa première parution, le recueil est condamné pour **« délit d'outrage à la morale publique et aux bonnes mœurs »** et six poèmes, jugés particulièrement sulfureux, sont censurés. Des « Litanies de Satan » à « La Prière d'un païen », du poème « Une charogne » aux poèmes lesbiens, **Charles Baudelaire affirme sa conception d'une poésie libérée des préoccupations morales et uniquement motivée par la recherche de la beauté, sous ses formes même les plus inattendues**.

2 Un recueil à la structure riche de sens

Dès le poème « Au lecteur », qui précède la première section, **« Spleen et Idéal »**, Charles Baudelaire désigne **« L'Ennui »** comme le plus grand ennemi de l'homme. Aussi appelé « *spleen* » par le poète, il s'apparente à une mort symbolique que seul **« l'Idéal »**, la beauté à laquelle aspire le poète, peut combattre. Dans les **« Tableaux parisiens »**, cette quête conduit le poète à chercher dans la ville, l'apparence, même trompeuse, de la beauté, que **« Le Vin »** (titre de la section suivante) procure également. La section éponyme, **« Fleurs du mal »**, approfondit la démarche alchimique, puisant dans un imaginaire toujours plus sombre et macabre pour en tirer des fleurs poétiques. Enfin, après **« La Révolte »** (avant-dernière section) contre la morale chrétienne, vient **« La Mort »** (dernière section), assimilée non à une fin mais à une forme de renaissance poétique.

3 Un recueil précurseur

Charles Baudelaire conserve dans ce recueil une **écriture poétique assez traditionnelle**, privilégiant l'usage de l'alexandrin et la forme fixe du sonnet. En revanche, **il renouvelle totalement l'imaginaire poétique ainsi que la conception du poète et de la poésie** : plus à l'aise dans les cieux poétiques que sur Terre (« L'Albatros »), le poète a la tâche à la fois bénie et maudite de **déchiffrer le monde et ses symboles** (« Correspondances »). Influencé par le romantisme et les théories de l'Art pour l'Art, *Les Fleurs du mal* est donc également un recueil précurseur qui annonce le mouvement symboliste.

UN QUIZ POUR TESTER
sa connaissance de l'œuvre

QCM ?

1. Quelles réactions suscite la publication des *Fleurs du mal* en 1857 ?

- **a** La presse et le public accueillent favorablement le recueil.
- **b** La presse crie au scandale mais Charles Baudelaire reçoit la légion d'honneur des mains de l'empereur Napoléon III.
- **c** La presse crie au scandale et un procès s'ensuit.

2. À quel poète est dédié le recueil des *Fleurs du mal* ?

- **a** Victor Hugo.
- **b** Théophile Gautier.
- **c** Théodore de Banville.

3. Quelle position occupe dans le recueil la section intitulée « Spleen et Idéal » ?

- **a** C'est la première section du recueil.
- **b** C'est la dernière section du recueil.
- **c** C'est l'avant-dernière section du recueil.

4. Que désigne le terme anglais « *spleen* », repris par Charles Baudelaire ?

- **a** Un sentiment de bonheur et de sérénité.
- **b** Un sentiment de mélancolie, d'angoisse, de dépression.
- **c** Une boisson alcoolisée.

5. Parmi les titres suivants, lequel n'est pas le titre d'une section des *Fleurs du mal* ?

- **a** « Tableaux parisiens ».
- **b** « Fleurs du mal ».
- **c** « Crépuscule ».

6. À quel oiseau marin Charles Baudelaire compare-t-il le poète dans le deuxième poème de la section « Spleen et Idéal » ?

- **a** À un albatros.
- **b** À un pélican.
- **c** À une mouette.

7. Quel terme désigne la recherche du processus permettant de transformer le plomb en or ?

- **a** Le spiritisme.
- **b** L'alchimie.
- **c** La magie noire.

8. De quel poème sont extraits les vers suivants : « Là, tout n'est qu'ordre et beauté / Luxe, calme et volupté » ?

- **a** « À une passante ».
- **b** « Le Vin des chiffonniers ».
- **c** « L'Invitation au voyage ».

9. Quel poème des *Fleurs du mal* décrit un cadavre en décomposition ?

- **a** « La Carcasse ».
- **b** « Une Charogne ».
- **c** « Putréfaction ».

10. Quel est le titre du dernier poème du recueil ?

- **a** « Le Voyage ».
- **b** « La Mort ».
- **c** « Fin ».

→ Corrigés page 237

ŒUVRES AU PROGRAMME

Voie générale
Voie technologique

Alcools (1913)

Guillaume Apollinaire

Parcours « Modernité poétique ? »

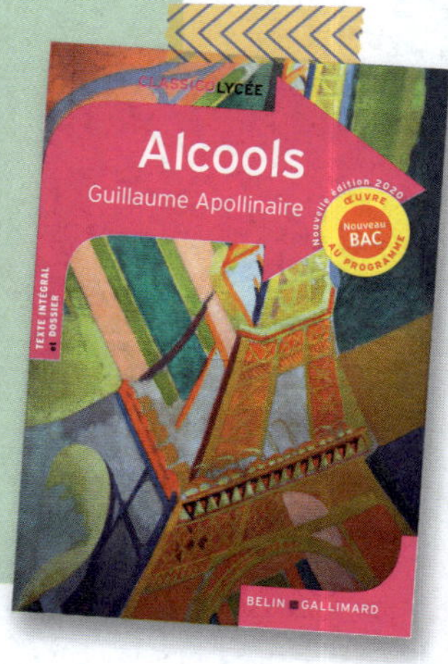

L'ESSENTIEL DE L'ŒUVRE en 3 points

1 Un recueil au désordre savamment agencé

Lorsque Guillaume Apollinaire rassemble et trie sa production poétique pour constituer ce recueil (d'abord intitulé *Eau de Vie*), **il écarte l'idée d'une organisation chronologique ou thématique des poèmes**. Il place ainsi en tête du recueil le poème le plus récent, **« Zone »**, et alterne ensuite entre des poèmes de forme, de contenu et d'inspiration très divers. On trouve tout de même certaines suites de poèmes regroupés sous un même titre, comme **l'ensemble intitulé « La Chanson du Mal-Aimé »**, inspiré par l'échec d'une relation amoureuse, ou **« À la Santé »**, qui contient six poèmes écrits durant l'incarcération du poète en septembre 1911.

2 Un voyage poétique

Très marqué par ses voyages, Guillaume Apollinaire en rapporte nombre de poèmes **qui promènent les lecteurs des bords du Rhin aux rues londoniennes, sans oublier Paris**, où le poète déambule dans les premier et dernier poèmes du recueil. **Les nombreuses figures féminines qui ponctuent l'ouvrage dessinent par ailleurs une sorte d'itinéraire sentimental.** Enfin, le recueil propose un voyage à travers la poésie de G. Apollinaire, des poèmes versifiés et rimés (« Crépuscule », « Saltimbanques ») aux audaces poétiques du vers libre (« Poème lu au mariage d'André Salmon », « Vendémiaire »).

3 Un recueil d'avant-garde

En faisant figurer « Zone » en première place dans son recueil, Guillaume Apollinaire le met sous le signe de la modernité, tant dans la forme (vers libres, assonances au lieu de rimes), que dans les motifs abordés (l'automobile, l'industrie…) et les images employées (« Soleil cou coupé ») dont **le caractère inattendu** rappelle celles que donnent à voir dans leurs œuvres les peintres cubistes **(voir p. 201),** **comme Pablo Picasso, avec qui Apollinaire était ami**. Cette volonté de réinventer l'écriture poétique se traduit également par la décision du poète, prise lors de la lecture des premières épreuves du recueil, **d'en supprimer toute ponctuation**.

UN QUIZ POUR TESTER
sa connaissance de l'œuvre

QCM

1. En quelle année est publié le recueil *Alcools* ?

- **a** En 1898.
- **b** En 1900.
- **c** En 1913.

2. Au moment de la publication d'*Alcools*, qu'est-ce que Guillaume Apollinaire décide de supprimer entièrement de son recueil ?

- **a** La ponctuation.
- **b** Les rimes.
- **c** Les majuscules des noms propres.

3. Quel est le titre du premier poème du recueil ?

- **a** « Marie ».
- **b** « Clair de lune ».
- **c** « Zone ».

4. Quel *topos* poétique exploite le poème intitulé « Le Pont Mirabeau » ?

- **a** La fuite du temps.
- **b** Le *carpe diem*.
- **c** L'éloge du corps féminin.

5. Parmi les formes poétiques suivantes, laquelle est absente du recueil *Alcools* ?

- **a** La rime croisée.
- **b** Le sonnet.
- **c** Le vers libre.

6. Sous quel titre sont regroupés les poèmes inspirés à Guillaume Apollinaire par son séjour en Allemagne ?

- **a** « Allemandes ».
- **b** « Germaniques ».
- **c** « Rhénanes ».

7. De quel cycle de poèmes est tiré le vers suivant : « *Voie lactée ô sœur lumineuse* » ?

- **a** « Le Brasier ».
- **b** « La Chanson du Mal-Aimé ».
- **c** « Les Fiançailles ».

8. Sous quel titre sont regroupés les six poèmes écrits par Guillaume Apollinaire lors de son séjour en prison ?

- **a** « À la Santé ».
- **b** « Du fond de ma prison ».
- **c** « Au cachot ».

9. Parmi les vers suivants, lequel forme à lui seul un poème, intitulé « Chantre » ?

- **a** « Mon verre s'est brisé comme un éclat de rire ».
- **b** « Au tournant d'une rue je vis des matelots ».
- **c** « Et l'unique cordeau des trompettes marines ».

10. Parmi les prénoms féminins suivants, lequel n'est pas le titre d'un poème d'*Alcools* ?

- **a** « Lou ».
- **b** « Marie ».
- **c** « Clotilde ».

→ Corrigés page 237

S'ENTRAÎNER

1 Repérer et analyser la tonalité d'un texte poétique.

« Où vont tous ces enfants dont pas un seul ne rit?
Ces doux êtres pensifs que la fièvre maigrit?
Ces filles de huit ans qu'on voit cheminer seules?
Ils s'en vont travailler quinze heures sous des meules;
Ils vont, de l'aube au soir, faire éternellement
Dans la même prison le même mouvement.
Accroupis sous les dents d'une machine sombre,
Monstre hideux qui mâche on ne sait quoi dans l'ombre,
Innocents dans un bagne, anges dans un enfer,
Ils travaillent. Tout est d'airain, tout est de fer. »

Victor Hugo, « Melancholia », *Les Contemplations*, 1856.

a. Relève et analyse une figure de style qui contribue à la tonalité pathétique du poème.

b. Repère un alexandrin ternaire dans cet extrait. Montre l'effet produit par le passage d'un rythme binaire à un rythme ternaire.

c. Quelle est la visée de ce poème ?

2 Étudier un poème en prose.

« – Qui aimes-tu le mieux, homme énigmatique, dis? ton père, ta mère, ta sœur ou ton frère?
– Je n'ai ni père, ni mère, ni sœur, ni frère.
– Tes amis?
– Vous vous servez là d'une parole dont le sens m'est resté jusqu'à ce jour inconnu.
– Ta patrie?
– J'ignore sous quelle latitude elle est située.
– La beauté?
– Je l'aimerais volontiers, déesse et immortelle.
– L'or?
– Je le hais comme vous haïssez Dieu.
– Eh! qu'aimes-tu donc, extraordinaire étranger?
– J'aime les nuages... les nuages qui passent... là-bas... là-bas... les merveilleux nuages! »

Charles Baudelaire, « L'Étranger » (texte intégral), *Petits Poèmes en prose*, 1869.

a. Étudie la situation d'énonciation dans ce poème: en quoi est-elle originale?

b. Repère et analyse deux procédés d'écriture (images, effets de rythme ou de sonorités...) qui contribuent à faire de ce texte un poème en prose.

→ Corrigés page 237

3 Étudier les effets de rythme et de sonorités.

« Il[1] écoute chanter leurs haleines craintives
Qui fleurent de longs miels végétaux et rosés,
Et qu'interrompt parfois un sifflement, salives
Reprises sur la lèvre ou désirs de baisers.

Il entend leurs cils noirs battant sous les silences
Parfumés ; et leurs doigts électriques et doux
Font crépiter parmi ses grises indolences
Sous leurs ongles royaux la mort des petits poux.

Voilà que monte en lui le vin de la Paresse,
Soupir d'harmonica qui pourrait délirer ;
L'enfant se sent, selon la lenteur des caresses,
Sourdre et mourir sans cesse un désir de pleurer. »

Arthur Rimbaud, « Les Chercheuses de poux », *Poésies*, 1891.

1. « Il » désigne l'enfant que « deux grandes sœurs charmantes » sont en train d'épouiller.

a. Relève et analyse deux effets particuliers de rythme (enjambement, rejet ou contre-rejet).

b. Cet extrait comporte, en plus des rimes, de nombreux effets de sonorités. Choisis une assonance et une allitération, développées chacune sur une ou plusieurs strophes, et montre quel(s) effet(s) elles produisent.

4 Analyser le traitement moderne d'un *topos* poétique.

« Je suis comme je suis
Je suis faite comme ça
Quand j'ai envie de rire
Oui je ris aux éclats
J'aime celui qui m'aime
Est-ce ma faute à moi
Si ce n'est pas le même
Que j'aime chaque fois
Je suis comme je suis
Je suis faite comme ça
Que voulez-vous de plus
Que voulez-vous de moi
Je suis faite pour plaire
Et n'y puis rien changer
Mes talons sont trop hauts
Ma taille trop cambrée
Mes seins beaucoup trop durs
Et mes yeux trop cernés
Et puis après
Qu'est-ce que ça peut vous faire
Je suis comme je suis
Je plais à qui je plais
Qu'est-ce que ça peut vous faire »

Jacques Prévert, « Je suis comme je suis... », *Paroles*, © Éditions Gallimard, 1946.

a. Quel effet produisent les reprises et répétitions dans cet extrait ?

b. Comment Jacques Prévert renouvelle-t-il le traitement de la figure féminine dans ce poème ?

→ Corrigés page 237-238

SUJET GUIDÉ

ÉPREUVE ÉCRITE

SE PRÉPARER POUR LE BAC

LE COMMENTAIRE

Voie générale Voie technologique

Marceline DESBORDES-VALMORE, « À la nuit »

Douce Nuit, ton charme paisible
Du malheureux suspend les pleurs ;
Nul mortel n'est insensible
À tes bienfaisantes erreurs.
Souvent dans un cœur rebelle
Tu fais naître les désirs ;
Et l'amour tendre et fidèle
Te doit ses plus doux plaisirs.

Tu sais par un riant mensonge,
Calmer un amant agité,
Et le consoler, en songe,
D'une triste réalité.
Ô Nuit ! pour la douleur sombre,
Et pour le plaisir d'amour
On doit préférer ton ombre
À l'éclat du plus beau jour.

Comme dans le sein d'une amie
On aime à verser sa douleur,
C'est à toi que je confie
Les premiers soupirs de mon cœur.
Cache-moi, s'il est possible,
L'objet de mon tendre effroi.
Comme moi s'il est sensible,
Qu'il soit discret comme toi !

Marceline Desbordes-Valmore, « À la nuit », *Romances*, 1830.

Étape 1 Les premiers repérages sur le texte

Questions à se poser	Réponses	Éléments du texte
Le sujet du poème	Un hommage à la nuit.	Titre du poème ; « Douce Nuit » (v. 1) ; « Ô Nuit ! » (v. 13).
Le type d'énonciation	Personnelle	La poétesse s'adresse à la nuit (prédominance du pronom « tu » ; « Douce Nuit, ton charme paisible », v. 1) ; le pronom « je » apparaît discrètement dans la dernière strophe (« C'est à toi que je confie », v. 19).
La forme du poème (forme fixe ou non, agencement des strophes, types de vers, système des rimes…)	- Pas de forme fixe. - Vers employés : octosyllabes et heptasyllabes (poème hétérométrique). - Rimes croisées.	- 3 strophes de 8 vers. - Chaque strophe comporte 2 vers de 8 syllabes, 1 vers de 7 syllabes, 1 vers de 8 syllabes, 4 vers de 7 syllabes (8/8/7/8/7/7/7/7). - Disposition des rimes dans chaque strophe : ABABCDCD.

Questions à se poser	Réponses	Éléments du texte
La (les) tonalité(s) dominante(s)	Lyrique	- Thèmes : la nuit, l'amour. - Épanchement dans la dernière strophe (« verser sa douleur », v. 18 ; « soupirs de mon cœur », v. 20). - Octosyllabe = vers léger, de la chanson. Alternance de vers pairs et impairs produisant une musicalité originale.
Le mouvement littéraire	Le romantisme	Date du recueil : 1830.

COUP DE POUCE

Pour repérer le mouvement littéraire dans lequel s'inscrit un(e) auteur(trice), appuie-toi sur tes connaissances, sur le paratexte (dates), ainsi que sur le texte lui-même (thèmes, forme…). Si tu n'es pas sûr(e) de toi, abstiens-toi de le préciser, d'autant qu'il n'est pas toujours possible d'associer un(e) auteur(trice) à un mouvement littéraire.

Étape 2 L'analyse des procédés d'écriture

Repère et analyse la (les) figure(s) de style qui structure(nt) le poème :

Le poème repose sur une **personnification de la nuit** (majuscule au mot « Nuit », v. 1). La poétesse s'adresse à elle (« Douce Nuit », v. 1, « Ô Nuit », v. 13) comme à une « amie » (v. 17) et lui prête des caractéristiques humaines, comme la capacité à mentir (v. 9) ou à « consoler » (v. 11).

Étudie l'évolution des pronoms personnels :

D'abord discrète, effacée derrière l'adresse au « tu » (v. 6), **la présence de la poétesse se manifeste progressivement**, englobée dans le « on » du vers 15, puis se détachant individuellement (« je confie », « mon cœur ») dans la dernière strophe (v. 19-20). Le discours général des deux premières strophes (« un cœur rebelle », v. 5 ; « un amant agité », v. 10) se fait plus intime dans la dernière, où la poétesse dévoile ses sentiments et sa situation amoureuse personnelle, révélant un amour naissant (« premiers soupirs », v. 20) et une pudique sensualité (« l'objet de mon tendre effroi », v. 22).

Repère et analyse le(s) terme(s) particulièrement signifiants :

L'adjectif « sensible », que la poétesse utilise pour se qualifier elle-même (v. 23), peut également qualifier l'écriture poétique de cette dernière, à la fois délicate, discrète et d'une sensualité à fleur de peau.

Étape 3 La construction du projet de lecture et du plan

→ Les premiers repérages et l'analyse des procédés d'écriture permettent de formuler le projet de lecture suivant :

> **Comment cet hommage à la nuit se révèle également un poème d'amour très personnel ainsi qu'un véritable art poétique ?**

→ Le plan détaillé s'appuie sur le projet de lecture : les différents axes reprennent les mots-clés employés pour formuler ce dernier ; les sous-parties sont composées des éléments d'analyse, des idées, des remarques notées lors de son élaboration…

MOT CLÉ

Art poétique : poème qui parle de la manière d'écrire un poème, dans lequel le poète exprime sa conception de la poésie, justifie ses choix d'écriture poétique, voire s'adresse aux poètes en herbe pour leur donner des conseils. Parmi les « arts poétiques » célèbres, on peut citer celui de Nicolas Boileau (1674) qui énonce des principes esthétiques fondateurs du classicisme et celui de Paul Verlaine (publié dans le recueil *Jadis et Naguère*, en 1884), considéré comme un manifeste symboliste.

Proposition de plan détaillé

I. Un hommage à la nuit

- **a** Un poème adressé à « la Nuit », personnifiée
- **b** La nuit, cadre propice à l'amour
- **c** La revendication de la discrétion comme valeur morale

II. Un poème d'amour très personnel

- **a** Thème de l'amour indissociablement mêlé au motif de la nuit tout au long du poème
- **b** Un dévoilement progressif de la présence et des sentiments de la poétesse
- **c** Un message adressé par la poétesse à « l'objet » de son amour

III. Un art poétique

- **a** Comme la nuit dissimule et abrite les « pleurs » ou le « plaisir d'amour », le poème dissimule et abrite, sous un hommage universel à la nuit, un message d'amour très personnel
- **b** Le poème met en œuvre un lyrisme à la fois brûlant et discret
- **c** Une esthétique de la sensibilité, soutenue par une grande musicalité (rythme complexe des strophes, vers courts et légers, alternance de vers pairs et impairs…)

Étape 4 La rédaction de l'introduction et de la conclusion

L'introduction

L'introduction doit dans un premier temps présenter le poème (auteur, titre, date, forme et sujet) :

« À la Nuit », écrit par Marceline Desbordes-Valmore et publié en 1830 dans son recueil *Romances*, est un poème composé de trois strophes de 8 vers alternant de manière complexe octosyllabes et heptasyllabes dans lequel la poétesse s'adresse à la nuit.

De manière à amener le plus naturellement possible le projet de lecture :

Comment cet hommage à la nuit se révèle également un poème d'amour très personnel ainsi qu'un véritable art poétique ?

Ainsi que les grandes parties (axes de lecture) du plan :

Nous verrons comment la poétesse rend hommage à la nuit puis comment, derrière cette célébration de la nuit, se cache un message d'amour, le poème prenant ainsi une dimension d'art poétique.

La conclusion

La conclusion est le bilan du développement. Elle doit dans un premier temps rester centrée sur le projet de lecture :

Sous le titre simple et univoque du poème « À la Nuit » se cache un poème complexe aux multiples niveaux de lecture. Célébration des vertus apaisantes et de la discrétion de la nuit, le poème se fait de plus en plus personnel, délivrant lui aussi discrètement un message d'amour et mettant en œuvre, tant sur le plan de la forme que du fond, une esthétique de la sensibilité qui l'apparente à un véritable art poétique.

Puis élargir la réflexion à un genre ou une forme poétique, un mouvement littéraire, un autre domaine artistique (peinture, musique...), etc. :

Entre pudeur et sensualité, légèreté et mélancolie, ce poème s'inscrit dans le mouvement romantique mais annonce également, par sa métrique très particulière, le travail sur la musicalité du vers impair que Paul Verlaine revendiquera plus tard dans son poème « Art poétique » : « De la musique avant toute chose / Et pour cela préfère l'Impair / Plus vague et plus soluble dans l'air, / Sans rien en lui qui pèse ou qui pose. » (Paul Verlaine, « Art poétique », *Jadis et Naguère*, 1885).

COUP DE POUCE

Si tu termines ta conclusion par un rapprochement entre le poème commenté et une œuvre d'un autre poète, ou artiste, assure-toi de bien **justifier ce rapprochement**, de manière à ce qu'il ne paraisse pas arbitraire ou artificiel.

Étape 5 La rédaction du développement

L'ASTUCE À CONNAÎTRE

Rédige chaque partie de ton développement au propre **en t'appuyant sur le plan détaillé fait au brouillon**. Pour présenter les idées directrices de ton développement, **transforme en phrases les titres donnés au brouillon à tes parties et sous-parties**.

Exemple de développement

I. Un hommage à la nuit

a Un poème adressé à « la Nuit », personnifiée

Chaque partie est introduite par une phrase qui en résume l'idée générale :

Comme l'indique son titre, le poème de Marceline Desbordes-Valmore est un hommage à la nuit.

Puis la première sous-partie est développée (à la suite, sans revenir à la ligne) :

La poétesse s'adresse directement à elle, dès le premier vers et tout au long du poème, en la tutoyant (« Douce Nuit, ton charme paisible », v. 1) comme une « amie » (v. 17). La nuit est ainsi personnifiée, elle est la confidente de la poétesse (v. 19-20), dotée de caractéristiques humaines, comme la capacité à mentir (v. 9) ou à consoler (v. 11). Figure à la fois maternelle et amicale, sorte de déesse bienveillante et familière, elle favorise l'épanchement des sentiments et des émotions (« pleurs », v. 2 ; « désirs », v. 6 ; « douleur », v. 13 ; « plaisir d'amour », v. 14 ; « soupirs de mon cœur », v. 20).

Un paragraphe différent est ensuite consacré à chaque autre sous-partie.

Chaque partie se termine par une transition, c'est-à-dire une phrase qui fait le bilan de la partie développée et annonce la suivante :

Célébration de la nuit, ce poème prend progressivement une dimension plus intime et personnelle.

Il faudra ensuite sauter une ligne avant d'entamer la deuxième grande partie du commentaire.

COUP DE POUCE

Pour citer des vers dans un commentaire (ou une dissertation), tu peux :
- matérialiser le passage d'un vers à un autre par un signe (/), sans oublier les majuscules en début de vers s'il y en a. Ex : La deuxième strophe du poème se termine sur une antithèse : « On doit préférer ton ombre / À l'éclat du plus beau jour. » ;
- passer à la ligne pour démarrer la citation et présenter les vers sur ta copie comme ils sont disposés dans le poème, solution préférable pour les citations plus longues.

SUJET GUIDÉ

ÉPREUVE ÉCRITE

LA DISSERTATION

Voie générale

SUJET

Dans les deux derniers vers des *Fleurs du mal*,
Charles Baudelaire écrit qu'il veut :

« Plonger au fond du gouffre, Enfer ou Ciel, qu'importe ?
Au fond de l'Inconnu pour trouver du nouveau ! » (« *Le Voyage* »)

En quoi le recueil des *Fleurs du mal* met-il en œuvre ce projet poétique ? Vous répondrez à cette question en vous appuyant sur votre lecture du recueil de Baudelaire, sur les textes et œuvres poétiques étudiés dans le cadre du parcours « Alchimie poétique : la boue et l'or », ainsi que sur votre culture personnelle.

Étape 1 L'analyse du sujet, la formulation de la problématique et le choix du type de plan

Quand le sujet repose sur une citation, commence par la reformuler :

Cette citation exprime une conception particulière de la poésie : selon Charles Baudelaire, la poésie doit s'aventurer dans des territoires inexplorés, sans considération de morale, afin de se renouveler.

Reformule ensuite la question posée par le sujet :

Comment les poèmes des *Fleurs du mal* réalisent-ils cette conception de la poésie exprimée par Charles Baudelaire ?

Puis détermine le type de plan adéquat pour traiter le sujet :

Ici, la formule **« en quoi »** (question partielle) montre qu'il s'agit d'aller dans le sens de cette citation, pas de la remettre en question. Il faut donc opter pour **un plan thématique**.

Étape 2 La recherche des arguments et des exemples, et la construction du plan

MÉTHODE

Note, au fur et à mesure qu'ils te viennent à l'esprit, **les arguments et les exemples** qui te semblent illustrer la citation. Regroupe les arguments qui vont dans le même sens, de manière à **dégager deux ou trois idées directrices, qui seront les deux ou trois grandes parties de ta dissertation.** Puis, toujours au brouillon, **élabore ton plan détaillé** : sous le titre de chaque grande partie, note de manière synthétique les arguments que tu vas développer **en les hiérarchisant** (du plus simple au plus complexe, du plus général au plus particulier), sans oublier de **leur associer un ou plusieurs exemples** (titre de poème, citation…) afin de vérifier que tu ne pars pas sur une fausse piste.

Proposition de plan détaillé

I. Une poésie libérée des préoccupations morales

a. Une poésie des « gouffres », des extrêmes : « Bénédiction »/ « Les Litanies de Satan » ; la dichotomie « Enfer ou Ciel » trouve un écho dans l'opposition entre « Spleen » et « Idéal »

b. Des sujets ou motifs considérés comme immoraux, voire tabous : poèmes censurés lors du procès des Fleurs du mal (notamment poèmes « lesbiens »)

c. Une poésie souvent provocatrice : renversement des valeurs chrétiennes dans « Abel et Caïn » ; dégoût de la nature et du naturel (« L'Amour du mensonge », « Rêve parisien »)

II. Une volonté de renouveler la poésie

a. De nouvelles sources d'inspiration poétique : la ville (« Tableaux parisiens ») ; le macabre (« La Fontaine de sang », « L'Amour et le crâne »)

b. Poèmes qui « inventent » une forme poétique qui leur est propre : « Le Serpent qui danse », « L'Invitation au voyage »

c. Un recueil qui renouvelle l'imaginaire poétique : « Une Charogne », « Les Petites Vieilles »

L'ASTUCE À CONNAÎTRE

Selon la taille de ton écriture et la manière dont tu préfères organiser ton brouillon, tu peux noter le **plan détaillé entier** sur une seule page ou consacrer une page entière à **chaque grande partie** de ton plan.

Étape 3 La rédaction de l'introduction et de la conclusion

L'introduction

L'introduction débute par une amorce permettant d'amener le sujet :

Précurseur du mouvement symboliste, Charles Baudelaire est un poète novateur à bien des égards, en particulier par la manière dont il explore des thèmes et motifs jusqu'alors peu ou pas exploités en poésie.

Le sujet est ensuite cité et analysé de manière à poser la problématique et annoncer les grandes parties du développement :

« Plonger au fond du gouffre, Enfer ou Ciel, qu'importe ? / Au fond de l'Inconnu pour trouver du nouveau ! », écrit-il ainsi dans « Le Voyage », poème qui clôt l'édition des *Fleurs du mal* publiée en 1861. Comment ce programme poétique, qui consiste à s'affranchir des considérations morales afin d'innover, est-il mis en pratique dans le recueil ? Nous examinerons la manière dont la poésie baudelairienne se libère des limites imposées par la morale, explorant ainsi de nouveaux territoires poétiques.

La conclusion

La conclusion est un bilan de l'argumentation répondant à la problématique posée en introduction :

En s'affranchissant des limites imposées par la morale, la poésie de Baudelaire s'aventure « au fond » des « gouffres » et renouvelle complètement l'imaginaire poétique, mettant en œuvre le programme esthétique énoncé dans « Le Voyage ».

Elle se termine par une ouverture élargissant le propos (à un mouvement littéraire ou à une autre forme d'expression artistique par exemple) :

Le laid, l'ignoble, l'immoral deviennent ainsi des sujets poétiques, une « boue » dont le poète-alchimiste tire de « l'or » (Bribes, 1868 – édition posthume des *Fleurs du mal*).

MÉTHODE

Prépare un brouillon de la conclusion **avant de te lancer dans la rédaction du développement**, de manière à ne pas être pris(e) par le temps en fin d'épreuve. Tu pourras la retravailler lorsque tu la recopieras au propre, en précisant certaines idées ou en employant des formulations qui te seront venues au cours de la rédaction du développement.

Étape 4 La rédaction du développement

COUP DE POUCE

Lorsque tu rédigeras ta dissertation au propre, n'oublie pas :
- de mettre toutes les citations entre guillemets et d'en donner la référence (auteur et éventuellement titre de l'œuvre dont elle est extraite) ;
- de souligner le titre des œuvres.

Exemple de développement

I. Une poésie libérée des préoccupations morales

a Une poésie des « gouffres », des extrêmes

Baudelaire revendique une poésie qui ne se préoccupe pas de la morale. Selon lui, la poésie est d'abord une exploration, une « plongée » dans les abîmes, qu'ils soient ceux de l'« Enfer » ou du « Ciel ». Le « gouffre », qui donne son titre à un poème de la section « Spleen et Idéal » est un motif récurrent dans *Les Fleurs du mal*, qui traduit, entre autres, cette esthétique des extrêmes. Entre « Élévation » et chute (« Les Plaintes d'un Icare »), entre aspiration « vers le Ciel » (« Bénédiction ») et parodie blasphématoire (« Les Litanies de Satan »), entre « Spleen et Idéal », la poésie baudelairienne est fondamentalement duelle, polarisée, dichotomique, et elle explore aussi bien l'« azur » et les « nuées » (« L'Albatros ») que le vertige du tombeau (« L'Horloge ») et les « ténèbres » (« Obsession »).

b Des sujets ou motifs considérés comme immoraux, voire tabou

Ainsi, Baudelaire n'hésite pas à aborder des sujets considérés comme immoraux, voire tabous dans la société de son temps, ce qui vaut d'ailleurs à son recueil un procès peu après sa publication. Parmi les poèmes censurés à l'issue de ce procès figurent ses poèmes dits « lesbiens », comme « Lesbos », qui déploie un imaginaire érotique peu conforme aux normes de la société du Second Empire, et le revendique : « Et l'amour se rira de l'Enfer et du Ciel / Que nous veulent les lois du juste et de l'injuste ? ».

c Une poésie souvent provocatrice

Les Fleurs du mal est en effet un recueil volontiers provocateur. Baudelaire défie à maintes reprises la morale, la culture et les valeurs chrétiennes (« La Prière d'un païen », « Le Reniement de Saint Pierre »). Dans « Abel et Caïn », il opère ainsi un renversement des valeurs, au fil du poème, qui se termine sur la glorification de la « race de Caïn », incarnation de la « révolte » contre Dieu. Affranchie du carcan de la morale, la poésie peut ainsi explorer de nouveaux territoires, « au fond de l'Inconnu » (« Le Voyage »).

COUP DE POUCE

Quand tu rédiges ton devoir au propre, sa structure doit apparaître sur la page (par des sauts de lignes et des paragraphes) sans qu'aucun titre ne figure dans ta copie. Les titres ne sont mentionnés dans l'exemple ci-dessus que pour rappel.

L'EXPLICATION LINÉAIRE

Voie générale Voie technologique

Guillaume APOLLINAIRE, « Zone »

À la fin tu es las de ce monde ancien

Bergère ô tour Eiffel le troupeau des ponts bêle ce matin

Tu en as assez de vivre dans l'antiquité grecque et romaine

Ici même les automobiles ont l'air d'être anciennes
La religion seule est restée toute neuve la religion
Est restée simple comme les hangars de Port-Aviation[1]

Seul en Europe tu n'es pas antique ô Christianisme
L'Européen le plus moderne c'est vous Pape Pie X[2]
Et toi que les fenêtres observent la honte te retient
D'entrer dans une église et de t'y confesser ce matin
Tu lis les prospectus les catalogues les affiches qui chantent tout haut
Voilà la poésie pour ce matin et pour ce soir il y a les journaux
Il y a les livraisons[3] à 25 centimes pleines d'aventures policières
Portraits des grands hommes et mille titres divers

J'ai vu ce matin une jolie rue dont j'ai oublié le nom
Neuve et propre du soleil elle était le clairon
Les directeurs les ouvriers et les belles sténo-dactylographes[4]
Du lundi matin au samedi soir quatre fois par jour y passent
Le matin par trois fois la sirène y gémit
Une cloche rageuse y aboie vers midi
Les inscriptions des enseignes et des murailles
Les plaques les avis à la façon des perroquets criaillent
J'aime la grâce de cette rue industrielle
Située à Paris entre la rue Aumont-Thiéville et l'avenue des Ternes

Guillaume Apollinaire, « Zone », *Alcools*, 1913.

1. Port-Aviation : premier aérodrome construit en France, à Viry-Châtillon (Essonne), inauguré en 1909.

2. Pie X : Pape de l'Église catholique, de 1903 à 1914.

3. Livraisons : ici, au sens de fascicules, magazines.

4. Sténo-dactylographes : au XXe siècle, employées chargées de transcrire des discours, ou d'écrire des textes, à la machine à écrire.

Étape 1 Le repérage de la structure du texte et la construction du projet de lecture

MÉTHODE

Analyse le texte **pour en dégager la structure, les différents mouvements qui le composent**, en étudiant les thèmes et motifs abordés. Donne un titre à chacun de ces mouvements.

Proposition de découpage

1re partie : vers 1 à 3 → Un programme poétique tourné vers la modernité

2e partie : vers 4 à 14 → Religion chrétienne et modernité

3e partie : vers 15 à 24 → Une rue de Paris, emblématique de la modernité pour le poète

MÉTHODE

Formule un projet de lecture qui te semble rendre compte de l'intérêt, de la spécificité, de l'originalité de cet extrait.

Ici, on peut par exemple se demander comment Guillaume Apollinaire célèbre la modernité dans cet extrait de « Zone ».

Étape 2 Le développement de l'analyse linéaire

MÉTHODE

Relève et analyse, au fil du texte, pour chacun des mouvements du texte dégagés, **au moins trois éléments en rapport avec ton projet de lecture.** Note-les sans rédiger, afin de ne pas perdre de temps et de mener ton explication à l'oral sans lire ton brouillon.

Première partie

Vers 1 Ambiguïté métrique : vers de 11 syllabes (peu, voire pas utilisé dans la poésie traditionnelle) ou alexandrin avec diérèse (« an-ci-en ») ? → Conflit entre le « monde ancien » et la modernité inscrit dans la métrique même du poème.

Vers 2 Métaphore surprenante, qui associe une figure du « monde ancien » (voir notamment la célèbre chanson « Il pleut, il pleut, bergère… », écrite en 1780, en référence à Marie-Antoinette) à un édifice qui incarne au contraire la modernité et dont le vocatif (« ô tour Eiffel ») affirme la légitimité en tant qu'objet poétique.

Vers 3 Reprise de l'idée du v. 1 sous une forme moins soutenue (« Tu en as assez », plus familier que « tu es las », v. 1) et plus concrète à travers l'image de « l'antiquité grecque et romaine » → référence possible à la poésie parnassienne, assimilée au passé, lointain, solennel et révolu, dans un vers de 17 syllabes qui tend vers la prose.

Deuxième partie

Vers 4 Objets à la pointe de la technologie moderne paradoxalement assimilés au « monde ancien » → la modernité ne réside pas seulement dans l'innovation technologique (parallèle possible avec l'innovation formelle, pour ce qui concerne la poésie).

Vers 5 à 8 Éloge du catholicisme comme « seule » source de modernité en Europe → forme de provocation, dans une France qui a adopté récemment une loi sur la séparation des Églises et de l'État (1905), manière de prendre le contre-pied de la tendance générale à la laïcisation. Comparaison du vers 6 typique de l'esthétique d'Apollinaire, qui aime les images inattendues, associant et faisant se rencontrer deux univers radicalement différents.

Vers 9 à 14 Opposition entre la modernité réelle de la religion et celle, artificielle, d'une culture de masse où la poésie est réduite à l'état de marchandise (v. 12).

Troisième partie

Vers 15 Irruption du « je » poétique → donne un aspect (volontairement) décousu au poème, dont l'écriture rappelle la technique cubiste du « collage ».

Vers 16 à 22 Description d'une rue de Paris qui est un hymne à la beauté moderne → beauté à chercher non dans ce qui rappelle le passé, mais dans la nouveauté (« Neuve », v. 16) voire dans la disharmonie (« gémit », « aboie », « criaillent », v. 19-22), principe qui trouve son illustration poétique dans l'emploi d'une rime assonante (v. 17-18).

Vers 23 à 24 Affirmation revendiquée par le poète (« J'aime ») de cette esthétique déroutante de la modernité → association « grâce » / « industrielle ». Le vers 24, particulièrement long (20 syllabes), qui ne rime pas avec le vers 23 et surprend par son caractère informatif, préfigure l'abolition des frontières entre prose et poésie, caractéristique de la littérature des XXe et XXIe siècles.

Étape 3 La préparation de l'introduction et de la conclusion

L'introduction

MÉTHODE

Prépare ton introduction en écrivant **au brouillon** les éléments de présentation du poème, les mouvements du texte et ton projet de lecture. Note sur ton brouillon **de lire le texte**, pour être sûr(e) de ne pas oublier cette étape de lecture expressive lors de ta présentation.

La présentation de l'extrait :

Écrit peu avant la publication du recueil *Alcools* (1913) mais placé en position inaugurale par Guillaume Apollinaire, « Zone » est un long poème écrit sans ponctuation, en vers libres, mêlant rimes et assonances, sorte de rêverie du poète déambulant dans les rues de Paris. Le début du poème affirme et illustre le rejet du « monde ancien », et s'ancre résolument dans la modernité.

La présentation des mouvements du texte :

Ce poème est structuré en trois mouvements. Dans le premier, aux vers 1 à 3, l'auteur revendique une poétique tournée vers la modernité. Puis, aux vers 4 à 14, il établit un lien entre religion chrétienne et modernité. Enfin, aux vers 15 à 24, il s'attarde sur une rue de Paris emblématique de la modernité.

La lecture expressive du texte :

Le poème d'Apollinaire n'étant pas ponctué, c'est à toi de faire des pauses au bon moment pour faire ressortir la syntaxe (par exemple, au vers 5, faire une pause après « neuve »). Même s'il s'agit de vers libres, dont certains comptent 17, 18 ou 20 syllabes, respecte tout de même les règles qui s'appliquent quand on lit de la poésie pour le compte des syllabes (par exemple, au vers 17 : « les bel**les** sténo-dactylographes »).

La présentation du projet de lecture :

Nous allons alors nous demander, comment Guillaume Apollinaire célèbre la modernité dans cet extrait de « Zone ».

La conclusion

La conclusion propose dans un premier temps un bilan de l'explication linéaire, centré sur le projet de lecture :

Dans « Zone », Apollinaire célèbre la modernité, à la fois dans sa manière de percevoir le monde qui l'entoure, dans la beauté qu'il y trouve et dans sa propre esthétique, résolument novatrice et avant-gardiste.

Elle offre ensuite un élargissement de la réflexion :

Par la manière dont il formule et met une œuvre une véritable esthétique de la modernité, ce poème inaugural peut être considéré comme un art poétique, et a certainement été placé par Apollinaire en tête du recueil pour mieux souligner sa valeur prescriptive et son statut de programme, voire de manifeste poétique.

COUP DE POUCE

Si tu es à l'aise à l'oral, tu peux te contenter de notes succinctes pour l'introduction et la conclusion, sinon rédige-les entièrement lors de ton temps de préparation.
Lors de ta présentation orale, garde sous les yeux ton brouillon, qui doit être lisible et efficace : numérote tes grandes parties (introduction, mouvements du texte, conclusion), que tu peux aussi encadrer ou souligner.

QUESTION DE GRAMMAIRE

Étudiez la négation au vers 7 :

« Seul en Europe tu n'es pas antique ô Christianisme »

CONSEIL

La question porte ici sur un vers très précis (le jour de l'oral, les occurrences à relever peuvent être plus nombreuses). Observe les points qui peuvent être relevés : quelle expression de la négation est présente ? qu'est-ce que la négation encadre ? quel est son degré ? quel niveau de langue est employé ? Sois le (la) plus précis (e) possible !

La négation est ici formée par les adverbes « n'[...] pas ». Il s'agit d'une négation totale qui nie le fait que le christianisme soit « antique ». Pour le poète, la religion semble éternelle.

→ Rappels d'étude de la langue, page 280

SUJETS CORRIGÉS

LE COMMENTAIRE

Voie générale Voie technologique

Commenter le texte suivant

Charlotte DELBO, *Mesure de nos jours*

Résistante durant l'Occupation allemande, arrêtée en 1942 avec son mari, emprisonnée et déportée en 1943 à Auschwitz, Charlotte Delbo (1913-1985) a publié des œuvres dans lesquelles elle témoigne de la vie en camp de concentration et explore, en donnant souvent la parole à ses anciennes co-détenues, les sentiments contradictoires et complexes qu'elles ressentent en tant que survivantes après la fin de la guerre.

Ce poète qui nous avait promis
des roses
Il y aurait des roses
sur notre chemin
quand nous reviendrions
avait-il dit.
Des roses
le chemin était âpre et sec
quand nous sommes revenus
Le poète aurait menti ?
Non
Les poètes voient au-delà des choses
et celui-ci avait double vue
si de roses
il n'y a pas eu
c'est que nous ne sommes pas revenus
et de plus
pourquoi des roses
nous n'avions pas tant d'exigence
c'est de l'amour qu'il nous aurait fallu
si nous étions revenus.

Charlotte Delbo, *Mesure de nos jours*,
livre III d'*Auschwitz et après*, Éditions de Minuit, 1971.

→ Corrigé page 238

LA DISSERTATION

Voie générale

SUJET

« Les plus désespérés sont les chants les plus beaux »,
écrivait Alfred de Musset dans *La Nuit de mai* (1835).

Que pensez-vous de cette conception de la poésie ? Vous répondrez à cette question en vous appuyant sur votre lecture des *Contemplations de Victor Hugo*, sur les textes et œuvres poétiques étudiés dans le cadre du Parcours « Les mémoires d'une âme », ainsi que sur votre culture personnelle.

→ Corrigé page 240

ÉPREUVE ORALE

L'EXPLICATION LINÉAIRE

Voie générale Voie technologique

Analyser ce poème de manière linéaire puis répondre à la question de grammaire

Charles BAUDELAIRE, « L'invitation au voyage »

Mon enfant, ma sœur,
Songe à la douceur
D'aller là-bas vivre ensemble !
Aimer à loisir,
Aimer et mourir
Au pays qui te ressemble !
Les soleils mouillés
De ces ciels brouillés
Pour mon esprit ont les charmes
Si mystérieux
De tes traîtres yeux,
Brillant à travers leurs larmes.

Là, tout n'est qu'ordre et beauté,
Luxe, calme et volupté.

Des meubles luisants,
Polis par les ans,
Décoreraient notre chambre ;
Les plus rares fleurs
Mêlant leurs odeurs
Aux vagues senteurs de l'ambre,
Les riches plafonds,
Les miroirs profonds,
La splendeur orientale,
Tout y parlerait
À l'âme en secret
Sa douce langue natale.

Là, tout n'est qu'ordre et beauté,
Luxe, calme et volupté.

Vois sur ces canaux
Dormir ces vaisseaux
Dont l'humeur est vagabonde ;
C'est pour assouvir
Ton moindre désir
Qu'ils viennent du bout du monde.
– Les soleils couchants
Revêtent les champs,
Les canaux, la ville entière,
D'hyacinthe et d'or ;
Le monde s'endort
Dans une chaude lumière.

Là, tout n'est qu'ordre et beauté,
Luxe, calme et volupté.

Charles Baudelaire, « L'Invitation au voyage »,
Les Fleurs du mal, 1857-1868.

QUESTION DE GRAMMAIRE

Relevez et analysez les propositions subordonnées relatives présentes dans cet extrait.

→ Corrigé page 241

CORRIGÉS

UN QUIZ POUR SE TESTER

Les Contemplations (p. 215)

1. c, 2. b, 3. b, 4. a, 5. c, 6. b, 7. c, 8. a, 9. c, 10. a.

Les Fleurs du Mal (p. 217)

1. c, 2. b, 3. a, 4. b, 5. c, 6. a, 7. b, 8. c, 9. b, 10. a.

Alcools (p. 219)

1. c, 2. a, 3. c, 4. a, 5. b, 6. c, 7. b, 8. a, 9. c, 10. a.

S'ENTRAÎNER

1 Repérer et analyser la tonalité d'un texte poétique (p. 220)

a. La double antithèse du vers 9 (« Innocents » / « bagne », « anges » / « enfer ») souligne une situation contre-nature où l'enfant, incarnation de l'innocence, est confronté au mal, plongé dans un monde brutal et cruel qu'il ne devrait pas connaître.

b. Au vers 10, la césure est effacée au profit d'un rythme ternaire (« Ils travaillent. / Tout est (//) d'airain, / tout est de fer ») qui déstabilise l'alexandrin. Ce changement de rythme vient ici mettre en valeur l'enjambement — à la limite du rejet — au début du vers, et la formulation d'un constat qui, dans son évidence même, n'en est que plus brutal : « Ils travaillent ».

c. La visée de ce poème est argumentative. Victor Hugo met ici des moyens poétiques (images, effets de rythme) au service d'une cause qui lui tient à cœur : la dénonciation du travail des enfants pauvres.

2 Étudier un poème en prose (p. 220)

a. La situation d'énonciation est originale dans la mesure où tout le poème en prose prend la forme d'un dialogue entre un « homme énigmatique » (l. 1), l'« Étranger » du titre, et un interrogateur, qui le questionne. Le (la) lecteur (trice) est plongé(e) *in medias res* dans ce dialogue sans contextualisation, et ne sait pas qui sont les deux locuteurs ni dans quelle situation ils dialoguent ainsi.

b. Ce texte de Charles Baudelaire se présente comme un dialogue en prose, et non comme un poème traditionnel. Cependant, il s'agit, comme l'indique le titre du recueil dont il extrait, d'un poème en prose. Cette dimension poétique est tout d'abord mise en avant par les réponses mêmes de l'étranger à son interrogateur, puisqu'il rejette les valeurs traditionnelles (la famille, les amis, la patrie et même la richesse), et qu'il place « la beauté » (l. 8), assimilée dans une métaphore à une « déesse » (l. 9), au-dessus de tout. Sa dernière réplique se teinte, malgré l'usage de la prose, de lyrisme, la dimension céleste et éthérée des « nuages » se traduisant par une assonance en [a].

3 Étudier les effets de rythme et de sonorités (p. 221)

a. Ce poème d'Artur Rimbaud joue beaucoup sur des effets qui viennent déstabiliser le rythme de l'alexandrin. Ainsi, au vers 3, le terme « salives » est placé en position de contre-rejet, donc à la rime, ce qui fait ressortir l'usage de ce terme réaliste, assez incongru dans un poème - d'autant qu'il est employé au pluriel. « Parfumés » est rejeté au vers 5, procédé qui permet, là encore, de mettre en valeur l'effet de bizarrerie, de décalage, induit par le fait d'associer un terme relevant du sens de l'ouïe (« silences ») à un adjectif évoquant l'odorat.

b. L'assonance en [è] est très présente dans cet extrait, surtout aux strophes 1 et 3 (« haleines », « miels », « lèvres », « Paresse », « caresses »), et contribue à la sensualité du poème, à installer une atmosphère de trouble quasi érotique. L'allitération en [p] des vers 7 et 8 est à la limite de l'harmonie imitative, puisqu'elle reproduit le son des « petits poux » écrasés sous les « ongles », et participe à renforcer le réalisme du poème.

4 Analyser le traitement moderne d'un *topos* poétique (p. 221)

a. Ce poème joue sur de nombreux effets de répétitions, des structures anaphoriques (« Que voulez-vous de plus / Que voulez-vous de moi », v. 11-12 ; « Ma taille [...] / Mes seins [...] / Et mes yeux [...] », v. 16-18) à la reprise de certains vers (« Je suis comme je suis / Je suis faite comme ça », v. 1-2, 9-10 et 21), qui crée un effet de refrain et rapproche le poème d'une chanson.

b. Jacques Prévert renouvelle un topos poétique, celui de la figure féminine, qui n'est pas ici, comme c'est le cas habituellement, célébrée ou chantée par un « je » masculin, et donc traitée comme un objet poétique. Au contraire, le poète lui donne la parole, c'est elle qui dit « je » et se trouve en position de sujet.

SUJETS CORRIGÉS

1 Le commentaire (p. 235)

MÉTHODE

L'introduction du commentaire comporte trois étapes :
- une présentation du texte ;
- l'annonce de la problématique, ou projet de lecture ;
- l'annonce du plan (les axes de lecture uniquement).

« Ce poète qui nous avait promis des roses... » est un poème écrit par Charlotte Delbo, résistante et survivante des camps de concentration, publié en 1971 dans *Mesure de nos jours*. Ce poème à la forme moderne, en vers libres, dit la nécessité de renouveler la poésie, de voir « au-delà des choses » et des « roses » promises par le poète. En quoi ce poème exprime-t-il une rupture radicale entre passé et présent ? Nous montrerons qu'au retour impossible à la vie d'avant répond le retour impossible à la poésie d'avant.

MÉTHODE

Une première phrase générale rappelle l'axe de lecture puis chaque idée directrice est annoncée et développée dans un paragraphe. La partie se conclut par une phrase qui en fait le bilan et sert aussi à préparer le passage à la deuxième partie du commentaire.

Le poème repose sur l'expression d'une rupture radicale entre le monde et la vie d'avant (la guerre, la Shoah) et le monde et la vie d'après pour les survivants des camps, ceux qui sont « revenus ». Cette rupture s'exprime, notamment, par le jeu des temps verbaux : les promesses du « poète » sont renvoyées dans le passé par le plus-que-parfait (« avait promis » ; « avait-il dit »). Elles s'opposent, par leur caractère incertain (marqué par l'utilisation du conditionnel : « Il y aurait [...] / quand nous reviendrions »), à la réalité du retour des survivants (« le chemin était âpre et sec / quand nous sommes revenus »), opposition soulignée par le parallélisme entre les vers 2 à 4 et les vers 6 et 7.

Cependant, le décalage entre le « chemin » idéal, semé de « roses », et le chemin réel, « âpre et sec », n'est pas à imputer à un mensonge du poète, comme le proclame la négation monosyllabique qui constitue le vers central du poème (« Non », v. 10), mais à l'impossibilité même du retour des survivants. Le sens du verbe « revenir » évolue ainsi au fil du poème : désignant, au début du poème (v. 4, v. 8), de manière très littérale, le retour physique des survivants des camps de concentration dans leur pays d'origine, le terme prend un sens plus abstrait et plus large dans la suite du poème, quand la poétesse remet en cause cette idée du retour, et la possibilité même d'un retour complet à la vie « normale » (v. 15, v. 20), exprimant ainsi l'idée que les survivants ont été dépouillés d'une partie d'eux-mêmes, que leur retour est en réalité un non-retour.

Enchaînant des vers très courts, comptant parfois seulement une (v. 10), deux (v. 5), trois (v. 13, v. 16), ou quatre (v. 17) syllabes, ce poème au rythme vif entraîne le lecteur vers la chute que constituent les deux derniers vers. Cet effet de chute, renforcé par l'assonance (« fallu »/ « revenus »), s'appuie sur l'introduction soudaine d'un nouveau terme, « l'amour », proposé comme substitut aux « roses » du poète. Cette mise en opposition, dans le poème, entre les « roses » et « l'amour » (« pourquoi des roses [...] / c'est de l'amour qu'il nous aurait fallu ») a de quoi surprendre, la rose étant, dans la tradition littéraire et poétique comme dans l'imagerie populaire, précisément associée à l'amour. C'est donc à une redéfinition complète de la poésie qu'invite ce poème.

MÉTHODE

La deuxième partie s'ouvre sur une phrase qui fait le lien avec la partie précédente et en annonce l'idée générale. L'interprétation s'appuie toujours sur des analyses précises, qui nomment et détaillent les procédés employés. Dans le commentaire d'un poème, une attention particulière est portée à l'analyse de la forme et de la métrique du poème.

À l'impossible retour à la vie d'avant la déportation répond l'impossible retour à la poésie d'avant, celle qu'incarne le « poète » aux « roses ». Cette figure du poète est ambivalente : faisant des promesses non tenues, mais ne mentant pas pour autant ; c'est finalement le motif même qui le définit qui est remis en question : « et de plus / pourquoi des roses ». La poétesse semble donc distinguer le motif – devenu, plus qu'un *topos*, un cliché vide de sens passé d'un singulier (la rose) à un pluriel généralisant – de ce qu'il est censé signifier et représenter : l'amour. Elle remet ainsi en cause une certaine conception de la poésie, qui idéalise la réalité, perdant par conséquent tout contact avec elle.

Mais il ne s'agit pas ici d'une remise en cause de la poésie en tant que telle, bien au contraire. Le présent de vérité générale et le passage au pluriel généralisant (« Les poètes »), qui rapprochent le vers 11 d'une maxime, traduisent la permanence de la poésie, « au-delà » de la rupture radicale avant/après. La déception initiale, causée par le décalage entre les « roses » promises par le « poète » et « le chemin [...] âpre et sec » du retour ne débouche pas sur un renoncement, mais au contraire sur un appel au renouveau : le « Non » central exprime de manière énergique et condensée ce refus du renoncement. Si le « poète » et la poésie ancienne ne peuvent plus exprimer cette horreur inédite, sans précédent, de l'extermination de masse dans les camps de concentration nazis, cela ne signifie pas qu'il faut y renoncer, mais qu'il faut réinventer la poésie.

Ce renouveau poétique, dont la nécessité s'exprime dans le poème, est mis en œuvre par la poétesse. Charlotte Delbo rompt avec la forme poétique traditionnelle par l'usage des vers libres, d'une métrique très personnelle (vers courts) et par l'absence de rimes, auxquelles se substituent des assonances (surtout vers la fin du poème : « eu/revenus/plus », vers 14-16 ; « fallu/revenus » aux deux derniers vers) et des effets de refrain (« roses » repris cinq fois en fin de vers, « revenus » repris trois fois en fin de vers). Ces éléments confèrent au poème une musicalité moderne qui, associée au traitement original du motif des « roses » et à la présence du « nous », sorte de « je » démultiplié, contribuent au renouvellement du lyrisme poétique. Enfin, le choix du masculin pour désigner « le poète », de la part d'une femme, d'une poétesse, peut également laisser entendre que le renouveau de la poésie passe aussi par les voix féminines. Réflexion sur les fonctions du poète et de la poésie autant que mise en œuvre d'un indispensable renouvellement poétique, ce poème peut donc s'apparenter à un art poétique.

MÉTHODE

La conclusion comporte deux étapes :
– le bilan : centré sur le projet de lecture, il reprend les grandes étapes de l'argumentation ;
– l'ouverture : elle élargit la réflexion à un mouvement littéraire, offre une comparaison avec une autre forme artistique, un thème...

Lucide sans être désabusé, ce poème exprime l'impossibilité de revenir au passé, liée à l'impossibilité de revenir du passé, rupture qui entraîne, non un renoncement, mais au contraire un appel à aller de l'avant, vers un renouveau à la fois poétique et humaniste, qu'il met lui-même en œuvre. Il propose ainsi une réflexion sur les rapports entre esthétique et éthique, question d'une douloureuse pertinence pour les survivants des camps de concentration comme Charlotte Delbo.

2 La dissertation (p. 235)

MÉTHODE

L'introduction comporte quatre étapes :
– une amorce permettant d'amener le sujet ;
– la citation du sujet ;
– la problématique (reformulation personnelle de la question posée) ;
– l'annonce du plan (les grandes parties uniquement).

Les poètes romantiques ont tous chanté les tourments de l'âme, les échecs sentimentaux, les souffrances morales de la mélancolie. Alfred de Musset écrit ainsi dans *La Nuit de mai* : « Les plus désespérés sont les chants les plus beaux ». Cette affirmation peut être en partie étayée par la lecture des livres I à IV des *Contemplations* (1856) de Victor Hugo, recueil de l'exil et du deuil, « livre d'un mort » (préface des *Contemplations*) terrassé par le chagrin. Mais la valeur esthétique d'un poème se mesure-t-elle uniquement au degré de souffrance exprimé par le poète ? Si la poésie trouve souvent sa source dans le mal-être, la tristesse et la douleur morale, la beauté d'un poème ne peut se réduire uniquement à l'expression du désespoir.

MÉTHODE

La première partie développe l'analyse du sujet, c'est-à-dire la citation de Musset (mais tu peux choisir de l'aborder plutôt dans l'introduction). Elle montre comment cette analyse peut s'appliquer à l'œuvre au programme (*Les Contemplations* de V. Hugo) tout en s'appuyant aussi sur des exemples puisés dans la culture personnelle. Elle se termine par une transition qui amorce la partie suivante.

Pour Musset, semblable au « pélican » qui nourrit ses petits de son propre cœur (allégorie développée dans *La Nuit de mai*), le poète ne peut créer de la beauté qu'en se sacrifiant et en puisant au plus profond de sa souffrance. Plus la blessure est profonde, plus intense, plus vibrante, plus émouvante en sera l'expression lyrique. Cette idée de la souffrance comme moteur de la création poétique est typique du mouvement romantique, qui considère la mélancolie comme un état favorisant la création artistique. De Lamartine à Marceline Desbordes-Valmore, de Vigny à Nerval, les tourments de l'âme sont, par excellence, le sujet privilégié de la poésie romantique, qui pratique volontiers l'élégie, forme poétique de la plainte. Le désespoir, sentiment de détresse absolue et sans remède, pourrait paralyser les forces créatrices, mais, selon Musset, il les décuple et permet au contraire à la beauté de culminer, comme le montre l'usage du double superlatif dans la citation du sujet (« Les plus [...] les plus »).

Les Contemplations de Victor Hugo illustrent par certains aspects cette conception de la création poétique. La douleur est en effet inscrite au cœur du recueil, le deuil de Léopoldine – la fille de Hugo, morte noyée, avec son mari, le 4 septembre 1843 – déchirant le recueil en deux, creusant un « abîme » (préface) entre « Autrefois » et « Aujourd'hui ». Sans aller jusqu'à affirmer que « Demain, dès l'aube... » est « le plus » beau poème des *Contemplations* – ce qui reste assez subjectif – on peut tout de même reconnaître que ce poème sur la douleur d'un père se préparant à visiter la tombe de sa fille n'est pas sans raison l'un des plus célèbres poèmes du recueil (si ce n'est le plus célèbre). Le désespoir causé par ce deuil tragique produit bien ici, comme l'affirme Musset, l'un des « chants les plus beaux » des *Contemplations* – au sens où il crée, à partir d'une douleur individuelle, une émotion universelle.

La souffrance exprimée par le poète n'est cependant pas uniquement sa souffrance personnelle. La beauté des *Tragiques* (1616) d'Agrippa d'Aubigné doit ainsi beaucoup au fait que son auteur exprime, avec une douloureuse intensité, les souffrances collectives de la France en proie aux guerres de religion. Dans *Les Contemplations*, Hugo met une plume particulièrement inspirée au service de la peinture des misères de son temps. Le sentiment de désespoir que lui inspirent les inégalités sociales (« Chose vue un jour de printemps ») et la perversion d'un système « Qui produit la richesse en créant la misère » (« Melancholia ») donnent lieu à des plaidoyers vibrants (« La Nature ») et des tableaux touchants (« Intérieur »). Le chant de désespoir du poète est aussi celui de tous ceux qui souffrent, et dont il se fait, avec empathie, le porte-parole mélodieux. Cependant, si la « valeur » poétique de la douleur est indéniable, la beauté d'un poème ne peut pas être attribuée uniquement à l'expression d'une souffrance, qu'elle soit personnelle ou collective.

MÉTHODE

Le plan adopté ici étant un plan dialectique, la deuxième partie remet en question la thèse exprimée par Musset. Chaque sous-partie examine un thème ou un aspect de la poésie des *Contemplations* permettant de nuancer cette thèse.

Le lyrisme, expression musicale et exaltée des sentiments, se manifeste souvent sur un mode sombre et douloureux, mais il peut également être inspiré par des sentiments intenses de joie et de bonheur, sans que la valeur esthétique du poème en soit pour autant diminuée. Un rapport au monde apaisé et harmonieux peut produire des poèmes aussi beaux que ceux qui chantent les souffrances d'une âme tourmentée. De Ronsard à Jaccottet, nombreux sont les poètes qui ont célébré les beautés de la nature. Dans *Les Contemplations*, Hugo décrit des paysages idylliques (« À Granville, en 1836 »), chante le moineau, l'hirondelle et « l'humble marguerite » et reflète l'harmonie de l'univers (« Unité ») dans des poèmes qui, pour être animés par un sentiment de plénitude, n'en sont pas moins musicaux, évocateurs ou aptes à toucher profondément le lecteur.

Marqué par l'exil et le deuil, *Les Contemplations* est aussi, car il n'y a pas d'ombre sans lumière, un recueil solaire qui chante les premiers émois amoureux (« Vieille chanson du jeune temps »), les joies de l'amour heureux et du plaisir sensuel (« Elle était déchaussée, elle était décoiffée... »), et met en œuvre le programme esthétique énoncé dans « La Fête chez Thérèse » : « Rien de plus. C'était simple et beau. ».

Se qualifiant lui-même de « fils du soleil » (« La nature »), pourfendeur des injustices (« Les Luttes et les Rêves », livre III des *Contemplations*), « brigand » qui s'en prend aux tenants de l'esthétique classique (« Réponse à un acte d'accusation ») et revendique haut et fort sa position moderne (« Quelques mots à un autre »), le poète des *Contemplations* n'est pas, malgré la tragédie et les souffrances, un poète désespéré. Même s'il dit que son livre « doit être lu comme on lirait le livre d'un mort », l'énergie vitale et l'énergie créatrice portent ce recueil autant que l'exil et le deuil. Parlant de Shakespeare, Hugo parle aussi de lui quand il écrit : « Jamais il ne recule ; il est géant, il dompte » (« Le poète »).

MÉTHODE

La conclusion comporte deux étapes :
– le bilan : centré sur la problématique, il reprend les grandes étapes de l'argumentation ;
– l'ouverture : elle élargit la réflexion à un mouvement littéraire, offre une comparaison avec une autre forme artistique, un thème...

Recueil du drame intime et collectif, *Les Contemplations* de Hugo font une large part à la tristesse et à la douleur morale, qui inspirent à l'auteur de magnifiques poèmes. Mais le sentiment de communion avec le monde et la nature, les joies de l'amour ou l'élan de la révolte inspirent au poète des pièces tout aussi poétiques, émouvantes et universelles. La force vitale qui anime le recueil fait ainsi de la poésie de Hugo une poésie de la « lutte » plus qu'une poésie du désespoir.

3 L'explication linéaire (p. 236)

Introduction

Présentation du poème

Composé de trois strophes de douze vers alternant deux pentasyllabes et un heptasyllabe, ponctuées par un distique-refrain, « L'Invitation au voyage » est un poème qui figure dans la section « Spleen et Idéal » des *Fleurs du mal* de Charles Baudelaire. Poète maudit, écrivain sombre et tourmenté par le « Spleen », Baudelaire imagine et crée ici un ailleurs « idéal », où il convie à la fois sa « sœur d'élection » (expression tirée du poème en prose qui porte le même titre) et, bien entendu, l'« hypocrite lecteur » (« Au lecteur »).

Lecture expressive du texte

Mets en valeur, par ta lecture, l'alternance entre pentasyllabes et heptasyllabes, en respectant le rythme des vers : prononce tous les « e » muets qui doivent l'être (par exemple : « Aux va**gues** senteurs de l'ambre », v. 20) ; n'oublie pas les diérèses (v. 10, v. 38). Fais une pause avant et après le refrain, pour le souligner et faire entendre en lisant le poème qu'il se détache des strophes de 12 vers.

Présentation des mouvements du texte

1er mouvement : vers 1 à 14 → Un désir d'ailleurs
2e mouvement : vers 15 à 28 → L'évocation d'un ailleurs possible
3e mouvement : vers 29 à 42 → Un rêve actualisé

Annonce du projet de lecture

Comment le rêve d'ailleurs du poète se réalise-t-il par la parole poétique ?

Développement

Premier mouvement

Vers 1 à 3 Le poète s'adresse à la femme aimée pour l'inviter à le suivre vers un ailleurs indéfini (« là-bas ») mais qui apparaît comme un horizon, une promesse d'évasion exaltante (phrase exclamative), un voyage imaginaire (« Songe »).

Vers 4 à 12 Dimension imaginaire, onirique, renforcée par l'identification du « pays » évoqué à la femme aimée (« Au pays qui te ressemble ») et par des indices contradictoires (oxymore « soleils mouillés » ; opposition entre « larmes » qui connotent la tristesse et « traîtres yeux ») qui produisent une forme de brouillage (« ciels brouillés ») caractéristique du rêve.

Vers 12 à 14 Distique détaché, qui ponctue la strophe comme un refrain. Structure énumérative : série de substantifs abstraits qui soulignent l'idée d'harmonie esthétique et sensuelle (« ordre » : agencement naturellement harmonieux de l'univers), d'où toute imperfection est bannie (« tout n'est qu[e] »).

MÉTHODE

Quand certains passages d'un texte se répètent (comme ici le refrain), on peut regrouper les remarques sur ce passage à un moment de l'explication linéaire, sans y revenir forcément à chaque occurrence.

Deuxième mouvement

Vers 15 à 17 La rêverie se poursuit et se précise dans la description d'un intérieur partagé par les amants (« notre chambre »). Description hors du temps : ni souvenir d'une « vie antérieure » (*cf.* poème qui porte ce titre), ni projection dans le futur, mais plutôt rêverie qui s'énonce au fur et à mesure qu'elle se déroule, impression renforcée par le fait que le poète s'adresse à la femme aimée : conditionnel « décoreraient » → Projection imaginaire intemporelle.

Vers 18 à 28 Rêverie qui s'enrichit, se concrétise : sens sollicités (toucher : « polis » ; odorat : « odeurs », « senteurs » ; vue : « luisants », « splendeur » ; ouïe : « douce langue natale »). Ailleurs exotique (« rares fleurs », « ambre », « orientale ») et luxueux (« meubles luisants », « riches plafonds », « miroirs profonds », « splendeur »). Approfondissement du paradoxe déjà présent dans la 1re strophe : pays à la fois lointain (exotique) et familier. La « douce langue natale » évoque l'idée d'un langage universel des « âme[s] », d'une communication avec le monde (« Tout y parlerait ») qui peut être interprétée comme une allusion au langage poétique, à la poésie → Pays qui n'est pas qu'imaginaire mais aussi métaphorique, symbolique (*cf.* Baudelaire considéré comme le précurseur du mouvement symboliste).

Troisième mouvement

Vers 29 à 34 Actualisation de la rêverie par le passage du conditionnel (2e strophe) au présent d'énonciation (« C'est pour assouvir »), et de « Songe » dans la 1re strophe à « Vois » (v. 29), mis en valeur par sa position en tête de vers et de strophe. La femme aimée est la destinataire privilégiée de cette rêverie qui prend de plus en plus vie en s'étendant de la description d'un intérieur (2e strophe) à celle de « la ville entière » : le monde est son serviteur (v. 32-34), elle est le centre de l'univers, tout converge vers elle → lyrisme amoureux, soutenu par la musicalité du poème : utilisation du vers impair (rare chez Baudelaire), vers courts (5 et 7 syllabes), contraste entre les deux types de vers employés renforcé par le fait que les pentasyllabes ont des rimes masculines alors que les heptasyllabes ont des rimes féminines (qui allongent le vers) + refrain → poème qui s'apparente à une chanson, très musical, et avec une structure très concertée (alternance 5/7 dans les strophes reprise et inversée (7/5) dans le refrain). Le soin que met Baudelaire à agencer son poème rappelle la perfection harmonieuse du pays imaginaire. L'équilibre formel du poème en fait un lieu où « tout n'est qu'ordre et beauté / Luxe, calme et volupté ».

Vers 35 à 42 Tableau de la ville imaginaire baignée dans la « chaude lumière » du couchant : poésie quasi-picturale (le paysage au soleil couchant est un *topos* de la peinture, *cf.* aussi plus haut « ciels », vers 8 : pluriel qui appartient au vocabulaire technique de la peinture), la description évoque plus un tableau flamand qu'un paysage réel. On est proche du « paysage mental » (cher aux poètes romantiques), ce que confirme l'expression « pour mon esprit » employée plus haut (v. 9). Le voyage imaginaire est aussi un voyage métaphorique et symbolique : le « voyage » dont parle ici le poète peut être compris comme un voyage amoureux mais aussi et surtout comme un voyage artistique et poétique.

Conclusion

Si ce poème est une « invitation » sensuelle adressée à la femme aimée, il est donc également une « invitation » pour le lecteur à plonger aux sources de la poétique baudelairienne et à voyager dans son imaginaire, son monde, son univers : « ma sœur », au vers 1, fait écho au dernier vers du poème liminaire des *Fleurs du mal* (« Au lecteur ») : « Hypocrite lecteur, – mon semblable, – mon frère ! ». Le refrain qui rythme – et clôt – le poème peut ainsi se lire comme l'énoncé des principes esthétiques et poétiques de Baudelaire, en même temps que leur mise en application. Les strophes, elles, développent les thèmes et motifs chers à Baudelaire (sensualité, voyage, exotisme, parfums...), comme une sorte de galerie imaginaire ouverte au lecteur, ce qui explique la réécriture par Baudelaire de ce poème sous la forme d'un poème en prose portant le même titre.

Question de grammaire

➔ « qui te ressemble » est une proposition subordonnée relative introduite par le pronom relatif « qui » (fonction : sujet). Sa fonction grammaticale est complément du nom « pays » (son antécédent). Il s'agit d'une relative adjectivale. Elle met en avant la beauté du pays (qui est la même que celle de la femme).

➔ « dont l'humeur est vagabonde » est une proposition subordonnée relative introduite par le pronom relatif « dont » (fonction : complément du nom). Sa fonction grammaticale est complément du nom « vaisseaux » (son antécédent). Il s'agit d'une relative adjectivale.

→ Rappels d'étude de la langue, page 272

Ton **KIT DE SURVIE** pour le **BAC** avec SCHOOLMOUV

Partie 4

La poésie du XIXe au XXIe siècle

Tu viens de voir les notions à connaître sur la poésie du XIXe siècle à nos jours. Pour t'aider à retenir l'essentiel et t'entraîner pour le Bac, voici ton kit de révisions clé en mains conçu par SchoolMouv !

Vidéos

Pour mieux comprendre et t'en souvenir à coup sûr, regarde les vidéos. C'est parfois bien plus clair en images.

Vidéo **Victor Hugo, *Les Contemplations*, 1856**
https://flashbelin.fr/focusbacschoolmouv/fr/1re/10

Vidéo **Charles Baudelaire, *Les Fleurs du mal*, 1857-1868**
https://flashbelin.fr/focusbacschoolmouv/fr/1re/11

Vidéo **Guillaume Apollinaire, *Alcools*, 1913**
https://flashbelin.fr/focusbacschoolmouv/fr/1re/12

Contenus additionnels

Voici quelques bonus autour des mêmes sujets. La curiosité n'est pas toujours un vilain défaut. Il suffit de créer ton compte pour avoir accès à plein de contenus supplémentaires.

Fiche de lecture **Victor Hugo, *Les Contemplations*, 1856**

https://www.schoolmouv.fr/eleves/fiches-de-lecture/les-contemplations-victor-hugo/fiche-de-lecture

Fiche de lecture **Charles Baudelaire, *Les Fleurs du mal*, 1857-1868**

https://www.schoolmouv.fr/eleves/fiches-de-lecture/les-fleurs-du-mal/fiche-de-lecture

Fiche de lecture
Guillaume Apollinaire, *Alcools*, 1913

https://www.schoolmouv.fr/eleves/fiches-de-lecture/alcools-guillaume-apollinaire/fiche-de-lecture

Fiche méthode Bac
La dissertation

https://www.schoolmouv.fr/eleves/cours/la-dissertation/fiche-methode-bac

Conseil

Si peu d'idées vous viennent après avoir analysé le sujet de dissertation, pensez au corpus, il pourra vous fournir quelques pistes et sera de toute façon la source de beaucoup de vos citations. Dites-vous bien que ces textes ont été choisis justement pour cela.

Tchat avec un prof

Pour poser toutes tes questions à un prof particulier, découvre l'abonnement tchat.
Tu peux le tester gratuitement pendant 7 jours: fini les questions sans réponses, tu vas devenir incollable.

http://focusbac.schoolmouv.fr/offre

Les outils et méthodes pour réussir

Sommaire

ÉPREUVE ÉCRITE

ÉPREUVE ORALE

LES RAPPELS D'ÉTUDE DE LA LANGUE

Le commentaire

Le commentaire est l'un des deux sujets proposés aux élèves des voies générale et technologique lors de l'épreuve écrite de français. L'épreuve dure **4 heures** et est notée **sur 20**. Le commentaire porte sur **un texte littéraire** qui s'inscrit dans le cadre du programme de Première mais qui n'est pas extrait d'une des œuvres imposées. Les candidats le découvrent donc le jour de l'épreuve. Il s'agit de dégager **sa spécificité**, ce qui fait **son intérêt** sur le plan littéraire, en l'analysant à travers **un développement organisé et argumenté**.

Étape 1 Les premiers repérages sur le texte

→ Après avoir lu le texte, et en t'aidant du paratexte (titre, date, auteur, situation de l'extrait et annotations s'il y en a), identifie **le genre littéraire** auquel il appartient et, éventuellement, **le mouvement littéraire** dans lequel il s'inscrit.

COUP DE POUCE

N'hésite pas à lire plusieurs fois le texte avant d'aborder l'analyse.

→ Commence par te poser des questions simples :

> de quoi parle le texte ?

> comment est-il organisé (disposition, structure, progression) ?

> perçois-tu une tonalité dominante, ou plusieurs et, si oui, lesquelles ?

→ En fonction du genre littéraire, repère et analyse **certains éléments particuliers** :

> le mode de narration, la focalisation, l'alternance entre narration et description **pour un extrait de récit** ;

> la forme poétique (fixe ou non), la versification **pour un poème** ;

> la répartition de la parole, les didascalies, la situation du texte dans l'œuvre (exposition, péripétie, dénouement) **pour un extrait de théâtre** ;

> le thème abordé, la (les) thèse(s) exprimée(s), la stratégie argumentative **pour un texte d'idées**.

L'ASTUCE À CONNAÎTRE

Tu peux organiser ces premiers repérages au brouillon sous la forme d'un tableau **(voir sujets guidés, p. 44, 97, 168 et 222)**.

Étape 2 L'analyse des procédés d'écriture

→ Une fois que tu as bien compris le texte et identifié ses principales caractéristiques, étudie-le plus en détail. Pour cela, tu peux adopter, au brouillon, une **démarche analytique** ou une **démarche synthétique**, en fonction de ce qui te convient le mieux.

La démarche analytique

Il s'agit de partir de **faits textuels précis** (lexique, figures de style, modalisation, temps verbaux...) pour construire progressivement le sens du texte.

> Étudie le texte **ligne à ligne**, en repérant au fur et à mesure les procédés employés et en les analysant, comme pour une explication linéaire, **voir p. 261**.

> Quand plusieurs éléments du texte contribuent **au même effet**, souligne-les d'une couleur identique. Tu dégageras ainsi des idées générales qui pourront te servir **d'axes de lecture** (ou de sous-axes) pour le commentaire.

REMARQUE

Si tu adoptes cette approche, **attention à ne pas suivre l'ordre du texte** quand tu construis ton plan : vérifie que chaque grande partie (ou axe de lecture) concerne bien l'ensemble du texte.

La démarche synthétique

Il s'agit de partir **d'impressions de lecture ou d'idées générales** *(ex. : cette lettre est polémique ; ce poème est une déclaration d'amour)* et de les justifier ensuite par **des analyses précises du texte**.

> Aborde le texte **sans *a priori*** : un auteur romantique peut écrire un texte comique, un extrait de roman ou un poème peuvent être argumentatifs et développer une thèse.

> Repère et analyse **les procédés littéraires** sur lesquels reposent tes impressions ou idées générales, en essayant de trouver **plusieurs éléments** pour étayer une idée.

L'ASTUCE À CONNAÎTRE

Tu peux également **mêler les deux approches**, en adoptant une démarche plutôt analytique sur un passage du texte et une démarche plutôt synthétique sur un autre passage.

Étape 3 La construction du projet de lecture et du plan

→ Pour dégager **un projet de lecture** (la problématique), demande-toi **en quoi le texte est particulier**, ce qui le distingue des autres relevant de la même forme, du même genre littéraire ou encore abordant le même sujet.

→ Formule un projet de lecture **sous forme de question** qui sera ton fil conducteur.

→ Après avoir déterminé ton projet de lecture, **regroupe et ordonne** les idées que tu as dégagées sur le texte **et qui correspondent à ce projet de lecture**. Donne un titre clair à chacun de tes deux ou trois **axes de lecture** (ou parties) et aux **sous-axes**.

→ Quand tu élabores ton plan détaillé, commence par les idées et arguments **les plus simples**, pour aller vers **les plus complexes**.

→ Associe toujours **au moins un exemple à un argument**. S'il ne s'appuie pas sur un exemple précis (citation, analyse d'un procédé littéraire...), un argument n'est pas valable.

→ Pour justifier **un argument simple**, un exemple est souvent suffisant. En revanche, **une idée plus complexe** gagnera à s'appuyer sur **plusieurs exemples**.

REMARQUE

L'élaboration du plan se fait **au brouillon**. Dans le commentaire rédigé au propre, **les titres ne doivent pas apparaître** : ils deviennent les phrases d'introduction respectives de tes parties et sous-parties.

Étape 4 La rédaction de l'introduction et de la conclusion

MÉTHODE

L'introduction et la conclusion sont des étapes **essentielles** du commentaire. Il est conseillé de :
- les rédiger **au brouillon** avant de les recopier au propre car ce sont des passages à soigner particulièrement ;
- les rédiger **l'une après l'autre**, dans la mesure où elles se répondent.

L'introduction

L'introduction se présente sous la forme d'**un seul paragraphe**. Elle comporte **trois étapes** :

- **la présentation du texte :** donne les informations essentielles (titre, auteur, date, éventuellement contexte). Essaye de caractériser le texte **le plus précisément possible** : genre littéraire, thème/sujet, forme particulière (rondeau, monologue, portrait…) ;
- **le projet de lecture :** oriente la présentation du texte de manière à amener le plus naturellement possible ton projet de lecture (la problématique) **sous la forme d'une question** ;
- **l'annonce du plan :** présente **les deux ou trois grandes parties** qui alimenteront le projet de lecture, permettront **de répondre à la problématique**.

La conclusion

La conclusion se présente également en **un seul paragraphe**. Elle comporte **deux étapes** :

- **le bilan :** reprends les grandes lignes de ton commentaire en centrant ce bilan sur ton projet de lecture.
- **l'ouverture :** prolonge la réflexion en l'élargissant à un mouvement littéraire, une thématique, un genre ou en t'appuyant sur une comparaison avec une œuvre artistique, une autre œuvre littéraire…

L'ASTUCE À CONNAÎTRE

Pour susciter l'attention du (de la) correcteur(trice), tu peux faire commencer ton introduction par **une amorce** (ou entrée en matière) en lien avec le thème de l'extrait **(voir sujets guidés et corrigés, p. 46 et 60)**. Cela vaut aussi pour la conclusion, si tu veux laisser une bonne impression !

COUP DE POUCE

Pour annoncer ton plan, tu peux reprendre des formules comme : « Dans un premier temps, nous étudierons…, puis nous analyserons…. Enfin, nous montrerons… ».

Étape 5 La rédaction du développement

COUP DE POUCE

Rédige le développement **directement sur ta copie**, en t'aidant du **plan détaillé** que tu auras élaboré au brouillon, afin de ne pas perdre de temps durant l'épreuve.

→ **Chaque partie** (axe de lecture) du commentaire doit être :

> **introduite** par une phrase qui reprend, de manière rédigée, le titre donné à la partie dans le plan détaillé (au brouillon), et **qui annonce l'idée générale de cette partie** ;

> **développée** en s'appuyant sur **deux ou trois arguments** qui formeront les deux ou trois paragraphes (aussi appelés « sous-parties ») de cette partie ;

> **conclue** par une phrase qui permet de **faire le bilan de la partie et d'amorcer une transition vers la partie suivante** (sauf pour la dernière partie du développement, pour laquelle une transition n'est pas nécessaire puisqu'elle est suivie de la conclusion).

REMARQUE

La transition est une phrase qui fait le bilan de la partie qui s'achève et annonce la partie suivante : elle peut donc se situer **à la fin d'une partie ou au début de la suivante**.

→ **Les sous-parties** développent des analyses qui s'appuient sur **des citations précises du texte**. Celles-ci peuvent être intégrées de différentes manières à l'argumentation :

> j'énonce mon argument puis je propose une ou plusieurs citation(s) **après deux-points** ;

> j'énonce mon argument en indiquant **entre parenthèses** une ou plusieurs citation(s) ;

> j'énonce mon argument en intégrant **dans ma phrase** une ou plusieurs courtes citation(s).

L'ASTUCE À CONNAÎTRE

N'oublie pas de **mettre entre guillemets toutes les citations**, même très courtes, quand tu rédiges ton commentaire au propre.

→ Aucun titre ou numéro de partie ne doit figurer sur ta copie, mais **la structure du développement** doit tout de même apparaître clairement, au premier coup d'œil. Pour cela, il faut :

> **sauter des lignes entre chaque grande partie** du développement (I/II/III) ;

> à l'intérieur d'une partie, ne pas sauter de lignes mais **faire des paragraphes correspondant à chaque sous-partie** (a/b/c ou 1/2/3).

MÉTHODE

Pour que l'on distingue bien tes **différents paragraphes**, n'hésite pas à laisser un large blanc pour marquer **l'alinéa** (retrait du premier mot, décalé à droite) après le passage à la ligne. De même, assure-toi de sauter suffisamment de lignes **entre l'introduction, les grandes parties du développement et la conclusion** pour que ces étapes apparaissent visuellement sur ta copie.

La dissertation

La dissertation est l'un des deux sujets proposés aux élèves de la voie générale lors de **l'épreuve écrite** de français. L'épreuve dure **4 heures** et est notée **sur 20**. Le sujet porte sur **une question littéraire** en rapport avec **une œuvre et un parcours associé**, étudiés au cours de l'année. Il s'agit de traiter ce sujet sous la forme **d'une réflexion structurée, argumentée et illustrée par des exemples précis**.

Étape 1 L'analyse du sujet, la formulation de la problématique et le choix du type de plan

L'ASTUCE À CONNAÎTRE

Recopie le sujet sur ton brouillon pour bien l'avoir en tête, et pour pouvoir souligner les termes importants et noter tes analyses des mots-clés. Garde-le sous les yeux tout au long de l'élaboration et de la rédaction de ta dissertation : **tu minimiseras ainsi le risque de hors-sujet**.

→ Souligne et analyse **les termes clés du sujet** en les définissant précisément et/ou en trouvant des synonymes, des équivalents.

→ Reformule le sujet avec tes propres mots **sous la forme d'une question** en t'appuyant sur l'analyse des termes clés. Cette question sera **ta problématique**, c'est-à-dire l'idée directrice, le fil conducteur de ton devoir.

COUP DE POUCE

N'hésite pas à chercher au brouillon **plusieurs reformulations possibles** avant de sélectionner celle qui te semble la plus **claire**, la plus **complète**, voire la plus **percutante**, pour la reprendre comme problématique dans ton introduction.

→ Détermine **le type de plan adéquat** pour traiter le sujet :

> si le sujet pose **une question partielle** *(ex. : « Pourquoi... ? », « Quels sont... ? »)*, privilégie **un plan thématique** : chaque partie examine un thème différent en relation avec le sujet, du plus simple au plus complexe ;

> si le sujet pose **une question totale**, c'est-à-dire à laquelle on peut répondre par « oui » ou par « non », privilégie **un plan dialectique** : la première partie développe un point de vue sur la question (thèse), la deuxième partie le nuance (antithèse).

L'ASTUCE À CONNAÎTRE

Traditionnellement, le plan dialectique comporte **une troisième partie** (synthèse), qui doit permettre de dépasser la contradiction entre la thèse et l'antithèse. Cependant, si tu es à court d'idées ou de temps, **préfère un plan solide en deux parties à un plan bancal en trois parties**.
Termine toujours ton devoir par la partie développant les arguments correspondant à **ta position**, **ton opinion sur le sujet**, de manière à emporter l'adhésion de celui ou celle qui te lit et corrige ta copie.

→ Si le sujet s'appuie sur **une citation**, il peut s'agir :

> **d'expliquer, de justifier ou d'illustrer la citation** (on ne te demande pas de la remettre en question) : choisis **un plan thématique**.

> **de commenter, de discuter la citation** : choisis **un plan dialectique**, en exposant dans la première partie la thèse de l'auteur, puis en la nuançant dans la deuxième partie (ou l'inverse, si cela te semble plus logique et convaincant).

Étape 2 La recherche des arguments et des exemples, et la construction du plan

→ Note d'abord, dans le désordre, toutes les idées qui te viennent à l'esprit. Puis fais le tri en retenant **uniquement celles qui répondent directement à la problématique**, afin d'éviter le hors-sujet.

→ Regroupe ensuite les notes qui vont dans le même sens, **les arguments qui étayent la même idée**. Fais **un plan détaillé** en donnant des titres clairs à tes parties et sous-parties : ces titres doivent reprendre les termes clés du sujet.

→ Associe toujours au moins **un exemple** à un argument. S'il ne s'appuie pas sur un exemple précis (citation, analyse d'un personnage, d'un procédé littéraire...), un argument n'est pas valable.

COUP DE POUCE

Pour trouver des arguments et des exemples, mobilise tes connaissances sur l'œuvre intégrale au programme et les textes du parcours associé étudiés pendant l'année. Réfléchis aussi aux autres textes et œuvres (lectures complémentaires ou personnelles) sur lesquels tu peux t'appuyer, en t'assurant qu'ils correspondent bien au sujet.

Étape 3 La rédaction de l'introduction et de la conclusion

L'introduction

L'introduction se présente sous la forme **d'un seul paragraphe**. Elle comporte **trois étapes** :

> **l'amorce** : trouve une idée générale permettant d'amener le sujet. Il peut s'agir d'une citation, d'un exemple concret ou au contraire d'une généralité (en évitant les formules trop passe-partout du type : « De tout temps, les hommes... ») ;

> **le sujet et la problématique** : cite le sujet, reformule-le de manière à mettre en évidence son intérêt et à dégager une problématique ;

> **l'annonce du plan** : rédige une phrase annonçant les grandes parties de ton plan, de manière claire et sans entrer dans le détail (n'annonce pas les sous-parties).

La conclusion

La conclusion se présente également en **un seul paragraphe**. Elle comporte **deux étapes** :

> **le bilan :** reprends les grandes lignes de ton argumentation et réponds à la problématique posée en introduction.

Si le sujet te demande d'exprimer un avis personnel (« Pensez-vous que... », « Selon vous... »), tu peux exposer ton opinion.

> **l'ouverture :** prolonge la réflexion en relançant une nouvelle question, en élargissant le sujet, en l'abordant sous un nouvel angle...

Étape 4 La rédaction du développement

L'ASTUCE À CONNAÎTRE

Quand tu rédiges ta dissertation, n'oublie pas de mettre **toutes les citations entre guillemets** et de **souligner le titre des œuvres**.

→ Chaque grande partie du développement doit être **introduite, développée, et conclue**. Pour cela, tu dois t'appuyer sur le plan détaillé que tu as fait au brouillon avant de rédiger. Une idée ou un exemple peuvent te venir au cours de la rédaction, vérifie alors qu'ils répondent bien au sujet avant de les intégrer dans ta dissertation.

> **Pour introduire l'idée générale de ta partie**, transforme le titre que tu as donné à ta partie au brouillon en une phrase complète.

> **Pour développer une idée**, commence par énoncer l'argument, puis illustre-le par un ou plusieurs exemples, selon sa complexité.

> **Pour conclure la partie**, rédige une phrase faisant le bilan de ce que tu as développé en ayant à l'esprit ce que tu vas dire dans la partie suivante (s'il y en a une), afin de faciliter l'écriture de la transition.

COUP DE POUCE

Pour justifier un argument simple, un exemple est souvent suffisant. En revanche, une idée plus complexe gagnera à s'appuyer sur plusieurs exemples.

→ **Entre deux grandes parties** du développement (entre I et II, et entre II et III), prévois **une transition**, c'est-à-dire une phrase permettant de rendre plus claire et explicite l'articulation entre ce qui précède (la partie qui vient de se terminer) et ce qui suit (la partie qui va être développée). Rédige-la soigneusement, **en utilisant des liens logiques** (« mais », « cependant », « donc »...) pour mettre en valeur ton raisonnement.

REMARQUE

Une transition peut être située **en fin de partie, ou au début de la partie suivante**, selon ce qui te semble le plus logique et le plus commode.

→ Aucun titre ou numéro de partie ne doit figurer sur ta copie, mais la structure du développement doit tout de même apparaître clairement, au premier coup d'œil. Pour cela, il faut :

> **sauter des lignes entre chaque grande partie** du développement (I / II / III) ;

> à l'intérieur d'une partie, ne pas sauter de lignes, mais **faire des paragraphes correspondant à chaque sous-partie** (a / b / c ou 1 / 2 / 3).

MÉTHODE

Pour que l'on distingue bien tes **différents paragraphes**, n'hésite pas à laisser un large blanc pour marquer **l'alinéa** (retrait du premier mot, décalé à droite) après le passage à la ligne. De même, assure-toi de sauter suffisamment de lignes **entre l'introduction, les grandes parties du développement et la conclusion** pour que ces étapes apparaissent visuellement sur ta copie.

La contraction de texte et l'essai

La contraction de texte suivie d'un essai est l'un des deux sujets proposés aux élèves de la voie technologique lors de **l'épreuve écrite** de français. L'épreuve dure **4 heures** et est notée **sur 20** (10 points pour la contraction et 10 points pour l'essai).

LA CONTRACTION DE TEXTE

Il s'agit de **résumer un texte** d'environ 800 mots **au quart de sa longueur** (c'est-à-dire en 200 mots environ, avec une marge de plus ou moins 10 % autorisée). Le texte à contracter est toujours **un texte d'idées contemporain** (c'est-à-dire publié au cours du XXe ou du XXIe siècle). La contraction de texte est un exercice qui demande **une préparation rigoureuse au brouillon**, en plusieurs étapes. La copie au propre ne s'effectue qu'après avoir complètement finalisé la contraction de texte au brouillon. La contraction de texte doit reprendre **le contenu, la structure, l'énonciation et le style du texte à contracter**.

Étape 1 Le repérage des composantes argumentatives du texte

→ Identifie **le genre littéraire** (essai, lettre, discours…) auquel appartient le texte ainsi que le domaine ou la discipline dont il relève (littérature, sociologie, histoire…).

→ Repère **le thème**, (re)formule **la problématique** (souvent sous-entendue), **la thèse soutenue par l'auteur(trice)** et, éventuellement, **la thèse qu'il (elle) réfute**.

→ Dégage **la structure**, c'est-à-dire les grandes étapes du texte, en donnant à chacune **un titre résumant son contenu**.

REMARQUE

Chaque étape correspond souvent à un paragraphe, mais ce n'est pas une règle absolue.

Étape 2 Le montage de citations du texte

→ Pour préparer cette étape :

> souligne dans le texte **les idées principales et les mots ou expressions clés** ;

> utilise des couleurs pour repérer **les différents arguments** ;

> encadre **les liens logiques** (cause, conséquence, opposition…).

→ Rédige ensuite **un premier résumé du texte** en utilisant les citations (entre guillemets) que tu auras soulignées et en respectant la structure du texte **(voir sujet guidé p. 106-109 et corrigé rédigé p. 127)**.

Étape 3 La reformulation, au brouillon, du montage de citations

→ Reformule au brouillon toutes les citations de ton montage, en prenant soin d'être **le plus synthétique possible**. Compte le nombre de mots que tu as employés et rectifie si besoin pour respecter le nombre de mots imposé.

→ Remplace les termes et expressions employés par l'auteur(trice) par d'autres, **en essayant toujours d'employer moins de mots**, tout en veillant à ne pas déformer ou trahir sa pensée. *Ex.: « dans le passé » (3 mots) → autrefois (1 mot); « des théories qui ne sont plus d'actualité » (8 mots) → des idées dépassées (3 mots).*

→ En revanche, certains mots ou expressions clés sont impossibles à substituer, notamment les termes désignant **une discipline intellectuelle** (philosophie, psychanalyse...), **un concept précis** (réalisme, matérialisme...) ou encore **les mots et expressions inventés ou propres à l'auteur(trice)**. Tu peux les conserver dans ta contraction de texte (sans guillemets).

REMARQUE

Tous les mots doivent être comptés (l', n', d', etc. comptent pour un mot; *c'est-à-dire* = 4 mots; *qu'est-ce que c'est?* = 6 mots).

MÉTHODE

Afin d'aller à l'essentiel et de réduire la longueur du texte à contracter, certains éléments peuvent être laissés de côté :
- **les citations**, surtout si elles sont longues, sur lesquelles s'appuie l'auteur(trice) pour exposer ou défendre son point de vue;
- **les exemples** quand ils ont une fonction **illustrative** (en revanche, si un exemple sert d'argument ou s'il est repris tout au long du texte et a une importance essentielle dans le raisonnement de l'auteur(trice), il faut le conserver);
- **les reformulations successives de la même idée.**

Étape 4 La copie, au propre, de la contraction

→ Avant de recopier au propre ta contraction, vérifie bien :

> que tu n'as ajouté **aucune idée personnelle ni modifié la pensée de l'auteur(trice)**;

> que tu as suivi **la structure, les étapes et la logique argumentative** du texte à contracter;

> que tu as respecté **l'énonciation du texte**, c'est-à-dire que tu as employé « je/nous » dans ta contraction si l'auteur(trice) dit « je/nous » dans le texte, idem s'il (elle) s'adresse à un « tu/vous »;

> que tu as respecté **le style du texte** : son ton, son niveau de langue, sa ponctuation si elle est expressive (exclamations, questions rhétoriques...);

> que tu as indiqué **le nombre de mots employés dans ta contraction de texte** à la fin de cette dernière.

REMARQUE

Tu dois reprendre la pensée et les propos de l'auteur(trice) **à ton compte**, sans ajouter de formules telles que : « l'auteur(trice) dit/pense que... »; « selon l'auteur(trice) ... ».

L'ESSAI

L'essai porte sur un **sujet en rapport avec l'œuvre et le parcours étudiés dans le cadre de l'objet d'étude « La littérature d'idées du XVIe au XVIIIe siècle siècle »** également abordé, sous un angle contemporain, par le texte à contracter. Il s'agit de traiter ce sujet **en rédigeant un développement structuré, argumenté et illustré par des exemples** tirés des œuvres et textes étudiés en classe, du texte à contracter, ainsi que de ta culture personnelle.

Étape 1 L'analyse du sujet, la formulation d'une problématique et le choix du type de plan

→ Recopie le sujet au brouillon puis **souligne et analyse les termes clés qui le composent** en les définissant précisément et/ou en trouvant des synonymes, des équivalents.

→ Reformule avec tes propres mots le sujet **sous forme de question** en t'appuyant sur l'analyse des termes clés. Cette question sera **ta problématique**, c'est-à-dire l'idée directrice, le fil conducteur de ton essai.

→ Détermine **le type de plan adéquat** pour traiter le sujet :

> si le sujet pose **une question partielle** (*ex. : « Pourquoi… ? », « Quels sont… ? »*), privilégie **un plan thématique** : chaque partie examinera un thème différent en relation avec le sujet, du plus simple au plus complexe ;

> si le sujet pose **une question totale**, c'est-à-dire à laquelle on peut répondre par « oui » ou par « non », privilégie **un plan dialectique** : la première partie développe un point de vue sur la question (thèse), la deuxième partie le nuance (antithèse).

L'ASTUCE À CONNAÎTRE

Traditionnellement, le plan dialectique comporte **une troisième partie** (synthèse), qui doit permettre de dépasser la contradiction entre la thèse et l'antithèse. Cependant, si tu es à court d'idées ou de temps, préfère **un plan solide en deux parties** à un plan bancal en trois parties. Termine toujours ton essai par la partie développant **les arguments correspondant à ta position, ton opinion sur le sujet**, de manière à emporter l'adhésion du (de la) correcteur(trice).

Étape 2 La recherche des arguments et des exemples, et la construction du plan

→ Appuie-toi sur les textes et œuvres étudiés dans le cadre de l'objet d'étude « La littérature d'idées du XVIe au XVIIIe siècle » ainsi que sur le texte à contracter **pour trouver des arguments et des exemples**. Note-les d'abord dans le désordre, au fur et à mesure qu'ils te viennent à l'esprit.

→ Regroupe ensuite les notes qui vont dans le même sens, les arguments qui étayent la même idée. Fais un plan détaillé **en donnant des titres clairs à tes parties et sous-parties** **(voir sujet guidé p. 110-112)**. N'oublie pas de noter également les exemples dans ton plan.

COUP DE POUCE

Ton essai doit reposer sur des exemples littéraires tirés des œuvres et textes d'idées étudiés dans l'année, mais tu peux aussi, pour certains arguments, t'appuyer sur des références sociologiques, juridiques, voire des chiffres ou des statistiques – à condition que le sujet le justifie.

Étape 3 La rédaction de l'introduction et de la conclusion

L'introduction

L'introduction se présente sous la forme **d'un seul paragraphe**. Elle comporte **trois étapes** :

> **l'amorce :** trouve une idée générale permettant d'amener le sujet. Il peut s'agir d'une citation, d'un exemple concret ou au contraire d'une généralité (en évitant les formules trop passe-partout du type : « De tout temps, les hommes … ») ;

> **le sujet et la problématique :** cite le sujet, reformule-le de manière à mettre en évidence son intérêt et à amener naturellement la problématique que tu auras dégagée ;

> **l'annonce du plan :** rédige une phrase annonçant les grandes parties de ton plan de manière claire et sans entrer dans le détail (n'annonce pas les sous-parties).

La conclusion

La conclusion se présente également en **un paragraphe**. Elle comporte **deux étapes** :

> **le bilan :** reprends les grandes lignes de ton argumentation et réponds à la problématique posée en introduction. Si le sujet te demande d'exprimer un avis personnel (« Pensez-vous que … ? », « Selon vous … ? »), tu peux exposer ton opinion ;

> **l'ouverture :** prolonge la réflexion en lançant une nouvelle question, en élargissant le sujet, en l'abordant sous un nouvel angle… Mais une ouverture n'est pas indispensable : si tu n'as pas d'idée, il vaut mieux ne pas en faire et t'attacher plutôt à soigner le bilan.

REMARQUE

Il vaut mieux éviter de dire **« je »** dans un commentaire, mais ce n'est pas le cas pour l'essai, notamment dans la conclusion, si tu termines en formulant un jugement ou un avis personnel.

Étape 4 La rédaction du développement

→ Chaque **grande partie** du développement doit être **introduite, développée et éventuellement conclue.** Pour cela, tu peux t'appuyer sur le plan détaillé que tu as fait au brouillon avant de rédiger. Une idée ou un exemple peuvent te venir au cours de la rédaction, vérifie alors qu'ils répondent bien au sujet avant de les intégrer dans ton essai.

> Pour introduire l'idée générale de ta partie, transforme le titre que tu as donné à ta partie au brouillon en une phrase complète.

> Pour développer une idée, commence par énoncer l'argument, puis illustre-le par un ou plusieurs exemples, selon sa complexité.

> Pour conclure la partie, rédige une phrase faisant le bilan de ce que tu as développé en ayant à l'esprit ce que tu vas dire dans la partie suivante (s'il y en a une) afin de faciliter l'écriture de la transition.

COUP DE POUCE

Pour justifier un argument simple, un exemple est souvent suffisant. En revanche, une idée plus complexe gagnera à s'appuyer sur plusieurs exemples.

→ **Entre deux grandes parties** du développement (entre I et II, et entre II et III), prévois **une transition**, c'est-à-dire une phrase permettant de rendre plus claire et explicite l'articulation entre ce qui précède (la partie qui vient de se terminer) et ce qui suit (la partie qui va être développée). Rédige-la soigneusement, **en utilisant des liens logiques** (« mais », « cependant », « donc »...) pour mettre en valeur ton raisonnement.

REMARQUE

Une transition peut être située **en fin de partie ou au début de la partie suivante**, selon ce qui te semble le plus logique et le plus commode.

→ Aucun titre ou numéro de partie ne doit figurer sur ta copie, mais **la structure du développement** doit tout de même apparaître clairement, au premier coup d'œil. Pour cela, il faut :

> sauter des lignes entre chaque grande partie du développement (I/II/III) ;

> à l'intérieur d'une partie, ne pas sauter de lignes mais **faire des paragraphes correspondant à chaque sous-partie** (a/b/c ou 1/2/3).

MÉTHODE

Quand tu rédiges ton essai, n'oublie pas de mettre **toutes les citations entre guillemets** et de **souligner le titre des œuvres citées.**
Pour que l'on distingue bien **tes différents paragraphes**, n'hésite pas à laisser un large blanc pour marquer **l'alinéa** [retrait du premier mot, décalé à droite] après le passage à la ligne. De même, assure-toi de sauter suffisamment de lignes **entre l'introduction, les grandes parties du développement et la conclusion** pour que ces étapes apparaissent visuellement sur ta copie.

L'explication linéaire

Cette 1re partie de l'épreuve orale du Baccalauréat porte sur **un texte choisi par l'examinateur(trice)** parmi ceux étudiés au cours de l'année. Elle dure **12 minutes** et est notée sur **12 points (sur 20)**. Elle commence par **la lecture expressive** du texte à présenter, notée sur **2 points**, se poursuit par **l'explication linéaire**, notée sur **8 points**, et se termine par **la réponse à la question de grammaire**, notée sur **2 points** **(voir p. 264)**. L'explication linéaire en elle-même consiste à dégager la structure du texte et à proposer **un projet de lecture clair** afin de pouvoir **l'expliquer ligne à ligne de manière cohérente**.

COUP DE POUCE

Prépare, tout au long de l'année, des fiches de révision sur les textes, et relis-les régulièrement, notamment en fin de séquence ou à l'occasion d'un Bac blanc. Tu en mémoriseras ainsi plus facilement le contenu. N'hésite pas à utiliser des couleurs si tu as une mémoire plutôt visuelle. Si tu as plutôt une mémoire auditive, tu peux enregistrer sur ton smartphone ou un dictaphone des éléments de présentation et d'analyse du texte, et les réécouter pour les retenir.

Étape 1 Le repérage de la structure du texte et la construction du projet de lecture

L'explication linéaire porte sur un **texte étudié en classe** avec ton (ta) professeur(e) de français. Tu auras donc en tête le projet de lecture, le découpage ainsi que les principaux éléments d'analyse vus en cours. Cependant, l'examinateur(trice) peut raccourcir le texte ou tu peux avoir un trou de mémoire. Tu dois donc **être capable de t'adapter** afin de proposer, quoi qu'il arrive, un découpage et un projet de lecture pertinents.

→ Analyse le texte pour en dégager **la structure, les différents mouvements qui le composent**, en étudiant **les thèmes et motifs abordés**. Donne un titre à chacun des mouvements que tu auras délimités.

→ Formule **un projet de lecture** qui te semble rendre compte de **l'intérêt**, de **la spécificité**, de **l'originalité** de l'extrait étudié.

REMARQUE

Une explication linéaire n'est pas une accumulation de remarques disparates sur le texte. Elle doit être **guidée par un projet de lecture clair**, et toutes les analyses menées au fil du texte doivent s'y rattacher.

Étape 2 Le développement de l'analyse linéaire

→ Relève et analyse pour chacun des mouvements du texte dégagés, **au moins trois éléments en rapport avec ton projet de lecture**. Note-les sans rédiger afin de ne pas perdre de temps et de mener ton explication à l'oral sans lire ton brouillon.

REMARQUE

On appelle « paraphraser » le fait de redire ce que dit déjà le texte, en utilisant d'autres mots. Quand on explique un texte, il est inévitable de le paraphraser un peu pour indiquer ce dont il est question (résumer un dialogue, exposer une idée ou un raisonnement complexe de l'auteur[trice]...). L'essentiel est de **ne pas se limiter à cette paraphrase** mais d'entrer vraiment dans l'analyse du texte : montrer les effets qu'il produit, en dégager le sens.

→ **Pour éviter la paraphrase**, tu dois te demander, non pas uniquement de quoi parle ou que dit le texte, mais surtout **comment** il le dit. Par exemple, au lieu de te contenter de remarquer que l'auteur décrit un paysage au soleil couchant, explique plutôt :

- quel(s) sentiment(s) il cherche à transmettre *(ex. : mélancolie, tristesse, sérénité...)* ;
- quels procédés il emploie pour y parvenir *(ex. : champ lexical, rythme, figures de style...)* ;
- la manière dont il s'approprie ce thème de façon personnelle, originale ;
- quels symboles il y associe *(ex. : le feu, la mort...)*.

→ Pour chaque mouvement du texte, prends le temps de développer **l'analyse de courts passages** (un vers, une phrase, une expression) particulièrement significatifs ou importants **par rapport à ton projet de lecture**.

L'ASTUCE À CONNAÎTRE

Pour disposer d'un brouillon lisible et efficace, **n'utilise que le recto des feuilles et numérote-les** ; indique en haut de chaque page à quelle étape de l'explication elle correspond (introduction, 1er mouvement, 2e mouvement, etc., conclusion).

Étape 3 La préparation de l'introduction et de la conclusion

COUP DE POUCE

L'introduction et la conclusion sont respectivement la première et la dernière impression laissées à l'examinateur(trice) par ton explication linéaire, c'est pourquoi il faut veiller à les soigner particulièrement. Pour être plus à l'aise, tu peux, si tu le souhaites, rédiger un peu plus l'introduction et la conclusion que l'analyse linéaire elle-même sur ton brouillon. Attention cependant à ne pas trop lire les points rédigés quand tu passeras à l'oral.

L'introduction

L'introduction comporte **quatre étapes** :

- **la présentation du texte :** auteur, titre, date, genre littéraire, forme et sujet. Essaye de centrer cette présentation sur ton projet de lecture : même si tu l'annonceras plus tard, en fin d'introduction, il n'aura pas l'air de sortir de nulle part ou d'être artificiellement plaqué sur le texte ;
- **la lecture expressive du texte :** pour que celle-ci soit fluide, souligne la structure du texte, mets en valeur ses effets littéraires et dégage le sens qu'il produit ;
- **la présentation des mouvements du texte :** détermine deux à quatre mouvements et annonces-en clairement les limites en les justifiant par un titre ;

> **l'annonce du projet de lecture :** c'est l'idée directrice de ton explication linéaire, la question qui va guider ton analyse du texte. Traditionnellement, elle se pose sous forme de question, directe *(ex. : « Comment... ? »)* ou indirecte *(ex. : « Nous verrons comment... »)*.

REMARQUE

Contrairement au commentaire, qui est organisé selon un plan que tu dois élaborer, **l'explication linéaire suit la structure, le déroulement du texte lui-même**, mais c'est à toi de dégager ces mouvements et de les justifier dans ton introduction (en t'aidant de l'explication faite en classe).

La conclusion

La conclusion en **deux étapes** :

> **le bilan :** résume les grandes lignes de ton analyse en restant centré(e) sur ton projet de lecture ;

> **l'ouverture :** propose une élargissement de la réflexion, à partir d'un aspect du texte, à un mouvement ou un genre littéraire, ou à un autre domaine artistique (peinture, musique...).

L'ASTUCE À CONNAÎTRE

La règle tacite de ne pas employer le « je » — qui s'applique à l'écrit pour le commentaire ou la dissertation — s'applique de manière moins stricte. Tu peux donc annoncer ton projet de lecture en disant : « Nous verrons la manière dont le texte... » ou en disant : « Je vais montrer la manière dont le texte... ».

Étape 4 Le passage à l'oral

→ **Soigne la lecture du texte :** adapte ta manière de lire au genre littéraire et à la tonalité générale du texte.

→ **Mets en évidence la structure de ton explication linéaire :** annonce très clairement le découpage du texte à la fin de l'introduction ; quand tu passes d'un mouvement à un autre, indique-le explicitement.

→ **Ne te contente pas de lire ton brouillon :** développe des analyses à partir de tes notes en citant des passages précis, en expliquant tes arguments, en justifiant tes interprétations...

COUP DE POUCE

Durant tout le temps de l'épreuve orale, il est important de garder un débit de parole naturel et de maintenir un contact visuel régulier avec l'examinateur(trice) afin de faciliter la communication, de capter son attention et de la conserver.

La question de grammaire

La question de grammaire est **l'une des étapes de l'épreuve orale** de français. Elle est notée sur **2 points (sur 20)**. L'examinateur(trice) la fournit lorsqu'il (elle) indique à l'élève sur quel texte porte l'explication linéaire à préparer.

1 Les notions à connaître

Tu peux être interrogé(e) sur les programmes de Seconde et de Première, c'est-à-dire sur les thématiques suivantes, qui sont développées **pages 266 à 295** :

- **les accords dans le groupe nominal et entre le sujet et le verbe ;**
- **le verbe : valeurs temporelles, aspectuelles, modales ; concordance des temps ;**
- **les relations au sein de la phrase complexe (juxtaposition, coordination, subordination) ;**
- **la syntaxe des propositions subordonnées relatives ;**
- **les subordonnées conjonctives en fonction de compléments circonstanciels ;**
- **l'interrogation ;**
- **la négation ;**
- **le lexique.**

2 Les types de questions pouvant être posées

La question d'analyse

Cette question permet de traiter un point de grammaire précis au sein d'une phrase, d'un vers ou d'un court passage. Il y a généralement peu d'occurrences car la question doit être traitée en deux minutes. Elle peut commencer par :

- **« analyser » / « repérer ».** Il s'agit alors de faire une étude minutieuse de la forme étudiée en reprenant les éléments de la leçon (suivre le plan des cours permet de produire une analyse rigoureuse) ;

  Ex. : Analyser la subordination dans la phrase « … » ; Repérer et analyser la négation dans la première strophe…

- **« expliquer » / « justifier ».** Il s'agit d'identifier la forme mise en avant puis de l'analyser.

  Ex. : Justifiez l'orthographe du verbe dans « quoiqu'elle fût dans une extrême jeunesse ».

La question de transformation

Cette question demande une maîtrise des notions grammaticales et de l'écriture. Généralement, cette transformation doit être expliquée. Elle est parfois accompagnée d'une question permettant de la justifier.

Ex. : Dans les vers suivants : « Sa bouche fraîche était là : / Je me courbai sur la belle, / Et je pris la coccinelle », transformer « et » en conjonction de subordination et expliquer la valeur logique ; Transformer l'interrogative directe en interrogative indirecte (ici, il faudra expliquer, même si ce n'est pas demandé, comment tu as réalisé cela) ; Repérer les trois interrogatives du premier paragraphe et les transformer, quand c'est possible, en interrogatives indirectes.

3 Comment structurer sa réponse ?

Pour que ta réponse à la question de grammaire soit réussie, tu dois te concentrer sur ce qui est demandé. Voici un exemple de question :

QUESTION DE GRAMMAIRE

Analyser la subordination dans la phrase suivante :
« Il fait tellement chaud que les rues sont vides. »

Le terme « analyser » amène à repérer la subordination. Réactive tes connaissances sur la subordination pour mener l'analyse nécessaire :

→ une **proposition subordonnée est introduite par une conjonction de subordination ou un pronom relatif** ;

→ dans cette phrase, nous n'avons **pas de pronom relatif** : le « que » ne reprend pas son antécédent ;

→ le « que » fonctionne avec le mot « tellement ». Nous avons donc une **proposition subordonnée conjonctive (nature)** ;

→ « tellement… que » indique **la conséquence** ;

→ ainsi, **la fonction de la proposition subordonnée conjonctive est circonstancielle**.

Reprends l'ensemble de ton analyse et organise-le. N'hésite pas à introduire des connaissances acquises au fil des leçons.

Ex. : Dans la phrase « Il fait tellement chaud que les rues sont vides », nous avons la présence de deux propositions : une proposition principale suivie de la proposition subordonnée conjonctive : « tellement… que les rues sont vides ». L'adverbe « tellement » indique une intensité qui conduit à une conséquence. Ainsi, la fonction de cette proposition subordonnée est complément circonstanciel de conséquence. « Tellement… que » encadre l'adjectif qualificatif « chaud » qui indique pourquoi les rues sont vides.

Natures et fonctions

1 Les natures grammaticales

Les mots variables	Les mots invariables
> **Noms communs** *(table, amour...)* > **Verbes** *(être, venir...)* > **Articles et déterminants** *(un, le, mon, ce, du...)* > **Adjectifs** *(petit, vaillant, présidentiel...)* > **Pronoms** *(je, le mien, ce...)*	> **Prépositions** *(à, de, sur...)* > **Conjonctions de coordination** *(mais, ou, et, donc, or, ni, car)* > **Conjonctions de subordination** *(que, lorsque, quand, comme, si...)* > **Adverbes** *(joliment, très, hier...)* > **Interjections** *(oh, hélas...)* > **Onomatopées** *(splash, poof...)*

Les groupes de mots		
> **Groupes adjectivaux**	Groupes de mots formés autour d'un adjectif qualificatif	> *Les élèves étaient [fiers de leurs résultats au baccalauréat].*
> **Groupes nominaux**	Groupes de mots formés autour d'un nom noyau	> *[La nouvelle trilogie] de [cet auteur] est passionnante.*
> **Groupes prépositionnels**	Groupes de mots introduits par une préposition	> *La maison [de mon père] se situe [à Paris].*
> **Propositions**	Groupes de mots formés autour d'un verbe et ayant du sens	> *Il veut [que ses amis soient là].* > *Il entend [les oiseaux chanter].*

2 Les fonctions grammaticales

Fonctions	Repérage/Questions à se poser	Exemples
> **Le sujet** commande le verbe.	> Qui est-ce qui (animé) + verbe ? > Qu'est-ce qui (non animé) + verbe ?	> ***L'enfant** écrit.* Qui est-ce qui écrit ? « L'enfant » → (sujet animé). > ***Nager** me détend.* Qu'est-ce qui me détend ? « Nager » → (sujet inanimé).
> **Le complément d'objet direct (COD)** complète un verbe d'action : il indique ce sur quoi ce dernier agit.	> Qui est-ce que (animé) + sujet + verbe ? > Qu'est-ce que (non animé) + sujet + verbe ?	> *Elle écrit **un roman**.* Qu'est-ce qu'elle écrit ? → « un roman » (COD non animé).

Fonctions	Repérage/Questions à se poser	Exemples
> **Le complément d'objet indirect (COI)** a la même fonction qu'un COD mais est introduit par une préposition (sauf lorsqu'il prend la forme d'un pronom).	Sujet + verbe + à qui ? / à quoi ? / de qui ? / de quoi ?	> *Il parle* ***à son ami****.* *Il* ***lui*** *parle.* Il parle à qui ? → « à son ami » / « à lui ».
> **L'attribut du sujet** désigne une qualité, un état attribué à un sujet par l'intermédiaire d'un verbe attributif.	Situé après un verbe attributif (= verbes d'état, qui s'opposent aux verbes d'action + tout verbe reliant l'attribut au sujet).	> *Elle est élue* ***déléguée****.* > *Ils sont partis* ***énervés****.*
> **L'attribut du COD** désigne une qualité attribuée à un COD par l'intermédiaire d'un verbe qui projette le COD dans un certain état.	Situé après un COD.	> *La classe a élu Anna* ***déléguée****.* > *Je trouve votre démarche* ***fascinante****.*
> **Le complément d'agent** indique dans une phrase à la voix passive qui réalise l'action exprimée par le verbe.	Situé après un verbe conjugué à la voix passive et introduit par la préposition « à » ou « de ».	> *Paul a été élu* ***par la classe****.* > *Elle est admirée* ***de tous****.*
> **Le complément du nom (CDN)** complète toujours un nom situé avant lui. Il peut prendre la forme d'un groupe prépositionnel ou d'une proposition relative.	Situé après un nom et introduit par une préposition.	> *Le roman* ***de Balzac*** = groupe prépositionnel > *La maison* ***où je vis*** = proposition relative
> **Le complément circonstanciel (CC)** indique une circonstance de l'action exprimée par le verbe ou la phrase. Il peut exprimer le temps, le lieu, la cause, la conséquence, etc.	Questions liées à la circonstance (où ? quand ? comment ? pourquoi ? etc.).	> ***Hier****, j'étudiais* ***au lycée****.* « Hier » = CC de temps « Au lycée » = CC de lieu
> **L'apposition** est un mot ou un groupe de mots rattaché à un nom pour le préciser.	Très souvent marquée par des virgules.	> *Paul,* ***l'ami de la famille****.* > *Le prince* ***Charles****.*
> **L'épithète** est la fonction d'un adjectif qualificatif qui vient apporter une précision sur un nom ou un pronom.	Suit ou précède le nom ou le pronom qu'elle qualifie. S'accorde en genre et en nombre avec cet élément.	> *La* ***belle*** *vie que nous menons !* > *Je les apprécie* ***sucrées****.*

Le verbe

valeurs temporelles, aspectuelles et modales, et concordance des temps

1 Définition

Le verbe est le noyau de la phrase. Il peut exprimer une action ou un état. C'est un mot variable en personne, en **temps**, en **mode** et en voix (active/passive/pronominale).

Selon le temps auquel il est conjugué, le verbe peut avoir des valeurs, c'est-à-dire des significations différentes. Ces valeurs éclairent le sens des énoncés.

MOTS CLÉS

Temps : ensemble de formes verbales qui permet de situer une action dans la chronologie.

Mode : manière dont se présente l'action exprimée par le verbe. Il existe des **modes personnels** (conjugués à plusieurs personnes) et des **modes impersonnels** (sans personne définie, donc sans pronom personnel).

2 Les valeurs temporelles

Les valeurs du présent	Exemples
> Énonciation (moment où l'on parle/agit)	> *Je suis ici.*
> Narration (rend l'événement vivant dans un récit au passé)	> *Il écrivait depuis longtemps et était concentré. Soudain, l'orage le distrait.*
> Description	> *L'arbre trône dans la clairière.*
> Habitude (action qui se répète)	> *Tous les matins, il se lève à 7 heures.*
> Vérité générale (vérité sans limite de temps)	> *Le soleil se lève à l'Est.*
> Futur proche (action qui va se produire)	> *J'arrive dans deux minutes.*
> Passé proche (action qui vient de se produire)	> *Il vient de partir.*
Les valeurs de l'imparfait	**Exemples**
> Description	> *Le soleil illuminait la pièce.*
> Habitude	> *Il se rendait au dojo chaque mardi.*
> Durée	> *Sa précarité durait depuis plusieurs mois.*
> Action de second plan	> *Elle étudiait ardemment quand son frère l'interrompit.*
Les valeurs du passé simple	**Exemple**
> Action de premier plan	> *Elle étudiait quand son frère l'interrompit.*
Les valeurs du futur simple	**Exemples**
> Action à venir	> *Nous viendrons la semaine prochaine.*
> Supposition	> *On sonne, ce sera le livreur.*
> Ordre	> *Tu liras ce livre ce soir.*
Les valeurs des temps composés	**Exemple**
> Antériorité par rapport aux faits évoqués	> *Il est à l'hôpital car il s'est cassé la jambe.*

3 Les valeurs aspectuelles

L'aspect accompli d'un verbe désigne une action dont le déroulement s'est terminé lorsqu'elle est énoncée. *Ex.: Le loup se reposait dès qu'il eût tué l'agneau.* Le deuxième verbe d'action indique une action accomplie (terminée).
L'aspect inaccompli d'un verbe désigne une action dont le déroulement est encore en cours au moment de l'énoncé. *Ex.: Hier, il faisait ses exercices.*

4 Les valeurs modales

Modes	Actions/Faits exprimés	Exemples
Indicatif	> Faits réels, certains	> *Je dormais tranquillement.* > *Je deviendrai chirurgien.*
Subjonctif	> Souhait, possibilité > Ordre	> *Je souhaite qu'il vienne.* > *Qu'il se taise immédiatement!*
Conditionnel	> Éventualité > Hypothèse non réalisée	> *S'il voulait, il y arriverait.* > *Il aurait voulu la connaître plus tôt.*
Impératif	> Ordre, conseil, interdiction	> *Viens! / Ne le touchez pas.*
Infinitif	> Fait général	> *Lire est plaisant.*
Gérondif	> Valeur circonstancielle	> *Elle parle en souriant.*
Participe présent	> Action en cours	> *Lisant, il se détend.*
Participe passé	> Action terminée	> *Repu, il se repose enfin.*

5 Maîtriser la concordance des temps

Subordonnée à l'indicatif ou au conditionnel (domaine de l'action)

Temps de la principale	Temps de la subordonnée		
	Antériorité	Simultanéité	Postériorité
Indicatif présent ou futur *Je sais/je saurai...*	**Indicatif passé composé ou imparfait** *...qu'il est venu/qu'il venait.*	**Indicatif présent** *...qu'il vient.*	**Indicatif futur ou futur antérieur** *...qu'il viendra/qu'il sera venu.*
Indicatif imparfait ou passé composé *Je savais/j'ai su...*	**Indicatif plus-que-parfait** *...qu'il était venu.*	**Indicatif imparfait** *...qu'il venait.*	**Conditionnel présent ou passé** *...qu'il viendrait/qu'il serait venu.*

Subordonnée au subjonctif (domaine du virtuel)

Temps de la principale	Temps de la subordonnée	
	Antériorité	Simultanéité/Postériorité
Indicatif présent ou futur *Je veux/je voudrai...*	**Subjonctif passé** *...qu'il soit venu.*	**Subjonctif présent** *...qu'il vienne.*

Les propositions juxtaposées et coordonnées

1 Définition

Juxtaposition et coordination sont des notions liées à la **phrase complexe**, qui sert à développer, expliquer ou argumenter des idées. Les propositions juxtaposées et coordonnées sont **indépendantes les unes des autres**, contrairement à la proposition subordonnée qui est dépendante d'une proposition principale **(voir p. 272-277)**.

MOT CLÉ

Phrase complexe : phrase composée de plusieurs propositions, s'opposant par définition à la phrase simple, qui ne contient qu'un verbe, donc qu'une seule proposition.

COUP DE POUCE

Pour t'assurer qu'une phrase est composée de plusieurs propositions, repère tous les verbes conjugués qui la composent. Parfois, il y a des signes de ponctuation nombreux mais une seule proposition car un seul verbe.

2 Caractéristiques

Des propositions sont **juxtaposées** quand elles sont **séparées par un signe de ponctuation** (virgule, deux-points, point-virgule). Le lien logique entre les propositions (cause, conséquence, enchaînement des actions...) est **implicite** : il faut le rechercher. On peut parfois remplacer le signe de ponctuation par un connecteur logique.

Ex. : [Le printemps est arrivé] : [les fleurs parent la prairie de mille couleurs].

→ Nous avons deux propositions juxtaposées indépendantes séparées par un signe de ponctuation, les deux-points. La relation logique exprimée est **la conséquence**. En effet, la ponctuation peut être remplacée par « donc ».

REMARQUE

La juxtaposition **crée un rythme cadencé dans la narration** en rapportant des actions de manière simple.

Des propositions sont **coordonnées** quand elles sont reliées par **une conjonction de coordination** (*mais, ou, et, donc, or, ni, car*) ou par un **adverbe de liaison** (*puis, alors, ensuite*…). Le lien logique entre les propositions est **explicite** : c'est le mot qui relie les propositions qui indique le sens (opposition : *mais, cependant, or* ; ajout : *et* ; cause : *car* ; conséquence : *donc*…).

Ex. : [Elle prend un roman] **et** *[le dévore].*

→ Nous avons deux propositions coordonnées indépendantes reliées par la conjonction de coordination « et ». La relation logique exprimée est l'ajout, la succession d'actions. En effet, le sujet « elle » fait une première action (prendre) qui en entraîne une seconde (dévorer).

REMARQUE

La conjonction et l'adverbe, comme la ponctuation, **ne font pas partie des propositions** : ils servent seulement à séparer ou à relier ces dernières.

L'ASTUCE À CONNAÎTRE

Quand le sujet de plusieurs propositions est le même, **on ne le répète pas**. Cela évite des lourdeurs. Cette règle s'applique dans le cas de la juxtaposition et de la coordination **(voir exemple ci-dessus)**.

La proposition subordonnée relative

1 Définition

La proposition subordonnée relative **apporte des précisions sur un élément de la proposition principale dont elle dépend**. Le rapport entre ces deux propositions est établi par **un pronom relatif** (*qui, que, quoi, dont, où, lequel* et ses composés). Ce dernier représente **l'antécédent** (le mot qu'il précède et complète). Il assure aussi **une fonction grammaticale** au sein de la proposition.

REMARQUE

Dans certains cas, comme les proverbes, la relative ne dépend pas d'une proposition principale. *Ex.: [Qui dort] dîne.*

2 Caractéristiques

On distingue deux catégories de propositions subordonnées relatives :

- **la proposition relative adjectivale**, qui a un antécédent et le complète, comme le ferait un adjectif qualificatif :

  Il lit le livre <u>que tu lui as prêté</u>. → Il lit le livre <u>prêté</u>.
  (prop. relative / adjectif)

- **la proposition relative substantive**, qui n'a pas d'antécédent. Elle fonctionne comme un nom ou un groupe nominal (GN). On la retrouve généralement dans les proverbes :

  Interrogez <u>qui vous voudrez</u>. → Interrogez <u>Paul</u>.
  (prop. relative / nom)

  <u>Qui m'aime</u> me suive. → <u>Les personnes</u> me suivent.
  (prop. relative / GN)

L'ASTUCE À CONNAÎTRE

Une relative adjectivale peut être remplacée par un adjectif qualificatif, tandis qu'une relative substantive peut être remplacée par un nom ou un groupe nominal.

- La proposition relative peut être **explicative** : elle est supprimable car elle apporte une explication, une information non nécessaire à la compréhension de la phrase. Elle est encadrée par des virgules.

Ex.: Les bacheliers, <u>qui ont réussi leur examen</u>, sont heureux.

> Dans cette phrase, on sait que tous les bacheliers ont réussi et sont heureux. La relative donne une précision.

→ La proposition relative peut aussi être **déterminative** : elle donne une information essentielle à la compréhension de la phrase.

Ex.: Les bacheliers <u>qui ont réussi leur examen</u> sont heureux.

> Seuls ceux qui ont réussi sont heureux, pas les autres.

3 Les fonctions grammaticales des propositions relatives

> **Complément de l'antécédent.** C'est sa fonction la plus fréquente. Elle peut compléter un nom (cas le plus fréquent), un pronom, un adjectif, un adverbe ou un verbe.	> *Le roman [dont tu me parles] est mon préféré.* → La proposition relative est complément de l'antécédent « roman ». Le pronom relatif « dont » reprend ce nom.
> **Sujet.** C'est le cas quand elle est en tête de phrase et qu'elle n'a pas d'antécédent.	> *[Qui m'aime] me suive.* → La proposition relative est sujet du verbe « suive ».
> **Attribut du sujet.** C'est le cas quand elle est située après un verbe attributif (être, paraître, devenir, demeurer…).	> *Je suis [qui vous savez].* → Cette relative à tournure orale est attribut du sujet « je ».
> **Attribut du complément d'objet direct (COD).** C'est le cas quand elle est située après un COD qu'elle complète.	> *Il porte un blouson [qui se détériore].* → La relative est attribut du COD « un blouson ».

La proposition subordonnée conjonctive introduite par « que »

1 Définition

La proposition subordonnée conjonctive introduite par la conjonction de subordination « que » **dépend d'une proposition principale et complète généralement un verbe**. Elle peut également être introduite par les **locutions conjonctives** « à ce que », « de ce que », « en ce que ».

Elle se construit **au mode indicatif** après un mot exprimant une pensée, une déclaration ou une incertitude et **au mode subjonctif** quand la conjonctive est sujet ou après un mot exprimant un souhait, un doute, un sentiment, un ordre **(voir tableau ci-contre)**.

> **MOT CLÉ**
>
> **Locution conjonctive :** ensemble de mots jouant le rôle d'une conjonction de subordination.

COUP DE POUCE

À la différence des propositions juxtaposées et coordonnées (voir p. 270), le mot subordonnant fait partie de la proposition subordonnée.
L'autre proposition est la proposition principale (sauf pour les propositions subordonnées sujet et complément du nom).

2 Les fonctions grammaticales des propositions conjonctives introduites par *que*

Sujet	> *[Qu'il prenne son rôle à cœur] me plairait.*	La proposition conjonctive est sujet du verbe « plairait ».
Complément d'objet direct (COD) – aussi appelée « complétive »	> *J'aimerais [qu'il prenne son rôle à cœur].*	La proposition conjonctive est COD du verbe « aimerais ».
Complément d'objet indirect (COI)	> *Je m'attends [à ce qu'il prenne son rôle à cœur].*	La proposition conjonctive est COI du verbe « m'attends ». Elle est introduite par la locution conjonctive « à ce que ». C'est la présence de la préposition « à » ainsi que la construction du verbe « s'attendre à quelque chose » qui permettent de détecter la proposition.
Complément du nom	> *L'idée [qu'il prenne son rôle à cœur] me réjouit.*	La proposition conjonctive est complément du nom « idée ». Ici, il ne faut pas confondre la proposition conjonctive avec une proposition relative : le « que » ne reprend pas son antécédent, il ne peut pas être remplacé dans la proposition.
Complément de l'adjectif	> *Je suis certain [qu'il prendra son rôle à cœur].*	La proposition conjonctive est complément de l'adjectif « certain ».

L'ASTUCE À CONNAÎTRE

Observer la place de la conjonctive dans la phrase et le mot qui la précède peut t'aider à en trouver la fonction. Par exemple, après un verbe, la fonction sera COD ou COI.

REMARQUE

Les propositions subordonnées interrogatives indirectes (voir aussi p. 278) font partie des propositions subordonnées conjonctives COD. *Ex. : Je me demande [comment il se porte]. Je ne sais pas [s'il viendra].* Dans ces deux cas, les propositions complètent un verbe et sont introduites par une conjonction de subordination (*comment, si*).

La proposition subordonnée conjonctive circonstancielle

1 Définition

La proposition subordonnée conjonctive **circonstancielle précise la circonstance de l'action exprimée dans la proposition principale**. C'est pour cela qu'on la nomme proposition circonstancielle (par raccourci). Elle est introduite par une conjonction de subordination **(voir p. 266)** ou par une **locution conjonctive**. Elle peut généralement être déplacée ou supprimée de la phrase.

MOT CLÉ

Locution conjonctive : ensemble de mots jouant le rôle d'une conjonction de subordination.

REMARQUE

« Proposition subordonnée conjonctive » est une nature. Quand on rajoute la mention « circonstancielle », on indique la fonction grammaticale de la proposition.

2 Caractéristiques

La circonstancielle de temps	> **simultanéité :** *quand, pendant que, ainsi que, alors que, chaque fois que, lorsque, à mesure que… ;* > **postériorité :** *après que, depuis que, dès que, aussitôt que… ;* > **antériorité :** *avant que, jusqu'à ce que…*	> *[Chaque fois qu'il pense à elle], il prend un regard amoureux.* > *Elle leur a annoncé la bonne nouvelle, [dès qu'elle est arrivée].* > *Il ne savait pas qui était l'assassin [jusqu'à ce qu'il résolve l'énigme].*
La circonstancielle de cause	*puisque, parce que, bien que, dès que, du moment que, sans que, non que, sous prétexte que…*	> *[Parce qu'il l'aime], il la demandera en mariage.*
La circonstancielle de conséquence (appelée aussi « consécutive »)	*si bien que, tant … que, au point que…*	> *Il a étudié tous les jours [si bien qu'il a obtenu le baccalauréat].*
La circonstancielle de but (appelée aussi « finale »)	*de manière à ce que, afin que, pour peu que…*	> *[Afin d'avoir l'avion à temps], nous devons partir très vite.*

La circonstancielle de condition	*si, pourvu que, à moins que, pour peu que…*	> *Je t'aiderai [à moins que tu ne le veuilles pas].*
La circonstancielle de comparaison (appelée aussi « comparative »)	*plus… que, moins… que, autant… que, comme…*	> *Il est [moins grand que tu ne l'imagines].*
La circonstancielle de concession (appelée aussi « concessive ») Elle marque une opposition : le lien entre les deux propositions n'est pas celui qui était attendu.	*quoique, encore que, bien que, tout… que, si…*	> *[Quoique tu aies révisé], tu n'as pas obtenu les résultats escomptés.*

REMARQUE

Dans certains cas, la locution conjonctive est coupée par un autre mot. *Ex.: Elle a tant couru qu'elle a des courbatures.* Ici, la proposition subordonnée conjonctive circonstancielle de conséquence est « tant […] qu'elle a des courbatures ». Il ne faut pas oublier la première partie de la locution !

L'ASTUCE À CONNAÎTRE

Dans une copie, pense à varier l'utilisation des conjonctions *parce que* et *car*.

LE PETIT +

Les propositions subordonnées conjonctives circonstancielles peuvent être remplacées par des groupes de mots équivalents :

- **la proposition participiale** a pour noyau un participe (passé ou présent) ; le participe a son sujet propre. *Ex.: [Sa lecture terminée], il alla se coucher.* → *Quand sa lecture fut terminée, il alla se coucher.* La participiale exercice ici la fonction CC de temps ;
- **l'infinitif présent ou passé**, employé seul ou précédé de prépositions. *Ex.: Elle partit manger.* → *Elle partit dans le but de manger. / Après avoir dormi, il était dynamique.* L'infinitif présent exprime ici le but et l'infinitif passé le temps ;
- **le gérondif** permet d'exprimer une circonstance dans l'action. *Ex.: En révisant, vous obtiendrez des résultats satisfaisants.* → *Si vous révisez, vous obtiendrez des résultats satisfaisants.* Le lien logique rétabli, on voit qu'il s'agit ici d'exprimer une condition.

L'interrogation

1 Définition

L'interrogation (ou phrase interrogative) est **l'un des quatre types de phrases** (les trois autres étant le déclaratif, l'injonctif et l'exclamatif). Question que l'on pose à un(e) locuteur(trice), question que l'on se pose à soi-même ou question rhétorique, **la phrase interrogative revêt des aspects sémantiques variés**.

2 Caractéristiques

On distingue deux catégories de propositions subordonnées relatives :

- **l'interrogation directe**, qui consiste à poser une question directement. Elle fait partie du discours direct. À l'oral, on la distingue grâce à **l'intonation montante**, tandis qu'à l'écrit, elle se caractérise par **un point d'interrogation et l'inversion possible du sujet** (placé après le verbe).
  Ex. : Quel est son nom ? Comment se sent-il ?
  L'interrogation directe sert parfois à **exprimer un ordre d'une manière polie**.
  Ex. : Pourriez-vous éteindre la lumière ?

> **L'ASTUCE À CONNAÎTRE**
> À l'écrit, les marques du discours direct sont **les guillemets** ou, parfois, **les tirets** (dans un dialogue).

- **l'interrogation indirecte**, qui est **introduite par un verbe interrogatif** et exprime une demande ou un manque d'information (se demander, chercher, voir, remarquer...). Il n'y a pas d'inversion sujet/verbe et la phrase se termine par un point (ou des points de suspension).
  *Ex. : Je lui **demande** [comment il se sent]. Il veut **savoir** [si tu iras au cinéma].*

> **REMARQUE**
> Dans ce type de phrase, la proposition située après le verbe interrogatif est une **proposition subordonnée interrogative indirecte**, qui fait partie des subordonnées conjonctives et a la fonction de COD **(voir p. 275)**. Elle est introduite par un **mot subordonnant interrogatif** *(si, comment, pourquoi...)*.

L'interrogation, qu'elle soit directe ou indirecte, peut être **totale** : elle porte alors sur l'ensemble du contenu de la question et on ne peut y répondre que par les adverbes ***oui*** ou ***non***.

*Ex. : Aimes-tu les romans policiers ? **Oui**, je les aime. / **Non**, je ne les aime pas.*

> L'interrogation porte sur l'amour des romans policiers. Elle englobe le verbe principal et ses compléments. L'interrogation est donc totale. Formulée de manière indirecte, l'interrogation totale est introduite par **si** : *Il te demande [**si** tu as pensé à faire les courses].*

REMARQUE

Certaines interrogations totales sont nommées **« phrases interro-négatives »**. Il s'agit de questions formulées à la forme négative : *Tu ne viens pas ?* **Non**, *je ne viens pas.* / **Si**, *je viens.* Si la réponse à l'interronégation est positive, j'utilise l'adverbe ***si*** (pour oui).

Elle peut aussi être **partielle** : elle ne porte alors que sur une partie de la phrase et appelle une réponse variable et précise. À la différence de l'interrogation totale, elle est **introduite par un mot interrogatif** : un adverbe *(comment, pourquoi…)*, un pronom *(qui, lequel…)* ou un déterminant *(quel…)*.

3 Savoir formuler des questions directes selon le niveau de langue

	Niveau de langue familier	Niveau de langue courant	Niveau de langue soutenu
Interrogation totale	Sujet + verbe + ? > *Tu déjeunes avec nous ?*	Est-ce que + sujet + verbe + ? > *Est-ce que tu déjeunes avec nous ?*	Verbe + sujet + ? > *Déjeunes-tu avec nous ?*
Interrogation partielle	Mot interrogatif + sujet + verbe + ? > *Pourquoi tu fais ça ?*	Mot interrogatif + est-ce que + sujet + verbe + ? > *Pourquoi est-ce que tu fais ça ?*	Mot interrogatif + verbe + sujet + ? > *Pourquoi fais-tu cela ?*

COUP DE POUCE

À l'écrit, au niveau de langue soutenu, il ne faut pas oublier le tiret entre le verbe et le sujet si ce dernier est un pronom personnel, comme dans les exemples ci-dessus. À l'oral, pour la formulation correspondant au niveau de langue familier, seule l'intonation montre qu'il s'agit d'une question.

4 La question rhétorique

Une question rhétorique est **une question qui n'attend pas de réponse**. Il s'agit d'une **figure de style** montrant qu'on s'intéresse à son locuteur mais qu'on ne lui laisse aucun choix de réponse. La question rhétorique peut être reformulée par une phrase affirmative. *Ex. : « Jusques à quand, Catilina, abuseras-tu, enfin, de notre patience ? »* (Cicéron, *Catilinaires*, Ier siècle av. J.-C.)

> La phrase signifie : « Cesse d'abuser de notre patience. »

La négation

1 Définition

La phrase négative est une forme de phrase qui s'oppose à la phrase affirmative et peut appartenir aux différents types de phrases (déclaratif, interrogatif, exclamatif, injonctif). Elle peut s'exprimer par la **syntaxe** ou par le **lexique**, et comporte différents degrés.

MOTS CLÉS

Syntaxe : manière d'organiser les mots au sein d'une phrase.

Lexique : concerne le sens des mots.

2 Les moyens d'exprimer la négation

Exprimer la négation par la syntaxe

Adverbes de négation *ne ... pas, ne ... plus, ne ... point, ne ... jamais, ne ... guère, etc.*	> *Il aime le cinéma russe.* (forme affirmative) > *Il n'aime pas le cinéma russe.* (forme négative grâce à l'encadrement du verbe par « ne ... pas »)	Les adverbes encadrent le verbe (d'un temps simple) ou l'auxiliaire (d'un temps composé).
Adverbe ne + pronom indéfini *ne ... rien, ne ... aucun, ne ... personne, etc.*	> *Il ne voit rien.* > *Personne ne rentre dans ce restaurant.*	
Adverbes ne + déterminant indéfini *ne ... nul, ne ... aucun, etc.*	> *Nul homme n'est parfait.* > *Il ne souhaite aucune avancée professionnelle pour le moment.*	Remarque : un déterminant est toujours suivi d'un nom.
Conjonction de coordination *ni*	> *Nous aimons Balzac et Proust.* (forme affirmative) > *Nous n'aimons ni Balzac ni Proust.* (forme négative)	« Ni » sert à nier plusieurs éléments de même nature grammaticale dans une phrase. Elle remplace la conjonction de coordination « et » présente dans les phrases affirmatives.
Adverbes *non* **en tant que mot-phrase**	> *Non, je ne veux pas.*	Pour répondre à une question ou **renforcer une négation**.
Autre mot-phrase *aucun, personne, etc.*	> *As-tu vu quelqu'un ? Personne.*	

Exprimer la négation par le lexique

> **Antonymes** (remarque : le contraire d'un mot exprime plus facilement une négation)	> *Il n'est pas rapide.* = *Il est* ***lent***. La négation passe par l'antonyme de « rapide ».
> **Préfixes de sens négatif (voir « dérivation lexicale », p. 282)** ***a-, -in, -il, -ir...***	> *irresponsable, illisible, aphone...*
> **Préposition** ***sans*** **ou locution conjonctive** ***sans que***	> *sans avis, sans que tu le veuilles...*
> **Adverbe** ***non*** **+ nom ou adjectif**	> *non-lieu, non coupable...*

3 Les degrés de la négation

La négation totale porte sur la phrase entière. Ainsi, la totalité des éléments de la phrase est niée. Elle est exprimée par les adverbes ***ne... pas*** et ***ne... point***.

Ex. : Madame Bovary n'est pas une femme heureuse.

> Cette phrase négative porte sur la proposition entière *[Madame Bovary est heureuse]* : l'entièreté de la proposition affirmative est niée.

La négation partielle porte sur une partie de la phrase. Elle est exprimée par l'adverbe *ne* suivi d'un autre mot négatif.

Ex. : Il n'a vu personne dans la rue. Aucun n'est venu.

REMARQUE

Certaines interrogations totales sont nommées phrases interro-négatives **(voir aussi p. 279)**. Il s'agit de questions formulées à la forme négative. *Ex. : Il ne partira donc jamais ?*

La négation restrictive (ou exceptive) est composée de *ne... que*. Elle équivaut à dire « seulement ».

Ex. : Il n'aime que les romans merveilleux. = Il aime seulement les romans merveilleux.

> On parle de négation car tout ce qui ne concerne pas les romans merveilleux est nié.

4 Les niveaux de langue de la négation

En langage familier et courant (souvent à l'oral), l'adverbe *ne* est supprimé.
Ex. : Il a pas peur des araignées.

En langage soutenu, le *ne* dit **« explétif »** peut s'employer seul, sans autre adverbe de négation. Il ne s'agit alors pas d'une négation. *Ex. : Elle craint qu'il ne le sache.*

> La phrase ne contient que l'adverbe explétif *ne*. Elle est donc l'équivalent de la forme affirmative : *Elle craint qu'il le sache.* La forme négative serait : *Elle craint qu'il ne le sache pas.* Le verbe « sache » sera alors nié. Ne tombe pas dans le piège lors de tes lectures !

L'ASTUCE À CONNAÎTRE

Lors de tes examens, à l'oral comme à l'écrit, n'oublie pas le *ne* dans tes formulations négatives.

Les procédés lexicaux

1 La formation des mots

Les mots construits par dérivation

Un **mot dérivé** est formé à partir d'un radical auquel on a ajouté un ou des éléments (préfixe/suffixe). Chaque élément a un sens précis qui vient nuancer celui du radical.

Exemples de préfixes	Exemples de suffixes
> anti- : contre *(antivirus)*	> -age : action *(mariage)*
> co- : avec *(cofondateur)*	> -al : ce qui concerne *(matinal)*
> im- / in- : sans, le contraire de *(incorrect)*	> -ible / -able : qui est possible *(accessible)*
> re- : à nouveau *(recontacter)*	> - ment : fait de manière *(aimablement)*

Les mots construits par composition

Un **mot composé** est formé d'un ou de plusieurs mots simples. On distingue deux types de formation :

→ la **composition courante** (mots courants). *Ex. : portefeuille = porte + feuille ;*

→ la **composition savante** (mots formés à partir d'éléments grecs ou latins). *Ex. : polymorphe = poly (plusieurs) + morphe (forme).*

Les mots empruntés et les néologismes

→ l'**emprunt** consiste à employer directement des mots **provenant d'une autre langue**. *Ex. : alcool (arabe) ; week-end (anglais)* ;

→ le **néologisme** est un **mot inventé**. Il permet de désigner de nouvelles réalités ou de modifier certains termes jugés désuets. *Ex. : alicament* (contraction de « aliment » et de « médicament » pour désigner la nourriture comme médicament) ; *vapoteuse* (mot créé pour désigner l'appareil à vapeur qui sert à fumer).

2 Les relations entre les mots

La synonymie	> Des synonymes sont des mots **ayant un sens proche**.	> *petit / minuscule*
L'antonymie	> Des antonymes sont des mots **ayant un sens opposé**.	> *clarté / obscurité*
L'hyperonymie	> Des hyperonymes sont des mots **appartenant à un même ensemble d'origine**.	> *tilleul / chêne / églantier* Désignent tous un arbre
Le champ lexical	> Des mots appartiennent au même champ lexical **s'ils sont liés par le même thème**.	> *crainte / épouvante/ frémissement / angoisse* Champ lexical de la peur

3 Le sens des mots

→ **La dénotation est le sens objectif des mots.** Il s'agit de la définition du mot que l'on trouve dans le dictionnaire.

→ **La connotation est le sens subjectif des mots.**

Ex. : le mot « rouge » est une couleur (sens dénoté) qui peut aussi renvoyer à l'amour, à la colère, au sang… (sens connoté).

4 Les niveaux de langue

Ils s'appliquent dans les mots mais aussi dans les phrases.

→ **Niveau de langue familier :** *bagnole / J'peux pas.*

→ **Niveau de langue courant :** *voiture / Je peux pas.*

→ **Niveau de langue soutenu :** *automobile / Je ne peux pas.*

Relire sa copie

– Les erreurs de langue à éviter –

1 Savoir différencier les homophones

Homophones souvent confondus	Astuces pour les différencier
> **a / à**	> On peut remplacer « a » par « avait ».
> **est / ait / et**	On peut remplacer : > « est » par « était » ; > « ait » par « avait » ; > « et » par « et puis ».
> **je l'ai / je les**	> On peut remplacer « je l'ai » par « je l'avais ». > Dans « je les », « les » peut être supprimé.
> **ou / où**	> On peut remplacer « ou » par « ou bien ».
> **sait / c'est / s'est / ces / ses**	On peut remplacer : > « sait » par « savait » ; > « c'est » par « cela est » ; > « il s'est » par « je me suis » ; > « ces » par « ce » ou « cette » ; > « ses » par « sa ».
> **c'en / sans / s'en**	On peut remplacer : > « c'en » par « cela en est », > « sans » par « avec » ; > quand on ne peut pas remplacer, on écrit « s'en ».

COUP DE POUCE

Pour bien maîtriser les homophones, tu peux consulter les astuces de Kamini sur Lumni : https://www.lumni.fr/programme/les-astuces-de-kamini.

2 Savoir ponctuer son texte

Ponctuation finale (permet de définir le type de phrase)	Ponctuation intermédiaire
> Point (phrases déclarative, interrogative indirecte et injonctive). > Point d'exclamation (phrases exclamative et injonctive). > Point d'interrogation (phrases interrogative directe et interro-négative). > Points de suspension (phrases déclarative et interrogative indirecte).	> Virgule : sépare les termes de même fonction. > Point-virgule : sépare les propositions. > Deux-points : introduisent un dialogue, impliquent un rapport logique entre deux propositions, introduisent une explication. > Guillemets : marquent le discours direct. > Parenthèses : insèrent une remarque, un commentaire.

COUP DE POUCE

Pour en savoir plus sur la ponctuation, tu peux regarder la page de Lumni consacrée au sujet : https://www.lumni.fr/video/a-quoi-ca-sert-la-ponctuation.

3 Éviter les répétitions

Pour éviter certaines répétitions, on peut utiliser des **reprises nominales ou pronominales**.

Reprises nominales	Reprises pronominales
> nom ou un groupe nominal : *Lucien, l'homme, ce vieil homme...* > nom ou groupe nominal synonyme : *le vieillard, la personne âgée...* > périphrase : *l'homme de la maison de retraite*	> pronom personnel : *il, je, lui, le, toi...* > pronom relatif : *qui, que...* > pronom adverbial : *en, y* > pronom possessif : *le mien, le nôtre, les leurs...* > pronom démonstratif : *ce, cela, celui-ci, celui-là...* > pronom indéfini : *tous, certains...*

L'ASTUCE À CONNAÎTRE

La **variation des verbes et du lexique** ainsi que le recours à la **synonymie** permettent aussi d'éviter les répétitions.

UN QUIZ POUR TESTER ses connaissances en grammaire

QCM ?

1. La proposition encadrée dans la phrase « Je pense [qu'il viendra.] » est :

- **a** Une proposition subordonnée relative
- **b** Une proposition subordonnée conjonctive
- **c** Une proposition juxtaposée

2. La fonction grammaticale de cette proposition est :

- **a** Sujet
- **b** Complément circonstanciel
- **c** Complément d'objet direct

3. Les propositions encadrées dans la phrase « [Elle se sentait gênée] : [on la regardait.] » sont (2 réponses correctes) **:**

- **a** Indépendantes
- **b** Coordonnées
- **c** Juxtaposées
- **d** Subordonnées

4. Dans la phrase de la question 3, les deux-points indiquent un rapport logique de :

- **a** Cause
- **b** Conséquence
- **c** But

5. Dans la phrase « Nous nous demandons s'il viendra. » (2 réponses correctes) **:**

- **a** L'interrogation est totale
- **b** L'interrogation est partielle
- **c** L'interrogation est directe
- **d** L'interrogation est indirecte
- **e** L'interrogation prend la forme d'une proposition subordonnée relative

6. Dans la phrase « Ils ne veulent que son bonheur. », la négation est :

- **a** Totale
- **b** Partielle
- **c** Restrictive

7. La proposition encadrée dans la phrase « [Si tu viens], nous pourrons faire la fête. » est :

- **a** Une subordonnée conjonctive circonstancielle
- **b** Une proposition principale
- **c** Une proposition subordonnée interrogative indirecte

8. Dans la phrase « [S'il fait beau], nous irons au parc. », la proposition circonstancielle encadrée indique :

- **a** Le temps
- **b** La cause
- **c** La condition
- **d** La conséquence
- **e** La concession

9. Dans la phrase « Il n'aime aucune série. », la négation est :

- **a** Totale
- **b** Partielle

10. Dans la phrase « La loi est adoptée <u>par les députés</u>. », le groupe souligné est :

- **a** Un complément d'objet direct
- **b** Un complément d'objet indirect
- **c** Un complément d'agent

11. Dans la phrase « Tu aimes ce tableau ? », le niveau de langue est :

- **a** Familier
- **b** Courant
- **c** Soutenu

12. La phrase « Nous nous demanderons comment le personnage évolue. » est (2 réponses correctes) **:**

- **a** Une interrogation directe
- **b** Une interrogation indirecte
- **c** Une interrogation totale
- **d** Une interrogation partielle

13. La proposition encadrée dans la phrase « La filière [que j'ai choisie] me plaît. » est (2 réponses correctes) **:**

- **a** Subordonnée conjonctive
- **b** Subordonnée relative substantive
- **c** Subordonnée relative adjectivale
- **d** Explicative
- **e** Déterminative

14. Dans la phrase « Nous souhaitons [qu'il se produise en spectacle] », la proposition est :

- **a** Subordonnée circonstancielle
- **b** Subordonnée relative
- **c** Subordonnée complétive

15. Dans la phrase « Qu'on se souvienne de moi ! », le verbe (2 réponses correctes) **:**

- **a** Est au mode indicatif
- **b** Est au mode subjonctif
- **c** Est au monde impératif
- **d** Indique un fait certain
- **e** Indique un ordre

16. Le terme « photographe » est :

- **a** Un mot composé (composition courante)
- **b** Un mot composé (composition savante)
- **c** Un emprunt
- **d** Un néologisme

17. Complète les phrases suivantes par *l'ai* ou *les*.

- **a** Je ... salué hier.
- **b** Je ... vois venir.
- **c** Il ... protège.
- **d** Je ... vu courir.

18. Complète les phrases suivantes par *ou*, *où*, *a* ou *à*.

- **a** Il ... été sérieux.
- **b** Elle ... parlé ... son frère et lui ... annoncé la bonne nouvelle.
- **c** ... vous nous avouez la vérité ... vous ne dites plus rien.
- **d** ... allez-vous ?

19. Complète les phrases suivantes par *sait*, *c'est*, *s'est*, *ces* ou *ses*.

- **a** Elle ne ... pas s'il ... inscrit au stage qui l'intéresse.
- **b** ... un très bel endroit.
- **c** Elle me montre ... photographies d'enfance.
- **d** ... poèmes sont superbes !

20. Complète les phrases suivantes par *s'en*, *c'en* ou *sans*.

- **a** ... est assez : je ne les supporte plus !
- **b** Ils ... vont ... leurs valises : quelles têtes en l'air !

CORRIGÉS : 1. b - **2.** c - **3.** a et c - **4.** a - **5.** a et d - **6.** c - **7.** a - **8.** c - **9.** b - **10.** c - **11.** a - **12.** b et d - **13.** c et e - **14.** c - **15.** b et e - **16.** b - **17.** l'ai / les / les / l'ai - **18.** a / a / à / a / ou / ou / où - **19.** sait / s'est / c'est / ses / ces - **20.** c'en / s'en / sans.

L'entretien avec l'examinateur(trice)

Cette 2e partie de l'épreuve orale du Baccalauréat dure **8 minutes** et est notée sur **8 points (sur 20)**. Elle porte sur **une œuvre choisie par l'élève parmi celles lues et/ou étudiées au cours de l'anné**e. Il s'agit de présenter cette œuvre puis de répondre aux questions de l'examinateur(trice). L'objectif est d'évaluer **la connaissance de l'œuvre choisie et de son contexte**, la capacité de l'élève à **restituer ses impressions de lecture** et son aptitude à **argumenter un point de vue**, à **défendre une opinion personnelle**.

Étape 1 Le choix de l'œuvre à présenter

→ Il existe **plusieurs stratégies** pour choisir l'œuvre que tu présenteras à l'oral du bac, en fonction de tes goûts, de ton niveau, de ton aisance à l'oral… Tu peux choisir **un « classique »** de la littérature française ou au contraire **une œuvre peu connue**, française ou traduite d'une langue étrangère ; **une œuvre inscrite au programme** et étudiée en profondeur en cours ou **une lecture complémentaire**. L'essentiel est de t'approprier cette œuvre pour en faire **une présentation personnelle**.

→ Si une œuvre lue ou étudiée en classe **te plaît ou t'intéresse particulièrement**, tu n'as pas besoin d'attendre la fin de l'année pour commencer à réfléchir à la manière dont tu vas la présenter lors de l'épreuve orale. Tu peux d'emblée commencer à **faire une ou plusieurs fiche(s) de révision** sur cette œuvre (que tu pourras étoffer au fur et à mesure de l'année) et à **apprendre quelques citations par cœur…**

→ Si tu as du mal à trouver une œuvre qui t'enthousiasme vraiment, demande-toi **laquelle tu maîtrises le mieux** ou te semble **la plus facile à présenter à l'oral**. Fais éventuellement quelques essais, **en t'exerçant sur différentes œuvres**, seul(e) ou avec un(e) camarade, pour voir avec laquelle tu te sens le (la) plus à l'aise.

Étape 2 Préparer sa présentation

Maîtriser et s'approprier l'œuvre et son contexte

→ **Lis et relis plusieurs fois l'œuvre**, en entier ou en partie, en fonction de son ampleur. Sur ton exemplaire, marque par des post-it de différentes couleurs **les pages qui te plaisent, te touchent ou t'intéressent particulièrement, les citations à retenir, les passages clés…** Tu construiras ainsi, au fil de ta lecture et de ton travail, **une approche personnelle de l'œuvre**.

→ **Assure-toi que tu es capable de situer l'œuvre dans son contexte**, en complétant éventuellement tes connaissances par des recherches personnelles. **Si l'œuvre que tu as choisie relève d'un mouvement littéraire**, fais une fiche de révision synthétique sur ce dernier, à partir de tes notes de cours, de ton manuel et de tes recherches personnelles **(voir modèle ci-contre)**.

Mouvement littéraire *(ex.: l'humanisme, le réalisme...)*

Époque/période chronologique : ....

Grands principes esthétiques :

> ....
> ....
> ....

Principaux auteurs et/ou œuvres associé(e)s à ce mouvement :

> ....
> ....
> ....

→ **Consacre une fiche de révision à la structure et au contenu de l'œuvre.** Note les grands découpages de l'œuvre (s'il y en a, sinon c'est à toi de les trouver) : parties ou chapitres pour un récit ou un essai ; actes, scènes ou tableaux pour une pièce de théâtre... et résume le contenu de chaque grande partie, en fonction du genre littéraire auquel appartient l'œuvre choisie :

> **roman, nouvelle, récit de voyage ou pièce de théâtre :** résume les grandes étapes de l'intrigue ;

> **littérature d'idées :** résume les grandes étapes de l'argumentation ;

> **recueil de poèmes :** repère l'organisation et l'unité (thématique, formelle, chronologique, narrative...) du recueil et/ou des sections du recueil.

→ **En fonction du genre littéraire**, tu peux aussi prévoir des travaux spécifiques.

> **S'il s'agit d'un récit ou d'une pièce de théâtre**, fais une fiche de révision sur **les personnages principaux**. Tu pourras notamment t'interroger sur :
- le nom d'un personnage (connotation, signification symbolique, mise en évidence d'un trait physique/moral...) ;
- son évolution ;
- ses principales caractéristiques.

> **S'il s'agit d'un recueil de poèmes**, apprends un poème entier par cœur et/ou un ou deux vers de plusieurs poèmes. Afin de faciliter ta mémorisation, recopie le poème entier et/ou les vers choisis et relis-les régulièrement.

> **S'il s'agit d'une œuvre relevant de la littérature d'idées**, recopie quelques courtes citations (entre deux et quatre) représentatives de la pensée de l'auteur(trice) et apprends-les par cœur. Tu peux aussi faire un enregistrement vocal si tu as plutôt une mémoire auditive.

Construire et mémoriser sa présentation orale

→ Rédige et mémorise **une courte présentation générale de l'œuvre**, en indiquant son titre, le nom de l'auteur(trice), sa date de publication, le genre littéraire dont elle relève, sa forme et son contenu, ainsi que toutes les informations que tu jugeras nécessaires (contexte biographique, historique, littéraire...).

→ Réfléchis **à l'angle sous lequel tu souhaites aborder cette œuvre**, en partant de tes impressions et interprétations personnelles :

> mets en valeur **un thème** auquel tu as été sensible ;

> analyse **un personnage** que tu as trouvé riche, intéressant, complexe ;

> montre **les résonances contemporaines** d'une œuvre écrite dans le passé...

COUP DE POUCE

Note les points essentiels en rapport avec l'angle choisi, si possible sans rédiger mais en t'entraînant à les développer à l'oral. Si tu as du mal à trouver des idées, tu peux t'aider du questionnaire proposé ci-dessous.

→ Prépare **un argumentaire** pour justifier le choix de cette œuvre parmi toutes celles lues et/ou étudiées au cours de l'année, en veillant à ne pas te limiter à un seul élément de réponse.

REMARQUE

Tu n'auras pas le temps de faire un brouillon le jour de l'épreuve orale pour cette partie de l'épreuve, tu dois donc avoir ta présentation bien en tête, et **être capable de parler de l'œuvre choisie sans notes**.

Questionnaire pour déterminer l'angle de présentation de l'œuvre

> À quoi t'attendais-tu avant de lire cette œuvre ? As-tu été surpris(e) au cours de ta lecture par rapport à cette attente initiale ? As-tu changé d'avis sur l'œuvre après l'avoir lue ?

> As-tu trouvé la lecture de cette œuvre facile ou ardue ? Pourquoi ?

> Quelles émotions ou réactions cette œuvre a-t-elle provoquées en toi ? T'a-t-elle ému(e), amusé(e), fait rêver, fait réfléchir (ou autre) ?

> Penses-tu que cette lecture puisse plaire au plus grand nombre ou au contraire uniquement à des personnes ayant des goûts littéraires spécifiques ? Pourquoi ?

Pour un récit ou une pièce de théâtre

> Quel personnage as-tu préféré ? Pourquoi ?

> As-tu particulièrement aimé le début ou la fin du récit ou de la pièce ? Pour quelles raisons ?

Pour un recueil de poèmes

> Quels poèmes as-tu préférés ? Pourquoi ?

> Quels thèmes ou motifs poétiques t'ont le plus marqué(e) ? Pourquoi ?

> Y a-t-il une forme ou un genre poétique que tu as particulièrement apprécié(e) ? Si oui, laquelle (ou lequel) et pourquoi ?

Pour un texte d'idées

> Quels arguments ou exemples avancés par l'auteur(trice) t'ont semblé les plus intéressants ? Pourquoi ?

> Es-tu globalement d'accord avec la thèse et les arguments avancés par l'auteur(trice) ?

> Y a-t-il des arguments de l'auteur(trice) qui te semblent contestables ? Si oui, lesquels ?

Pour vérifier que tu es prêt(e) pour l'entretien de l'épreuve orale du Bac, fais l'exercice d'auto-évaluation ci-contre.

	😞	🙁	😐	🙂
> Je situe l'œuvre dans son contexte ; je peux parler de son auteur(trice) et du mouvement littéraire auquel elle se rattache (si c'est le cas).				
> Je suis capable d'exposer la structure, l'intrigue ou la progression argumentative de l'œuvre.				
> Je fais des références précises à l'œuvre ; je peux en citer des vers ou des extraits.				
> J'établis des liens avec d'autres lectures personnelles ou textes et œuvres étudiés en classe.				
> Je suis capable de restituer mes impressions de lecture.				
> Je peux justifier le choix de cette œuvre.				
> Je développe les aspects, thèmes et/ou personnages de l'œuvre qui m'ont le plus marqué(e) ou intéressé(e) et/ou que j'ai préférés.				
> Je peux expliquer en quoi cette œuvre est intéressante pour un(e) lecteur(trice) d'aujourd'hui.				

L'ASTUCE À CONNAÎTRE

Ton entraînement pour cette partie de l'épreuve orale sera d'autant plus efficace si tu t'exerces à présenter l'œuvre choisie à un(e) camarade, que tu pourras ensuite interroger à ton tour.

Étape 3 Réussir sa présentation et son entretien le jour de l'épreuve orale

→ Implique-toi dans la présentation de l'œuvre choisie, **fais preuve d'enthousiasme**, montre par ton discours et ton attitude que cette œuvre te plaît vraiment, que tu ne l'as pas choisie par défaut (même si c'est le cas).

→ Sois poli(e), agréable et ouvert(e) aux questions face à l'examinateur(trice). Tu dois savoir défendre ton point de vue **sans t'entêter** si tu sens que l'examinateur(trice) cherche par ses questions à te faire rectifier une erreur ou nuancer ton propos.

→ Si tu ne comprends pas une question, **ne panique pas** et demande simplement à l'examinateur(trice) de la reformuler.

→ Développe tes réponses : si on te demande d'exposer une opinion, **justifie-la** ; si on te demande de parler d'un aspect ou d'un thème de l'œuvre en particulier, trouve **plusieurs éléments de réponse** et donne **des exemples**.

L'ASTUCE À CONNAÎTRE

Les femmes et hommes politiques ont souvent recours lors des interviews à une astuce qui peut t'être utile : **pour se donner le temps de réfléchir à une question dont ils n'ont pas d'emblée la réponse, ils la répètent avant d'y répondre**. Évite cependant de le faire systématiquement, au risque d'agacer l'examinateur(trice).

Sommaire

COACHING BAC

FICHE 1

CRÉER UN ENVIRONNEMENT DE TRAVAIL

propice à la concentration et à la réussite

À LA RENTRÉE

OBJECTIFS

- → Installer son espace de travail.
- → Prévoir son matériel.
- → Acheter ou emprunter les documents utiles.
- → Prendre les bonnes habitudes.

1 Installe ton espace de travail

> **Prévois le matériel nécessaire.**
Rassemble tes manuels, tes cahiers et classeurs et une trousse (des stylos de plusieurs couleurs, un crayon à papier, une gomme et des surligneurs) ainsi qu'un ordinateur si possible.

> **Regroupe tes affaires par discipline.**
Crée **un espace pour chaque matière** : tu peux ainsi y rassembler tes manuels, tes fiches de révisions et tes cahiers d'exercices. De même, organise des dossiers par matière sur ta tablette ou ton ordinateur et **enregistre** tous tes documents pour ne rien perdre !

> **Organise un espace d'affichage.**
Dispose sur un tableau magnétique ou des feuilles blanches ton **planning** de révisions, tes **pense-bêtes**, les **dates clés** de ton année !

> **Soigne ton espace.**
Dans l'idéal, ton lieu de travail doit être rangé, au calme, bien éclairé et confortable (privilégie une assise avec un dossier). **Évite de travailler ailleurs que sur ton bureau** (sur ton lit par exemple), c'est contre-productif !

> **Informe ton entourage.**
Préviens ta famille quand tu es en train de travailler et communique tes **dates d'examens**. C'est plus facile si tous tes proches sont au courant, ils seront d'autant plus attentifs à toi.

« Si la vue d'un bureau encombré évoque un esprit encombré alors que penser de celle d'un bureau vide ? »

Albert Einstein

2 Choisis les bons outils qui vont t'accompagner toute l'année

> Choisis les bons outils numériques.
Sur Internet, veille au choix des plateformes numériques que tu utilises ! Pour éviter les pièges, privilégie les liens Internet indiqués dans tes **manuels scolaires**, les **sites de référence** proposés par le ministère de l'Éducation nationale et ceux qui te sont **recommandés** par tes enseignants. Certaines plateformes, comme SchoolMouv, proposent des **contenus rédigés par des enseignants de l'Éducation nationale**.

LE SAVAIS-TU ?

Si tu n'as pas d'ordinateur ou que tu cherches un endroit calme pour travailler, tu peux aller au **CDI** de ton lycée ou à la **médiathèque** de ton quartier !

L'INFO À RETENIR

N'hésite pas à solliciter le professeur-documentaliste de ton lycée, il t'aidera à créer ta session sur ordinateur, à faire le tri parmi les ressources disponibles et te proposera d'emprunter des documents.

> N'oublie pas certains incontournables documents papier.
Les **dictionnaires** et **mémentos** sont fiables et ils ont l'avantage de limiter le temps que tu passes devant les écrans.

> Achète le bon matériel.
Privilégie les cahiers à spirales qui restent ouverts et les fiches de révisions cartonnées (elles résisteront mieux toute l'année).

3 Assure-toi d'avoir une bonne hygiène de vie

> Veille à ton équilibre alimentaire.
Varie tes menus et évite les sucreries, les sodas et les excès de thé ou de café. Néanmoins, accorde-toi quelques **petits plaisirs** pour tenir le coup ! Certains aliments sont recommandés lors des périodes intenses de révisions : poissons gras, avocat, huile d'olive, fruits rouges contenant de nombreux antioxydants.

> Prévois de bonnes nuits de sommeil.
Quand on dort, le cerveau s'active ! Il faut **proscrire les nuits blanches**, totalement contre-productives. Si tu as du mal à t'endormir, vérifie que ta chambre soit bien aérée, que la température ambiante te convienne (19 °C dans l'idéal) et mets-toi dans l'obscurité. Une heure avant l'endormissement, bannis les écrans et privilégie par exemple l'écoute de musique douce.

> Planifie des temps de pause.
Inutile de réviser jour et nuit. Prévois de t'aérer l'esprit plusieurs heures chaque week-end !

> N'oublie pas l'activité physique.
Il n'est pas sain de rester assis toute la journée et, qui plus est, devant un ordinateur. Si tu aimes le sport, **continue de pratiquer** ton activité favorite, sinon garde à l'idée de **bouger un peu tous les jours**, en sortant marcher avec des amis par exemple !

L'ASTUCE À CONNAÎTRE

Si tu ne parviens pas à te passer de musique pour travailler, privilégie des **playlists instrumentales** pour ne pas laisser les paroles te déconcentrer.

COMPRENDRE
ce qu'on attend de moi pour progresser

EN DÉBUT D'ANNÉE

OBJECTIFS
- → Connaître son niveau de départ.
- → Optimiser le temps de classe.
- → Mettre en place une bonne organisation pour les révisions.

1 Définis ton niveau dans chaque discipline

> **Fais une évaluation diagnostique dans chaque matière.**

Pour cela, tu peux t'aider de plusieurs éléments : les résultats des tests de positionnement en classe de Seconde, tes précédents bulletins, tes premières évaluations de l'année… Regarde tes **notes** mais aussi les **commentaires** des professeurs, ces annotations sont très utiles pour repérer tes points forts et les pistes pour t'améliorer ! Fais également confiance à ton **ressenti** : quelle est ta matière préférée ? Dans quelle discipline te sens-tu le plus à l'aise ?

> **Précise ton niveau.**

Pour chaque matière, entoure les cases qui correspondent à ton expérience dans le tableau suivant. Une fois tes niveaux définis, tu peux établir des **paliers de niveaux** à atteindre en y associant des **dates** (par exemple : niveau 2 à atteindre en décembre, niveau 3 à atteindre en février, et ainsi de suite).

niveau 1 Insuffisant	niveau 2 Fragile	niveau 3 Satisfaisant	niveau 4 Très bonne maîtrise
J'ai des lacunes importantes.	Je fais des erreurs majeures.	Je fais des erreurs mineures.	Je respecte tous les attendus. Je peux même parfois aller plus loin.
J'ai besoin d'aides répétées.	J'ai besoin d'aides ponctuelles.	J'ai rarement besoin d'aide.	Je n'ai pas besoin d'aide.
Réussite rare.	Quelques réussites.	Réussite fréquente.	Réussite systématique.
Je ne sais pas mobiliser mes acquis de manière adéquate à la situation.	Je mobilise mes acquis, mais rarement de manière adéquate.	Je mobilise mes acquis de manière adéquate, même s'il y a des imperfections dans la réalisation de la tâche.	Je mobilise mes acquis de manière adéquate et la réalisation de la tâche est parfaite.

2 Sois efficace en cours

- **Relis ton cours précédent** avant chaque séance. L'idéal est de relire tes notes **la veille au soir**, sinon tu peux profiter d'une heure d'intercours. Tu gagneras en efficacité dès le début du temps de classe.
- **Reste concentré(e).** Évite tout ce qui peut nuire à ton attention (parasites visuels ou auditifs) et positionne-toi correctement. Es-tu bien installé(e) ? As-tu le dos droit, les jambes tendues, le buste en avant ? Sois **à l'écoute de ton corps** !
- **Prends des notes efficaces.** L'objectif n'est pas d'écrire tout ce que dit le professeur, mais de **dégager l'articulation du cours**. Note bien les noms des parties principales et secondaires, les connecteurs logiques et mets en valeur les informations stratégiques du cours. Structure tes notes toujours de la même façon, de sorte que tu puisses te repérer d'**un seul coup d'œil** : utilise les mêmes couleurs pour les titres, les sous-titres, les exemples, etc. Choisis quelques **abréviations**, cela te permettra d'écrire plus rapidement.
- **Reste en action. Participe** dès que tu le peux ! Lis les textes à voix haute, va au tableau lorsque c'est proposé, pose des questions si tu n'as pas bien compris ou si tu souhaites approfondir certains points. D'une part, le cours te paraîtra **plus vivant**, moins ennuyeux, et d'autre part, le professeur notera ta bonne volonté.

QUELQUES RÈGLES POUR ASSIMILER TON COURS PROGRESSIVEMENT

Jour J : Relis tes notes, complète-les et mets-les en forme.

J+1 : Apprends ton cours une première fois et profites-en pour approfondir ou pour vérifier ce qui te pose des difficultés.

J+3 : Relis ton cours et fais des exercices associés.

J+15 : Révise pour t'assurer de n'avoir rien oublié.

3 Hiérarchise et priorise le travail à fournir

- **Chaque week-end, liste les tâches** que tu dois réaliser pour la semaine suivante et répartis-les selon le principe de la matrice d'Eisenhower (voir ci-contre).

  Ajoute ensuite les devoirs à rendre ultérieurement (fiches de lecture, devoirs maison, rapports de stage, etc.).

  N'oublie pas les objectifs de niveaux que tu te seras fixés (voir tableau plus haut).

- Cette matrice met en évidence que notre cerveau obéit plus naturellement à **l'urgence** qu'à **l'importance** ! Tu éviteras ainsi de passer tes journées à courir après les urgences au détriment de ce qui est vraiment important.

RÉVISER efficacement

TOUT AU LONG DE L'ANNÉE

OBJECTIFS

- → Construire son planning de révisions.
- → Varier les activités pour tenir le rythme.
- → Faire un point régulier pour vérifier sa progression.

1 Établis un planning de révisions

Crée un tableau par semaine ou par mois, sur Excel ou sur une feuille :

- > Commence par **barrer les créneaux où tu n'es pas disponible** (temps de classe, activité extrascolaire, week-end en famille).
- > Prévois des **créneaux de 1h30** pour chaque temps de travail.
- > Privilégie des **horaires fixes** (heure de début et de fin, heures de repas, pauses) car la régularité est un gage de réussite.
- > Fixe **un à deux temps de loisir** chaque semaine pour t'aérer l'esprit.
- > Attribue des **couleurs** à tes différentes activités.

Élabore ton planning selon des règles simples :

- > Inscris **en priorité le matin** les matières qui te posent problème, les tâches difficiles et les disciplines à gros coefficient.
- > N'oublie pas les travaux que tu as listés à partir de la **matrice Eisenhower** (voir p. 297).
- > **Après le déjeuner**, privilégie les tâches créatives qui te plaisent : schémas à construire, diaporamas à illustrer, lecture.
- > **En fin d'après-midi**, prévois des temps de révisions pour reprendre ce que tu as déjà vu précédemment.

L'ASTUCE À CONNAÎTRE

Des plannings de révisions vierges sont disponibles gratuitement sur Internet (par exemple sur **www.canva.com**) : semaine, mois ou année !

LE SAVAIS-TU ?

Le sketchnoting est une technique de prise de notes **visuelle**, **créative** et **graphique** qui permet de noter ses pensées en les organisant à l'aide d'illustrations, de symboles et de textes. Tu peux justement t'y entrainer en faisant ton emploi du temps.

Scanne-moi !

Fais évoluer ton planning :

Si parfois tu ne respectes pas ton planning, pas de panique ! **Reste flexible** en laissant deux blocs de 1h30 libres chaque semaine, tu pourras ainsi parer à tout imprévu. L'essentiel est de reprogrammer au plus vite le temps de travail manqué.

2 Alterne les modalités de travail

> Le secret pour tenir le rythme, c'est de varier.
Alterne les types de révisions, les exercices et les matières à travailler. Le cerveau aime la régularité mais pas la routine. Ne pas se lasser est important pour **garder le moral** et une **bonne dynamique de travail**.

> Tu as du mal à te concentrer ?
Essaie la **méthode Pomodoro**. L'objectif est de rester **concentré(e) à 100 %** sur une seule et unique tâche pendant plusieurs sessions de 25 min. Une courte pause sépare chaque session, puis un temps de pause plus long intervient après plusieurs sessions

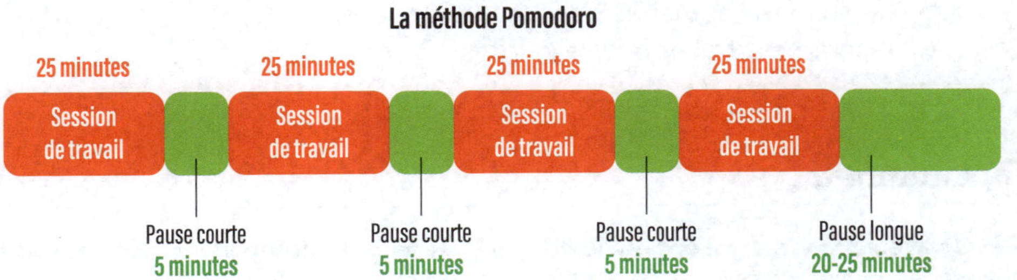

3 Fais une auto-évaluation régulièrement

Fais un **point régulier** pour vérifier la bonne avancée de tes révisions et l'efficacité de tes méthodes de travail.

> Si tu as atteint tes objectifs.
Tu peux considérer que **les compétences sont acquises**, il te suffira de réviser régulièrement.

> Si tu n'as pas atteint tes objectifs.
Prévois dans ton planning des temps de travail supplémentaires pour **reprendre le cours** et **faire des exercices associés**.

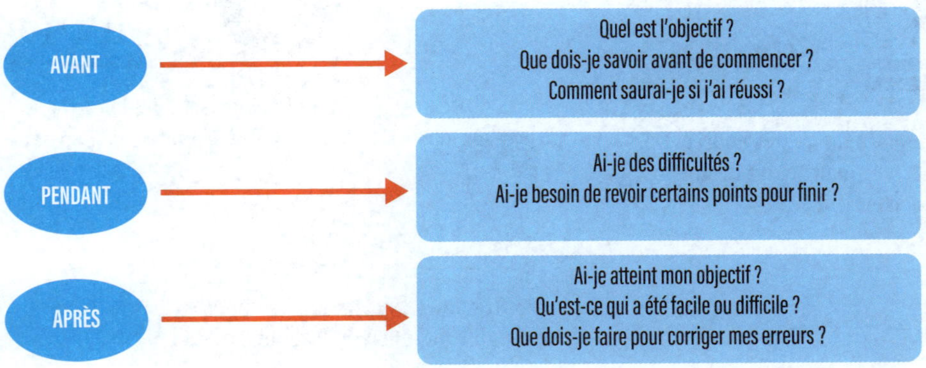

FICHE 4

GÉRER mon stress

DE J-15 À J-1

OBJECTIFS

→ Réviser entre amis.
→ Être en forme et maîtriser son niveau de stress.
→ Préparer ses affaires pour le jour J.

1 Entoure-toi

> **Révise avec des amis qui ont envie de réussir.** Travailler en groupe peut être très stimulant, à condition que tout le monde ait le **même objectif**.

> **Choisis le bon endroit.** Évite le café du quartier ou la chambre d'un ami chez qui l'ambiance est très bruyante.

> **Échange avec tes amis sur tes cours.** Discute avec eux de ce sur quoi vous travaillez, ça te permet de **vérifier que tu as bien compris** et d'**approfondir** les choses.

> **Partage tes productions avec le groupe.** Fais un maximum d'exercices, donne-les à tes amis pour qu'ils les corrigent et **mets-toi à la place du jury** en retour ! C'est une méthode très efficace pour progresser.

> **Challenge-toi.** Toujours dans un esprit bienveillant, organise des sessions de tests pour **t'entraîner** aux épreuves.

Il est aussi possible d'**attribuer un rôle** à chaque membre du groupe, en changeant chaque jour :

LE CONVIVIAL

Apporte les petites douceurs du jour pour tenir le coup (boissons, en-cas).

LA GARDIENNE DU TEMPS

Est responsable des horaires (temps de travail et de pauses).

LE MESSAGER

Informe les autres du matériel à apporter, est responsable des documents de travail du jour.

Soutien émotionnel, ambiance dé-stressante, motivation et rigueur, il y a de nombreux avantages à travailler entre amis. Mais **tu peux aussi demander de l'aide à tes parents, tes frères et sœurs** qui sont déjà passés par là, et **tes enseignants** !

QUELQUES RÈGLES POUR BIEN TRAVAILLER EN GROUPE

- Le groupe peut être constitué de **3 ou 4 personnes** maximum.
- Tout le monde doit être au clair sur les **objectifs du jour**.
- **Chacun respecte** les séquences de travail et les pauses.
- Un temps de débriefing et de convivialité est essentiel pour **décompresser** !

2 Sois prêt physiquement et mentalement

Face au stress, plusieurs solutions existent : yoga, sophrologie, relaxation, méditation…

Si tu ne sais pas comment t'y prendre, **tu peux essayer de simples exercices de respiration**. Commence par **t'isoler** et **assieds-toi**. Inspire profondément pendant 3 secondes et expire doucement pendant 5 secondes, tout cela sur 1 à 2 minutes. Une fois le rythme installé, **associe une image à ta respiration**, par exemple la mer qui monte quand tu inspires et qui se retire quand tu expires.

Quelques jours avant ta première épreuve, repère et calcule ton trajet jusqu'au centre d'examens, avec **plusieurs modes de transport** possibles.

> **Détends-toi, aère-toi.** Marche un peu, lis un magazine, mais évite les réseaux sociaux !

> **Couche-toi tôt.** Sans réviser jusqu'au bout de la nuit ! Pour y arriver plus facilement, force-toi à **te lever tôt la semaine** précédant la période des examens, comme ça tu seras déjà dans le rythme.

L'ASTUCE À CONNAÎTRE

Programme **plusieurs sonneries** sur ton réveil et demande à un proche de s'assurer que tu seras debout à l'heure !

3 Prépare-toi et prépare tes affaires

Ton sac et ta tenue doivent être **prêts la veille de chaque épreuve**. Il est indispensable de prévoir une tenue adaptée selon la nature de l'épreuve :

> **Pour les épreuves écrites, privilégie des vêtements confortables** dans lesquels tu seras **à l'aise** pour travailler. Emmène aussi un pull ou un gilet, facile à retirer si tu as trop chaud ou à mettre si tu grelottes de froid !

> **Pour les épreuves orales, prévois une tenue simple mais correcte**, même s'il fait chaud. L'apparence joue un **rôle important** lorsqu'on s'exprime devant un jury.

Prépare ton sac :

- ☐ Pièce d'identité et convocation (avec l'adresse du centre d'examen)
- ☐ 2 stylos
- ☐ 2 surligneurs
- ☐ 1 correcteur
- ☐ 1 crayon à papier et 1 gomme
- ☐ Crayons de couleurs et règle pour les schémas
- ☐ Calculatrice (vérifier les piles avant)
- ☐ Mouchoirs
- ☐ Gourde d'eau et en-cas
- ☐ Montre

LES FAUX-PAS À ÉVITER

- Couleurs trop flashy
- Accumulation d'accessoires
- Vêtements troués, usés ou froissés

Durant la période d'examens, mets en place ce rituel le matin et le soir pour te mettre en confiance et t'assurer une certaine **sérénité** !

FICHE
5

ASSURER le Jour J

JOUR J

OBJECTIFS

- Bien aborder l'épreuve.
- Éviter les pièges.
- Rendre une bonne copie.

1 Démarre correctement ton épreuve

> **Analyse le sujet** (10 min).

En premier lieu, **assure-toi que toutes les pages sont bien présentes**, ainsi que les annexes. Prends ensuite le temps de **bien lire le sujet**. Il vaut mieux prendre quelques minutes supplémentaires pour choisir lorsque deux sujets sont proposés.

> **Prépare un brouillon** (entre 45 min et 1h).

Il ne s'agit pas de tout écrire au brouillon, cela te ferait perdre trop de temps. **Écris ton plan** pour garder un fil conducteur et utilise des **surligneurs** de différentes couleurs pour te repérer dans tes parties. Il est également conseillé de **rédiger entièrement ton introduction et ta conclusion** au brouillon pour te démarquer des autres copies.

> **Gère ton temps dès le début de l'épreuve.**

Définis le temps que tu accordes à chaque partie du sujet. Commence par les exercices avec lesquels tu te sens le plus à l'aise. **Ne reste pas bloqué(e)** si un exercice ou une formulation te manque, passe à autre chose : tu y reviendras plus tard. Pour les épreuves longues, **fais une pause de 5 minutes au milieu du temps imparti**.

L'ASTUCE À CONNAÎTRE

Au **brouillon**, n'écris que sur le **recto** de chaque feuille. Cela te permet de garder une vue d'ensemble.

L'INFO À RETENIR

Accorde une grande importance à l'introduction et à la conclusion :
Un bon début donne le ton d'une bonne copie. À l'inverse, une mauvaise introduction laissera une mauvaise impression dont le correcteur aura du mal à se défaire. Il est aussi courant que les correcteurs lisent la conclusion juste après l'introduction.

- Soigne la phrase d'accroche de ton introduction et évite les formulations stéréotypées.
- Vérifie que ta conclusion réponde bien à ta problématique.

2 Évite les erreurs et le hors-sujet

Avant de démarrer, il faut lire attentivement l'énoncé pour comprendre les consignes :

> Repère les **mots-clés** et définis-les.

> Note au brouillon **toutes les connaissances** que tu as sur ces notions.

> Mets-les en relation grâce à la **méthode QQOQCCP** (Qui ? Quoi ? Où ? Quand ? Comment ? Combien ? Pourquoi ?) pour baliser les limites du sujet.

> Organise ensuite ton **plan.**

MÉTHODE

Vérifie la cohérence de ton plan.
Le plan est le squelette de ton argumentation, il doit être structuré pour tenir debout !

- Assure-toi que les parties et les sous-parties sont équilibrées.
- Vérifie qu'au moins un exemple illustre ton propos dans chaque sous-partie.
- Rédige des transitions pour montrer la logique de ton raisonnement.

3 Démarque-toi des autres copies

> **Soigne ta copie.**
Efforce-toi de rendre une **copie propre et lisible**. Les correcteurs en ont beaucoup à corriger et ne feront pas toujours d'efforts s'ils n'arrivent pas à te lire !

- Choisis une **encre foncée** (les copies sont numérisées avant d'être envoyées aux correcteurs).
- **Aère** ta copie : saute des lignes et n'écris pas dans les marges.
- Soigne ta **graphie** tout au long de l'épreuve.

> **Sois clair(e) et concis(e).**
La formulation la plus simple est souvent la meilleure. Privilégie les **phrases courtes**. Cela t'évitera de faire des erreurs dues à des tournures complexes (concordance des temps, propositions multiples dans la même phrase...).

- Utilise le **vocabulaire précis** vu en classe.
- **Évite les tournures familières**.
- N'oublie pas de **ponctuer** tes phrases.

> **Cite des références qui font la différence.**
Pour illustrer des idées, il est important d'avoir une copie riche en **exemples**. Varie les sources bibliographiques (auteurs, siècles, genres littéraires).

L'ASTUCE À CONNAÎTRE

Tu n'aimes pas lire ? Tu peux compléter tes références grâce à d'autres domaines : la **musique**, le **cinéma**, la **danse**, l'**architecture**, la **gastronomie**, la **sculpture**, le **cirque** ou la **photographie**.

> **Relis-toi.**
Il est important de garder **10 minutes en fin d'épreuve** pour porter une attention toute particulière à l'orthographe. Certaines erreurs ne sont pas pardonnables !

- Vérifie tous les **accords**.
- Fais attention à la **terminaison** de tes verbes.

LE PETIT +

→ **Pour mieux comprendre les exigences des correcteurs :**

- Lis les **rapports du jury** des années précédentes (disponibles sur www.eduscol.education.fr).
- Relis les **annotations de tes professeurs**.
- Lis les **bonnes copies** de tes camarades et les **sujets corrigés** de ton livre *FOCUS BAC*.

Le roman et le récit du Moyen Âge au XXIe siècle

Les genres du récit

Autobiographie : récit fait par un(e) auteur(trice) de sa propre vie.

Chanson de geste : au Moyen Âge, la geste désigne une action accomplie, et plus particulièrement un exploit glorieux. Elle désigne aussi par métaphore l'ensemble des textes qui évoquent les prouesses d'un même héros.

Conte : discours oral tenu par un conteur. Comme le roman et la fable, son origine est populaire. Ancré dans l'imaginaire, le conte propose un univers éloigné dans le temps et l'espace. La formule d'ouverture « Il était une fois » est un *topos* du genre. Les personnages sont généralement dotés de pouvoirs hors du commun. Lorsqu'une leçon morale peut être dégagée du récit, le conte a la valeur d'un apologue. Il relève alors aussi bien du genre narratif que de la littérature d'idées.

Épopée : récit des exploits guerriers d'un ou de plusieurs héros.

Fabliau : au Moyen Âge, court récit populaire, souvent grivois, qui vise à faire rire.

Mémoires : récit autobiographique d'un(e) auteur(trice) ayant participé ou assisté de manière privilégiée à des événements historiques, et qui inscrit son histoire personnelle dans une perspective plus globale (historique, politique, sociale…).

Nouvelle : œuvre de fiction qui se définit par sa brièveté. De ce fait, son intrigue est resserrée dans le temps et l'espace et les descriptions et analyses des personnages ne sont pas étendues. Dès les premières lignes, le récit est sous tension et progresse vers un dénouement qui peut prendre la forme d'une chute. La nouvelle expose souvent en jeu une situation insolite dans un cadre vraisemblable. Ainsi, elle peut exploiter les ressources du fantastique ou s'inscrire dans une démarche réaliste.

Récit de voyage : récit par un(e) auteur(trice) d'un voyage marquant, autant par l'exotisme ou l'étrangeté des lieux traversés et des personnes et cultures rencontrées que par le cheminement intérieur accompli.

Récit enchâssé : technique narrative qui consiste à insérer, dans une histoire, une autre histoire, généralement racontée par un personnage. Nombre de romans fleuves des XVIe et XVIIe siècles ont recours à cette technique. Certains recueils de nouvelles (*Le Décaméron* de Boccace vers 1349 ; *L'Heptaméron* de Marguerite de Navarre en 1558) fonctionnent également sur le principe d'un récit cadre à l'intérieur duquel les personnages prennent tour à tour la parole pour raconter une histoire, chacune de ces nouvelles constituant alors un récit enchâssé.

Roman : fiction narrative longue d'origine populaire. Ce genre est mouvant, capable d'emprunter des formes à d'autres genres.

Roman autobiographique : récit dont le personnage principal, bien que fictif, présente des similitudes avec l'auteur(trice).

Roman d'apprentissage/de formation : roman centré sur le parcours d'un personnage depuis la sortie de l'enfance ou de l'adolescence jusqu'à l'âge de la maturité (parfois la mort), confronté à des expériences (sociales, amoureuses et/ou sexuelles, politiques, professionnelles…) qui constituent autant d'étapes initiatiques et contribuent à le façonner.

Roman épistolaire : roman sans narrateur, constitué uniquement de lettres échangées par les personnages.

Roman historique : roman dont l'action se situe dans un passé plus ou moins lointain pour l'auteur(trice), et dont l'intrigue mêle des personnages et situations fictifs à des personnages historiques et des événements ayant réellement eu lieu.

Science-fiction : genre narratif qui repose sur la création par l'auteur(trice) d'un univers fictif, souvent situé dans le futur, dont le fonctionnement et l'organisation sont liés à un certain développement scientifique et technologique.

Le vocabulaire d'analyse du récit

Analepse : retour en arrière dans le récit.

Cadre spatio-temporel : indications, plus ou moins précises, données par le (la) narrateur(trice) sur le lieu ainsi que l'époque, voire la date, où se déroule le récit.

Description : pause dans le récit au cours de laquelle le (la) narrateur(trice) s'attache à faire visualiser au (à la) lecteur(trice) un élément (personnage, lieu, objet…). Les temps privilégiés de la description sont l'imparfait et le présent.

Ellipse narrative : technique qui consiste à passer sous silence une période ou certains événements dans un récit, soit parce qu'ils n'ont pas d'importance, soit au contraire pour créer un effet de suspense.

Éponyme (personnage) : personnage qui donne son nom (ou son surnom) à l'œuvre dont il fait partie.

Explicit : dernières lignes d'un récit.

Focalisation : point de vue adopté par le (la) narrateur(trice) dans un récit à la 3e personne (narration impersonnelle). Lorsque le (la) narrateur(trice) adopte le point de vue d'un personnage (il [elle] rapporte uniquement ce que voit et sait le personnage en question), on parle de **focalisation interne**. Quand il (elle) rapporte ce qu'un(e) observateur(trice) perçoit, et qu'il (elle) n'évoque pas ce que peuvent voir ou savoir les personnages, on parle de **focalisation externe**. Quand il (elle) connaît tout de l'histoire racontée (le passé, le présent, voire l'avenir, et les pensées de tous les personnages), on parle de **focalisation zéro** (ou de point de vue omniscient).

***In media res* :** locution latine signifiant littéralement « au milieu des choses ». Cette expression qualifie un incipit qui présente une action ou un dialogue qui a déjà commencé. Cette stratégie permet de donner une dynamique au début de l'œuvre.

Incipit : premiers mots et, par extension, premières lignes ou premiers paragraphes d'un récit.

Mise en abyme : procédé qui consiste à insérer dans un texte un ou plusieurs élément(s) qui renvoie(nt) à ce texte, qui le représente(nt) à une échelle plus réduite, comme un personnage écrivant un roman à l'intérieur d'un roman.

Narrateur(trice) : à distinguer de l'auteur(trice) (l'individu réel qui écrit le livre) ; le (la) narrateur(trice) est un être fictif, la « voix » qui raconte l'histoire. Le (la) narrateur(trice) peut-être un personnage du récit qui dit « je » (narrateur[trice] personnel[le]), ou raconter l'histoire à la 3e personne (narrateur[trice] impersonnelle], voir *Focalisation*).

Portrait : dans un récit, description longue d'un personnage. Un portrait peut être physique et/ou moral, il peut également intégrer des anecdotes sur la vie du personnage qui permettent d'éclairer ou de mettre en valeur certains aspects de sa personnalité.

Prolepse : annonce, dans le récit, d'un événement à venir ; dévoilement d'un élément qui appartient au futur dans la temporalité du récit.

La littérature d'idées du XVIe au XVIIIe siècle

Les genres de la littérature d'idées

Apologue : court récit visant à délivrer un enseignement moral, comme la fable ou le conte.

Essai : ouvrage de réflexion qui développe une argumentation construite et raisonnée, plus ou moins subjective, sur un sujet donné, et qui s'inscrit dans un ou plusieurs domaine(s) ou discipline(s) (histoire, philosophie, sociologie, anthropologie…).

Fable : court récit, en vers ou en prose, qui propose un enseignement moral, le plus souvent explicitement formulé au début ou à la fin du texte (la moralité), mais pouvant aussi parfois être implicite (à déduire du récit). Aux XVIe et XVIIe siècles, le terme « conte » en est un synonyme.

Manifeste : texte théorique dans lequel un(e) auteur(trice) (ou un groupe d'auteurs) expose et défend ses idées et principes esthétiques.

Maxime : phrase brève énonçant une observation, une vérité, un enseignement d'ordre moral à portée générale, universelle.

Pamphlet : court écrit satirique au ton très virulent qui s'en prend à une idée ou une personne, la ridiculise voire la calomnie.

Plaidoyer : dans le langage juridique, il s'agit du discours prononcé par l'avocat(e) de la défense. Par extension, le terme désigne un texte qui défend, souvent de manière éloquente et passionnée, une personne ou une idée.

Préface : texte qui précède une œuvre littéraire (roman, pièce de théâtre, recueil de poèmes…), dans lequel l'auteur(trice) présente, et parfois défend son œuvre en expliquant ses intentions.

Réquisitoire : dans le langage juridique, il s'agit du discours prononcé par l'avocat(e) général(e) (le (la) procureur(e)). Par extension, le terme désigne un texte qui attaque, souvent de manière éloquente et passionnée, une personne ou une idée.

Satire : texte qui attaque quelqu'un ou quelque chose de manière virulente en le tournant en dérision, en s'en moquant.

Traité : ouvrage didactique (qui vise à enseigner) traitant d'un sujet (architecture, peinture, philosophie…) examiné de manière systématique et exhaustive. Aux XVIe et XVIIe siècles, le terme « discours » en est un synonyme.

Utopie : le mot « utopie » vient du grec et signifie étymologiquement « lieu de nulle part ». En littérature, il désigne une fiction qui décrit une société idéale parfaite, par opposition à la société réelle dont elle fait ainsi ressortir les travers et les défauts.

Le vocabulaire d'analyse de la littérature d'idées

Argument *ad hominem*/*ad personam* : argument visant à discréditer l'adversaire en s'attaquant à sa personne, à ce qu'il (elle) est, et non à ses idées.

Argument d'autorité : argument faisant référence à une œuvre célèbre ou à une personne reconnue (auteur[trice], philosophe, scientifique…) faisant autorité sur le sujet abordé.

Argument logique : argument se fondant uniquement sur le raisonnement, la déduction logique.

Blâme : voir *Épidictique* (Les principales tonalités et figures de style).

Convaincre : emporter l'adhésion du (de la) lecteur(trice) par le raisonnement, la logique, en s'adressant à son esprit, son jugement.

***Doxa* :** terme grec qui désigne l'opinion générale ou l'idée communément répandue sur un sujet.

Éloge : voir *Épidictique* (Les principales tonalités et figures de style).

Éloquence : art de bien parler, de s'exprimer de manière particulièrement convaincante.

Ironie : voir *Ironique* (Les principales tonalités et figures de style).

Modalisateur : moyen linguistique par lequel le (la) locuteur(trice) indique la manière dont il (elle) envisage son énoncé, exprime sa subjectivité. Il s'agit généralement d'un mot (adverbe, verbe, adjectif), mais la modalisation peut aussi s'exprimer par l'usage d'une forme grammaticale (conditionnel).

Paradoxe : idée qui va à l'encontre de l'opinion commune, de la *doxa* (voir ce terme).

Persuader : emporter l'adhésion du (de la) lecteur(trice) en s'adressant à ses sentiments, en jouant sur ses émotions, en cherchant par exemple à le (la) faire (sou)rire, ou au contraire à l'émouvoir.

Question rhétorique : question qui n'appelle pas de réponse, qui est une manière d'interpeller le (la) lecteur(trice) en l'impliquant dans le processus argumentatif.

Thème : sujet général d'un texte, pouvant être résumé en un ou deux mots-clés.

Thèse : opinion de l'auteur(trice) à propos du thème. Elle peut être formulée de manière explicite ou être implicite (à déduire du texte). Quand un(e) auteur(trice) examine deux thèses opposées, celle avec laquelle il (elle) est d'accord est appelée la **thèse soutenue** et l'autre la **thèse réfutée**.

Le théâtre du XVIIe au XXIe siècle

Les genres théâtraux

Comédie : dans le théâtre classique (XVIIe-XVIIIe siècles), la comédie s'oppose à la tragédie et en est clairement distincte. Elle vise à faire rire les spectateurs en mettant en scène des personnages et des situations ordinaires. Elle repose sur une intrigue de nature amoureuse (le plus souvent, deux jeunes gens, les « jeunes premiers », s'aiment mais leur mariage est compromis par la volonté paternelle ou une différence de statut social) et débouche la plupart du temps sur un dénouement heureux (le mariage des amoureux). Plus libre que la tragédie, elle peut s'écrire en vers ou en prose, comporter entre un et cinq actes, et se décline sous des formes variées (voir *Comédie-ballet, Comédie de caractère, Comédie d'intrigue, Comédie de mœurs, Grande comédie*).

Comédie-ballet : genre inventé en 1661 par Molière, Pierre Beauchamp (maître de ballet) et Jean-Baptiste Lully (compositeur), à l'occasion de fêtes somptueuses données par Nicolas Fouquet à Vaux-le-Vicomte en l'honneur de Louis XIV. Il s'agit d'une comédie dont les actes sont entrecoupés d'intermèdes chantés et dansés, entretenant un rapport plus ou moins étroit avec l'intrigue.

Comédie de caractère : centrée sur un trait de caractère, un défaut ou un travers moral affectant le personnage principal, comme dans *L'Avare*, de Molière (1668).

Comédie d'intrigue : met en scène une intrigue complexe, marquée par de nombreux retournements de situation, quiproquos, coups de théâtre, comme *Les Fourberies de Scapin*, de Molière (1671). À partir de la fin du XIXe siècle, elle tend à se confondre avec le vaudeville (voir ce terme).

Comédie de mœurs : traite, sur un mode comique, d'un fait de société, d'une mode ou d'une tendance sociale contemporaine de l'auteur(trice), comme *Les Précieuses ridicules* (1659) ou *Les Femmes savantes* (1672) de Molière.

***Commedia dell'arte* :** expression d'origine italienne signifiant littéralement « le théâtre des gens de l'art », c'est-à-dire des comédiens. Il s'agit d'un genre théâtral populaire né en Italie au XVIe siècle. Le canevas, trame écrite, sert de base à l'improvisation des comédiens. Les personnages sont stéréotypés. On retrouve les *zanni*, c'est-à-dire les valets, comme Arlequin ou Sganarelle, les jeunes premiers, comme Colombine et Pierrot, et les barbons, vieillards qui s'opposent à leur mariage, comme Pantalon ou le Docteur. Les comédiens jouent masqués, dans la rue, et le comique naît avant tout de leurs gestes.

Drame : à partir de la fin du XVIIIe siècle, certains auteurs cherchent à dépasser l'opposition classique tragédie/comédie pour produire un théâtre plus en prise avec la sensibilité de leur temps. Denis Diderot crée ainsi un nouveau genre, **le drame bourgeois**, sorte de comédie sérieuse, voire larmoyante, qui met en scène des personnages ordinaires (bourgeois) confrontés à des situations pathétiques. Au XIXe siècle, les romantiques, qui sont très influencés par le théâtre de William Shakespeare et qui rejettent les principes et règles du théâtre classique, emploient également ce terme pour qualifier certaines de leurs pièces, qui mêlent caractéristiques de la tragédie et de la comédie et allient, comme le dit Victor Hugo dans la préface de *Cromwell* (1827), le « sublime » et le « grotesque » : c'est **le « drame romantique »**.

Écriture de plateau : processus de création où l'auteur(trice) part des idées des comédiens et retranscrit ce qui lui permet d'écrire la pièce. Un va-et-vient se crée alors entre l'auteur(trice) et la scène pour monter ce qui deviendra le spectacle.

Farce : genre populaire médiéval, pièce courte (souvent en un acte) mettant en scène des personnages et situations stéréotypés (le mari cocu, la femme adultère…).

Grande comédie : genre inventé par Molière en 1662 avec la comédie intitulée *L'École des femmes*. Il s'agit d'une pièce traitant, sur un mode comique, d'un sujet sérieux. Elle est écrite, comme la tragédie, en cinq actes et en vers (alexandrins).

Mélodrame : genre théâtral populaire qui se développe au XIXe siècle, et met en scène des personnages stéréotypés (le méchant, la victime innocente, l'amant héroïque…) confrontés à de multiples péripéties souvent invraisemblables, mais qui donnent à l'ensemble une dimension pathétique.

Tragédie : héritées du théâtre grec antique, la tragédie et la comédie sont les deux grands genres théâtraux qui se développent à la période classique. Beaucoup plus codifiée que la comédie, la tragédie est toujours écrite en cinq actes et en vers (alexandrins). Elle met en scène des personnages extraordinaires (rois, reines, princes…) confrontés à des choix (amoureux, politiques) dont les enjeux les dépassent, et qui sont soumis à une forme de fatalité contre laquelle ils ne peuvent pas lutter, d'où un dénouement souvent malheureux (mais ce n'est pas une règle absolue). Selon Aristote, **elle suscite la terreur et la pitié**, et sert de **« *catharsis* »** (purge) aux spectateurs qui, en s'identifiant aux personnages tragiques, se déchargent par procuration de ces émotions (voir *Catharsis*).

Vaudeville : genre populaire qui naît vers la fin du XIXe siècle ; comédie légère et rythmée qui multiplie les péripéties et rebondissements, centrée sur le trio canonique le mari, la femme, l'amant.

Le vocabulaire d'analyse du texte théâtral

Aparté : paroles prononcées par un personnage à l'insu d'un autre (ou des autres) personnage(s) présent(s) sur scène, mais que les spectateurs, eux, entendent parfaitement.

Bienséance : principe fondateur de l'esthétique classique, qui interdit au théâtre de représenter sur scène des actions violentes ou choquantes. Elles doivent donc se dérouler hors-scène, et sont généralement rapportées par un personnage qui en a été acteur ou témoin dans une tirade qu'on appelle un **« récit »**.

***Catharsis* :** notion théorisée par Aristote, philosophe grec de l'Antiquité (384-322 av. J.-C.). La tragédie doit représenter sur scène les fantasmes qui peuvent habiter les spectateurs comme le meurtre, l'inceste... L'objectif de la tragédie est de purger les spectateurs de ces passions qui seraient néfastes dans la réalité pour la vie en société.

Coup de théâtre : péripétie inattendue, qui vient brusquement changer le cours de l'intrigue.

Dénouement : fin de la pièce, moment où l'intrigue se dénoue, est résolue (souvent étalé sur plusieurs scènes du dernier acte).

Didascalie : indication scénique de l'auteur(trice), qui précise le ton employé par le personnage dans telle réplique, les déplacements ou gestes à effectuer, la disposition des accessoires, etc. Le plus souvent, les didascalies sont imprimées en italiques et/ou mises entre parenthèses pour les distinguer des répliques prononcées par les comédiens.

Dilemme : situation dans laquelle le héros ou l'héroïne fait face à une décision difficile voire impossible à prendre.

Distanciation : notion théorisée par le dramaturge allemand Bertolt Brecht (1989-1956). L'objectif est de briser le « quatrième mur » (voir ce terme). L'intrigue est interrompue pour réintroduire une distance entre le public et le spectacle, pour que le (la) spectateur(trice) passe de passif(ve) à actif(ve) en retrouvant son sens critique. Ainsi, le (la) comédien(ne) peut tout à coup s'interrompre, dévoiler un effet spécial, rappeler qu'il (elle) joue un rôle...

Double énonciation : situation de communication propre au théâtre, où toute parole prononcée s'adresse à la fois aux autres personnages et au public. La double énonciation permet aussi au (à la) metteur(euse) en scène de s'adresser au public à travers les éléments de scénographie (décors, costumes, lumières, sons etc.).

Dramatique : du grec *drama*, qui signifie « l'action », cet adjectif est, en littérature, un synonyme de « théâtral » ; un(e) « auteur(trice) dramatique », ou « dramaturge », est un(e) auteur(trice) de pièces de théâtre.

Exposition : début d'une pièce, qui donne aux spectateurs les informations nécessaires pour comprendre les enjeux de l'intrigue. Elle peut se concentrer sur la première scène (qu'on appelle la scène d'exposition) ou s'étaler sur plusieurs scènes, voire sur tout le premier acte.

Hors-scène : espace fictif, hors de la scène, où se déroule tout ce que l'auteur(trice) doit ou souhaite dérober au regard des spectateurs, notamment au XVIIe siècle, pour respecter les bienséances.

Intrigue : quand on parle d'une pièce de théâtre, désigne ce qui se passe au cours de la pièce, l'histoire représentée sur scène, depuis l'exposition jusqu'au dénouement.

Mise en abyme : au théâtre, quand une pièce est jouée par les personnages au cours de l'intrigue, on parle de **« théâtre dans le théâtre »**. Quand la pièce jouée a un lien avec l'intrigue, avec ce que vivent les personnages, on parle de **« mise en abyme »**.

Mise en scène : art de donner vie au texte théâtral par le travail sur la diction et le jeu des comédiens, le réglage de leurs gestes et déplacements, la scénographie, les lumières, etc. D'abord assurée par l'auteur de la pièce, ou un comédien, la mise en scène s'est professionnalisée à la fin du XIXe siècle et constitue désormais un domaine artistique à part entière.

Monologue : paroles prononcées par un personnage seul sur scène.

Prologue : personnage omniscient (dieu, nourrice, chœur ou coryphée) qui prend en charge l'exposition, au début de la pièce.

Quatrième mur : mur imaginaire entre la scène et la salle.

Quiproquo : procédé théâtral comique reposant sur le malentendu entre deux ou plusieurs personnages qui dialoguent sans s'apercevoir qu'ils ne parlent pas de la même chose., ou désignant une méprise sur l'identité d'un personnage.

Règle des trois unités : ensemble de règles propres au théâtre classique français, qui découlent de la volonté d'entretenir l'illusion théâtrale (principe de vraisemblance). Les pièces classiques doivent donc respecter l'unité de temps (la pièce doit se dérouler en 24 heures maximum), l'unité de lieu (toute la pièce doit se dérouler en un lieu unique), et l'unité d'action (la pièce doit avoir une seule intrigue principale, toutes les intrigues secondaires, s'il y en a, doivent être liées à l'intrigue principale). Ces règles sont résumées en deux vers par Nicolas Boileau dans son *Art poétique* (1674) : « Qu'en un lieu, qu'en un jour, un seul fait accompli / Tienne jusqu'à la fin le théâtre rempli. »

Répartie : réplique brève.

Réplique : au théâtre, chaque prise de parole d'un personnage constitue une réplique. Une longue réplique est appelée une « tirade ». Un échange de répliques brèves s'appelle une « stichomythie ».

Scénographie : domaine de la mise en scène, qui concerne l'aménagement de l'espace scénique et les décors.

Stichomythie : au cours d'un dialogue, échange de plusieurs courtes répliques, qui traduit une tension, un conflit entre deux personnages.

Théâtre dans le théâtre : voir *Mise en abyme*.

***Theatrum mundi* :** expression latine signifiant « le théâtre du monde ». Il s'agit d'un concept baroque qui avance l'idée que le monde dans lequel nous vivons est comme un immense théâtre dans lequel chacun de nous joue un rôle. La frontière entre l'illusion et la réalité est donc anéantie puisque ce que nous voyons au théâtre n'est ni plus faux ni plus vrai que ce que nous vivons dans la réalité.

Tirade : longue réplique prononcée par un personnage au cours d'un dialogue. Si le personnage est seul sur scène, on emploie le terme de « monologue ».

Vraisemblance : principe fondamental de l'esthétique classique, il implique, dans le cas d'une pièce de théâtre, que l'intrigue doit être crédible, mais également que l'écriture dramaturgique doit tendre à maintenir l'illusion théâtrale, c'est-à-dire à faire en sorte que les spectateurs « croient », le temps de la représentation, à ce qu'ils voient sur scène. De ce principe découle la « règle des trois unités », qui vise à concentrer l'action pour une plus grande efficacité dramatique.

La poésie du XIXe au XXIe siècle

Les formes et genres poétiques

Art poétique : poème qui parle de la manière d'écrire un poème, dans lequel l'auteur(trice) exprime sa conception de la poésie, justifie ses choix d'écriture poétique, voire s'adresse aux poètes en herbe pour leur donner des conseils. Parmi les « arts poétiques » célèbres, on peut citer celui de Nicolas Boileau (1674) qui énonce des principes esthétiques fondateurs du classicisme et celui de Paul Verlaine (publié dans le recueil *Jadis et Naguère*, en 1884), considéré comme un manifeste symboliste.

Blason : poème qui fait l'éloge d'une partie du corps féminin.

Cadavre exquis : jeu littéraire, inventé par les surréalistes, qui se pratique à plusieurs. Chaque participant inscrit à tour de rôle un nom, un adjectif, un verbe, etc., sur un papier qu'il replie avant de le passer à son voisin. Le résultat forme un texte étrange, d'où le hasard peut faire surgir des formules et des images d'autant plus poétiques qu'elles sont involontaires – comme celle qui a donné son nom au jeu : « Le cadavre exquis boira le vin nouveau ».

Calligramme : poème dont les vers sont disposés de manière à former un dessin en rapport avec le sujet du poème.

Écriture automatique : technique d'écriture pratiquée par les surréalistes ; il s'agit d'une transcription brute et non filtrée par la raison des pensées suscitées par un état de transe à la limite entre la veille et le sommeil.

Élégie : poème mélancolique, de forme libre, qui chante sur le ton de la plainte les tourments et douleurs de la séparation, de la perte, de l'amour malheureux…

Poème en prose : né au XIXe siècle, le poème en prose est un poème qui se présente sous la forme d'un texte en prose, sans vers. Autonome et clos sur lui-même, à la manière d'un poème, il exploite, en prose, les ressources de l'écriture poétique non versifiée : allitérations, assonances, images, effets rythmiques…

Sonnet : poème qui comporte 14 vers de même mesure, répartis en deux quatrains et deux tercets, avec des rimes embrassées (ABBA) identiques dans les deux quatrains, et une disposition française (CCD/EDE) ou italienne (CCD/EED) des rimes dans les tercets. Les sonnets qui respectent toutes les règles imposées par cette forme fixe sont appelés « sonnets réguliers ». Ceux qui conservent uniquement la structure en deux quatrains et deux tercets mais dérogent à d'autres règles, comme le schéma imposé des rimes, sont appelés « sonnets irréguliers ».

Le vocabulaire d'analyse du texte poétique

Alexandrin : vers de 12 syllabes réparties en deux hémistiches (moitiés de vers) de 6 syllabes, séparés par une pause rythmique forte : la césure. Au XVIIe siècle, le mouvement littéraire du classicisme, qui se caractérise par une recherche d'équilibre et d'harmonie, tend à accentuer et à renforcer la symétrie de l'alexandrin en le rythmant de manière très régulière (3/3//3/3 : tétramètre régulier). Les poètes du XIXe siècle renouvellent le rythme de l'alexandrin, en effaçant la césure (4/4/4 : trimètre romantique) ou en le déstabilisant par la multiplication des enjambements, rejets et contre-rejets (Charles Baudelaire, Arthur Rimbaud).

Allitération : répétition, dans un vers ou un groupe de vers, d'une même consonne ou du même son produit par des consonnes différentes.

Assonance : répétition, dans un vers ou un groupe de vers, d'une voyelle ou d'un son vocalique (comme [ou], [an], [on]…).

Contre-rejet : cas particulier d'enjambement où le début d'une phrase ou d'une proposition est rejeté au vers précédent.

Diérèse : cas particuliers dans le compte des syllabes (forme de licence poétique) : le mot compte une syllabe de plus (« li-on » : deux syllabes au lieu d'une) pour permettre au vers d'avoir le bon nombre de syllabes. La diérèse permet également de souligner un mot en l'allongeant, et l'accumulation de diérèses dans un vers ou un une strophe crée toujours un effet de sens.

Enjambement : débordement d'une phrase sur le vers suivant.

Licence poétique : dérogation aux règles habituelles d'orthographe ou de prononciation, liberté autorisée en poésie pour jouer sur le nombre de syllabes que comporte un mot, comme la possibilité d'écrire « encor » sans « e » pour qu'il ne compte que deux syllabes.

Métrique : système de versification qui repose (en poésie française) sur le compte des syllabes.

Rejet : cas particulier d'enjambement dans lequel la fin d'une phrase (mot ou groupe de mots) est rejetée au vers suivant.

Rime : répétition d'une même son ou groupe de sons à la fin de deux vers consécutifs ou proches. En poésie française, elle se définit par sa nature (féminine ou masculine), sa qualité (pauvre/assonante, suffisante, riche) et sa disposition (plate/suivie, croisée/alternée, embrassée).

Strophe : ensemble de vers isolé typographiquement par des espaces. Les strophes les plus courantes sont les strophes comportant deux vers (distique), trois vers (tercet), quatre vers (quatrain), cinq vers (quintil) ou six vers (sizain).

Synérèse : cas particulier dans le compte des syllabes (forme de licence poétique) : le mot compte une syllabe de moins (« ou-blier » : deux syllabes au lieu de trois) pour permettre au vers d'avoir le bon nombre de syllabes.

Vers libres : vers qui ne se définissent ni par le compte des syllabes ni par la présence obligatoire de rimes.

Les principales tonalités et figures de style

Les tonalités

La tonalité d'un texte littéraire est l'effet qu'il produit (ou cherche à produire) sur le (la) lecteur(trice), en s'appuyant sur divers procédés (lexique, figures de style…).

Burlesque : traitement bas d'un sujet élevé ; recours à des termes et des situations comiques, grotesques, voire vulgaires pour parler d'un sujet noble et/ou sérieux.

Comique : l'auteur(trice) cherche à faire (sou) rire, à amuser le (la) lecteur(trice).

Didactique : l'auteur(trice) vise à instruire le (la) lecteur(trice) en exposant sa pensée de manière accessible, claire et progressive.

Élégiaque : expression de la plainte, en particulier dans le genre poétique.

Épidictique : l'auteur(trice) vante les qualités d'une personne ou d'un objet (éloge) ou, au contraire, critique ses défauts (blâme).

Épique : mise en valeur des exploits guerriers (au sens strict, ou métaphorique) d'un héros ou d'une héroïne ; tonalité associée, à l'origine, au genre littéraire antique, puis médiéval, de l'épopée.

Fantastique : surgissement, au sein d'un univers parfaitement réaliste, d'un phénomène pouvant être interprété comme surnaturel qui crée une ambiguïté troublante, inquiétante.

Héroï-comique : inverse du burlesque ; traitement élevé, noble et/ou sérieux d'un sujet bas, dérisoire et/ou vulgaire afin de créer un effet comique de décalage.

Ironique : l'auteur(trice) adopte un point de vue faussement naïf, ou feint l'admiration, dans le but de se moquer de quelqu'un ou de quelque chose.

Lyrique : expression personnelle de sentiments intenses, d'une individualité exaltée (souvent par l'amour), qui se traduit par une forte musicalité ; tonalité intimement liée au genre poétique.

Merveilleux : mise en place d'un univers féérique, dans lequel la magie est intégrée au quotidien ; tonalité associée aux contes de fées, mais qu'on retrouve également dans les récits de *fantasy*.

Oratoire : l'auteur(trice) défend passionnément son point de vue, en cherchant à emporter l'adhésion du (de la) lecteur(trice).

Parodique : imitation d'un modèle connu, facilement identifiable, qui est décalé, détourné, subverti.

Pathétique : l'auteur(trice) vise à susciter la compassion du (de la) lecteur(trice) en insistant sur la douleur, la souffrance (la sienne, ou celle d'un personnage).

Polémique : l'auteur(trice) met en cause, attaque de manière particulièrement virulente quelqu'un ou quelque chose.

Réaliste : l'auteur(trice) cherche à créer l'illusion de la réalité, en ancrant son œuvre dans un cadre spatio-temporel identifiable, en s'appuyant sur des descriptions précises et en créant des personnages représentatifs, par leurs caractéristiques et leur discours, de la société réelle.

Satirique : l'auteur(trice) tourne en dérision quelqu'un ou quelque chose, le ridiculise afin de faire réfléchir le (la) lecteur(trice).

Tragique : expression de la fatalité, d'un destin contre lequel il est impossible de lutter.

Les figures de style

Une figure de style est un procédé permettant à un(e) auteur(trice) de créer un effet particulier de style et de sens.

Allégorie : incarnation par une image concrète d'une idée abstraite.

Anaphore : reprise, en tête de plusieurs phrases ou vers, d'un même mot ou groupe de mots.

Antiphrase : phrase ou expression qui signifie en réalité le contraire de ce qu'elle dit, dans une intention ironique.

Antithèse : opposition entre deux termes ou expressions au sein d'une même proposition ou phrase.

Chiasme : parallélisme inversé. *Ex.* : « Car **j'ignore** où tu fuis, **tu ne sais** où je vais » (Charles Baudelaire, « À une passante », *Les Fleurs du mal*, 1861.)

Comparaison : rapprochement entre des éléments au moyen d'un outil de comparaison (« comme », « tel que », « ressemble à »...).

Énumération : liste de termes coordonnés et/ou juxtaposés se rapportant tous à une même idée.

Gradation : énumération de termes ou d'expressions organisée de façon croissante (gradation ascendante) ou décroissante (gradation descendante).

Hypallage : attribution d'une caractéristique à un élément de la phrase/du vers, alors qu'on aurait plutôt attribué cette caractéristique à un autre élément. *Ex.* : « Je suis d'un **pas rêveur** le **sentier solitaire** » (Alphonse de Lamartine, « L'Automne », *Méditations poétiques*, 1820.)

Hyperbole : figure d'exagération.

Litote : atténuation d'un propos, afin de suggérer davantage que ce qui est dit.

Métaphore : rapprochement entre des éléments sans outil de comparaison.

Métonymie : substitution d'un mot par un autre, avec lequel il entretient un lien, un rapport logique.

Oxymore : rapprochement, dans un même groupe nominal ou groupe verbal, de deux termes de sens opposés.

Parallélisme : effet de symétrie dans la construction syntaxique.

Périphrase : désignation d'un être ou d'un objet par une de ses caractéristiques.

Personnification : attribution de caractéristiques ou capacités humaines à un animal ou un objet inanimé.

Synecdoque : désignation d'un tout (être ou objet) par une partie de ce tout (cas particulier de la métonymie).

Histoire littéraire

Absurde (théâtre de l') : au XXe siècle, après la Seconde Guerre mondiale, expression employée par la critique pour désigner la production théâtrale d'auteurs (Arthur Adamov, Samuel Beckett, Jean Tardieu, Eugène Ionesco...) aux esthétiques très diverses mais qui ont en commun de briser les codes de la communication et de refuser la notion de psychologie des personnages pour souligner l'absurdité de la condition humaine.

Art pour l'art : voir *Parnasse*.

Avant-garde : en art ou en littérature, cette notion désigne un(e) auteur(trice) ou un mouvement particulièrement novateur, révolutionnaire, qui est en avance sur son temps et rompt avec le passé et les traditions. Les mouvements d'avant-garde se multiplient à la fin du XIXe et au début du XXe siècle.

Classicisme : mouvement littéraire et artistique né au XVIIe siècle, sous le règne de Louis XIV, qui codifie les genres et impose des normes esthétiques fondées sur la raison, visant un idéal d'équilibre, d'harmonie et de clarté.

Dada (ou dadaïsme) : ce mouvement artistique et littéraire d'avant-garde naît du sentiment d'absurdité lié aux horreurs de la Première Guerre mondiale que certains artistes, pacifistes, expriment dans des œuvres qui transgressent toutes les normes esthétiques et tous les codes, mêlant souvent plusieurs médias (écriture, dessin, coupures de presse ou publicitaires...) par des techniques de juxtaposition et de collage. Mouvement provocateur et iconoclaste (qui s'oppose aux grandes traditions littéraires), il ne dure que quelques années (1916-1922 environ) mais influence durablement l'art et la littérature des XXe et XXIe siècles.

Humanisme : au XVIe siècle, un humaniste est une personne qui cultive les « humanités », c'est-à-dire l'étude des langues anciennes (le grec et le latin). Vers la fin du XVIIIe siècle, le terme « humanisme » se spécialise pour désigner le mouvement intellectuel qui s'est développé en Europe durant la Renaissance, fondé sur une foi en l'être humain, et en sa capacité à se perfectionner. Il a aujourd'hui également un sens plus général, renvoyant à une position philosophique qui consiste à considérer la personne humaine, sa dignité, sa liberté, son épanouissement, comme des valeurs suprêmes.

Libertinage : courant de pensée qui se développe à partir du XVIIe siècle. Les libertins veulent affirmer leur liberté de pensée et s'affranchir des principes religieux. Cette prise de distance à l'égard de la morale chrétienne implique une vie amoureuse très libre. Le personnage de Don Juan, rendu célèbre par Molière, est le type même du libertin.

Lumières : écrivains, penseurs et philosophes qui, au XVIIIe siècle, dénoncent les injustices et les inégalités, et peuvent, à ce titre, être considérés comme des précurseurs de la Révolution. Les écrivains des Lumières (expression employée à l'époque comme métaphore de la raison et des connaissances qui éclairent les hommes) prônent le rationalisme scientifique, participent activement à la diffusion et à l'échange des connaissances, combattent les idées reçues (superstition, préjugés) et défendent la liberté d'expression et d'opinion.

Naturalisme : mouvement littéraire qui se développe dans la deuxième moitié du XIXe siècle, dans le prolongement du réalisme (voir ce terme), sous l'impulsion de l'écrivain Émile Zola (1840-1902) qui s'inspire, pour écrire ses romans, de la méthode expérimentale du médecin et scientifique Claude Bernard. Visant, comme les œuvres réalistes, à dépeindre la société de la manière la plus fidèle possible, le roman naturaliste a pour particularité de présenter les personnages (en particulier ceux des classes défavorisées) comme étant les produits du milieu dans lequel ils vivent, et soumis aux lois de l'hérédité.

OuLiPo : fondé en 1960 par l'écrivain Raymond Queneau et le mathématicien François Le Lionnais, l'Ouvroir de littérature potentielle, abrégé en OuLiPo, est un groupe rassemblant des auteurs et des scientifiques qui conçoivent la littérature comme un ensemble de règles et de contraintes avec lesquelles ils jouent, souvent avec humour et virtuosité, créant des œuvres innovantes, comme *La Disparition* (1969, Georges Perec), roman écrit sans utiliser la lettre « e », ou *Cent mille milliards de poèmes* (1961, Raymond Queneau), recueil composé de sonnets où chaque vers, inscrit sur une bande de papier amovible, peut se combiner avec les autres de manière à former un nombre presque infini de combinaisons possibles.

Parnasse : mouvement littéraire qui se développe dans les années 1866-1876, en réaction aux effusions lyriques du romantisme. Le terme « Parnasse » désigne dans la mythologie grecque la montagne habitée par les muses, puis s'est généralisé pour désigner la poésie elle-même. Les parnassiens (Leconte de Lisle, Catulle Mendès, José-Maria de Hérédia...) s'inspirent de la théorie de « l'Art pour l'Art », formulée notamment par Théophile Gautier, précurseur du mouvement, qui prône une conception de l'art entièrement détachée de toute préoccupation autre qu'esthétique : « Tout ce qui est utile est laid », écrit-il ainsi dans la préface de *Mademoiselle de Maupin* (1835). Les poètes du Parnasse s'attachent donc uniquement à atteindre la perfection formelle, en s'appuyant sur une maîtrise technique des contraintes poétiques, ainsi qu'une grande érudition.

Pléiade : poètes humanistes de la Renaissance s'inspirant des auteurs antiques et donnant à la poésie française un nouvel élan, marqué par le rejet des formes médiévales et l'adoption de formes poétiques modernes, comme le sonnet ou l'alexandrin.

Préciosité : mouvement littéraire né au début du XVIIe siècle, majoritairement représenté par des femmes. Pionnières en matière de féminisme (terme qui n'existe pas à l'époque), elles insistent sur la nécessité d'éduquer les filles, revendiquent l'accès à des domaines réservés aux hommes, comme les sciences, et expriment des réserves sur l'institution du mariage. Moquées pour l'extrême raffinement de leur langage et de leurs manières, les Précieuses sont victimes des préjugés sexistes qu'elles dénoncent.

Réalisme : courant artistique et littéraire qui se développe dans les années 1850, il s'exprime en littérature essentiellement dans le genre romanesque et se caractérise par une volonté de représenter la société de manière fidèle, dans son ensemble, en donnant notamment aux personnages du peuple et à certains thèmes comme la misère sociale une visibilité inédite.

Romantisme : né en Angleterre et en Allemagne à la fin du XVIIIe siècle, en réaction au rationalisme des Lumières (voir ce terme), ce mouvement se diffuse en France au début du XIXe siècle, et domine la production littéraire et artistique jusque dans les années 1850 environ. Caractérisé par une sensibilité extrême et marqué par le « mal du siècle », la mélancolie, il s'exprime dans tous les genres littéraires (théâtre, roman, poésie) dont il renouvelle profondément les codes.

Surréalisme : né dans l'entre-deux-guerres, le mouvement surréaliste s'inscrit dans le prolongement d'autres mouvements artistiques d'avant-garde, comme Dada (voir ce terme) ou le cubisme en peinture. Très influencés par l'émergence de la psychanalyse, les surréalistes considèrent l'activité inconsciente, en particulier les rêves, comme une véritable force créatrice permettant d'appréhender le monde, autant – voire même plus – que la raison, et de faire surgir des images inédites, originales, surprenantes que ce soit en poésie (André Breton, Paul Éluard) ou en peinture (Max Ernst, Salvador Dali).

Symbolisme : ce mouvement se développe à la fin du XIXe siècle en réaction au réalisme et au naturalisme. Il s'étend à différents genres littéraires mais concerne d'abord la poésie, conçue comme un moyen d'accéder à une compréhension du monde qui dépasse la simple description réaliste. La poésie symboliste privilégie ainsi les images et les symboles (analogies, métaphores, comparaisons...) pour révéler la part cachée, immatérielle, voire mystique, du monde.

Notes

Notes

Notes

L'éditeur remercie Valérie Cabessa pour ses conseils et sa relecture.

Responsable éditoriale : Audrey Gérard.
Suivi éditorial : Laureen Cochelin.
Chargée d'édition multimédia : France Courbier.
Conception couverture et direction artistique : Studio Humensis, Audrey Hette.
Maquette intérieure : Studio Humensis, Audrey Hette avec la participation de Charlotte Thomas, Marse et STDI.
Mise en pages : Fabienne Le Bihan.
Iconographie : Laetitia Jannin.
Infographies : Laurent Blondel/Corédoc.
Photogravure et prépresse : Arthur Caillard.
Fabrication : Zoé Farré-Vilalta.

La pâte à papier utilisée pour la fabrication du papier de cet ouvrage
provient de forêts certifiées et gérées durablement.

Imprimé par Graficas Cems

N° d'édition : 03582317-01 - Dépôt légal : juillet 2022.

Certifié PEFC
Ce produit est issu de forêts gérées durablement et de sources contrôlées
PEFC
PEFC/14-38-00143
www.pefc-france.org